#Politik

Differenzierende Ausgabe

Band 2

Bearbeitet von
Aaron Breitenstein
Dörthe Hecht
Sandra Kirsamer
Katrin Lörcher
Petra Reiter-Mayer

Mehr Informationen
www.ccbuchner.de/politik-hybrid

UpdateCodes

AudioCodes

Digitale Aufgabenkästen

Differenzierungsmaterial

Baden-Württemberg

C.C.BUCHNER

#Politik – Baden-Württemberg

Unterrichtswerk für Gemeinschaftskunde – differenzierende Ausgabe

Band 2

Jahrgangsstufen 9/10

Bearbeitet von Aaron Breitenstein, Dörthe Hecht,
Sandra Kirsamer, Katrin Lörcher, Petra Reiter-Mayer

Zu diesem Lehrwerk ist erhältlich:
- Digitales Schulbuch click & study, Einzellizenz, WEB-Bestell-Nr. 700821
- Digitales Lehrermaterial **click & teach**, Einzellizenz, WEB-Bestell-Nr. 700841

Weitere Lizenzformen (Einzellizenz flex, Kollegiumslizenz) und Materialien unter www.ccbuchner.de

2. Auflage, 1. Druck 2026
Alle Drucke dieser Auflage sind, weil untereinander unverändert, nebeneinander benutzbar.

Dieses Werk folgt der reformierten Rechtschreibung und Zeichensetzung. Ausnahmen bilden Texte, bei denen künstlerische, philologische oder lizenzrechtliche Gründe einer Änderung entgegenstehen. Teile des Lehrwerks wurden mithilfe gängiger Large Language Models erstellt oder bearbeitet. Sämtliche Inhalte wurden anschließend redaktionell geprüft, überarbeitet und verantwortet. Weitere Informationen finden Sie auf www.ccbuchner.de/ki-leitlinie

Die Mediencodes enthalten ausschließlich optionale Unterrichtsmaterialien. An keiner Stelle im Schülerbuch dürfen Eintragungen vorgenommen werden. Auf verschiedenen Seiten dieses Buches finden sich Verweise (Links) auf Internetadressen. Haftungshinweis: Trotz sorgfältiger inhaltlicher Kontrolle wird die Haftung für die Inhalte externer Seiten ausgeschlossen.

produktsicherheit@ccbuchner.de

Redaktion: Stephanie Gebhardt
Layout, Satz und Illustrationen: Wildner + Designer GmbH, Fürth
Druck und Bindung: Firmengruppe Appl, aprinta Druck, Wemding

www.ccbuchner.de

ISBN 978-3-661-**70082**-3

Liebe Schülerinnen und Schüler,

Im Fach Gemeinschaftskunde habt ihr euch in den letzten Jahren mit Mitbestimmungsmöglichkeiten in Schule und Gemeinde, Konflikten in der Familie, Gesellschaft und Politik, den Medien und dem Rechtsstaat beschäftigt.
In den nächsten Jahren richtet sich euer Blick verstärkt auf größere Zusammenhänge: Wie ist unser politisches System aufgebaut? Welche Rolle könnt ihr darin einnehmen? Nicht zuletzt beschäftigt ihr euch mit der Welt jenseits der deutschen Grenzen: Was bedeutet das für euer tägliches Leben, dass Deutschland ein Teil der Europäischen Union ist? Vor welchen Herausforderungen steht die Europäische Integration? Schließlich untersucht ihr die internationale Staatenwelt und diskutiert Möglichkeiten der friedlichen Konfliktlösung.

Einige der Themen erscheinen auf den ersten Blick räumlich weit von eurem Alltag entfernt. Aber unsere Demokratie wird von den Entscheidungen des Volkes getragen. Und als Bürgerinnen und Bürger seid ihr Teil dieser Gemeinschaft. Bald könnt ihr euch über Wahlen konkret einbringen, schon längst könnt ihr politisch aktiv werden und eure Meinung kundtun.

Das Fach Gemeinschaftskunde will euch dabei unterstützen, gesellschaftliche Fragen und Probleme zu verstehen und auf der Basis einer kritischen Urteilsfähigkeit an politischen und gesellschaftlichen Prozessen teilzuhaben.

Auf diesem Weg zur mündigen Bürgerin / zum mündigen Bürger möchten wir euch mit spannenden Fragestellungen und aktuellen Themen begleiten.

Viel Spaß wünschen

das Autorenteam und der Verlag

Zur Arbeit mit dem Buch

1 Auftaktdoppelseite

Jedes Kapitel beginnt mit einer **Auftaktdoppelseite**. Material und offene Aufgaben ermöglichen euch eine erste Annäherung an die Inhalte des neuen Kapitels. Dabei könnt ihr auch zeigen, was ihr schon über das Thema wisst. Außerdem hilft euch ein kleiner Einführungstext, einen Überblick zu bekommen. Über welches Wissen und Können ihr am Ende des Kapitels verfügt, könnt ihr ebenfalls nachlesen.

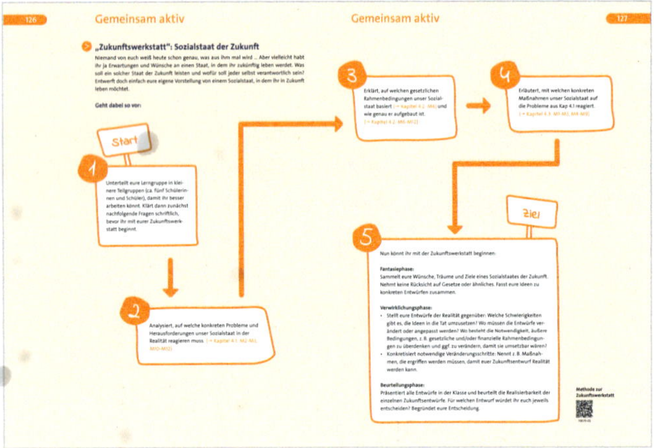

2 Gemeinsam aktiv

Auf den ersten beiden Seiten im Kapitel wird euch immer ein Weg vorgestellt, über den ihr weitgehend selbstständig das Kapitel bearbeiten könnt („Gemeinsam aktiv")! Dazu müsst ihr euch projektartig mit den Materialien und Inhalten des Kapitels auseinandersetzen und abschließend ein Produkt dazu erstellen.

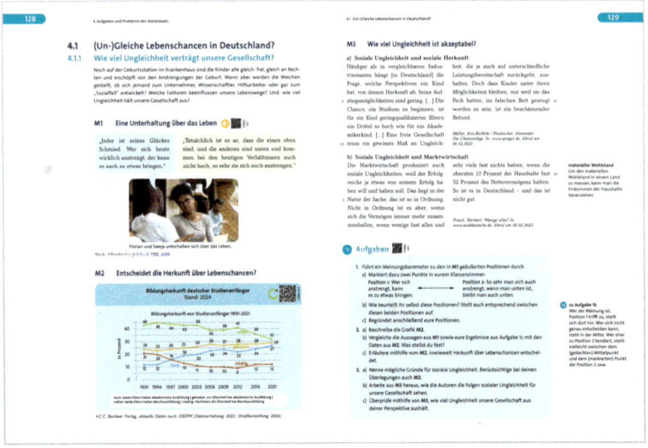

3 Aufbau der Unterkapitel

Die Inhalte des Kapitels könnt ihr euch in der Regel auf Doppelseiten erarbeiten. Das Thema wird in der Überschrift und wenige Zeilen darunter erläutert.
Die **Materialien** sind immer mit „M" gekennzeichnet und durchnummeriert.
Am Ende jedes Unterkapitels ist ein **Aufgabenblock** platziert. Die Aufgaben zeigen euch, wie ihr mit den Materialien arbeiten könnt.

4 Grundbegriffe und Grundwissen

Die wichtigsten Begriffe eines Themas werden in blauen Kästen als **Grundbegriffe** erklärt und mit einem # gekennzeichnet: Die Kernaussage findet ihr in 1-2 Sätzen in kräftiger Schrift gleich zu Anfang. Details, Beispiele oder Fachbegriffe stehen im zweiten Teil der Kästen.

Das ebenfalls blaue **Grundwissen** schließt jedes Kapitel ab. Hier werden die wesentlichen Inhalte zusammengefasst. Ihr könnt zur Nacharbeit oder zur Vorbereitung einer mündlichen oder schriftlichen Prüfung das Wichtigste nachlesen.

Arm in Deutschland – Ist d

In Deutschland kommt absolute
arme oder von Armut gefährdete
Verhältnis gesetzt zum mittleren
spricht deshalb von relativer Armu
Im Jahr 2021 galt laut Mikrozensu

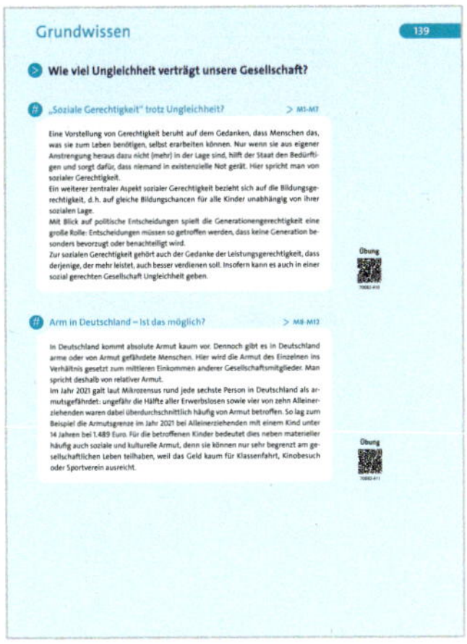
Grundwissen 139

Wie viel Ungleichheit verträgt unsere Gesellschaft?

„Soziale Gerechtigkeit" trotz Ungleichheit?

Arm in Deutschland – Ist das möglich?

5 Methodentraining

Im Gemeinschaftskundeunterricht sollt ihr aber nicht einfach Fakten auswendig lernen und wiedergeben. Ihr sollt aktiv und kritisch an der Demokratie teilhaben können. Dafür müsst ihr Zusammenhänge verstehen und beurteilen lernen. Das Rüstzeug dafür sind bestimmte Fähigkeiten und Fertigkeiten – man nennt sie auch Kompetenzen.

Im Buch gibt es dafür spezielle **Methodenseiten**. Schritt für Schritt lernt ihr dort, wie man z. B. Karikaturen analysiert, eine Befragung durchführt und wie ihr zu einem begründeten Urteil kommt.

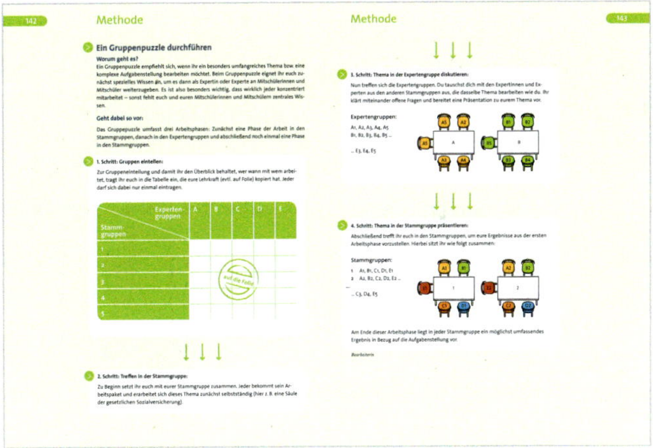
142 Methode

Ein Gruppenpuzzle durchführen

Methode 143

6 Kapitelabschluss

Die Doppelseite **Selbsteinschätzung – Training** schließt ein Großkapitel ab. Hier könnt ihr euch selbst überprüfen und zeigen, ob ihr die erlernten Kompetenzen in einer konkreten Situation sinnvoll anwenden könnt.

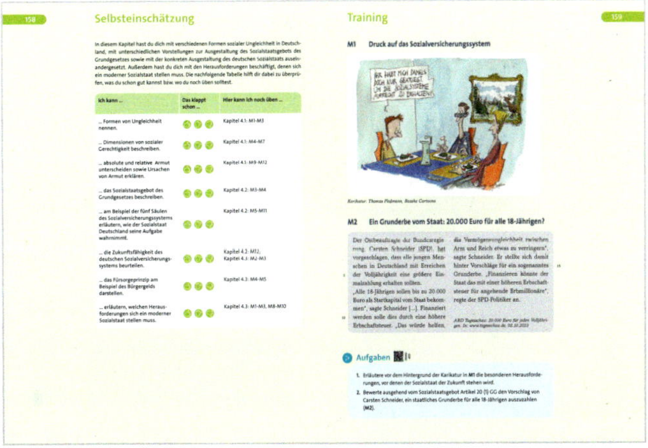
158 Selbsteinschätzung

Training 159

M1 Druck auf das Sozialversicherungssystem

M2 Ein Grunderbe vom Staat: 20.000 Euro für alle 18-Jährigen?

Aufgaben

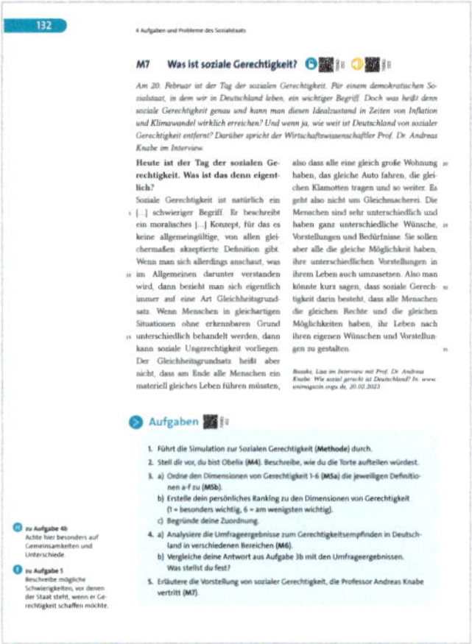

H zu Aufgabe 4b
Achte hier besonders auf Gemeinsamkeiten und Unterschiede.

F zu Aufgabe 5
Beschreibe mögliche Schwierigkeiten, vor denen der Staat steht, wenn er Gerechtigkeit schaffen möchte.

7 Differenzierung

Nicht jeder arbeitet und lernt gleich schnell. Wir bieten euch Hilfen und Zusatzangebote auf mehreren Ebenen an:

H- und F-Aufgaben
Hilfe- und Fordern-Aufgaben findest du direkt neben dem Aufgabenkasten im Buch. Die Symbole H und F bieten euch dabei Orientierung: Steht man z. B. „auf dem Schlauch", hilft der Hinweis H weiter. Hat man eine Aufgabe viel schneller erledigt als andere, stehen unter F zusätzliche Aufgaben und Herausforderungen bereit.

M7 Was ist soziale Gerechtigkeit? 70082-032 70082-033

Aufgaben 70082-402

1. Führt die Simulation zur Sozialen Gerechtigke
2. Stell dir vor, du bist Obelix (**M4**). Beschreibe, v

8 Hilfen und Zusatzangebote zu den Materialien

Bei ausgewählten Materialien findet ihr weitere Hilfen und/oder Zusatzangebote. Sie können über den QR-Code 70081-01 neben der Materialüberschrift angesteuert werden. Ausgewählte Materialien werden mithilfe von KI-Stimmen vertont. Wenn ihr das Icon für den AudioCode neben der Materialüberschrift seht, gibt es zu diesem Material eine Vertonung, die ihr mithilfe des QR-/Mediencodes abrufen könnt.

Weitere Hilfen und Zusatzmaterialien
Darüber hinaus sind die digitalen Aufgabenkästen mit weiterem Material und Aufgaben angereichert.

73000-781

Letzte Überprüfung nach aktuellsten Daten

Sitzverteilung im Deutschen Bundestag
Stand: 2025

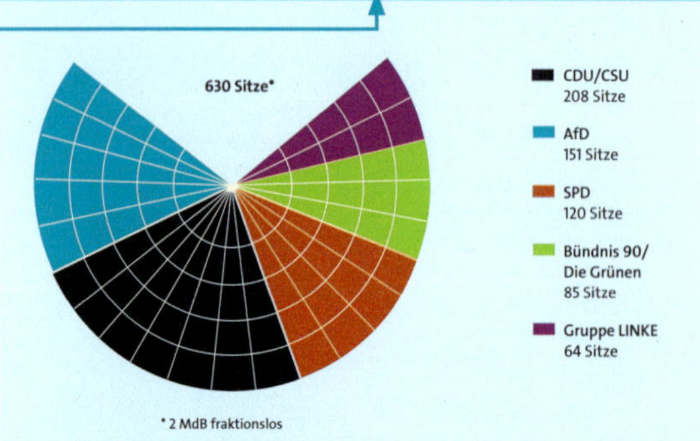

©C.C. Buchner Verlag, aktuelle Daten nach: Deutscher Bundestag (Datenerhebung: 2025; Grafikerstellung: 2025)

Datenerhebungszeitraum

Erstellungsjahr der Grafik

9 UpdateCodes

Zahlreiche Grafiken, Schaubilder und Tabellen mit dem Icon werden regelmäßig aktualisiert und stehen über einem QR- und Mediencode neben der jeweiligen Grafiküberschrift kostenfrei zum Download zur Verfügung. Die Grafiken sind wie folgt konzipiert:

- Unter der Grafiküberschrift findet sich der jeweilige Stand der Grafik-Aktualisierung, z. B. „Stand: 2024". Dieser Stand zeigt immer die letzte Datenüberprüfung an.
- Die Quellenangabe unter der Grafik informiert über den jeweiligen Datenerhebungszeitpunkt.

Lesebeispiel zur Beispielgrafik: Die Daten stammen vom Deutschen Bundestag aus dem Jahr 2025. Die letzte Datenüberprüfung fand im Jahr 2025 statt.

Weitere Informationen zu den Update Codes finden sich im nebenstehenden QR- und Mediencode.

73000-519

10 Digitale Aufgabenkästen

Jeder Aufgabenkasten hat einen „digitalen Zwilling". Mit Hilfe der QR- und Mediencodes in den Kopfzeilen der Aufgabenkästen können alle Aufgaben digital abgerufen werden. Diese digitalen Aufgaben sind identisch mit den jeweiligen Aufgaben im Schulbuch, bieten aber zahlreiche Erweiterungen, wie z. B.

- Erklärungen und Formulierungshilfen zu den gängigsten Operatoren,
- Verlinkungen zu Methodenkarten,
- passgenaue Differenzierungsmaterialien und
- digitale interaktive Anwendungen.

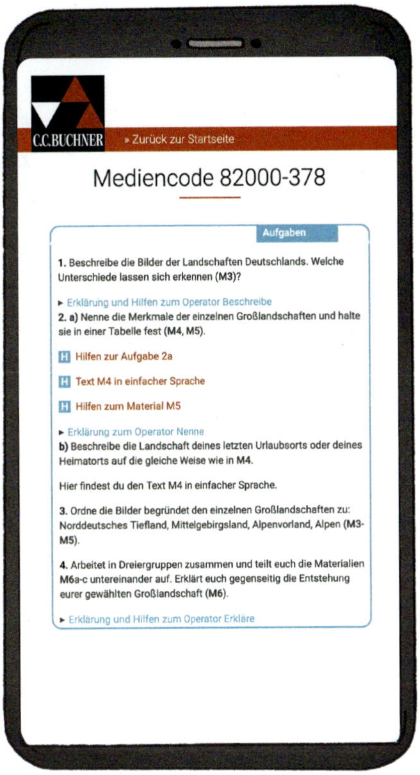

11 Digitales Operatorentraining

In den digitalen Aufgabenkästen werden die wichtigsten Operatoren jeweils mit einer Operatorenkarte verlinkt. Dieses Operatorentraining hilft euch, die Operatoren besser zu verstehen und zu unterscheiden. Strukturierungs- und Formulierungshilfen zu den einzelnen Operatoren unterstützen euch bei der Bearbeitung der einzelnen Aufgaben. Dadurch könnt ihr schnell einsehen, was genau von euch bei den jeweiligen Operatoren erwartet wird.

12 Allgemeine Hinweise

- Über **QR-Codes** könnt ihr in verschiedenen Kapiteln Erklärvideos, vertiefende Materialien, interaktive Übungen und Anwendungen direkt ansteuern. Diese können außerdem über die Eingabe der Mediencodes, z. B. 70081-01 im Suchfeld auf www.ccbuchner.de/Medien abgerufen werden.
- Die Reihe #Politik lebt Vielfalt und Gleichheit unabhängig von Alter, Herkunft, Handicap, sexueller Orientierung, Geschlecht und individueller Identität. Daher wird auch eine **geschlechtergerechte Sprache** verwendet. Eine Ausnahme stellen Quellen dar, die in ihrer originalsprachlichen Form belassen wurden. Sie beziehen aber selbstverständlich auch alle Menschen mit ein.
- Das **Methodenglossar** am Ende des Buches bietet euch wichtige Methoden, um die Aufgaben besser bearbeiten zu können.
- Sofern bei Materialien aus dem Internet kein Verfasserdatum ermittelt werden konnte, wird das „Abrufdatum" genannt.

URL aller verwendeten Texte aus dem Internet

70081-001

Inhaltsverzeichnis

Methoden im Überblick

Was weißt du schon? 70081-74

1. Verteilt euch im Klassenzimmer (Tische und Stühle beiseite räumen). Der Boden ist jetzt eine große Landkarte. Einigt euch, wo Norden und wo Süden ist. In der Mitte ist euer Schulort. Klärt gemeinsam, wo ungefähr die nächsten größeren Städte und wo z. B. Polen, die Türkei oder Frankreich liegen.
   a) Stellt euch in der ersten Runde dort hin, wo ihr geboren wurdet.
   b) In der zweiten Runde dort, wo eure Mutter geboren wurde.
   c) Dritte Runde: Und wo wurde eure Großmutter geboren?
   d) Vielleicht wisst ihr sogar, wo die Mutter eurer Großmutter geboren wurde? Dann könnt ihr eine vierte Runde spielen.

   Berichtet, was euch bei dem Spiel auffällt.
2. Richtet ein Erzählcafé (vgl. S. 19) aus, in dem ihr euch gegenseitig von der Herkunft eurer Familien berichtet.
3. a) Stellt euch gegenseitig Schätzfragen zum Thema Einwanderung. *Beispiel: Wie viele Menschen, die aus einer zugewanderten Familie stammen, leben in eurer Gemeinde, in Baden-Württemberg oder in Deutschland?*
   b) Nennt Möglichkeiten, wie ihr überprüfen könnt, welche eurer Schätzungen stimmen.

1

#Einwanderungsland Deutschland – Wie gelingt die Integration von Zugewanderten?

In Deutschland leben Menschen, die ursprünglich aus Deutschland stammen, zusammen mit Menschen, die selbst oder deren Familien aus anderen Staaten nach Deutschland eingewandert sind. In den letzten Jahren hat die Zuwanderung nach Deutschland sogar zugenommen, besonders durch viele Geflüchtete, die Zuflucht in einem sicheren Land suchen. Wie gut sind Zuwandererinnen und Zuwanderer in die deutsche Gesellschaft integriert? Welche Chancen und welche Probleme hat das Einwanderungsland Deutschland?

> Du lernst in diesem Kapitel ...

- ... warum und in welchem Ausmaß es Zuwanderung nach Deutschland gibt.
- ... wie sich die Bevölkerung Deutschlands nach Herkunft und Alter der Menschen zusammensetzt.
- ... was die Zugewanderten einerseits und was die deutsche Gesellschaft andererseits für eine gute Integration leisten müssen.
- ... welche Chancen und welche Schwierigkeiten es durch Zuwanderung gibt.

Integrationsprojekte in unserer Gemeinde erkunden

Erkundet in Projektgruppen, wie die Integration von zugewanderten Jugendlichen und Erwachsenen in eurer Gemeinde gelingt. Dokumentiert eure Zwischenergebnisse in eurem Arbeitsheft und stellt euer Gesamtergebnis abschließend auf Plakaten vor.

Geht dabei so vor:

Start

1 Sammelt Ideen zum Thema „Einwanderung in meiner Gemeinde – wie gut sind zugewanderte Menschen integriert?“.

2 Erarbeitet euch mithilfe dieses Kapitels Grundlagenwissen, um euch auf eure Fragen gut vorbereiten zu können:

a) Was sind die Ursachen der Einwanderung nach Deutschland? (→ Kapitel 1.1: M2, Kapitel 1.2: M3, Kapitel 1.3: M2)
b) Wie viele Ausländerinnen und Ausländer und Zugewanderte leben in Deutschland? Wie ist die Bevölkerung in Deutschland zusammengesetzt? (→ Kapitel 1.1: M3-M8)
c) Was versteht man unter Integration? Was trägt zu einer guten Integration bei und welches Verhalten behindert Integration? (→ Kapitel 1.2: M3-M6, Kapitel 1.3: M1-M10)
d) Wie können Ausländerinnen und Ausländer die deutsche Staatsbürgerschaft erhalten? (→ Kapitel 1.3: M6)

3 Recherchiert Orte und Institutionen, die sich um die Integration von Zugewanderten kümmern, z. B. Schulen, Arbeitskreis Asyl, Sportvereine, eine Beratungsstelle in der Gemeindeverwaltung, der AWO (Arbeiterwohlfahrt) oder einer Kirche.

Integrationsprojekt des Deutschen Olympischen Sportbundes

4

Bildet Gruppen, die jeweils ein Integrationsprojekt vorstellen und vor Ort Expertinnen und Experten befragen. (→ Eine Expertenbefragung durchführen)

5

Präsentiert euch gegenseitig eure Ergebnisse. Ihr könnt dazu auch eine Ausstellung im Schulhaus gestalten.

Ziel

6

Wie gut gelingt die Integration von Zugewanderten in eurer Gemeinde? Diskutiert eure Projektergebnisse.

Tipp:
Das Bundesamt für Migration und Flüchtlinge (*www.bamf.de*) stellt auf seiner Internetseite regelmäßig „Integrationsprojekte vor Ort“ vor.

70081-111

1.1 Zuwanderungen nach Deutschland – neue Vielfalt unter Deutschen?

1.1.1 Warum Deutschland? Herkunftsgeschichten von Zugewanderten

In den letzten Jahrzehnten sind Menschen aus unterschiedlichen Gründen nach Deutschland eingewandert. In den 1950er und 1960er Jahren haben deutsche Unternehmen dringend Mitarbeitende gesucht und im Ausland angeworben. Es kamen insgesamt mehrere Millionen „Gastarbeiterinnen und -arbeiter", vor allem aus der Türkei, Italien, Spanien, Griechenland und Portugal. Das war die erste große Einwanderungswelle. Mittlerweile können alle EU-Bürgerinnen und Bürger innerhalb der Europäischen Union frei umziehen. Für Menschen aus „Nicht-EU Staaten" ist es sehr viel schwieriger und aufwändiger, dauerhaft in Deutschland leben zu dürfen.

Gastarbeiter
Den Namen „Gastarbeiter" erhielten die Arbeitsmigrantinnen und -migranten, weil ihr Aufenthalt eigentlich nur vorübergehend sein und sie in ihr Heimatland zurückkehren sollten.

M1 Mein Zuhause – meine Heimat ...

BITTE INS HEFT!

M2 Welche Gründe gibt es, das Zuhause und die Heimat zu verlassen?

70082-002

a) Roula Al Sagheer

Sie ist gerade mal 18 Jahre alt. [...] Als sie 2014 mit ihren Eltern und vier Geschwistern in Deutschland ankam, hatte sie bereits eine mehrjährige Fluchtgeschichte hinter sich. Mit neun Jahren verabschiedete sie sich wegen des Krieges von ihrer syrischen Heimat: „In meinem Viertel Kabun war alles zerstört." Über Ägypten nach Libyen, von dort mit dem Boot übers Mittelmeer nach Italien, dann Österreich, schließlich Deutschland: Al Sagheer hat viel erlebt.

Schreil, Jacqueline: Gar nicht mehr so schüchtern. In: www.tagblatt.de, 07.10.2020

Roula Al Sagheer

b) Muhterem Aras

Muhterem Aras wurde am 2. Jan. 1966 in der Türkei im ostanatolischen Dorf Elmaağaç in der Nähe von Bingöl geboren. Sie stammt aus einer kurdischen Familie und gehört der Glaubensgemeinschaft der Aleviten an. 1978 kam sie mit den Eltern und vier Geschwistern nach Filderstadt. Ihr Vater wurde Fabrikarbeiter bei Thyssen.

„Mit der Türkei verbinde ich den Honig. Nicht irgendeinen, sondern einen ganz außergewöhnlichen Wabenhonig. In den ersten Jahren in Deutschland brachten meine Eltern keinen Honig aus dem Türkeiurlaub mit, weil er zu teuer war. Erst als sie es sich leisten konnten, nahmen sie welchen mit."

Deutsche Politikerin Muhterem Aras (Die Grünen) und seit 2011 Abgeordnete des Landtags Baden-Württemberg. Seit Mai 2016 ist sie Landtagspräsidentin.

Aras, Muhterem: Vollkornbrot und Honig. In: www.swr.de, 08.06.2021

Migration

Migration bedeutet Zu- und Abwanderung von Menschen.
So viele Menschen wie nie zuvor auf der Welt sind Migrantinnen und Migranten. Das heißt, sie haben ihr Land verlassen, um in einem anderen Land zu leben. Das betrifft laut UNO (Vereinte Nationen) über 230 Millionen Menschen. Die meisten Menschen wandern aus Asien und Südamerika aus.

Bearbeiterin

Push- und Pullfaktoren für Migration

Push-Faktoren: Menschen sind zur Flucht durch die Lebensumstände im eigenen Land oder durch persönliche Verfolgung gezwungen.
Beispiele dafür sind (Bürger-)Kriege oder Verfolgung aus ethnischen oder religiösen Gründen, aufgrund politischer Verfolgung oder Verfolgung aufgrund der sexuellen Orientierung. Im Wesentlichen sind diese Gründe durch die Genfer Flüchtlingskonvention abgedeckt, sind also grundsätzlich mögliche Gründe, um [als Flüchtling] in einem anderen Land Asyl zu beantragen und zu erhalten.
Pull-Faktoren: Ausschlaggebend für die Flucht oder die Emigration sind Merkmale des Ziellandes oder der Zielregion.
Beispiele hierfür sind günstigere Arbeitsmarktbedingungen, ein höheres Wohlstandsniveau, ein funktionierender Sozialstaat oder günstigere klimatische Bedingungen. Diese Fluchtmotive sind im Wesentlichen nicht von der Genfer Flüchtlingskonvention abgedeckt [, gehören aber auch zur Migration].

Bund für Bildung: Definition Push- und Pullfaktoren. In: www.flucht.bundfuerbildung.de, Abruf am 22.09.2022

to push (= engl.)
drücken

Genfer Flüchtlingskonvention
wichtigstes internationales Schutzdokument für Flüchtlinge (vgl. S. 23)

to pull (= engl.)
ziehen

Saldo
Differenz, Unterschied

M3 Zuwanderung und Abwanderung

70081-192

Wanderungen über die Grenzen Deutschlands in Millionen (Stand: 2022)

73000-555

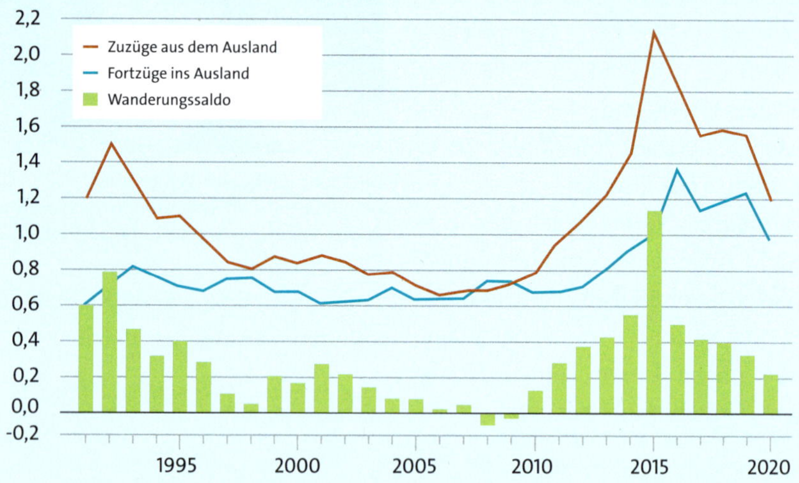

©C.C. Buchner Verlag, aktuelle Daten nach: Statistisches Bundesamt (Datenerhebung: 2020; Grafikerstellung: 2022)

Zuwanderungs-/Einwanderungsland

Ein Zuwanderungs-/Einwanderungsland ist ein Land mit vielen Zugewanderten.
In klassischen Einwanderungsländern wie USA, Kanada oder Brasilien ist die Einwanderung wegen Arbeitskräftemangel gezielt gefördert worden. Dort ist es also oft gesetzlich geregelt, dass Menschen unter bestimmten Bedingungen zuwandern können. Deutschland ist eines der beliebtesten Zuwanderungsländer. Immer wieder gibt es politische Konflikte um die Frage, ob die Integration Zugewanderter gut gelingt und ob die Zuwanderung nach Deutschland durch Gesetze stärker geregelt werden soll.

Bearbeiterin

> Aufgaben

70081-75

1. Gestalte aus **M1** Symbole, die für dich dein Zuhause widerspiegeln.
   a) Präsentiert euch gegenseitig eure Symbole und vergleicht sie (**M1**).
   b) Markiert die Symbole, die für euch auch das Wort „Heimat" widerspiegeln.
   c) Diskutiert die unterschiedliche Bedeutung von „Zuhause" vs. „Heimat".
2. a) Vergleiche die Gründe von Roula und Mutherem, ihre Heimat zu verlassen (**M2**).
   b) Ordne zu, bei welchem Grund es sich um einen Push- oder einen Pullfaktor handelt.
3. Analysiere die Grafik **M3** mithilfe der Methode „Diagramme und Schaubilder analysieren" auf S. 24.

F zu Aufgabe 3
Diskutiert, ob der deutsche Staat unterscheiden sollte zwischen Migrantinnen und Migranten, für deren Ankunft Pushfaktoren ausschlaggebend waren, und solchen, die aus Gründen der Kategorie Pullfaktoren ins Land kommen.

Ein Erzählcafé veranstalten

Worum geht es?

Erzählcafés sind Veranstaltungen, bei denen Menschen ihre Lebensgeschichte erzählen. So kommen verschiedene Generationen und Kulturen in Kontakt und hören ganz persönliche Erfahrungen.

Geht dabei so vor:

1. Schritt: Brainstorming

Überlegt gemeinsam in der Klasse, wer von euch Kontakt zu Menschen mit Migrationserfahrung hat oder ob ihr selbst schon Erfahrungen mit Migration gemacht habt. Vielleicht gibt es in eurer Klasse auch Nachfahren von Vertriebenen oder Aussiedlern.

↓ ↓ ↓

2. Schritt: Planung

Verteilt die anstehenden Aufgaben:

a) Es muss einen oder zwei Hauptverantwortliche geben, die alles im Blick behalten und nach dem Stand der Planung fragen.
b) Eine Arbeitsgruppe formuliert ein Einladungsschreiben und stellt dies in der Klasse vor. (Denkt daran, dass es spannend sein könnte, Fotos und Erinnerungsstücke mitbringen zu lassen.)
c) Eine Arbeitsgruppe kann sich um die Gestaltung und Organisation der Einladung kümmern: Wollt ihr einen Brief ausdrucken, ihn per Post schicken oder privat einwerfen? Erstellt eine Liste der Adressen der Eingeladenen.
d) Eine Arbeitsgruppe kümmert sich um die Organisation des Nachmittags: Damit eine angenehme Atmosphäre entsteht, gibt es häufig Kaffee und Kuchen. Dazu müssen Kaffeemaschinen zur Verfügung stehen und eingekauft werden.
e) Eine Arbeitsgruppe kann Frage-Impulse für die Gespräche am Nachmittag entwerfen. (Zum Beispiel: „Wie lange ist die Migration her?" „Fühlen Sie sich mittlerweile hier zuhause?" „Inwiefern wurden Sie von der Migrationserfahrung geprägt?" ...) Diese sollen auf Kärtchen geschrieben werden und an den Tischen verteilt ausliegen.

↓ ↓ ↓

3. Schritt: Durchführung

Richtet ein Erzählcafé aus! Tauscht euch mit euren Gästen zu eurem Thema in einem offenen Gespräch aus. Vielleicht könnt ihr Fotos und anschließend eine Ausstellung von der Veranstaltung machen.

↓ ↓ ↓

4. Schritt: Auswertung

Tauscht euch anschließend in der Klasse über die von euch geführten Gespräche und gewonnenen Eindrücke aus. Welches Detail hat euch am meisten überrascht oder beeindruckt? Was nehmt ihr aus der Veranstaltung mit?

Bearbeiterin

1.1.2 Wie setzt sich die Bevölkerung in Deutschland zusammen?

Hier könnt ihr erfahren, was genau man unter der Einwanderungsgesellschaft verstehen kann. Dazu trainiert ihr, verschiedene Arten von Statistiken und Schaubildern zu analysieren. Dieses methodische Handwerkszeug braucht ihr auch für viele andere Themen im Fach Gemeinschaftskunde.

M4 Wie viele von uns haben einen Migrationshintergrund?

70081-193

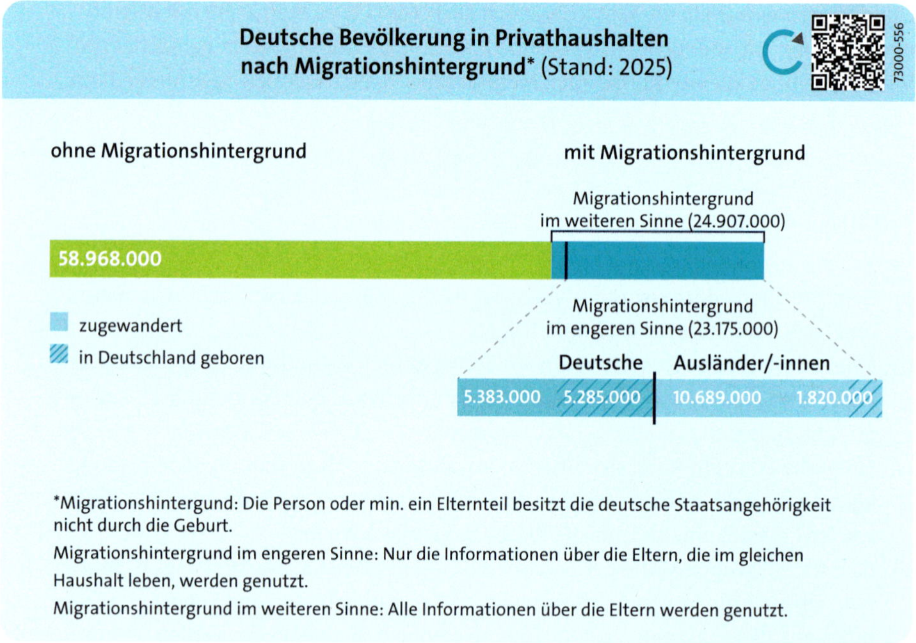

©C.C. Buchner Verlag, aktuelle Daten nach: DESTATIS (Datenerhebung: 2024; Grafikerstellung: 2025)

M5 Aus welchen Ländern stammen die Zuwanderer?

70081-194

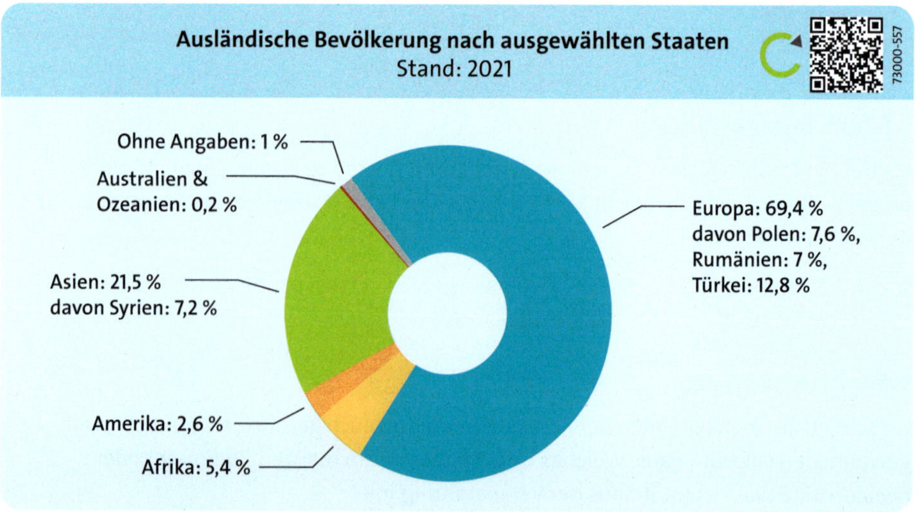

©C.C. Buchner Verlag, aktuelle Daten nach: Statistisches Bundesamt (Datenerhebung: 2021; Grafikerstellung: 2021)

M6 Verteilung in der Bundesrepublik Deutschland

©C.C. Buchner Verlag, aktuelle Daten nach: Statista (Datenerhebung: 2022; Grafikerstellung: 2022)

M7 Fluchtziel Deutschland

70081-195

„Wir schaffen das", sagte Bundeskanzlerin Merkel, als vor sieben Jahren [2015] hunderttausende Menschen nach Europa flüchteten. Allein 2015 und 2016 beantragten rund 1,2 Millionen Menschen in Deutschland Asyl. Damals gingen Prognosen davon aus, dass noch Millionen weitere hierherkommen würden. „Die Bundesregierung erwarte bis 2020 insgesamt rund 3,6 Millionen Flüchtlinge", so der ARD-Faktenfinder. Tatsächlich sind es laut Bundesamt für Migration und Flüchtlinge deutlich weniger geworden. Zwischen 2017 und 2020 gingen dort insgesamt 605.338 Erstanträge auf Asyl ein – jedes Jahr einige zehntausend weniger, wie die Statista-Grafik zeigt. Im vergangenen Jahr stiegen die Asylanträge erstmals wieder – knapp 150.000 Personen haben 2021 in Deutschland ihren Erstantrag gestellt.

Mit dem russischen Angriffskrieg auf die Ukraine wird die Zahl der Antragssteller:innen in Zukunft voraussichtlich wieder über dem Niveau der letzten Jahre liegen. Laut BMI sind seit Anfang März bereits rund 320.000 Ukrainer:innen (Stand: 08. April 2022) nach Deutschland geflohen. Wie viele davon letztendlich Asyl in Deutschland beantragen bleibt abzuwarten. Bis zum März wurden etwa 44.908 Asylgesuche in der Bundesrepublik eingereicht, diese entfallen allerdings nicht auf Kriegsgeflohene aus der Ukraine.

Bocksch, René: Fluchtziel Deutschland. In: www.statista.de, 11.04.2022

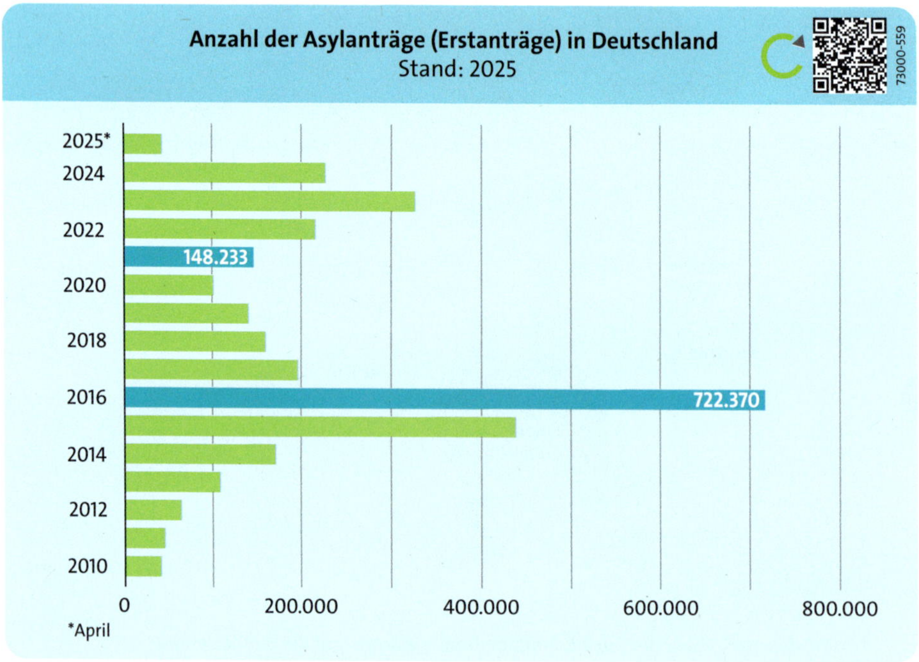

©C.C. Buchner Verlag, aktuelle Daten nach: BAMF (Datenerhebung: 2025; Grafikerstellung: 2025)

Ausländerinnen und Ausländer – Deutsche mit Migrationshintergrund

Ein Mensch ist Deutscher, wenn er einen deutschen Personalausweis hat.
Deutsche Bürgerinnen und Bürger dürfen an allen Wahlen in ihrer Gemeinde, ihrem Bundesland und bei den Wahlen zum Deutschen Bundestag (Parlament der Bundesrepublik Deutschland) teilnehmen. Sie sind automatisch auch Bürgerinnen und Bürger der Europäischen Union. Wer dauerhaft in Deutschland lebt, aber keine deutsche Staatsangehörigkeit hat, ist ein **Ausländer oder eine Ausländerin**. Ein Teil der Deutschen ist jedoch nach Deutschland eingewandert. Wenn man von dieser Gruppe sprechen möchte, dann wird oft der Begriff **Menschen mit Migrationshintergrund** verwendet.

Geflüchtete und Asylsuchende

Geflüchtete, die in Deutschland Schutz vor Verfolgung beantragen, sind Asylsuchende. Asyl ist ein Grundrecht in Deutschland, das man beantragen darf, wenn man nicht aus einem sicheren Drittstaat einreist. Auch die Genfer Flüchtlingskonvention schützt Geflüchtete in Deutschland. Das Grundrecht auf Asyl wird normalerweise in jedem Einzelfall geprüft. Geflüchtete können in Deutschland bleiben, wenn sie glaubhaft nachweisen können, dass sie in ihrer Heimat verfolgt wurden. Armut ist allerdings kein anerkannter Asylgrund. Nur ein Teil der Asylsuchenden erhält ein Bleiberecht. Nicht anerkannte Asylsuchende müssen Deutschland wieder verlassen.

M8 Asylsuchende in Baden-Württemberg

„Im Jahr 2020 kamen rund 7.000 Asylsuchende nach Baden-Württemberg. Damit sind die Zugangszahlen im Vergleich zum Vorjahr weiter gesunken. Für das Jahr 2019 wurden rund 10.000 Zugänge registriert. Damit setzt sich der Trend der rückläufigen Flüchtlingszahlen aus den Vorjahren fort. Auf dem Höhepunkt der Flüchtlingskrise 2015 suchten in Baden-Württemberg 98.000 Menschen Schutz. In den Jahren 2016 waren es 33.000, 2017 16.000 und 2018 11.000 Menschen. Der nochmalige Rückgang der Zugangszahlen 2020 im Vergleich zu 2019 um rund 3.000 ist mutmaßlich auch auf die SARS-CoV-2-Pandemie zurückzuführen", erklärte Innenminister Thomas Strobl.

Jahresbilanz Flüchtlinge 2020. In: www.baden-wuerttemberg.de, Abruf am 29.08.2022

Genfer Flüchtlingskonvention

Die Genfer Flüchtlingskonvention ist das wichtigste internationale Schutzdokument für Flüchtlinge. Sie legt klar fest, wer ein Flüchtling ist, welchen rechtlichen Schutz, welche Hilfe und welche sozialen Rechte sie oder er von den Unterzeichnerstaaten erhalten sollte. Sie definiert aber auch die Pflichten, die ein Flüchtling dem Gastland gegenüber erfüllen muss.

> Aufgaben

70081-76

1. Analysiert arbeitsteilig die Schaubilder **M4-M7**.
2. Vergleicht die Zusammensetzung eurer Klasse mit der Zusammensetzung der Bevölkerung in Deutschland (**M4**).
3. Überprüft eure Antworten der Schätzfragen von der Auftaktseite.
4. Erstellt aus den Daten aus **M8** ein Balken- oder Säulendiagramm mit aussagekräftiger Überschrift.
5. a) Ausländerinnen und Ausländer? Menschen mit Migrationshintergrund? Neu-Deutsche? Findet weitere Bezeichnungen, die zutreffend und nicht beleidigend sind.
   b) Diskutiert in der Klasse, welche Begriffe für Zugewanderte am besten passen.

F zu Aufgabe 2
Diskutiert mögliche Gründe für Abweichungen.

H zu Aufgabe 3
Recherchiert dazu weitere Zahlen und Fakten, wenn nötig.
Nutze als verlässliche und übersichtliche Quelle die Seite des Statistischen Bundesamtes *www.destatis.de*.

Diagramme und Schaubilder analysieren

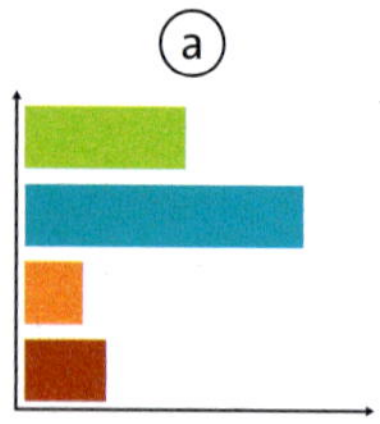

Balkendiagramm

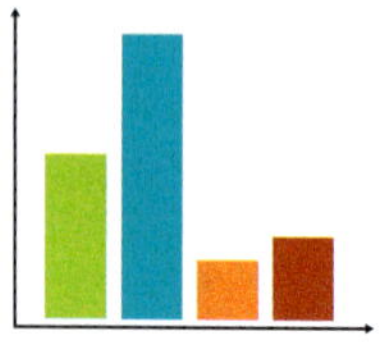
Säulendiagramm

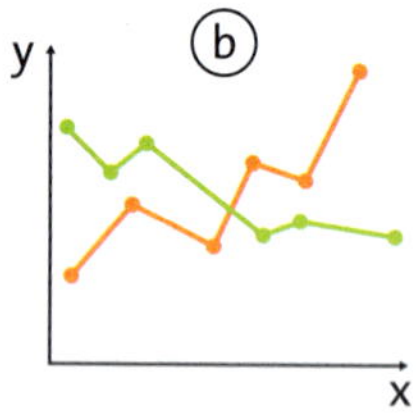

Liniendiagramm

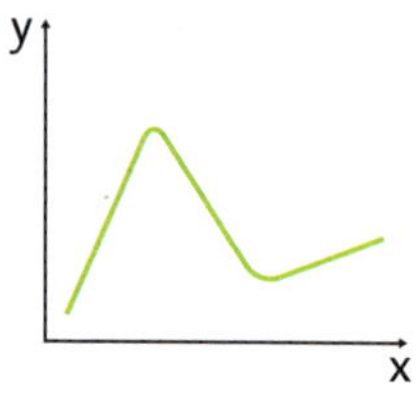

Kurvendiagramm

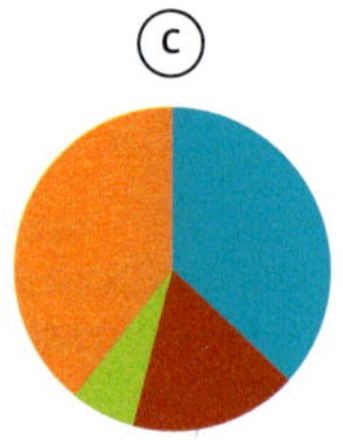

Kreisdiagramm

1. Schritt: Fragestellung / Thema bestimmen

Was ist das Thema des Diagramms / Schaubilds? Lies die Überschrift der Darstellung genau.

↓ ↓ ↓

2. Schritt: Darstellungsform bestimmen

Um welche Darstellungsform (Schaubild), welche Art von Diagramm handelt es sich? Diagramme sind gezeichnete Zahlenwerte. Es gibt verschiedene Arten:

a) in **Balken- und Säulendiagramm** lassen sich verschiedene Zahlenwerte gut miteinander vergleichen,
b) durch **Linien- und Kurvendiagramm** können zeitliche Entwicklungen gut dargestellt werden,
c) **Kreisdiagramme** lassen die jeweiligen Anteile an der Gesamtmenge gut erkennen.

↓ ↓ ↓

3. Schritt: Diagramm / Schaubild beschreiben

- In welcher Maßeinheit sind die Zahlenwerte angegeben? Handelt es sich um absolute Zahlen? Dann steht dort z. B. „in Tausend“ oder „in Millionen“. Oder sind relative Zahlen dargestellt? Diese Angaben erfolgen in Prozent (%) oder „von 100“ und geben den Anteil der betrachteten Gruppe an.
- Welcher Zeitpunkt oder Zeitraum ist dargestellt?
- Woher kommen die Zahlen, was ist als Quelle der Darstellung angegeben?

↓ ↓ ↓

4. Schritt: Analysieren und Aussagen formulieren

- Was zeigen die Zahlen und Daten? Ist eine (zeitliche) Entwicklung zu erkennen?
- Gibt es Besonderheiten oder Auffälligkeiten? Können Höchst-, Tiefst- oder Durchschnittswerte abgelesen werden?
- Was ist die Gesamtaussage des Diagramms? Versuche diese in einem Satz zu formulieren.

↓ ↓ ↓

5. Schritt: Schaubild kritisch beleuchten und erklären

Ist die Form der Darstellung korrekt? Passen die Abstände im Koordinatensystem, sind die Einheiten nicht gestreckt oder gestaucht, sondern vergleichbar?
Wie ist die Aussage des Schaubilds / Diagramms in das Thema einzuordnen? Berücksichtige hierbei, was du schon alles zu dem Thema gelernt hast. Bestätigen sich deine Vorkenntnisse oder sind Widersprüche oder neue Aspekte zu erkennen?

Bearbeiterin

Neue Vielfalt in Deutschland?

Einwanderungsland Deutschland > M1-M4

Einwanderung ist ein Merkmal der deutschen Gesellschaft. Migration findet als Auswanderung aus Deutschland, in den letzten Jahren aber vor allem als Einwanderung nach Deutschland, statt.
Zu den Push-Faktoren, die Menschen dazu bringen, ihre Heimat zu verlassen, gehören politische und religiöse Verfolgung, Kriege und Bürgerkriege, Hunger und Armut, zu wenig Sicherheit und Mitbestimmungsrechte, schlechte Ausbildungsbedingungen, aber auch Missernten und Naturkatastrophen.
Pull-Faktoren sind Anziehungskräfte. Die Pull-Faktoren, die Deutschland attraktiv für Zuwanderung machen, sind: Frieden, Sicherheit, die Gewährleistung von Menschenrechten und Demokratie in den Staaten der Europäischen Union, die Möglichkeit, Asyl zu beanspruchen, die Wirtschaftskraft und geringe Arbeitslosigkeit in Deutschland, soziale Absicherung. Auch die Möglichkeit zum Familiennachzug bringt Zuwanderung mit sich.

Übung
82000-973

Zusammensetzung der Bevölkerung > M4, M6

Insgesamt haben über 25 Prozent der Menschen in Deutschland einen Migrationshintergrund, das heißt, sie oder ihre Eltern sind nach Deutschland zugewandert.
In Deutschland leben etwa sieben Prozent Ausländerinnen und Ausländer, das sind Menschen ohne deutschen Pass. Sie müssen in Deutschland Steuern zahlen und erhalten ggf. auch Sozialleistungen, dürfen aber nicht an Wahlen teilnehmen. EU-Staatsbürgerinnen und -bürger dürfen allerdings auch in Deutschland an kommunalen Wahlen und an der Europawahl teilnehmen.

Übung
82000-974

Mehr Zuwanderung durch Geflüchtete > M7

Die Zuwanderung nach Deutschland ist zwischen 2014 und 2016 vor allem auch durch die Geflüchteten sprunghaft angestiegen. Seit 2016 sinkt sie wieder stark und kontinuierlich. Geflüchtete, die politisch verfolgt werden, können in Deutschland Asyl oder zumindest ein Aufenthaltsrecht nach der Genfer Flüchtlingskonvention oder anderer Schutzvorschriften erhalten. Der Anspruch auf Schutz wird in jedem Einzelfall geprüft.

Übung
82000-975

1.2 Zuwanderungen – mehr Chancen als Risiken für die deutsche Gesellschaft?

1.2.1 Wie gelingt bislang die Integration in der Schule und auf dem Arbeitsmarkt?

Viele sehen Chancen in der Zuwanderung und weisen darauf hin, dass die Gesellschaft in Deutschland immer älter wird und junge Migrantinnen und Migranten braucht. Es gibt aber auch kritische Fragen zu möglichen Problemen der Zuwanderung: Wie gut sind Kinder und Jugendliche während ihrer Schulzeit und Ausbildung integriert? Welche Folgen hat Zuwanderung für den Arbeitsmarkt? Sollte es weniger, mehr oder besser qualifizierte Zugewanderte geben?

M1 Wie groß ist der Anteil an Schülerinnen und Schülern mit ausländischer Staatsbürgerschaft?

70081-196

Von den rund 10,9 Millionen Schülerinnen und Schüler im Schuljahr 2020/2021 haben 1,3 Millionen eine ausländische Staatsbürgerschaft, das sind 1,8 % mehr als im Schuljahr 2019/2020. Damit haben 12,1 % aller Schülerinnen und Schüler einen ausländischen Pass.

Anteil der ausländischen Schülerinnen und Schüler im Schuljahr 2020/2021 (Stand: 2022)

73000-560

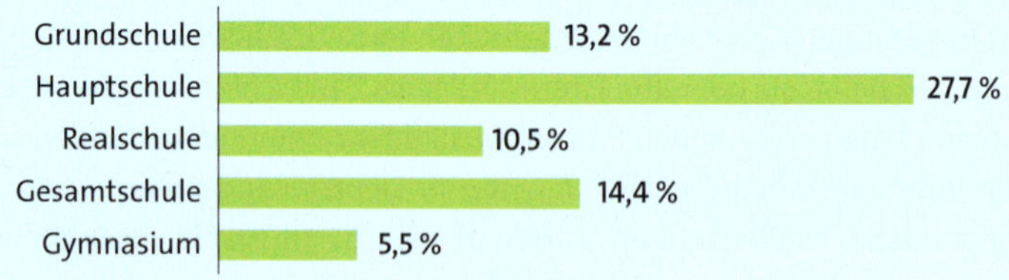

©C.C. Buchner Verlag, aktuelle Daten nach: Statistisches Bundesamt (Datenerhebung: 2020-2021; Grafikerstellung: 2022)

M2 Wer hat welchen Schulabschluss?

70081-197

Bevölkerung in Privathaushalten nach Schulabschluss und Migrationshintergrund in Deutschland 2019 in 1000 (Stand: 2021)

73000-561

	Anzahl insgesamt	Ohne Migrationshintergrund	Mit Migrationshintergrund
Noch in Ausbildung	2.500	1.601	899
Hauptschulabschluss	20.202	16.250	3.952
Mittlerer Abschluss	16.635	13.372	3.262
Fachhochschule/ Hochschulreife	23.656	18.233	5.424
Ohne Abschluss	2.855	842	2.014

©C.C. Buchner Verlag, aktuelle Daten nach: Statistisches Bundesamt (Datenerhebung: 2019; Grafikerstellung: 2021)

M3 Vom Programmierer zum Lagerlogistiker

70082-003

Insgesamt 15 Stipendiatinnen und Stipendiaten des Tübinger Ausbildungsstipendiums für Geflüchtete haben ihre Ausbildung abgeschlossen. Mohammad Alamira aus dem Irak ist einer von ihnen.

Vor kurzem hat der 26-jährige Iraker [Mohammad Alamira] seine Ausbildung zum Fachmann für Lagerlogistik beim Tübinger Instrumentenversand Reinhardt abgeschlossen. Alamira ist einer von 15 Absolventen, die von der Stadt mit einem Ausbildungsstipendium für Geflüchtete unterstützt wurden. Die Fachabteilung „Hilfen für Geflüchtete" hat für die Stipendiaten das Gehalt für die ersten sechs Monate der Ausbildung übernommen. Außerdem können Geflüchtete während der Ausbildung Sprachkurse und Nachhilfestunden besuchen. Seine Ausbildung bei Reinhardt hat Alamira 2018 begonnen. Der Geschäftsführer Gunter Reinhardt erinnert sich noch gut an sein erstes Ausbildungsjahr. „Ich habe die Sprachprobleme anfangs falsch eingeschätzt", sagt er. „Im Arbeitsalltag war das nicht so schlimm, aber wenn man in der Berufsschule seine Klassenarbeit unter Hektik schreiben muss, ist das nochmal eine andere Ebene." [...] Die Integrationsmanagerin hat ihn während seiner Ausbildung regelmäßig besucht. Sie erinnert sich an einen Runden Tisch mit Geschäftsführer Reinhardt und Alamira. Dabei diskutierten sie, ob Alamira zuerst eine Ausbildung zum Fachlageristen machen sollte. Diese dauert nur zwei Jahre und sei einfacher. Trotzdem hat der Auszubildende sich für die höherwertige Ausbildung [...] entschieden. „Er hat gesagt, dass er das schafft und hat seinen Dickkopf durchgesetzt". [...] Im Irak hat Alamira als selbständiger Programmierer gearbeitet. Er ist vor dem Islamischen Staat über Syrien in die Türkei geflüchtet. Mit einem Boot kam er auf Lesbos in Griechenland an. [...] Im Oktober 2015 ist er nach Tübingen gekommen. Dort hat er Deutsch gelernt und 2018 zunächst als Minijobber bei Reinhardt angefangen. [...] Geschäftsführer Gunther Reinhardt hat Alamira übernommen. Gerne würde er wieder einen Geflüchteten ausbilden. „Die Geflüchteten sind sehr motiviert und wollen was erreichen", sagt er.

Deistler, Sophie: Vom Programmierer zum Lagerlogistiker. In: www.tagblatt.de, 02.09.2021

Aufgaben

70081-77

1. a) Analysiert in Partnerarbeit **M1-M2**.
   b) Vergleicht und ergänzt eure Ergebnisse.
2. Arbeitet aus **M3** heraus, wie sich das Ausbildungsstipendium für Geflüchtete von einer normalen Ausbildung unterscheidet.
3. a) Analysiert arbeitsteilig die Grafiken (QR-Code in Randspalte).
   b) Tauscht eure Ergebnisse aus und formuliert ein Gesamtfazit.
4. Diskutiert, ob Migrantinnen und Migranten die gleichen Chancen in der Schule und Ausbildung haben.

H zu Aufgabe 1
Nutzt die Methode „Diagramme und Schaubilder analysieren".

Zusatzmaterial: Auswirkungen der Corona-Pandemie auf die Arbeitsmarktsituation

70081-112

1.2.2 Braucht Deutschland Zuwanderung?

In Deutschland gibt es eine große öffentliche Diskussion darüber, ob Deutschland die starke Zuwanderung gut verkraften kann und ob Deutschland die Zuwanderung vielleicht sogar braucht. Im Mittelpunkt der Diskussion steht immer die Überlegung, ob es nicht einen Bedarf an vielen jungen Arbeitskräften gibt und ob die Integration von Migrantinnen und Migranten von Staat und Gesellschaft bewältigt werden kann.

M4 Schlagzeilen zum Thema Zuwanderung

70082-004

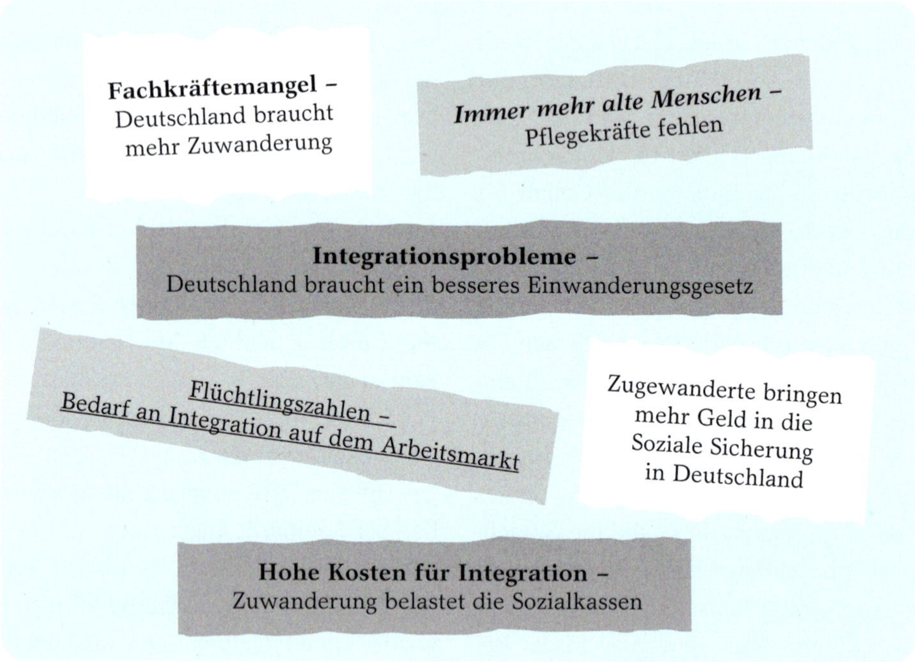

Bearbeiterin

Demografischer Wandel

In Deutschland gibt es immer mehr ältere Menschen. Die Bevölkerung wird ohne Zuwanderung schrumpfen.

Deutschland hat eine niedrige Geburtenrate und die Menschen werden durch eine gute medizinische Versorgung und gute Ernährung immer älter. Frauen in Deutschland bekommen im Schnitt nur 1,41 Kinder. Dadurch gibt es im Verhältnis zu den Älteren immer weniger junge Menschen. Der demografische Wandel bringt Probleme mit sich, weil die arbeitenden jüngeren Menschen Sozialbeiträge und Steuern zahlen. Davon bekommen ältere Menschen ihre Renten und Pensionen. Auch die Finanzierung der Gesundheitskosten ist in einer älteren Bevölkerung schwierig. Außerdem klagen viele Unternehmen über einen Arbeitskräftemangel, z. B. im Pflege- und Gesundheitswesen. Nur durch Zuwanderung kann es einen Netto-Zuwachs der Bevölkerung geben.

Bearbeiterin

M5 Wie hätte sich Deutschland ohne Zuwanderung entwickelt?

70081-199

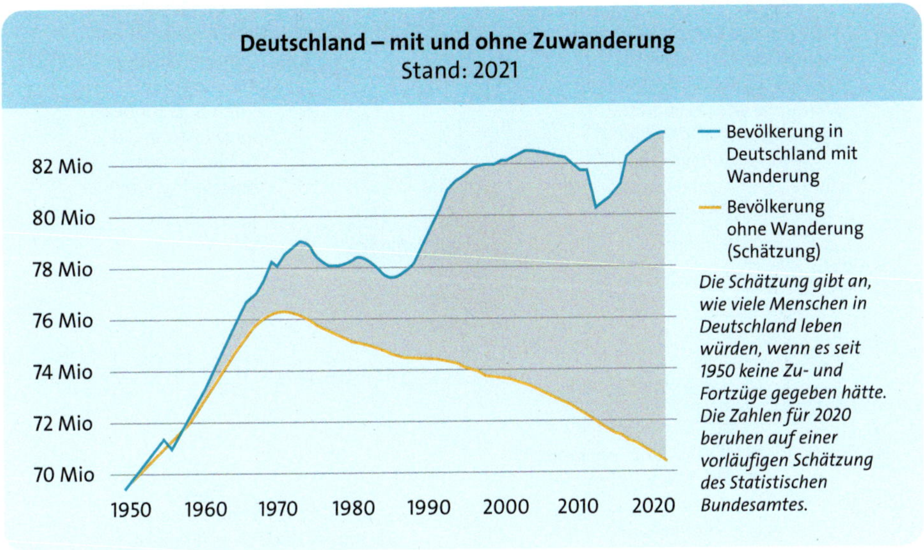

Nach © MEDIENDIENST INTEGRATION / CC BY-SA 3.0

M6 Braucht Deutschland Zuwanderung?

70082-005

Einwanderung wird es aus den unterschiedlichsten Gründen immer geben, Deutschland muss sich einfach als Einwanderungsland begreifen.

Es soll nur bleiben dürfen, wer den Unterhalt für sich und seine Familie selbst aufbringen kann.

Durch die vielen lang andauernden Kriege weltweit, werden immer Geflüchtete aus diesen Ländern nach Deutschland kommen. Sie müssen aufgenommen werden, um in Sicherheit leben zu können.

Entgegen vieler Erwartungen sinken die Flüchtlingszahlen seit 2016 massiv.

Wenn wir den Zugang zum Arbeitsmarkt für Flüchtlinge erleichtern, dann haben sie die Chance, in die sozialen Kassen einzuzahlen und dann profitiert die gesamte Gesellschaft davon.

Menschen sollten grundsätzlich die Freiheit haben, dort zu leben und zu arbeiten, wo sie es möchten – ganz so wie in der Europäischen Union.

Zugewanderte haben nur ein Interesse sich zu integrieren, wenn sie in Deutschland eine langfristige Perspektive haben, bleiben zu dürfen.

Es kommen einfach zu viele junge, alleinstehende Männer.

Wegen des demografischen Wandels braucht Deutschland mehr Zuwanderung, besonders in den Berufsfeldern, in denen Arbeitskräfte fehlen, wie zum Beispiel in der Pflege.

Schlecht ausgebildete Geflüchtete haben Probleme, die deutsche Sprache zu lernen und können nur schwer in den Arbeitsmarkt integriert werden.

Menschen sollten grundsätzlich dort bleiben, wo sie geboren wurden.

Es ist schwierig, die Kinder der Zugewanderten in das deutsche Schulsystem zu integrieren, weil der Staat dafür mehr Geld und zusätzliche Lehrerstellen zur Verfügung stellen müsste, um schulische Erfolge der Kinder zu unterstützen.

Mehr Zuwanderung bedeutet immer auch mehr Integrationsprobleme, z. B. haben viele Zugewanderte aus arabischen Staaten ein Frauenbild, das nicht auf Gleichberechtigung, sondern einer Vormachstellung von Männern beruht.

Bearbeiterin

Aufgaben

70081-78

1. Ordne jeder Schlagzeile in **M4** ein selbst gewähltes Beispiel zu.
2. a) Deutschland 2060: Gestaltet eine Reportage über eine Gesellschaft, in der es viel mehr alte Menschen als junge gibt. Wie könnte sich das auf Schulen, Sportvereine, Supermärkte, Unternehmen usw. auswirken?
   b) Berichtet als Reporterinnen und Reporter von verschiedenen Orten .
   c) Präsentiert eure Reportage in der Klasse.
3. Braucht Deutschland mehr Zuwanderung (**M6**)?
   a) Notiert zu zweit die Aussagen aus dem Argumentepool auf Karten.
   b) Ergänzt weitere mögliche Argumente.
   c) Sortiert die Argumente auf eurem Tisch nach inhaltlicher Zusammengehörigkeit.
   d) Wählt aus, welche Argumente euch am meisten überzeugen. Stellt eure Meinung in der Klasse vor und begründet eure Auswahl.

F **zu Aufgabe 3**
Überprüft die Argumente z. B. mit Hilfe des Faktenchecks der UNO Flüchtlingshilfe unter *https://www.uno-fluechtlingshilfe.de/informieren/faktencheck*

Braucht Deutschland Zuwanderung?

Integration in Schule und Beruf

> M1-M3

In der Schule und der Arbeitswelt gibt es weiterhin Unterschiede zwischen Menschen mit und ohne Migrationshintergrund. So haben Kinder aus Einwandererfamilien oft eine schlechtere Schulbildung und Migrantinnen und Migranten sind häufiger arbeitslos. Viele Unternehmen in Deutschland sind allerdings auch auf zugewanderte Arbeitskräfte angewiesen. Die Integration in den Arbeitsmarkt gelingt dann, wenn Menschen gut ausgebildet sind. In vielen Städten und Gemeinden gibt es daher Paten- und Unterstützungsprogramme, mit denen vor allem Jugendliche aus Einwandererfamilien gefördert werden.

Übung

82000-976

Demografischer Wandel

> M4-M5

Demografie ist die Beschreibung einer Bevölkerung in ihrer Alterszusammensetzung. Die deutsche Gesellschaft wird im Durchschnitt immer älter.
Die älteren Menschen in Deutschland leben immer länger, weil die gesundheitliche Versorgung so gut ist. Außerdem werden weniger Kinder geboren, als das früher der Fall war. Frauen in Deutschland bekommen im Durchschnitt 1,4 Kinder (vor fünfzig Jahren waren es durchschnittlich über zwei Kinder). Die Sterberate liegt in Deutschland also über der Geburtenrate. Das heißt, es gibt immer mehr alte Menschen und zu wenig Neugeborene, um das auszugleichen. Diese Alterung der Gesellschaft ist ein Merkmal des demografischen Wandels in Deutschland.
Je nachdem, wie viel Zuwanderung es in den nächsten Jahren geben wird, wird die Alterung der Gesellschaft stärker oder schwächer sein.

Übung

82000-977

Vorteile und Nachteile von Zuwanderung

> M6

Die Befürworterinnen und Befürworter einer starken Zuwanderung sehen zum einen die moralische Verpflichtung, Geflüchteten Schutz zu gewähren, und zum anderen weisen sie darauf hin, dass Unternehmen in Deutschland mehr Arbeitskräfte brauchen. Der Vorteil wird auch darin gesehen, dass junge Zuwanderer und Zuwanderinnen, die eine Arbeitsstelle finden, Steuern und Sozialabgaben zahlen und dadurch auch die soziale Sicherung in Deutschland (Rentenversicherung, Krankenversicherung) mitfinanzieren.
Kritkerinnen und Kritiker einer zu großen Zuwanderung weisen vor allem darauf hin, dass die Integration von Einwanderern und Einwanderinnen Kosten für soziale Unterstützung, Sprachkurse und Ausbildung verursacht. In Deutschland wird gerade darüber diskutiert, inwiefern man die Themen Arbeitszuwanderung und Schutz von geflüchteten Menschen voneinander unterscheiden kann oder muss.

Übung

82000-978

1.3 Herausforderung Integration

1.3.1 Guter Wille auf beiden Seiten?

Sowohl die Zuwanderer und Zuwanderinnen müssen bereit sein, sich auf ihr neues Land einzulassen, und die Einheimischen müssen vielleicht auch Zugeständnisse machen, damit das Zusammenleben funktioniert. Wie viel Entgegenkommen müssen beide Seiten zeigen? Was ist der Kern des Zusammenlebens in Deutschland, mit dem alle einverstanden sein müssen?

M1 Wann ist man integriert?

70081-200

Eine Person ist in die deutsche Gesellschaft integriert, wenn …

Kategorie	Zustimmung	Ablehnung
... sie arbeitet.		
... sie die deutsche Sprache versteht.		
...		

BITTE INS HEFT!

Diskriminierung

Wenn einzelne Menschen oder Gruppen benachteiligt werden, weil sie zum Beispiel eine andere Hautfarbe oder eine andere Religion haben, so werden sie diskriminiert. Die Gründe dafür können sehr unterschiedlich sein. Oft spielen Vorurteile eine Rolle. So haben manche Menschen ohne Grund eine schlechte Meinung von Menschen fremder Herkunft oder mit fremdländischem Aussehen. Sie behandeln diese Menschen deshalb unfair und ungerecht. Das ist Diskriminierung.

Schneider, Gerd/Toyka-Seid Christiane: Diskriminierung. In: www.hanisauland.de, Abruf am 12.01.2023

M2 Erfreuliche und weniger erfreuliche Erfahrungen

70081-201

2015 kamen fast eine Million Flüchtlinge nach Deutschland. Der ehemalige Tübinger Gymnasiallehrer Michael Kuckenburg hat drei von ihnen ehrenamtlich begleitet.

„Es gibt junge Migrantinnen und Migranten, die in verschiedener Hinsicht eine Bereicherung für unsere Gesellschaft sein werden oder die sich zumindest um Integration bemühen. Und es gibt andere, die keine Belastung sein müssten, aber durch ihr Verhalten eine Belastung sind. Für die gilt, das habe ich ursprünglich anders gesehen, Boris Palmers: „Wir können nicht allen helfen."

a) Elenya

Elenya hat meistens eine Art Skimütze auf, ein Kompromiss zwischen eigenem Freiheitsdrang und dem Konformitätsdruck der arabischen Community. Seit drei Jahren treffe ich sie samstags in der Stadtbibliothek. Sie wird kommenden Sommer Abitur an einem beruflichen Gymnasium machen [...]. Kennengelernt habe ich sie an der Gemeinschaftsschule West. Damals waren sie noch zu fünft. [...]

Elenyas Situation ist noch einmal anders. Ihr Vater war ein syrischer Palästinenser und ist bei einem Unfall ums Leben gekommen, ihre Mutter, ebenfalls aus Syrien, lebt in Jordanien und ist Zahnärztin (Elenya besucht sie gelegentlich).

Eigentlich ist Elenya ein klassischer Fall von erfolgsorientierter Zuwanderung. Sie will Medizintechnik studieren und wäre insofern ein Gewinn für Deutschland. Syrien bräuchte sie – nach Ende des Bürgerkriegs – aber dringender für den Wiederaufbau. Nur: Habe ich das Recht ihr vorzuschreiben, wo oder wie sie glücklich werden möchte?

Kuckenburg, Michael: Manchen kann man wirklich nicht helfen. In: www.tagblatt.de, 04.01.2021 (Namen geändert)

b) Ousman

Ousman hat auch nach vier Jahren noch keinen einzigen Satz auf Deutsch sprechen können, die Kommunikation mit ihm ging über ein Knäuel deutscher und englischer Brocken, sowie über ein Mandinka-Wörterbuch. Bei wichtigen Anlässen hat ein Gambier aus einer Nachbargemeinde geholfen, der seit 20 Jahren hier lebt. Gerade für Ousman wäre intensivere Kommunikation wichtig gewesen; aber er ist nur sehr unregelmäßig zum Deutschkurs [...] gegangen, und dort hat er sich regelmäßig mit der weißrussischen Lehrerin angelegt. Bei jedem Test hat er die Mindestmarke deutlich unterschritten.

Ousmans erster Zimmernachbar ist als Dealer verurteilt worden. Er selbst hat, hoffe ich, nicht gedealt. Dafür hat er andere Probleme gehabt: Er hat regelmäßig sofort nach Geldeingang auf seinem Konto 150 Euro an seine Mutter überwiesen, den Rest hat er in bar abgehoben. Deshalb konnte er auch die Bußgelder fürs Schwarzfahren [...] nicht bezahlen, für die fälligen Mahngebühren hatte er erst recht kein Geld; die habe ich bezahlt, insgesamt drei Mal. [...]

Während dieser Streitigkeiten Anfang 2017 ist Ousmans Asylantrag abgelehnt worden. Er hatte als Asylgrund angegeben, dass er in Gambia mehrere Freunde um etliches Geld betrogen habe und deshalb bei seiner Rückkehr um seine Gesundheit fürchten müsse: das hat das BAMF nicht anerkannt. [...]

Dann im Juli habe ich Ousman auf dringendes Anraten des Hautarztes (er hatte [...] Ekzeme an den Füßen) Sandalen gekauft, zwei Stunden später hat die Schule angerufen: Die Polizei hat ihn gerade aus dem Unterricht geholt, er ist beim Klauen eines Parfumtesters erwischt worden – eines Parfumtesters! Den braucht er höchstens zum Weiterverticken. Daraufhin habe ich den Kontakt abgebrochen.

Kuckenburg, Michael: Manchen kann man wirklich nicht helfen. In: www.tagblatt.de, 04.01.2021 (Namen geändert)

BAMF
Das Bundesamt für Migration und Flüchtlinge (BAMF) ist zuständig für die Durchführung von Asylverfahren und die Zuerkennung des Flüchtlingsschutzes in Deutschland.

c) Davin

Davin war beim Treffen heute glücklich: „Ich habe eine 4,2 in der Deutscharbeit!" In anderen Fächern hat er Noten zwischen Zwei und Drei (in Mathe eine Eins); [...]
Wir treffen uns seit diesem Schuljahr immer freitags [...]. Die größten Probleme gibt es im Deutschunterricht: Davin spricht für die vier Jahre in Deutschland fantastisch Deutsch, aber bei Klassenarbeiten braucht er einfach länger als andere, um die Texte zu verstehen, und hat dann weniger Zeit für die Bearbeitung. Er wird künftig Nachteilsausgleich kriegen und die Texte früher zu lesen bekommen. [...]
Heute hat er mich gefragt, welche Adressaten-Wirkung die rhetorischen Mittel Ironie und Alliteration haben – das wollte in 39 Berufsjahren kaum jemand von mir wissen. [...]
Seine positive Einstellung, sein Fleiß, seine Anstrengung sich zu integrieren, machen mir Hoffnung für seine Zukunft. [...]
Davin hat dieser Tage mit seinem Vater im Iran geskypt. Der ist gläubiger Moslem und hat von ihm verlangt: Lies den Koran! Aber akzeptiere nur das, was dich zu einem besseren und friedlicheren Menschen macht" „Und, Davin, was ist wichtiger: Koran oder Grundgesetz?" „Natürlich das Grundgesetz".

Kuckenburg, Michael: Manchen kann man wirklich nicht helfen. In: www.tagblatt.de, 04.01.2021 (Namen geändert)

Integration

Integration ist ein langfristiger Prozess, der zum Ziel hat, alle Menschen, die dauerhaft und rechtmäßig in Deutschland leben, in die Gesellschaft einzubeziehen.
Ziel der staatlichen Integrationspolitik ist es, Zugewanderten mit einer langfristigen Bleibeperspektive die gleichen Chancen auf Teilhabe in wirtschaftlichen, sozialen und gesellschaftlichen Bereichen wie der einheimischen Bevölkerung zu ermöglichen. Zugewanderte haben die Pflicht, die deutsche Sprache zu erlernen sowie die Verfassung und die Gesetze zu kennen, zu respektieren und zu befolgen.

BMI Lexikon: Integration. In: www.bmi.bund.de, Abruf am 30.08.2022

Resettlement

Millionen Menschen sind weltweit auf der Flucht. Viele sind in Länder geflüchtet, in denen sie nicht dauerhaft bleiben können. Mindestens 2 Millionen besonders schutzbedürftige Flüchtlinge benötigen laut Hohem Flüchtlingskommissar der Vereinten Nationen (UNHCR) dringend eine Lebensperspektive in einem anderen Land als dem Erstzufluchtsstaat, weil dort ihr Leben, ihre Freiheit, Sicherheit, Gesundheit und andere fundamentale Rechte weiterhin gefährdet sind oder der Verbleib aus anderen Gründen nicht zumutbar ist. **Dieser Prozess nennt sich Resettlement. Weltweit nehmen verschiedene Staaten Flüchtlinge im Wege des Resettlement dauerhaft auf. Auch Deutschland zählt seit 2014 dauerhaft dazu.**

NesT-Broschüre: Was ist NesT? In: www.neustartimteam.de, Abruf am 12.06.2024

M3 „NesT" – Neustart im Team: ein Pilotprojekt der Bundesregierung

70082-006

„Neustart im Team" (NesT) ist ein Pilotprojekt, in dessen Rahmen die Aufnahme von bis zu 500 besonders schutzbedürftigen Flüchtlingen im Zusammenhang mit den von der deutschen Regierung durchgeführten humanitären Aufnahmen ermöglicht wird. Der neue Ansatz: Staat und Zivilgesellschaft arbeiten dabei von Anfang an zusammen, um die Integration zu erleichtern. NesT baut dabei auf Mentorinnen und Mentoren, die den Flüchtlingen das Ankommen erleichtern. Mindestens fünf Personen müssen sich gemeinsam dazu verpflichten, einen Flüchtling oder eine Familie ideell und finanziell zu unterstützen.

UNHCR: NesT – Neustart im Team. In: www.unhcr.org, Abruf am 30.08.2022

„Neustart im Team (NesT)" ist ein staatlich-gesellschaftliches Aufnahmeprogramm für besonders schutzbedürftige Flüchtlinge. Es wird gefördert vom Bundesamt für Migration und Flüchtlinge.

> „Uns geht es so gut. Warum sollen wir nicht etwas zurückgeben?"
>
> *Angela K, Mentorin bei Neustart im Team*

Aufgaben

70081-79

1. Ergänzt die Liste in **M1** mit Ideen, wann eine Person in Deutschland integriert ist (**M1**).
2. Gestaltet ein Plakat „Für uns ist Integration..." mit den Ergebnissen aus **M1**.
3. a) Bearbeitet den Text von Michael Kuckenburg (**M2**) arbeitsteilig (3er-Gruppen).
   b) Vergleicht die drei Biografien.
   c) Findet für jeden der jungen Menschen eine Position auf der Positionslinie.

   voll integriert ———————————— nicht integriert

   d) Diskutiert, welche Faktoren aus eurer Sicht Integration erfolgreich machen.
4. Vergleicht eure Ergebnisse aus **M1** mit der Begriffskarte **#Integration**.
5. Diskutiert, ob ihr bereit wärt, am Pilotprojekt „NesT" teilzunehmen (**M3**).

H zu Aufgabe 1
Sammelt zuerst alle Kategorien, erhebt dann in der Klasse die Zustimmung und Ablehnung für jede einzelne Kategorie.

F zu Aufgabe 3c
Ergänzt zwei weitere Beispiele aus eurem Freundes- bzw. Bekanntenkreis.

1.3.2 Neues Land und neuer Pass = integriert?

In vielen Gemeinden in Baden-Württemberg ist Integrationspolitik ein wichtiges Thema. Aber wie gut funktioniert die Integrationspolitik? Sollten sich zum Beispiel Ausländerinnen und Ausländer grundsätzlich einbürgern lassen, um besser in die deutsche Gesellschaft integriert zu sein?

M4 Warum ich Deutsche/Deutscher geworden bin

70082-007

Davut C., 21 Jahre, Mechatroniker
Ich bin Mannheimer. Hier bin ich geboren und ich fühle mich nicht als Türke, Deutscher oder Deutschtürke. Die deutsche Staatsangehörigkeit habe ich angenommen, weil ich hier schon immer lebe. Hätte ich mich für die türkische Staatsangehörigkeit entschieden, dann hätte ich den Wehrdienst in der Türkei ableisten müssen. Das wollte ich nicht.

Acelya D., 20 Jahre, Studentin
Meine Mutter ist Griechin, mein Vater Türke und ich bin Deutsche. So einfach ist das. Ich bin in Bochum geboren und lebe dort sehr gerne. Außerdem studiere ich für das Lehramt an Haupt- und Realschulen und möchte Beamtin werden. Das geht nur mit der deutschen Staatsangehörigkeit.

Cyrus P., 19 Jahre, Auszubildender bei einer Bank
Ich bin mit meinen Eltern vor zehn Jahren aus dem Iran geflohen. Wir wurden als politische Flüchtlinge anerkannt. Gefühlsmäßig ist es nicht leicht, die deutsche Staatsangehörigkeit anzunehmen. Aber die Vorteile liegen klar auf der Hand: gesicherter Aufenthaltsstatus, Wahlrecht.

M5 Ein Pass, zwei Pässe

Optionspflicht
Bislang mussten in Deutschland geborene Kinder ausländischer Eltern nach Erreichen der Volljährigkeit erklären, ob sie die deutsche oder die ausländische Staatsangehörigkeit behalten wollen.

Kinder ausländischer Eltern, die in Deutschland geboren sind, werden zukünftig unter bestimmten Voraussetzungen von der so genannten Optionspflicht befreit. In bestimmten Fällen wird damit die Mehrstaatigkeit akzeptiert.

Die Befreiung von der Optionspflicht betrifft in Deutschland geborene Kinder ausländischer Eltern, die eine andere ausländische Staatsangehörigkeit als die eines anderen Mitgliedstaates der Europäischen Union oder der Schweiz besitzen, wenn sie im Inland aufgewachsen sind. Im Inland aufgewachsen ist, wer sich seit acht Jahren gewöhnlich im Inland aufgehalten hat, sechs Jahre im Inland eine Schule besucht hat oder über einen im Inland erworbenen Schulabschluss oder eine im Inland abgeschlossene Berufsausbildung verfügt.

Bundesverwaltungsamt: Optionspflicht neu geregelt: Bundestag beschließt Reform des Staatsangehörigkeitsrechts. In: www.bva.bund.de, 07.07.2014

M6 Wege zur deutschen Staatsangehörigkeit

Staatsangehörigkeit: DEUTSCH
Die deutsche Staatsangehörigkeit wird erworben durch ...

Abstammung von deutschen Eltern

Ein Kind, bei dem mindestens ein Elternteil deutscher Staatsbürger ist, erhält mit der Geburt die deutsche Staatsangehörigkeit.

Geburt in Deutschland

Ein Kind ausländischer Eltern, die dauerhaft in Deutschland leben, erhält mit der Geburt die deutsche Staatsangehörigkeit und außerdem meist die Staatsangehörigkeit der Eltern (doppelte Staatsbürgerschaft).

Zwischen dem 18. und dem 23. Geburtstag muss es sich für eine der beiden Staatsbürgerschaften entscheiden.

Einbürgerung

Nachträglicher Erwerb der deutschen Staatsbürgerschaft auf Antrag. Voraussetzungen dafür sind unter anderem:

mindestens 8 Jahre Aufenthalt in Deutschland, Bekenntnis zum Grundgesetz, gesicherter Familienunterhalt, ausreichende Deutschkenntnisse, Straflosigkeit, Aufgabe der bisherigen Staatsangehörigkeit, Kenntnisse über die deutsche Rechts- und Gesellschaftsordnung (Einbürgerungstest)

Nach: ©Bergmoser + Höller Verlag AG, Zahlenbilder 130385

Staatsangehörigkeit

Die Staatsangehörigkeit legt fest, zu welchem Land man rechtlich gehört.
Als Staatsbürgerin und -bürger besitzt man bestimmte Rechte und Pflichten in dem jeweiligen Land. So darf man wählen oder gewählt werden, muss aber auch Steuern bezahlen oder als Mann z. B. Wehr- oder Zivildienst leisten. Die Staatsangehörigkeit regeln die Staaten ganz unterschiedlich. Die deutsche Staatsangehörigkeit wird durch Geburt erworben, wenn ein Elternteil deutsch ist. Das gilt auch, wenn der andere Elternteil eine andere Staatsangehörigkeit hat.

Wohnsitzprinzip
Auch Ausländerinnen und Ausländer müssen in Deutschland Einkommensteuer zahlen, wenn sie ihren gewöhnlichen Aufenthalt oder ihren Wohnsitz in Deutschland haben.

> Aufgaben

70081-80

1. Erläutere, welche Bedeutung es für die drei jungen Menschen in **M4** hat, dass sie jetzt deutsche Staatsbürgerinnen und -bürger sind.
2. Sibel ist 21 Jahre alt und hat nach ihrem Realschulabschluss in Tuttlingen eine Ausbildung zur Fachinformatikerin abgeschlossen. Ihre Großeltern stammen aus der Türkei und ihre Eltern haben die türkische Staatsbürgerschaft. Sie sind in Baden-Württemberg aufgewachsen. Sibel will sich einbürgern lassen, doch ihre Eltern werfen ihr vor, sie verrate damit ihre türkische Herkunft (**M5-M6**).
   a) Gestaltet ein Rollenspiel zu dem Konflikt.
   b) Überprüft, ob Sibel die deutsche Staatsbürgerschaft bekommen kann (**M6**).
3. Überprüft, ob ihr genug über Deutschland wisst, um eingebürgert werden zu können.

H zu Aufgabe 2b
Verfasst zu jeder Person eine Rollenkarte: Wer ist die Person? Welches Anliegen / Welches Interesse hat sie? Welche Rolle nimmt sie in der Familie ein? Wie könnte sich die Person im Rollenspiel verhalten?

H zu Aufgabe 3
Auf der Internetseite www.bamf.de (Bundesamt für Migration und Flüchtlinge) findet ihr Online-Versionen des Einbürgerungstestes zum Ausprobieren.

1.3.3 Integration vor Ort: Ist das Mössinger Konzept ein Modell für die Zukunft?

Die große Kreisstadt Mössingen liegt am Fuße der Schwäbischen Alb, ca. 20 Kilometer südlich von Tübingen. Über 20.000 Menschen sind dort zuhause, etwa 27 % der Einwohnerinnen und Einwohner haben einen Migrationshintergrund.

M7 Integration ist ...

„Integration ist eine Lebensaufgabe für beide Seiten."

Yassir Eric, ev. Theologe an der Universität Heidelberg

M8 Integration mit Konzept

70081-202

Zusammenleben in Mössingen – Auftaktveranstaltung zur Erarbeitung eines Integrationskonzepts

Schon ein Blick auf die rund 60 Teilnehmenden an diesem Samstagnachmittag im Mössinger Bürgersaal stimmte optimistisch. Es war etwas gelungen, womit sich viele Kommunen in Bürgerbeteiligungsprozessen schwertun: Eine bunte Mischung an Beteiligten einzubinden. Gemeinderäte, KiTa-Leiterinnen, Sozialarbeiter und Vertreter der Verwaltung trafen auf Bürgerinnen und Bürger jeden Alters, aus allen Ortsteilen und unterschiedlicher Herkunft. Zunächst begrüßte Oberbürgermeister Michael Bulander und machte deutlich: „Bei über 5.000 Menschen mit internationalen Wurzeln ist Vielfalt in Mössingen im Grunde eine Normalität." Gleichzeitig wolle man Probleme nicht verschweigen, sondern offen und konstruktiv diskutieren [...]. An diesem Samstag nahm der Prozess seinen offiziellen Anfang: Die Stadt möchte in einem – möglichst konkreten und greifbaren – Integrationskonzept Leitlinien, Ziele und Maßnahmen festlegen und dabei einen ganzheitlichen Blick auf das Thema Integration einnehmen. Als Handlungsfelder für die folgende Arbeit an den Thementischen standen zur Auswahl: Bildung und Betreuung, Arbeit und Beschäftigung, Wohnen und Wohnumfeld [...].

Stadt Mössingen: Integrationskonzept. In: www.moessingen.de, 24.11.2018

M9 Muttersprachlicher Unterricht für Kinder mit Migrationshintergrund

70081-203

Der Mössinger Gemeinderat diskutiert die Umsetzung des Integrationskonzepts 3 Jahre nach dessen Einführung.

Bei einem Thema im Bereich Integration gehört Mössingen zu den Vorreitern. Gefördert von der Baden-Württemberg-Stiftung bietet man muttersprachlichen Unterricht an, bei den Migranten, die früher Lehrer waren, ihr Wissen an die Schüler weitergeben. Luis Eisold (FWV) sah das Ganze allerdings kritisch. Wichtiger fand er, dass Deutsch gelernt wird, bevor es muttersprachlichen Unterricht gibt. Verbunden war das mit der Sorge, dass die Kinder dann am Ende weder des Deutschen noch der Muttersprache so richtig mächtig sind. Diese Sorge, betonte Boris Kühn, sei durch die Sprachwissenschaft widerlegt. „Wenn man die Muttersprache gut kann, lernt man auch die nächste Sprache besser." Man sehe daher keine Konkurrenz. Claudia Jochen von der Linken im Steinlachtal verwies auf eigene Erfahrungen, dass Kinder Sprachen aufnehmen können wie ein Schwamm. Das müsse man auf jeden Fall unterstützen, denn „jede Sprache bedeutet eine andere Sicht auf die Welt". Dass Mössingen beim muttersprachlichen Unterricht auf dem richtigen Weg ist, sieht man wohl auch beim Land so. Immerhin hat das Handlungsziel muttersprachlicher Unterricht auch den Weg in den neuen Koalitionsvertrag des Landes gefunden, so Kühn.

Lenschow, Arnfried: So soll in Mössingen die Integration gelingen. In: www.gea.de, 21.05.2021

Koalitionsvertrag
Ein Koalitionsvertrag (auch Koalitionsvereinbarung) wird zwischen zwei oder mehreren Parteien geschlossen, um die mittel- bis langfristige Zusammenarbeit einer gemeinsamen Koalitionsregierung während der anstehenden Legislaturperiode zu regeln.

M10 Ein gescheitertes Integrationsprojekt: „Aus für den Tafelgarten"

Vier Jahre beackerten Geflüchtete und Tafelkundinnen und -kunden den Tafelgarten in der Mössinger Grabenstraße. Jetzt ist das Projekt Geschichte, die Fläche wird verkauft.

Das Gras ist schon etwas höher gewachsen, das Haus in der Grabenstraße 21 sieht verlassen aus. Im Tafelgarten, der Fläche hinter dem beigefarbenen Haus, liegen die Flächen brach. Die Pandemie hat den gemeinschaftlichen Anbau unterbunden. Das Integrationsprojekt, das Geflüchteten und Kunden des Tafelladens die Möglichkeit bot, ihr eigenes Gemüse anzubauen, wurde Ende April beendet. Wo vor einiger Zeit sich noch Tomaten neben Okraschoten reihten, Melonen und Lavendelsträucher wuchsen, ist nun Schluss mit der Bewirtschaftung.

Der interkulturelle Tafelgarten soll verkauft werden.

Möller, Hannah: Aus für den Tafelgarten. In: www.tagblatt.de, 03.05.2021

Aufgaben

70081-81

1. Erkläre das Zitat in **M7**.
2. a) Listet Argumente auf, die für und gegen die Erstellung eines Integrationskonzepts wie in der Stadt Mössingen sprechen (**M8**).
   b) Recherchiert, ob es in eurer Kommune auch ein Integrationskonzept gibt und wenn ja, was darin enthalten ist.
3. Diskutiert, ob muttersprachlicher Unterricht eine Chance oder ein Risiko für Kinder mit Migrationshintergrund ist (**M9**).
4. Formuliert einen Leserbrief zum Artikel aus **M10**.

F **zu Aufgabe 2**
Erörtert die Problematik, dass in einem Integrationsbericht zwangsläufig die Kategorien „Menschen mit und ohne Migrationshintergrund" gegenübergestellt werden.

(Wie) Kann Integration gelingen?

Integration

> M1-M3, M8-M11

Das Wort Integration kommt aus der lateinischen Sprache und bedeutet, dass Teile zu einem Ganzen zusammengefügt werden. Die Frage, wie gut Menschen unterschiedlicher Herkunft in einem Staat zusammenleben, ist eine Frage der Integration. Integration wird von Expertinnen und Experten als eine Entwicklung angesehen, zu der beide Seiten der Gesellschaft einen Beitrag leisten können. Von den Zugewanderten auf der einen Seite wird erwartet, dass sie die deutsche Sprache lernen und sich gut verständigen können. Sie müssen sich auch wie alle Bürgerinnen und Bürger an die Verfassung der Bundesrepublik Deutschland halten. Darin werden Grundrechte, wie zum Beispiel die Gleichberechtigung von Frauen und Männern und die Religionsfreiheit, gewährleistet. Außerdem müssen Zugewanderte die in Deutschland gültigen Regeln und Gesetze beachten.

Auf der anderen Seite müssen sicher auch die Einheimischen etwas zur Integration beitragen. Denn Integration wird erschwert oder verhindert, wenn die aufnehmende Gesellschaft nicht tolerant genug gegenüber Zugewanderten oder Ausländerinnen und Ausländern ist und sich fremdenfeindlich verhält.

Es ist in der deutschen Öffentlichkeit umstritten, wieviel Anpassung der Einwandererinnen und Einwanderer (z. B. bei der Bekleidung, Freizeitgestaltung) über die Sprachkenntnis und Anerkennung der Gesetze hinaus notwendig ist, damit die Integration gelingt.

Übung

82000-979

Fremdenfeindlichkeit und Diskriminierung

> M2c

Eine Hürde bei der Integration von Zugewanderten in die Gesellschaft ist Ausländer- oder Fremdenfeindlichkeit. Davon spricht man, wenn Menschen Ausländerinnen und Ausländer generell ablehnen. Fremdenfeindlichkeit beruht oft auf Vorurteilen. Wenn die Vorurteile dazu führen, dass eine Minderheit ausgegrenzt oder benachteiligt wird, spricht man von Diskriminierung. Ausländer- und Fremdenfeindlichkeit kann zu Beleidigungen oder tätlicher Gewalt gegen Menschen anderer Herkunft, Hautfarbe oder Religion führen. Es gibt in Deutschland Gesetze, die Menschen davor schützen sollen, dass sie aufgrund ihrer Herkunft, Religion, ihres Geschlechts, ihres Alters oder ihrer sexuellen Identität diskriminiert werden. Ausländerfeindliche Straftaten werden auch polizeilich verfolgt.

Übung

82000-980

Integrationspolitik

> M3, M10

Der Staat will die Integration von Zuwanderinnen und Zuwanderern durch politische Maßnahmen fördern. Dabei geht es oft um Projekte zur Förderung der Sprachkompetenz und der Bildung.
Sowohl das Land Baden-Württemberg als auch die Stadt Stuttgart werben zum Beispiel dafür, dass sich Ausländerinnen und Ausländer einbürgern lassen. Mit der Einbürgerung bekommen Ausländerinnen und Ausländer die deutsche Staatsangehörigkeit und dürfen wählen gehen. Der Staat Deutschland hat es im Jahr 2000 einfacher gemacht, deutscher Staatsbürgerin oder -bürger zu werden.

Übung

82000-981

Einbürgerungsgesetz

> M6

Kinder von deutschen Eltern sind durch ihre Abstammung immer deutsche Staatsbürgerinnen und -bürger.
Auch Ausländerinnen und Ausländer können die deutsche Staatsangehörigkeit erwerben, wenn sie bestimmte Voraussetzungen erfüllen. Sie müssen mindestens acht Jahre lang rechtmäßig in Deutschland leben, ausreichende deutsche Sprachkenntnisse haben und mit einem deutschen Schulabschluss oder dem Einbürgerungstest nachweisen können, dass sie die Rechts- und Gesellschaftsordnung Deutschlands kennen und akzeptieren. Sie müssen für ihren eigenen Lebensunterhalt sorgen können und dürfen nicht wegen einer Straftat verurteilt worden sein.
Die Kinder von ausländischen Staatsangehörigen erhalten automatisch die deutsche Staatsangehörigkeit, wenn sie in Deutschland geboren wurden und ein Elternteil seit mindestens acht Jahren rechtmäßig in Deutschland lebt.

Übung

82000-982

Selbsteinschätzung

In diesem Kapitel hast du dich mit dem Einwanderungsland Deutschland auseinandergesetzt und bist der Frage nachgegangen, wie Integration von Zugewanderten gelingen kann. Die folgende Tabelle hilft dir, herauszufinden, welche Inhalte und Fähigkeiten du dabei erworben hast. Zugleich zeigt sie dir, wo du noch weiter üben kannst.

Ich kann ...	Das klappt schon ...	Hier kann ich noch üben ...
... mindestens drei Gründe beschreiben, warum Menschen ihre Heimat verlassen (Push-Faktoren) und nach Deutschland kommen (Pull-Faktoren).		Kapitel 1.1: M2, #Push- und Pullfaktoren
... die Einwanderung nach Deutschland mit zutreffenden Daten/Zahlen beschreiben.		Kapitel 1.1: M3-M8, Methode: Diagramme und Schaubilder analysieren, #Zusammensetzung der Bevölkerung #Mehr Zuwanderung durch Flüchtlinge
... die Alterung der Gesellschaft in Deutschland beschreiben.		Kapitel 1.2: M4-M5, #Demografischer Wandel
... beschreiben, was Zugewanderte einerseits und die deutsche Gesellschaft andererseits zu einer guten Integration beitragen können.		
... mindestens zwei Schwierigkeiten und zwei Vorteile von Integration und Einwanderung erläutern.		Kapitel 1.2: M6 #Vorteile und Nachteile von Zuwanderung
... an einem Beispiel beschreiben, wie Zugewanderte durch politische Regeln oder Maßnahmen besser integriert werden.		Kapitel 1.3: M1-M10 #Einbürgerungsgesetz

M1 Deutsch sein bedeutet ...

Karikatur: Gerhard Mester

Aufgaben

70081-82

1. a) Beschreibe die Karikatur (**M1**).
   b) Erläutere, welche Meinung der Karikaturist zum Thema Integration hat.
2. a) Erstelle eine Tabelle mit Stichworten:

Was die Integration von Zugewanderten erleichtert ...	Was die Integration von Zugewanderten erschwert ...
BITTE INS HEFT!	

   b) Ordne zu, wer jeweils für die genannten Punkte verantwortlich ist: die Zugewanderten selbst, die deutsche Gesellschaft, politische Regeln/Maßnahmen.
3. Gestalte ein Plakat für eine Einwanderungsgesellschaft, das für mehr wechselseitiges Verständnis zwischen den Einheimischen und den Zugewanderten wirbt.
4. Braucht Deutschland mehr Zuwanderung? Verfasse eine kurze Rede mit drei wichtigen Argumenten.

Was weißt du schon?

70081-83

1. Ergänze jeweils die Satzenden in den Sprechblasen zu den Situationen auf den Fotos a-d.
2. a) Formuliere eine weitere Forderung.
   b) Beschreibe ein dazu passendes Bild.
3. Vergleiche deine Ergebnisse mit denen eines Partners/einer Partnerin.

#Grundrechte

2

Sobald wir mit mehreren Menschen zusammentreffen, handeln wir miteinander Regeln aus, an die wir uns halten. In einem Staat wie der Bundesrepublik Deutschland sind diese Regeln, die das Zusammenleben in der Gesellschaft ermöglichen, als Gesetze formuliert. Jede und jeder muss sich an diese Gesetze halten. Den wichtigsten Rahmen unserer Rechtsordnung stellt unsere Verfassung, das Grundgesetz für die Bundesrepublik Deutschland, dar. Hier sind unsere Grundrechte festgeschrieben, die in ihrem Wesen unveränderlich sind.

Du lernst in diesem Kapitel ...

- ... welche Bedeutung die Grundrechte sowohl für das Zusammenleben der Menschen in Deutschland als auch für den Einzelnen in unserer Gesellschaft haben.
- ... welche Rechte und Regeln es zum Schutz der Grundrechte gibt.

Eine Foto-Safari zur Bedeutung der Grundrechte in unserem Alltag erstellen

Bei der Beschäftigung mit diesem Kapitel werdet ihr schnell feststellen, wie eng die hier behandelten Themen mit eurem Lebensalltag verbunden sind. Im Mittelpunkt stehen die Grundrechte. Aber wo genau begegnen euch diese Grundrechte in eurem Alltag? Fotografiert Situationen, die besonders eindrucksvoll diese Grundrechte in eurem Alltag beschreiben.

Geht dabei so vor:

Start

1 Arbeitet in Gruppen von bis zu vier Schülerinnen und Schülern.

2 Klärt zunächst folgende Fragen:
Was sind eigentlich Grundrechte?
(→ Kapitel 2.1: M2, M3)
Welche Rolle spielen Grundrechte in unserem Alltag?
(→ Kapitel 2.1: M1)
Weshalb können Grundrechte manchmal im Konflikt zueinander stehen?
(→ Kapitel 2.1: M4-M7)
Schützt unsere Rechtsordnung Minderheiten? Wenn ja, wie?
(→ Kapitel 2.2: M4)

3 Nennt fünf Situationen, in denen ihr dem Thema „Grundrechte" regelmäßig in eurem Alltag begegnet. Versucht dabei auch, Situationen zu finden, in denen Grundrechte im Konflikt zueinander stehen (→ Kapitel 2.1: M4-M7) oder in denen sich der besondere Schutz von Minderheiten zeigt. (→ Kapitel 2.2: M1-M4)

4

Fotografiert dann die eurer Meinung nach jeweils aussagekräftigste Situation. Achtung: Bedenkt, dass ihr die Persönlichkeitsrechte Anderer nicht verletzen dürft. Klärt gegebenenfalls, ob ihr andere Personen fotografieren dürft. Vermeidet es, die Fotos (z. B. auf sozialen Netzwerken) zu verbreiten. Druckt die Fotos aus.

5

Erstellt ein Ranking der von euch in Kleingruppen fotografierten Grundrechtesituationen:
1 = besonders wichtig in meinem Alltag, 5 = am wenigsten wichtig in meinem Alltag. Begründet eure Reihenfolge.

6

Klebt die Fotos entsprechend eures Rankings auf ein Poster.

Ziel

7

Führt abschließend eine Ausstellung durch, indem ihr alle Poster (pro Kleingruppe = 1 Poster) im Klassenzimmer aufhängt.

2.1 Grundrechtegarantie – Qualitätsmerkmal unserer Gesellschaft

2.1.1 Grundrechte: Herausforderung im Alltag?

Recht – damit hast du nichts zu tun? Du wirst schnell merken, dass du täglich damit in Berührung kommst. Das Recht bildet einen wichtigen Rahmen, der es uns überhaupt erst möglich macht, unsere Rechte und Freiheiten in Anspruch zu nehmen. Aber du wirst auch sehen, dass es Situationen im Alltag gibt, in denen die unbedingte Grundrechtsbindung nicht nur eine Sicherheit für den Einzelnen, sondern auch eine Herausforderung für die Gesellschaft sein kann.

M1 Entscheidungsspiel: Geht oder geht nicht?

70082-008

1 In der letzten Zeit gibt es in der Klasse 8c häufig Streit, einzelne Cliquen haben sich gebildet. Die Konflikte spitzen sich so zu, dass peinliche Fotos Einzelner, die auf der letzten Klassenparty aufgenommen worden waren, in ein soziales Netzwerk gestellt werden.

2 Vor einem Einkaufsmarkt in Stuttgart sitzen zwei Frauen mit Kopftuch und unterhalten sich. Zwei Jugendliche kommen hinzu und fordern die beiden auf, die Bank zu räumen, denn mit Kopftüchern hätten sie hier in der Öffentlichkeit nichts zu suchen.

3 Malina (16) hat sich für einen Aushilfsjob in einer Druckerei beworben. Im Bewerbungsgespräch teilt ihr der Chef mit, dass seine Druckerei auf dem absolut neuesten technischen Stand sei, man für diese Aushilfstätigkeit viel technisches Verständnis mitbringen müsse und er an eine männliche Aushilfe gedacht hatte.

4 Alle Kinder mit Ausnahme von Mattis (13) sind zum evangelischen Religionsunterricht angemeldet. Der Schulleiter bestimmt, dass auch Mattis am evangelischen Religionsunterricht teilnehmen muss. Er begründet seine Entscheidung damit, dass die Schule sonst ein Problem in ihrer Aufsichtspflicht sieht.

5 Ein schwerer Verkehrsunfall mit Toten und Verletzten hat sich ereignet. Reporter kommen an den Ort und fotografieren die Szenerie.

Dörthe Hecht, Politik betrifft uns, 3/2013

M2 Ist ein Ranking möglich?

Auszug aus den Grundrechten des Grundgesetzes für die Bundesrepublik Deutschland:

Glaubens-, Gewissens- und Bekenntnisfreiheit
(1) Die Freiheit des Glaubens, des Gewissens und die Freiheit des religiösen und weltanschaulichen Bekenntnisses sind unverletzlich. [...]

Schulwesen
(1) Das gesamte Schulwesen steht unter Aufsicht des Staates. [...]

Persönliche Freiheitsrechte
(1) Jeder hat das Recht auf freie Entfaltung seiner Persönlichkeit [...].

Unverletzlichkeit der Wohnung
(1) Die Wohnung ist unverletzlich. [...]

Gleichheitsgrundsatz
(1) Alle Menschen sind vor dem Gesetz gleich. [...]

Versammlungsfreiheit
(1) Alle Deutschen haben das Recht, sich ohne Anmeldung oder Erlaubnis friedlich und ohne Waffen zu versammeln.

Ehe, Familie, Kinder
(1) Ehe und Familie stehen unter einem besonderen Schutze der staatlichen Ordnung. [...]

Meinungs-, Informations-, und Pressefreiheit; Kunst- und Wissenschaft
(1) Jeder hat das Recht, seine Meinung in Wort, Schrift und Bild frei zu äußern und zu verbreiten [...].

Vereinigung-, Koalitionsfreiheit
(1) Alle Deutschen haben das Recht, Vereine und Gesellschaften zu bilden. [...]

Brief-, Post- und Fernmeldegeheimnis
(1) Das Briefgeheimnis, sowie das Post- und Fernmeldegeheimnis sind unverletzlich. [...]

Menschenwürde
(1) Die Würde des Menschen ist unantastbar. [...]

Grundgesetz

Das Grundgesetz (GG) ist das wichtigste Gesetz in Deutschland.
Es regelt, wie der Staat aufgebaut ist. Hier finden sich auch die bedeutendsten Regeln: die Grundrechte.

Bearbeiterin

Grundrechte

Die Grundrechte stehen ganz am Anfang des Grundgesetzes in den Artikeln 1-19. Sie dürfen in ihrem Wesen nicht verändert oder gar entfernt werden.
Dies spiegelt die besondere Bedeutung der Grundrechte wider. Die Grundrechte verpflichten auch den Staat und alle staatlichen Gewalten, diese Grundrechte einzuhalten und zu schützen. In Artikel 1 GG findet sich das wohl bedeutendste Grundrecht: „Die Würde des Menschen ist unantastbar. Sie zu achten und zu schützen ist Verpflichtung aller staatlichen Gewalt."

Bearbeiterin

M3 Die Grundrechte im Überblick

©Bergmoser + Höller Verlag AG, Zahlenbilder 60 110

Der deutsche Rechtsstaat garantiert die Grundrechte seiner Bürgerinnen und Bürger (Artikel 1 bis 19 des Grundgesetzes) und schützt sie vor staatlicher Willkür. Er gewährt allen Bürgerinnen und Bürgern neben unbedingter Rechtssicherheit (d.h. Klarheit, Bestimmtheit und Beständigkeit staatlicher Entscheidungen) auch Rechtsgleichheit (d.h. vor dem Gesetz sind alle gleich – unabhängig davon, aus welcher Familie sie stammen, wie viel Geld sie besitzen oder wie berühmt sie sind). Alle staatlichen Eingriffe bedürfen einer gesetzlichen Grundlage (Gesetzesvorbehalt) und sämtliche Entscheidungen müssen von unabhängigen Gerichten überprüft werden können. Das nennt man Rechtsgebundenheit von Regierung, Verwaltung und Justiz.

unbedingte Rechtssicherheit
Jeder Bürger und jede Bürgerin kann sich darauf verlassen, dass seine/ihre Rechte ausnahmslos, d.h. ohne staatliche Willkür, gelten und notfalls vor Gericht eingeklagt werden können.

Aufgaben

70081-84

1. a) Entscheide für die Situationen 1-5, ob so verfahren werden darf. Begründe deine Entscheidung (**M1**, **M2**).
   b) Vergleiche deine Ergebnisse mit denen eines Partners/einer Partnerin.
   c) Beschreibt, wie ihr vorgehen müsst, um eure Ergebnisse zu überprüfen.
2. Erstelle ein „Grundrechte-Ranking“. Beginne dabei mit dem für dich wichtigsten Grundrecht. Begründe jeweils deine Entscheidung (**M2**).
3. Vergleiche deine Ergebnisse aus Aufgabe 2 mithilfe des Grundrechtekatalogs des Grundgesetzes (**M3**).

Das Grundgesetz lesen

Worum geht es?

Als Verfassung unseres Landes ist das Grundgesetz das wichtigste Dokument über die Organisation und den Aufbau des Staates. Daher ist es wichtig, damit umzugehen und es richtig lesen zu können.

Geht dabei so vor:

1. Schritt: Betrachtung des äußeren Aufbaus

Du kannst es bereits auf dem Umschlag und an der Farbgebung erkennen: Hier sind sogar zwei Verfassungen enthalten. Einmal das Grundgesetz der Bundesrepublik Deutschland und die jeweilige Landesverfassung. Außerdem gibt es meist ein Stichwortverzeichnis, in dem Schlagwörter gesucht werden können.

↓ ↓ ↓

2. Schritt: Untersuchung des inneren Aufbaus

Eine erste Übersicht über die thematischen Abschnitte gibt zunächst einmal ein **Inhaltsverzeichnis**. Hier erkennst du auch die übergeordneten Themenblöcke, die mit den **Grundrechten** beginnen.
Es folgt eine Liste von zahlreichen **Abänderungen**. Das Grundgesetz wurde immer wieder verändert, denn obwohl das Grundgesetz möglichst stabile Regeln für die Gesellschaft festlegen soll, muss es trotzdem von Zeit zu Zeit geändert werden, da sich auch die Gesellschaft wandelt.
Und gleich nach der **Präambel** geht es mit den Grundrechten los. Diese werden in **Artikel, Absätze und Sätze** unterteilt, wie z. B. Artikel 3 Absatz 2 Satz 1: „Männer und Frauen sind gleichberechtigt." So findet man genauer Stellen wieder und kann diese eindeutig zitieren, falls man Bezug auf dessen Inhalt nimmt.
Um sich noch besser orientieren zu können, gibt es am Seitenrand **Kurztitel** zum Inhalt der Artikel.
Deutlich konkreter wirken die Formulierungen, wenn du statt „des Menschen", „Jeder" oder „Alle Deutschen" beim Durchlesen deinen eigenen Namen einsetzt.

Präambel
So bezeichnet man das Vorwort bzw. die Einleitung einer (Verfassungs-) Urkunde.

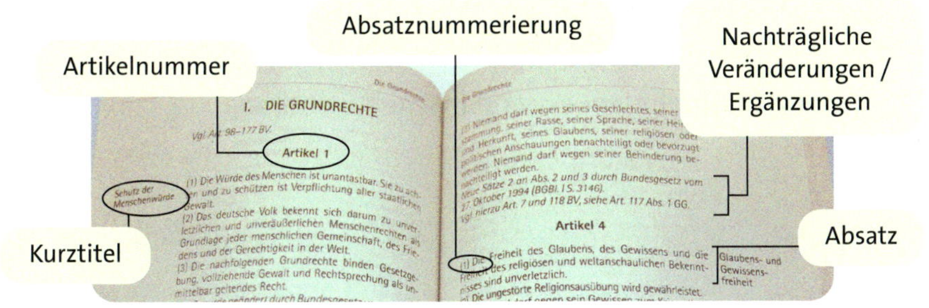

Bearbeiterin

2.1.2 Einschränkung der Grundrechte durch Corona-Maßnahmen zum Schutz der Bevölkerung?

Nicht immer ist es einfach, alle Grundrechte in der Realität wirklich angemessen zu gewährleisten. Manchmal können Grundrechte sogar miteinander in Konflikt stehen. Im Einzelfall müssen dann Gerichte entscheiden, welches Grundrecht in einem ganz konkreten Fall wichtiger als ein anderes ist. Darf der Staat die Gesundheit der Allgemeinheit höher gewichten als die persönliche Freiheit des Einzelnen?

M4 Zum Schutz der Allgemeinheit?

Karikatur: Oliver Schopf, 2020

RKI
Robert-Koch-Institut, Einrichtung der Bundesregierung auf dem Gebiet der Krankheitsüberwachung und -prävention

M5 Corona-Maßnahmen: exemplarische Aufstellung

- Maskenpflicht
- Quarantäneanordnung
- Besuchsverbot in Alten- und Pflegheimen
- Einschränkung der Versammlungsfreiheit
- Verbot der Ausübung körpernaher Berufe
- Schulschließung

M6 Hintergrund: Ausrufung einer epidemischen Lage

70081-204

Corona brachte nie dagewesene Grundrechtseinschränkungen: Grundlage dieser Eingriffe ist u. a. die Ausrufung einer „epidemischen Lage von nationaler Tragweite". [...] Das soll die Voraussetzung schaffen, [...] mit Rechtsverordnungen Corona-Grundrechtseinschränkungen zu erlauben. [...]

Geregelt ist die Ausrufung einer epidemischen Lage von nationaler Tragweite in § 5 IfSG. [...] die Feststellung einer epidemischen Lage von nationaler Tragweite setzt voraus, dass

- eine ernsthafte Gefahr für die öffentliche Gesundheit in der gesamten Bundesrepublik Deutschland besteht,
- dass die WHO eine gesundheitliche Notlage von internationaler Tragweite ausgerufen hat oder
- eine dynamische Ausbreitung einer bedrohlichen übertragbaren Krankheit über mehrere Länder in der Bundesrepublik Deutschland droht oder stattfindet.

Haufe Online-Redaktion: Sind die Corona-Einschränkungen noch GG-konform? In: www.haufe.de, 09.06.2021

WHO
Die Weltgesundheitsorgansiation (engl. **W**orld **H**ealth **O**rganization) ist eine Sonderorganisation der Vereinten Nation (auch UNO). Ihr Ziel ist es, für die Gesundheit der Menschen zu sorgen. Sie kümmert sich um die weltweite Bekämpfung schwerer Seuchen und setzt sich für die Verbesserung der Hygiene und Gesundheit in vielen Ländern ein.

M7 Grundrechtseinschränkungen als Gratwanderung zwischen rechtlich Zulässigem und Zumutbarem?

70081-205

Unsere Regierung hat zur Bekämpfung der Corona-Pandemie eine beträchtliche Anzahl an Beschränkungen der Freiheitsrechte der Bürgerinnen und Bürger verfügt. Entsprechend wurden Verstöße mit zum Teil harten Bußgeldern oder gar als Straftat geahndet. Dass die Bundesregierung – wenn auch in Pandemiezeiten – ohne die Beteiligung des Parlamentes Einschränkungen in Freiheitsrechte vornimmt, ist allerdings keineswegs unumstritten. Diese Vorgehensweise stellt als Gratwanderung des rechtlich Zulässigen und Zumutbaren eine ernstzunehmende Herausforderung unserer Demokratie dar. Die Frage, die sich stellt, ist die grundsätzliche Frage danach, ob der Staat in einer solchen Situation diese gravierenden Einschränkungen in die Freiheitsrechte vornehmen durfte bzw. auch zukünftig darf oder ob er damit seine Kompetenzen überschreitet.

a) PRO

Im vergangenen Jahr [2020] haben die Gerichte [...] die Grenzen zulässiger Eingriffe in das vom Grundgesetz geschützte Versammlungsrecht aufgezeigt. So durften in Hamburg statt der ursprünglich von den Behörden erlaubten 2.000 Teilnehmer 10.000 Teilnehmer an einer von „Fridays-for-Future" [...] veranstalteten Demonstration zum Klimaschutz teilnehmen (VG Hamburg, Beschluss v. 25.9.2020, 14 E 4035/20). Auch eine von einem NPD-Mitglied angemeldete Versammlung in Worms durfte wegen der überragenden Bedeutung der durch Art. 8 GG geschützten Versammlungsfreiheit stattfinden (OVG Rheinland-Pfalz, Beschluss v. 4.6.2020 20,7 B 10688/20).

Haufe Online-Redaktion: Sind die Corona-Einschränkungen noch GG-konform? In: www.haufe.de, 09.06.2021

b) KONTRA

Das BVerfG bewertet allerdings gelegentlich den Schutz der Bevölkerung vor Gesundheitsgefahren höher als die Versammlungsfreiheit.

So hat das BVerfG im vergangenen Jahr eine Entscheidung des OVG Bremen bestätigt, in der dieses den Antrag einer Bremer Querdenkerorganisation gegen das Verbot einer Versammlung mit einer Teilnehmerzahl von erwarteten ca. 20.000 Personen ablehnte.

Der durch das Verbot angestrebte Zweck, die Verbreitung übertragbarer Krankheiten zu verhindern und das Recht der Allgemeinheit auf Leben und körperliche Unversehrtheit gemäß Art. 2 Abs. 2 GG zu schützen, überwiege das grundsätzlich ebenfalls schützenswerte Interesse des Antragstellers auf Schutz der verfassungsrechtlich gewährten Versammlungsfreiheit gemäß Art. 8 Abs. 1 GG (BVerfG, Beschluss v. 5.12.2020,1 BvQ 145/20; ähnlich: BVerfG, Beschluss v. 21.11.2020, 1 BvQ 135/20).

Haufe Online-Redaktion: Sind die Corona-Einschränkungen noch GG-konform? In: www.haufe.de, 09.06.2021

H zu Aufgabe 1
Gehe entsprechend der Methode „Karikaturen analysieren" vor.

H zu Aufgabe 4
Stelle zunächst die in **M7a** und **M7b** genannten Pro/Kontra-Argumente in einer Tabelle gegenüber. Ergänze ggf. eigene Argumente.

H zu Aufgabe 5
Gehe dabei entsprechend der Methoden „Vom Bauchgefühl zum begründeten Urteil" und „Kriteriengeleitet Urteilen" vor. Folgende Hilfsfragen können dir bei deiner Bewertung helfen:
- Sind die getroffenen Maßnahmen geeignet, um die Pandemie zu begrenzen?
- Sind die Maßnahmen erforderlich?
- Sind die Maßnahmen zumutbar?

Aufgaben

70081-85

1. a) Nenne das in der Karikatur **M4** dargestellte Problem.
   b) Wie würdest du dich entscheiden? Begründe, ob du dich eher für die Durchsetzung persönlicher Freiheiten oder für die Verantwortung gegenüber der gesamten Bevölkerung entscheiden würdest.
2. Positioniert euch zu der Frage, ob der Staat in Pandemiezeiten durch entsprechende Maßnahmen (**M5**) Grundrechte zum Schutz der Bevölkerung einschränken soll.

   Ja ←- →Nein
3. Stelle mithilfe von **M6** dar, unter welchen Bedingungen der Staat Grundrechte einschränken darf.
4. Eine sehr umstrittene Grundrechtseinschränkung im Zusammenhang mit Corona stellt die Versammlungsfreiheit dar. Erörtere ausgehend von **M7** diese Grundrechtseinschränkung.
5. Bewerte ausgehend von der Karikatur **M4** die Ansicht, Grundrechteeinschränkung seien zum Schutz der Allgemeinheit vor einer weiteren Ausbreitung von Corona notwendig gewesen.

Vom Bauchgefühl zum begründeten Urteil

Worum geht es?

Bei kontroversen politischen Fragestellungen wird häufig spontan „aus dem Bauch heraus" geurteilt. Ein politisches Urteil allerdings ist eine begründete Aussage als Ergebnis eines gründlichen Denkprozesses. In der Regel geht es um Maßnahmen/Forderungen zur Lösung politischer Probleme, deren Dringlichkeit für die Betroffenen ein Handeln erfordern. Das kann z. B. die Antwort auf die Frage „Sollen Grundrechte pandemiebedingt zum Schutz der Allgemeinheit eingeschränkt werden?" sein. Als Ergebnis stehen Ja/Nein-Entscheidungen, die unter Berücksichtigung ausgewählter Kriterien getroffen und begründet werden.

Geht dabei so vor:

1. Schritt: Ein spontanes Urteil fällen

Eine kontroverse politische Entscheidung zwingt dich, Position zu beziehen. Du fällst ein spontanes Urteil „aus dem Bauch heraus".

↓ ↓ ↓

2. Schritt: Das spontane Urteil anhand von Kriterien überprüfen

Anhand von Kriterien (vgl. Kriteriengeleitet urteilen, S. 56), die du offenlegen musst, damit Andere dein Urteil nachvollziehen können, überprüfst du dein Spontanurteil. Am Ende der Überprüfung eines Kriteriums (z. B. Legalität, Effektivität, Effizienz, Legitimität, Nachhaltigkeit) formulierst du jeweils ein Teilurteil mit Bezug auf die Problemfrage.

↓ ↓ ↓

3. Schritt: Zu einem Gesamturteil kommen

Du fasst die Teilurteile zusammen und wägst sie gegeneinander ab. Als Ergebnis wirst du entweder dein Spontanurteil bestätigen können oder aber du musst es nach Abwägung aller Kriterien revidieren und neu formulieren.

Bearbeiterin

Kriteriengeleitet urteilen

Worum geht es?

Hier findest du ausgewählte Kriterien und entsprechende Hilfsfragen, die dir die kriteriengeleitete Überprüfung (vgl. Schritt 2) deines Spontanurteils erleichtern:

Urteilskriterien, z. B	Kategorien	Hilfsfragen
Legalität		Entsprechen die Verfahren zur Entscheidungsfindung und die getroffenen Entscheidungen den rechtlichen Grundlagen (v. a. des Grundgesetzes)?
Effektivität		Ist ein politisches Programm/eine Forderung geeignet, ein vorhandenes politisches Problem zu lösen?
Effizienz		Stehen Aufwand und Ertrag in einem angemessenen Verhältnis, oder ist das gleiche Ziel mit geringeren Mitteln auch erreichbar?
Legitimität: Kann die politische Entscheidung anerkannt werden?	Gerechtigkeit	Ist eine politische Forderung/Maßnahme gerecht? Werden die Interessen der Beteiligten berücksichtigt?
	Transparenz	Verläuft der Entscheidungsprozess öffentlich? Ist die Einflussnahme der unterschiedlichen Akteure für die Öffentlichkeit nachvollziehbar?
	Partizipation/ Teilhabe	Können die betroffenen gesellschaftlichen Gruppen ihre Interessen in den politischen Entscheidungsprozess einbringen, d. h. haben sie vergleichbare Chancen zur Teilhabe? Reichen die vorhandenen Teilhabenmöglichkeiten aus?
	Repräsentation	Werden die Interessen aller betroffenen gesellschaftlichen Gruppen ausreichend vertreten?
Nachhaltigkeit		Ist eine politische Forderung/Maßnahme geeignet, das Problem dauerhaft zu lösen? Lösung des Problems? Wird die ökologische, ökonomische und soziale Nachhaltigkeit gewährleistet? Wird die demokratische Ordnung durch die betreffende politische Forderung/ Maßnahme gefestigt (politische Nachhaltigkeit)?

Bearbeiterin

Was macht das Grundgesetz aus?

Grundgesetz

> M2

Das Grundgesetz, unsere Verfassung, ist das wichtigste Gesetz der Bundesrepublik Deutschland. Das Grundgesetz ist nicht in Paragrafen, sondern in Artikel unterteilt. Es gibt 146 Artikel, wobei die ersten 19 Artikel die wichtigsten sind, denn sie enthalten die Grundrechte.
Durch die Ewigkeitsklausel (Art. 79,3 GG) sind die Art. 1 GG (Menschenwürde) und Art. 20 GG (Staatsprinzipien) geschützt, d. h. man darf diese niemals ändern. Alle anderen Artikel des Grundgesetzes dürfen nur mit 2/3-Mehrheit des Bundestages und des Bundesrates geändert werden.

Übung

82000-983

Das Wesen der Grundrechte

> M2-M3

Die im Grundgesetz verankerten Grundrechte sind Abwehrrechte gegen den Staat und geben unserem Zusammenleben den bedeutsamsten Rahmen. Hier steht, was der Staat im Umgang mit den Bürgerinnen und Bürgern darf und was er nicht darf: Die Artikel 1–19 GG garantieren Gleichheits- und Freiheitsrechte und verpflichten zugleich den Staat und alle staatlichen Gewalten, diese Grundrechte zu gewähren und zu schützen. Stehen Grundrechte miteinander im Konflikt, muss für den Einzelfall ein Gericht urteilen, welches Recht schwerer wiegt.

Übung

82000-984

Grundrechte im Konflikt

> M4-M7

Manchmal können Grundrechte zueinander in Konflikt stehen. Dann muss abgewogen werden, welche Einschränkungen das Gesetz erlaubt und welche Rechte im Einzelfall schwerer wiegen. So muss der Staat laut Artikel 2 GG zum Beispiel die persönlichen Freiheitsrechte seiner Bürgerinnen und Bürger gewähren. Zugleich muss er aber auch dafür sorgen, dass sie dieses Recht in Anspruch nehmen können, d. h. der Staat muss für die Sicherheit seiner Bürgerinnen und Bürger sorgen. Ein zu hohes Maß an Sicherheit aber schränkt die Freiheit des Einzelnen ein. Insbesondere im Zusammenhang mit terroristischen Anschlägen wird deshalb immer wieder die Frage diskutiert, ob der Staat die Freiheit seiner Bürgerinnen und Bürger zugunsten von mehr Sicherheit, z. B. durch eine stärkere Überwachung, einschränken darf.

Übung

82000-985

2.2 Minderheitenschutz durch einen Staatsvertrag?

Nationale Minderheiten haben es häufig schwer, ihre Kultur, ihre Sprache und Traditionen zu bewahren. Noch schwieriger wird das Leben für Minderheiten, wenn sie durch Teile der Mehrheitsgesellschaft ignoriert, im schlimmeren Fall sogar diskriminiert, werden. Am Beispiel der Sinti und Roma erfahrt ihr hier, weshalb die Einhaltung der Grundrechte eine besondere Bedeutung für Minderheiten und gleichzeitig eine große Herausforderung für die deutsche Gesellschaft darstellt.

M1 (Diskriminierungs-)Szene aus dem Alltag

70081-206

Antiziganismus
Auch dieser Begriff, der die spezielle Form des Rassismus gegenüber Sinti und Roma beschreibt, ist umstritten. Er beinhaltet die abwertende Fremdbezeichnung „Zigeuner".

Hinweis
Die Ansicht, auf den Begriff Zigeuner vollständig zu verzichten, wird nicht von allen Betroffenen geteilt. So schlägt z. B. die Sinti-Allianz Deutschland vor, auf das Wort dann nicht zu verzichten, solange es wertfrei verwendet wird.

Unfassbarer antiziganistischer Rassismus bei RTL „Punkt 12"

Romani Oskar Rose
Vorsitzender des Zentralrats Deutscher Sinti und Roma

Romani Rose fordert nach skandalösem Antiziganismus in der Sendung RTL „Punkt 12" von RTL-Chefredakteur Michael Wulf eine öffentliche Entschuldigung in der Sendung sowie personelle Konsequenzen für die Moderatorin Katja Burkhard. [...] In einem Brief an den Chefredakteur von RTL, Michael Wulf, schrieb, Romani Rose [...]: *„Wenn eine erfahrene Moderatorin wie Katja Burkhard, ein Medienprofi, solche hetzerischen, beleidigenden und antiziganistischen Aussagen unwidersprochen in Ihrem Sender tätigen kann, dann unterstelle ich eine Absicht und verlange Konsequenzen. [...]"*

In der Sendung RTL Punkt 12 vom 8. Juli 2021 hat die Moderatorin Katja Burkhard gesagt: *„Solange die Kinder noch klein sind, nicht in die Schule gehen, da geht das ja glaube ich noch, oder? Wenn die dann älter sind, so wie unsere Roberta, dann ist nix mehr mit Zigeunerleben."* [...]

Weiter schrieb Rose an Wulf:
Den von Katja Burkhard als „Zigeuner" diffamierten Menschen, [...] wird durch ihre Aussage unterstellt, sie hätten keine Verpflichtungen, würden nicht arbeiten gehen und hätten daher Zeit umherzureisen, während dies dem deutschen Durchschnittsbürger nicht möglich sei. Dieser gehe einer geregelten Arbeit nach, seine Kinder müssten in die Schule, während dies bei den „Zigeunern" offensichtlich nicht der Fall sei. Die bösartige Verbreitung solcher über Jahrhunderte tradierten antiziganistischen Diffamierungen sind der Grund, warum Angehörigen der Minderheit der Sinti und Roma in unserer Gesellschaft noch heute große Ablehnung entgegenschlägt und sie noch immer als Fremde wahrgenommen werden."

Diese Einschätzung bestätigt auch der Abschlussbericht der vom Bundestag eingesetzten Unabhängigen Expertenkommission Antiziganismus [...].

Zentralrat Deutscher Sinti und Roma: Pressemitteilung zu RTL „Punkt 12". In: www.zentralrat.sintiundroma.de, 09.07.2021

M2 Wer genau sind Sinti und Roma?

70082-009

„Zigeuner" ist eine von Klischees überlagerte Fremdbezeichnung der Mehrheitsgesellschaft, die von den meisten Angehörigen der Minderheit als diskriminierend abgelehnt wird – so haben sich die Sinti und Roma nämlich niemals selbst genannt. [...] „Sinti" bezeichnet die in Mitteleuropa seit dem ausgehenden Mittelalter beheimateten Angehörigen der Minderheit, „Roma" jene ost- bzw. süd-osteuropäischer Herkunft. Die nationalen Sinti- und Roma-Gemeinschaften sind durch die Geschichte und Kultur ihrer jeweiligen Heimatländer stark geprägt. Dies hat sich auch in der Sprache der Sinti und Roma, dem Romanes, niedergeschlagen: Durch die Aufnahme von Lehnwörtern aus der jeweiligen Landessprache haben sich in den verschiedenen Staaten Europas über die Jahrhunderte unterschiedliche Romanes-Sprachen herausgebildet. Außerhalb des deutschen Sprachkreises wird „Roma" – oder einfach „Rom" (das bedeutet „Mensch") – auch als Sammelname für die gesamte Minderheit verwendet. In Deutschland bilden Sinti seit jeher die größte Gruppe, daher wird hier die Bezeichnung „Sinti und Roma" bevorzugt.

Zentralrat Deutscher Sinti und Roma: Erläuterungen zum Begriff „Zigeuner", Stellungnahmen. In: www.zentralrat.sintiundroma.de, 09.10.2015

Nationale Minderheiten

In Deutschland leben vier nationale Minderheiten: die Dänen, die friesische Volksgruppe, die deutschen Sinti und Roma sowie das sorbische Volk.

Als nationale Minderheiten werden in Deutschland Bevölkerungsgruppen bezeichnet, die folgende Kriterien erfüllen: Ihre Angehörigen sind deutsche Staatsangehörige. Sie haben eine eigene Sprache, Kultur und Geschichte und wollen diese bewahren. Sie leben in der Regel seit Jahrhunderten in Deutschland in eigenen Siedlungsgebieten. Zum letztgenannten Kriterium gibt es eine Ausnahme: die deutschen Sinti und Roma. Sie sind in Deutschland als nationale Minderheit anerkannt, obwohl sie meist in kleinerer Zahl nahezu in ganz Deutschland und nicht in abgegrenzten eigenen Siedlungsgebieten leben.

Bundesministerium des Innern und für Heimat: Nationale Minderheiten in Deutschland. In: www.bmi.bund.de, 02.08.2021

M3 Auszüge aus der RomnoKher-Studie 2021

70081-207

Mit der RomnoKher-Studie 2021 wurden mehr als 600 einheimische und zugewanderte Sinti und Roma mit bis zu 100 Fragen aus den Bereichen Familiensituation, Bildungssituation, Diskriminierungserfahrungen, Beschäftigung, Wohnsituation, Traumatisierung und Einschätzungen zur gesellschaftlichen Entwicklung und zu Handlungsbedarfen befragt.

a) Welchen Schulabschluss haben die Befragten?

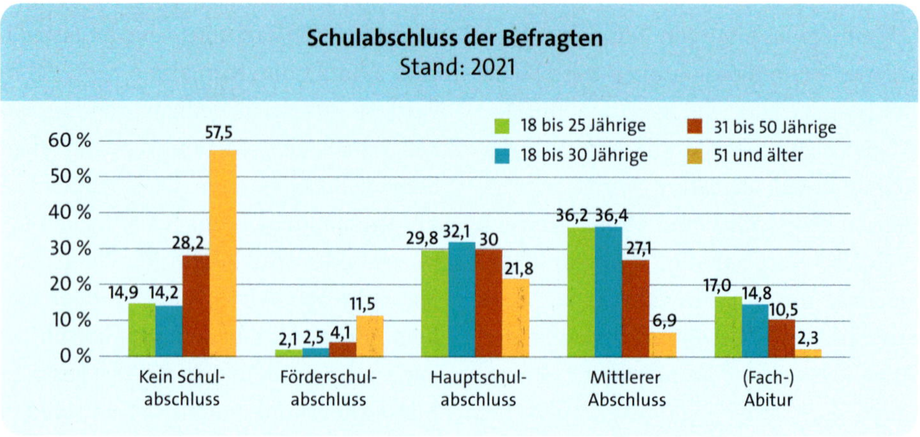

©C.C. Buchner Verlag, aktuelle Daten nach: RomnoKher-Studie 2021 (Datenerhebung: 2021; Grafikerstellung: 2024)

b) Welchen Bildungsabschluss haben die Eltern?

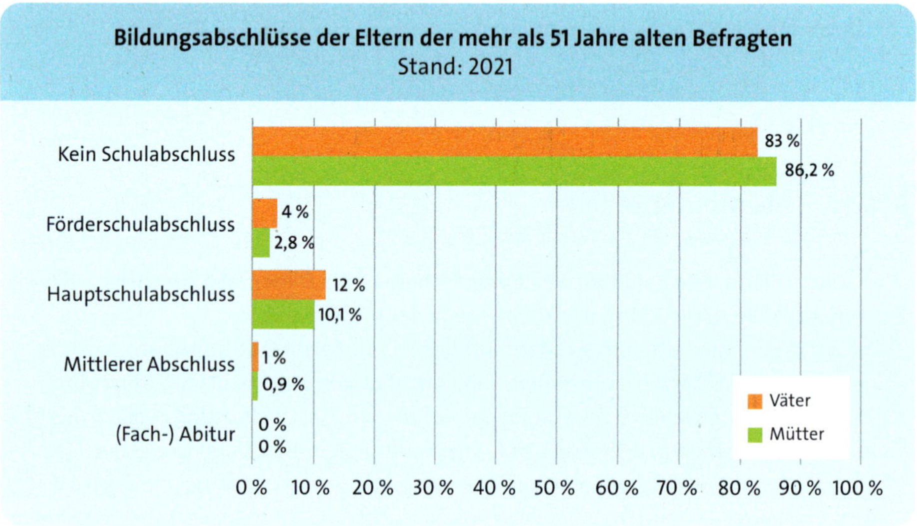

©C.C. Buchner Verlag, aktuelle Daten nach: RomnoKher-Studie 2021 (Datenerhebung: 2021; Grafikerstellung: 2024)

c) Wurden Sie in der Schule diskriminiert?

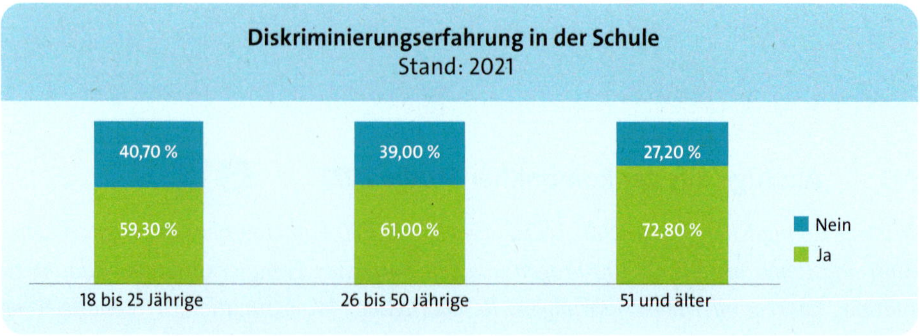

©C.C. Buchner Verlag, aktuelle Daten nach: RomnoKher-Studie 2021 (Datenerhebung: 2021; Grafikerstellung: 2024)

Minderheitenschutz im Grundgesetz

Im Grundgesetz ist der Minderheitenschutz nicht ausdrücklich geregelt. Die „Väter und Mütter der Verfassung" wollten diesen vielmehr mit der strikten Gleichbehandlung, der in Artikel 3 GG festgeschrieben ist, zum Ausdruck bringen.

M4 Der Staatsvertrag

Ministerpräsident Winfried Kretschmann und Daniel Strauß, Vorsitzender des Landesverbands Deutscher Sinti und Roma [Baden-Württemberg], haben am 28.11.2013 einen Staatsvertrag im Rahmen einer gemeinsamen Veranstaltung von Landesregierung, Landtag und Landesverband unterzeichnet. „Sinti und Roma sind ein Teil von Baden-Württemberg. Dieses Land ist unsere gemeinsame Heimat. Der Staatsvertrag enthält das klare Bekenntnis zur Anerkennung der baden-württembergischen Sinti und Roma und legt eine verbindliche Förderung der Minderheit fest", sagte Ministerpräsident Winfried Kretschmann.

www.baden-wuerttemberg.de, 28.11.2013

Der Ministerpräsident Winfried Kretschmann und der Vorsitzende des baden-württembergischen Landesverbands Deutscher Sinti und Roma, Daniel Strauß, unterzeichnen am 28.11.2013 in Stuttgart den Staatsvertrag.

> Aufgaben

70081-86

1. Nenne deine Erfahrungen mit Vorurteilen gegenüber Minderheiten.
2. Mit **M1** liegt ein Ausschnitt aus einer Presseerklärung des Zentralrats Deutscher Sinti und Roma vor, der auf die RTL-Sendung „Punkt 12" vom 08.07.2021 Bezug nimmt.
   a) Beschreibe das in **M1** dargestellte Problem.
   b) Begründe mithilfe des Grundgesetzes, inwiefern die in **M1** beschriebene Situation eine Diskriminierung der Sinti und Roma (**M2**) darstellt.
   c) Erläutere ausgehend von **M1** mögliche Gefahren unreflektierten Sprachgebrauchs insbesondere im Zusammenhang mit Minderheiten.
3. In **M3** finden sich Auszüge aus der RomnoKher-Studie 2021.
   a) Analysiere die Grafiken **M3a-3c**.
   b) Nennt konkrete Vorschläge bzw. Maßnahmen, wie die Mehrheitsgesellschaft Diskriminierungserfahrungen (**M3c**) entgegenwirken kann.
4. Minderheitenschutz durch einen Staatsvertrag? Erläutere, inwiefern ein Staatsvertrag, wie z. B. zwischen dem Land Baden-Württemberg und den Sinti und Roma, eine Änderung im Umgang miteinander bewirken und dadurch zu einem besseren Minderheitenschutz führen kann (**M4**).

F **zu Aufgabe 2b**
Erläutere, weshalb der Minderheitenschutz nicht ausdrücklich im Grundgesetz geregelt worden ist.

H **zu Aufgabe 3a**
Geht arbeitsteilig vor. Tauscht anschließend die Ergebnisse untereinander aus.

H **zu Aufgabe 3b**
Überlege zunächst, welche Diskriminierungserfahrungen Kinder und Jugendliche in deutschen Schulen gemacht haben könnten.

Recherche vor Ort

Worum geht es?

Den Minderheitenschutz bei euch vor Ort könnt ihr mit einer Recherche an einem selbstgewählten Beispiel. In einer Gemeinde- bzw. Stadtverwaltung gibt es viele Expertinnen und Experten, die euch fachkundig Auskunft geben können.

Geht dabei so vor:

1. Schritt: Problemstellung festlegen

Sammelt Fragen, die euch im Zusammenhang mit dem Thema „Sinti und Roma in Baden-Württemberg“ besonders interessieren.

↓ ↓ ↓

2. Schritt: Expertinnen und Experten entsprechend der Fragestellungen auswählen

Erstellt eine Liste mit Ansprechpartnerinnen und -partnern, z. B. Abgeordnete, Bürgermeisterin oder -meister, städtische Verwaltung/Sachbearbeiterinnen und -bearbeiter, Polizistinnen und Polizisten etc. und deren Kontaktdaten.

↓ ↓ ↓

3. Schritt: Konkrete Aufgaben festlegen und auf Kleingruppen verteilen

Erstellt einen Plan über den organisatorischen (zeitlich und räumlichen) und inhaltlichen Ablauf der Recherche vor Ort.
Bildet Kleingruppen und verteilt die Zuständigkeiten, z. B. für rechtzeitige Terminabsprachen sorgen; Ansprechpartnerin oder -partner über Vorhaben und konkrete Problemstellung informieren (E-Mail, Telefonat); klären, ob das Gespräch ggf. mitgeschnitten werden darf.

↓ ↓ ↓

4. Schritt: Recherche durchführen

Beachtet eine adressaten- und sachgerechte Kommunikation mit den Gesprächspartnerinnen und -partner.

↓ ↓ ↓

5. Schritt: Ergebnisse in einer Präsentation umsetzen

Erstellt eine Präsentation und beachtet dabei den Bezug zur Fragestellung.

↓ ↓ ↓

6. Schritt: Präsentation und Methode bewerten

- Wurde das Thema angemessen präsentiert und die zuvor ausgewählte Fragestellung beachtet?
- Haben sich alle Gruppenmitglieder an die vereinbarten Aufgaben gehalten?
- Was sind Vor- bzw. Nachteile einer Recherche vor Ort?

(Wie) Werden Minderheiten geschützt?

Minderheiten

> M2, #nationale Minderheiten

Bevölkerungsgruppen, die in Deutschland leben und sich von der Mehrheit der Bevölkerung unterscheiden, genießen einen besonderen Schutz, wenn sie bestimmte Kriterien erfüllen. Dazu gehört u.a., dass sie ihre Traditionen pflegen, eine eigene Geschichte haben und ihre eigene Sprache sprechen. In Deutschland sind Sorben, Friesen, Sinti und Roma offiziell anerkannte Minderheiten. Damit genießen sie in der Bundesrepublik einen Minderheitenschutz, der ihnen garantiert, dass sie z.B. weiterhin ihre Sprache als offizielle Zweitsprache auch in der Schule verwenden dürfen und dabei vom Staat unterstützt werden – also z.B., indem das zweisprachige Schulwesen finanziert wird.

Übung
82000-986

Minderheitenschutz im Grundgesetz

> M4

Das Grundgesetz formuliert den Minderheitenschutz nicht ausdrücklich, sondern bringt diesen neben den Artikeln 1 (Menschenwürde) und 2 (Persönlichkeitsrechte) vor allem durch Artikel 3 (Gleichheit vor dem Gesetz) zum Ausdruck. Man kann daher auch von einem impliziten (= mit gemeint, aber nicht ausdrücklich gesagt) Minderheitenschutz im Grundgesetz sprechen. In einigen Landesverfassungen, z.B. in Schleswig-Holstein, Brandenburg und Sachsen ist der Minderheitenschutz aber enthalten, in anderen wiederum gibt es gesonderte Verträge, wie z.B. in Baden-Württemberg.

Übung
82000-987

Baden-württembergische Sinti und Roma

> M2-M4

Mit dem im Jahr 2013 unterzeichneten Staatsvertrag zwischen dem Land Baden-Württemberg und den baden-württembergischen Sinti und Roma wird dokumentiert, dass Sinti und Roma ein Teil von Baden-Württemberg sind und dies ihre Heimat ist. Zugleich legt der Vertrag eine verbindliche Förderung der Minderheit fest und konkretisiert damit den in Artikel 3 GG festgeschriebenen Minderheitenschutz auf Landesebene.

Übung
82000-988

Selbsteinschätzung

In diesem Kapitel hast du dich mit Grundrechten auseinandergesetzt. An Beispielen hast du gesehen, dass es in der Realität oftmals nicht ganz einfach ist, allen Grundrechten wirklich immer gerecht zu werden. Mithilfe der Tabelle kannst du einschätzen, wie fit du jetzt in diesem Thema bist.

Ich kann ...	Das klappt schon ...	Hier kann ich noch üben ...
... beschreiben, was unter Grundrechten zu verstehen ist.		Kapitel 2.1: M2, M3, #Grundgesetz, #Grundrechte
... an einem Fallbeispiel die Verletzung von Grundrechten beschreiben.		Kapitel 2.2: M1
... rechtliche Regelungen nennen, die es in unserer Rechtsordnung zum Schutz der Grundrechte gibt.		Kapitel 2.1: #Grundrechte
... an einem Fallbeispiel einen Grundrechtekonflikt beschreiben.		Kapitel 2.1: M4-M7, #Grundrechte im Konflikt
... die Bedeutung der Grundrechte vor dem Hintergrund des Minderheitenschutzes erläutern.		Kapitel 2.2: M2-M4, #Nationale Minderheiten, #Minderheitenschutz im Grundgesetz

M1 Corona und Grundgesetz

Karikatur: Tommy Schwarwel, 2020

M2 Videoüberwachung und Alkoholverbote in Stuttgart

Stuttgart – Stadt und Polizei [wollen] gemeinsam die City sicherer machen. „Wir müssen jetzt alle Fragen ohne Tabus diskutieren und schon vor dem nächsten Wochenende erste Lösungen präsentieren", sagte Oberbürgermeister Fritz Kuhn (Grüne) am Montag. Nach Angaben der Stadt soll ein Leitungsgremium über Themen wie Videoüberwachung, Alkoholverbote oder Aufenthaltsbeschränkungen für öffentliche Plätze beraten. Auch die Jugend- und Migrantenarbeit wie zum Beispiel Streetworker-Angebote und die Zusammenarbeit etwa mit Einzelhändlern und der Club-Szene würden diskutiert. Neben dem Gremium soll ein runder Tisch unter anderem Vertreter der Clubszene und des Einzelhandels zusammenbringen [...].

Dpa: Stuttgart berät über Videoüberwachung und Alkoholverbote. In: www.welt.de, 22.06.2020

In der Nacht [von Samstag, 20.06.] zum Sonntag [21.06.2020] waren Hunderte Menschen durch die zentrale Einkaufsstraße Stuttgarts gezogen, hatten Schaufenster zerstört und Geschäfte geplündert. Nach Angaben der Polizei waren 400 bis 500 Menschen an der Randale beteiligt.

Aufgaben

70081-87

1. Beschreibe eine Situation aus deinem Alltag, in der aus deiner Sicht möglicherweise ein Grundrecht verletzt wird.
2. a) Erläutere die Aussage der Karikatur (**M1**) vor dem Hintergrund der Bedeutung von Grundrechten in unserem Alltag.
   b) Was denkst du? Gestalte eine kurze Stellungnahme aus deiner Perspektive, die sich an den Karikaturisten (**M1**) richtet.
3. a) Nenne die Grundrechte, die bei Videoüberwachung und Alkoholverbot auf öffentlichen Plätzen ggf. gefährdet werden (**M2**).
   b) Erörtere ausgehend von **M2**, ob bzw. unter welchen Bedingungen Grundrechtseinschränkungen auch im Rechtsstaat legitim sein können.

DEMOKRATIE BEDEUTET ...

Was weißt du schon?

70082-300

1. Übertrage den Stern in dein Heft und notiere, was für dich Demokratie bedeutet.
2. Vergleicht eure Vorstellungen von Demokratie in Gruppen (3-4 Schülerinnen und Schüler) und gestaltet einen gemeinsamen Demokratiestern auf einem Plakat.
3. Hängt die Plakate im Klassenzimmer auf und führt einen Galeriespaziergang (vgl. S. 220) durch.

3

Politischer Willensbildungsprozess in Deutschland

Demokratie muss man sich vorstellen wie einen Teamsport: Sie lebt davon, dass möglichst viele Menschen mitmachen. Wie im Sport kann man selbst entscheiden, ob und wie man teilnimmt.
Aber wie funktioniert das Mitmachen in einer Demokratie? Welche Rolle spielen dabei Parteien und Medien? Und was passiert, wenn nicht mehr alle mitmachen oder sich nicht an die Regeln halten?

Du lernst in diesem Kapitel ...

- ... wie Bürgerinnen und Bürger an Politik teilhaben können.
- ... welche Rolle die Medien im politischen System spielen.
- ... was Parteien, Verbände und Bürgerinitiativen tun.
- ... wie der Bundestag gewählt wird.
- ... wie die Demokratie geschützt werden kann.

„Die Demokratie braucht dich!" – Eine Aktion für die Demokratie

Am 15. September wird jährlich der Internationale Tag der Demokratie gefeiert. Die Vereinten Nationen haben diesen Tag ins Leben gerufen, um die Grundsätze der Demokratie zu fördern und zu verteidigen. Gestaltet eine Aktion der Demokratie unter dem Motto „Die Demokratie braucht dich!".

Geht dabei so vor:

Start

1

Bildet Gruppen von 3-4 Schülerinnen und Schülern. Entscheidet euch, worüber ihr informieren möchtet:

a) Wie können Bürgerinnen und Bürger mitmachen? (→ Kapitel 3.1: M2-M10)
b) Wie machen Parteien mit? (→ Kapitel 3.2: M1-M6)
c) Wie funktioniert das Mitmachen? (→ Kapitel 3.2: M8)
d) Wie machen Medien mit? (→ Kapitel 3.3: M1-M8)
e) Welche Grenzen gibt's fürs Mitmachen? (→ Kapitel 3.4: M1-M8)
f) Wie machen Menschen in ihrer Freizeit mit? (→ Kapitel 3.5: M1-M3)

2

Erarbeitet euch die Informationen zu eurem Thema. Ergänzt sie durch Beispiele, auch aus eurer Gemeinde.

3

Entwerft anschließend Ideen, wie ihr die Aktion gestalten könntet.

4

Gestaltet nun euren Beitrag für die Aktion. Ihr könnt zum Beispiel eine Ausstellung oder Broschüre gestalten oder ihr organisiert Informationsstände im Schulhaus.

5

Vielleicht könnt ihr auch Kommunalpolitikerinnen oder -politiker oder Landtags- bzw. Bundestagsabgeordnete einladen und mit ihnen über aktuelle politische Themen diskutieren.

Ziel

6

Führt nun eure Aktion der Demokratie durch.

Mit einem Menschenbild des Aktionskünstlers John Quigley vor dem Bundestag machte der Bürgerrat in Berlin am Tag der Demokratie auf sich aufmerksam.

3.1 (Wie) Kann ich meine Interessen einbringen?

3.1.1 Mitmachen in der Demokratie – wie geht das?

Ob es um den nächsten Ausflug, das kommende Schulfest oder den neuen Klassensprecher geht – in der Regel entscheiden Jugendliche in dieser Hinsicht mit. Seine Interessen kann man aber nicht nur in der Schule einbringen, sondern auch auf politischer Ebene.

M1 Wenn ich groß bin ...

Calvin und Hobbes, Bill Watterson

M2 Wie kann man sich politisch einbringen?

Demonstration gegen Rechtsextremismus in Ulm 2024

Stimmabgabe im Wahllokal

Landesparteitag der SPD

Ver.di-Streik vor dem Stuttgarter Rathaus 2023

Partizipation

Partizipation bedeutet die aktive Mitwirkung und Beteiligung von Personen oder Gruppen an Entscheidungsprozessen, die sie betreffen.
Sie fördert demokratische Teilhabe und ermöglicht es den Beteiligten, ihre Meinungen und Perspektiven einzubringen, um gemeinsam Lösungen zu finden und Entscheidungen zu treffen.

Bearbeiterin

M3 Mitwirkungsmöglichkeiten auf Bundesebene

70082-010

Die Demokratie lebt vom Mitmachen. Wie sich die Bürgerinnen und Bürger in Deutschland auf Bundesebene politisch beteiligen können, wird im Grundgesetz geregelt.

Artikel 9

(1) Alle Deutschen haben das Recht, Vereine und Gesellschaften zu bilden.

Artikel 20

(1) Die Bundesrepublik Deutschland ist ein demokratischer und sozialer Bundesstaat.

(2) Alle Staatsgewalt geht vom Volke aus. Sie wird vom Volke in Wahlen und Abstimmungen und durch besondere Organe der Gesetzgebung, der vollziehenden Gewalt und der Rechtsprechung ausgeübt.

Artikel 21

(1) Die Parteien wirken bei der politischen Willensbildung des Volkes mit. Ihre Gründung ist frei. Ihre innere Ordnung muss demokratischen Grundsätzen entsprechen. Sie müssen über die Herkunft und Verwendung ihrer Mittel sowie über ihr Vermögen öffentlich Rechenschaft geben.

Artikel 38

(1) Die Abgeordneten des Deutschen Bundestages werden in allgemeiner, unmittelbarer, freier, gleicher und geheimer Wahl gewählt. Sie sind Vertreter des ganzen Volkes, an Aufträge und Weisungen nicht gebunden und nur ihrem Gewissen unterworfen.

Artikel 5

(1) Jeder hat das Recht, seine Meinung in Wort, Schrift und Bild frei zu äußern und zu verbreiten und sich aus allgemein zugänglichen Quellen ungehindert zu unterrichten. Die Pressefreiheit und die Freiheit der Berichterstattung durch Rundfunk und Film werden gewährleistet. Eine Zensur findet nicht statt.

(2) Diese Rechte finden ihre Schranken in den Vorschriften der allgemeinen Gesetze, den gesetzlichen Bestimmungen zum Schutze der Jugend und in dem Recht der persönlichen Ehre.

Artikel 8

(1) Alle Deutschen haben das Recht, sich ohne Anmeldung oder Erlaubnis friedlich und ohne Waffen zu versammeln.

Mitwirkungsmöglichkeiten auf Landesebene

Jedes der 16 deutschen Bundesländer hat eine eigene Landesverfassung. Diese müssen sich an das Grundgesetz halten. In Übereinstimmung mit diesem können Bundesländer auch eigene Gesetze haben. Zum Beispiel gibt es in manchen Bundesländern Elemente der direkten Demokratie. Die Mitwirkungsmöglichkeiten auf Landesebene werden in Baden-Württemberg durch die Artikel 59 und 60 der Landesverfassung geregelt.

Ein Volksbegehren kann entweder mittels Zulassungsantrag durch 10.000 Unterschriften von in Baden-Württemberg Wahlberechtigten auf den Weg gebracht werden oder durch einen Volksantrag, der von 0,5 % der Wahlberechtigten unterzeichnet wird. Ist ein Volksbegehren erfolgreich, befasst sich wieder der Landtag damit. Stimmt er der Gesetzesvorlage nicht unverändert zu, findet anschließend eine Volksabstimmung statt. Dabei entscheidet die Mehrheit der gültigen Stimmen, außerdem muss mindestens 1/5 der Stimmberechtigten der Vorlage (Zustimmungsquorum) zustimmen.

Bearbeiterin

M4 Wie kann ich mich politisch einbringen?

70082-011

a) Wie engagieren sich Kinder und Jugendliche politisch?

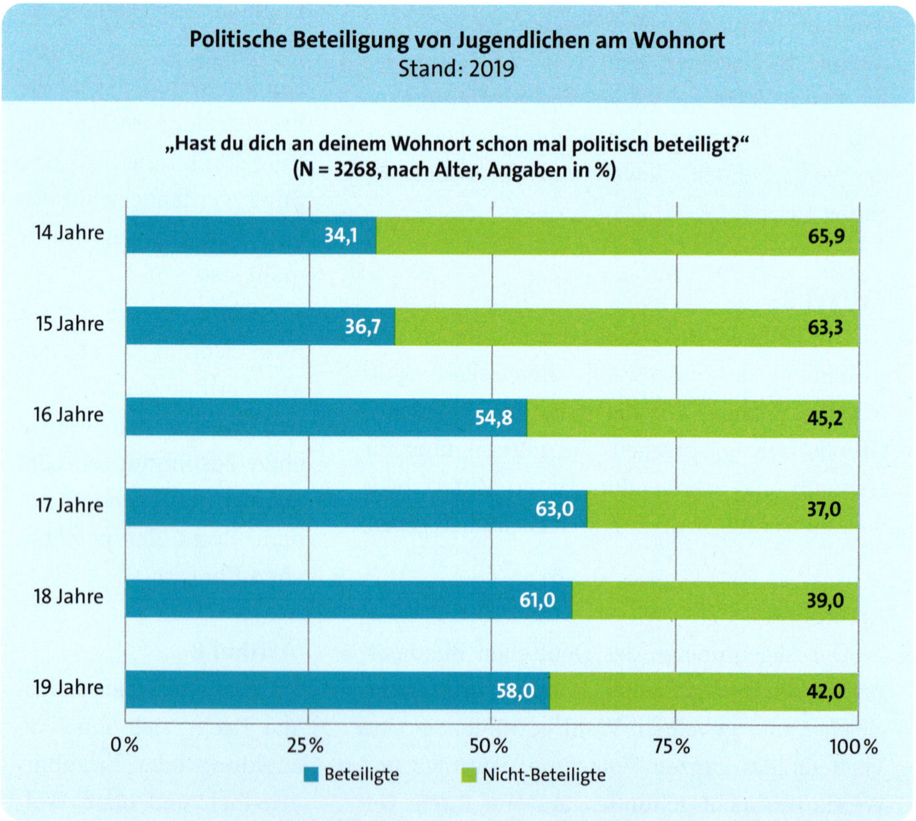

Nach: Landeszentrale für politische Bildung Baden-Württemberg: Jugendstudie Kommunale Jugendbeteiligung in Baden-Württemberg 2019, S. 39

b) Wie beteiligen sich junge Menschen in Deutschland politisch?

Nach: Deutsches Jugendinstitut: „Aufwachsen in Deutschland 2019" (AID:A 2019), Anzahl der Befragten = 4,641, Aussagen der 16-33-Jährigen (gewichtete Daten). Die Frage lautete: Was haben Sie in den letzten 12 Monaten gemacht, um in politischer Hinsicht Ihren Standpunkt zur Geltung zu bringen bzw. Einfluss zu nehmen?

Aufgaben

70082-301

1. a) Beschreibt, worüber Calvin und Hobbes sprechen (**M1**).
   b) Überlegt, was geschehen würde, wenn alle Menschen so denken würden (**M1**).
   c) Sammelt Möglichkeiten, wie man sich politisch beteiligen kann (**M2**).
2. Das Grundgesetz sieht die politische Mitwirkung der Bürgerinnen und Bürger vor. Erklärt euch gegenseitig den Inhalt der Artikel (**M3**).
3. Analysiert die Statistiken (**M4**).
4. a) Erkläre, welche Beteiligungsmöglichkeiten geringen bzw. höheren Aufwand benötigen (**M4b**).
   b) Begründe, welche Mitwirkungsmöglichkeit ihr euch selbst vorstellen könnt (**M4b**).
5. Stell dir vor, du nimmst an dem Gespräch von Calvin und Hobbes teil. Zeichne ein fünftes Bild des Comics, in dem du den beiden eine Antwort darauf gibst, wie du agieren würdest (**M1**).

H zu Aufgabe 5
- Wirst du dich politisch beteiligen?
- Welche politische Beteiligung kannst du dir für dich vorstellen?
- Warum ist es besser, sich politisch zu beteiligen, als gar nichts zu tun?

3.1.2 Kann ich mich auch digital beteiligen?

In der digitalen Welt eröffnen sich viele neue Wege, um sich online zu engagieren und aktiv an gesellschaftlichen und politischen Prozessen teilzuhaben. E-Partizipation ermöglicht es, durch digitale Mittel Meinungen zu äußern, Entscheidungen zu beeinflussen und an Diskussionen teilzunehmen. So wird die Beteiligung an wichtigen Themen zugänglicher und vielfältiger.

M5 Formen der Partizipation

a) Regierung → Bürgerinnen und Bürger

Betrachtet man den Kommunikationsweg, Regierung → Bürgerinnen und Bürger so denkt man z. B. an Informationsangebote seitens der staatlichen Organe. Über den Regierungsalltag kann man sich z. B. auf X (@RegSprecher) [...] informieren.

Meistens handelt es sich um eine recht einlinige Form der Kommunikation, da die Leserinnen und Leser lediglich die Informationen rezipieren. In Deutschland finden immer mehr Onlinedialoge und E-Konsultationen statt (z. B. www.e-konsultation.de, herausgegeben vom Bundesministerium des Innern). Raumordnung und Stadtplanung, Agenda- und Politikfeldgestaltung, Gesetzgebung und Haushaltsplanung sind Anwendungsfelder für E-Konsultationen. Auch auf kommunaler Ebene findet ein solcher Austausch zwischen Bürgermeisterin bzw. -meister und den Bürgerinnen und Bürgern statt.

Bearbeiterin

rezipieren
annehmen, empfangen

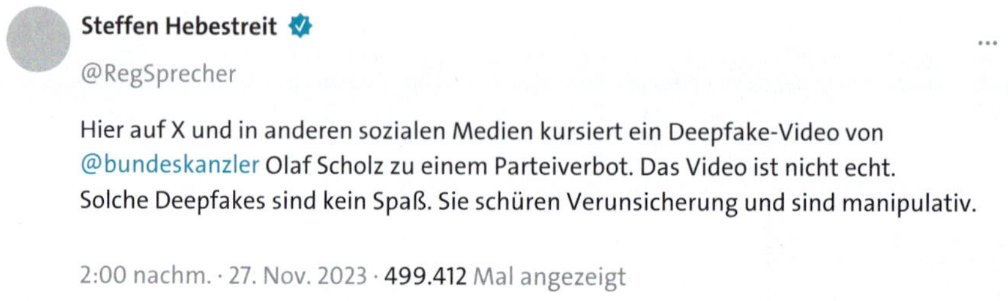
Steffen Hebestreit
@RegSprecher

Hier auf X und in anderen sozialen Medien kursiert ein Deepfake-Video von @bundeskanzler Olaf Scholz zu einem Parteiverbot. Das Video ist nicht echt. Solche Deepfakes sind kein Spaß. Sie schüren Verunsicherung und sind manipulativ.

2:00 nachm. · 27. Nov. 2023 · 499.412 Mal angezeigt

Tweet von Regierungssprecher Steffen Hebestreit

Deepfake
meist mit KI manipulierte und erzeugte Videos, die realistisch wirken

manipulativ
gezielt Einfluss auf eine andere Person nehmen

b) Bürgerinnen und Bürger → Regierung

Verläuft der Kommunikationsweg in die andere Richtung, so liegt der Fokus darauf, Anliegen seitens der Bürgerinnen und Bürger an die Politikerinnen und Politiker heranzutragen. Hierfür kann man sich z. B. an den „Petitionsausschuss des Deutschen Bundestages" wenden. Diese Petitionen (Synonym: Bittschriften, Gesuche) können dann von den Nutzerinnen und Nutzern unterzeichnet und diskutiert werden. Möchte man sich gezielt an einzelne Abgeordnete wenden, so kann man dies auf der Seite Abgeordnetenwatch tun.

Die Besucherinnen und Besucher der Seite können das Abstimmungsverhalten der jeweiligen Politikerinnen oder Politiker nachvollziehen und auch aktiv Fragen an ebendiese formulieren.

Bearbeiterin

Link zum Petitionsausschuss
70082-329

Link zu Abgeordnetenwatch
70082-330

c) Bürgerinnen und Bürger → Bürgerinnen und Bürger

Der dritte Kommunikationsweg betrifft die Bürgerinnen und Bürger untereinander und reicht von der Bürgerinitiative auf lokaler Ebene bis hin zu internationalen Protestbewegungen. „Campact: Demokratie in Aktion" (www.campact.de) ist eine Plattform, auf denen Themen publik gemacht werden. Über den Mitmach-Button kann man als registrierter Nutzer/registrierte Nutzerin eine Petition unterschreiben. Eine weitere Form der Kommunikation zwischen den Bürgerinnen und Bürgern ist das sogenannte „Crowdsourcing". Freiwillige arbeiten dabei gemeinsam an einem Online-Projekt. Eine weitere Form der direkten Kommunikation ist die Meinungsäußerung in Chats und Foren.

Bearbeiterin

Campact-Kampagne gegen die Verwendung von Glyphosat in Herbiziden

E-Partizipation

Das „E" in E-Partizipation steht für elektronisch. Man versteht darunter, dass Bürgerinnen und Bürger elektronische Tools nutzen, um mit staatlichen Organen oder untereinander zu politischen Prozessen in Kontakt zu treten.

Bearbeiterin

> Aufgaben

70082-302

1. Erarbeitet euch im Gruppenpuzzle (vgl. S. 142 f.) die verschiedenen Möglichkeiten der Kommunikationswege. Notiert die wichtigsten Informationen (**M5**).
2. Wählt in der Gruppe einen Kommunikationsweg aus und recherchiert ein Beispiel dazu (**M5**). Findet weiterhin heraus:
   - Wer bietet die Seite an?
   - An wen richtet sich die Seite?
   - Welches Ziel soll damit erreicht werden?
3. Beschreibe die Unterschiede zwischen den klassischen Partizipationsmöglichkeiten und den Formen der E-Partizipation (**M4b, M5**).
4. Beurteile, in welchen Situationen du die Formen der E-Partizipation wählen würdest.
5. Beurteile, ob die E-Partizipation die Demokratie in Deutschland verbessert.

Eine Online-Petition erstellen

Worum geht es?

Die Veröffentlichung einer Online-Petition ermöglicht es, ein für euch wichtiges Anliegen sachlich aufzubereiten, Unterstützerinnen und Unterstützer für eure Sache zu gewinnen und die Ergebnisse der Petition öffentlichkeitswirksam zu präsentieren.

Geht dabei so vor:

1. Schritt: Themenfindung

Ihr könnt mögliche Anliegen durch eine Kartenabfrage oder durch ein Blitzlicht sammeln. Im Anschluss daran könnt ihr gemeinsam entscheiden, ob ihr anhand dieser Anliegen eine Online-Petition erstellen möchtet. In jedem Falle ist eine eingehende Prüfung der Themen zu Beginn notwendig.

Kartenabfrage
Teilnehmerinnen und Teilnehmer schreiben ihre Ideen auf einzelne Karten, die anschließend an der Pinnwand sortiert oder geclustert werden können.

Vorüberlegungen:
Zunächst beschreibt ihr schriftlich das genaue Ziel und die Zielgruppe/-person der Online-Petition sowie die Forderung an die Zielgruppe/-person. Dieser Steckbrief des Vorhabens kann in Form eines Peer-Feedbacks zwischen zwei Gruppen auf die folgenden Kriterien hin überprüft werden:

- Thema von sozialer und politischer Bedeutung
- klare Zielformulierung
- prinzipiell umsetzbare Forderungen
- passende Zielgruppe

↓ ↓ ↓

2. Schritt: Petition schreiben

Da der Text im Internet veröffentlicht werden soll, ist es unerlässlich, dass auch eure Lehrkraft einen abschließenden prüfenden Blick auf die Schülerergebnisse wirft, um so unangemessene Beiträge überarbeiten zu lassen. Auch die weiteren Schritte der Veröffentlichung und der Verbreitung der Petition sollten in Absprache mit eurem Lehrer bzw. eurer Lehrerin stattfinden.

↓ ↓ ↓

3. Schritt: Petition veröffentlichen und verbreiten

Anschließend könnt ihr die Petition auf einer geeigneten Seite (siehe QR-Code) einreichen. Damit möglichst viele Unterschriften erlangt werden, empfiehlt es sich, die Aktion öffentlichkeitswirksam zu präsentieren, z. B. indem in der Lokalzeitung darüber berichtet wird, ihr selbst Flugblätter verteilt und ein Elternbrief versendet wird. Auch die Adressatinnen und Adressaten der Petition sollten im Vorfeld über das Vorhaben informiert werden. Denn nach Abschluss der Online-Petition gilt es, das Ergebnis auf geeigneten Kommunikationswegen zu präsentieren und auch die Adressatinnen und Adressaten erneut zu kontaktieren, um so eine Reaktion bzw. Stellungnahme zu erwirken.

Nach: Bundeszentrale für politisches Bildung: Partiziatioin 2.0. In: www.bpb.de, 20.07.2015

Linktipps

70082-331

Digital mitmachen

Worum geht es?

In diesem Kapitel geht es darum, wie ihr mithilfe des Internets mitbestimmen könnt. Ihr schaut euch eine Webseite namens www.aula.de genauer an, die es euch ermöglicht, gemeinsam eure Schule zu verbessern. Digital mitzumachen bedeutet, online aktiv zu werden, um Veränderungen zu bewirken. www.aula.de ist eine Webseite, die euch dabei hilft, eure Schule zu verbessern. Wenn ihr verantwortungsvoll damit umgeht, könnt ihr viel erreichen und gemeinsam eine bessere Schule gestalten.

Geht dabei so vor:

1. Schritt: Was bedeutet „Digital mitmachen“?

„Digital mitmachen" heißt, dass ihr online aktiv werden könnt, um Dinge zu verändern oder eure Meinung zu sagen. Zum Beispiel könnt ihr in Foren diskutieren, Ideen vorschlagen oder bei Abstimmungen teilnehmen.

↓ ↓ ↓

2. Schritt: Was ist www.aula.de?

www.aula.de ist eine Webseite, die speziell für eure Schule gemacht wurde. Dort können Schülerinnen und Schüler, Lehrkräfte, Eltern und die Schulverwaltung miteinander sprechen, Ideen teilen und gemeinsam Entscheidungen treffen. Zum Beispiel könnt ihr Vorschläge machen, Umfragen beantworten oder an Projekten arbeiten.

Link zu aula

70082-335

↓ ↓ ↓

3. Schritt: Warum ist es wichtig, online mitzumachen?

Es ist wichtig, online mitzumachen, weil ihr dadurch eure Schule besser machen könnt. Ihr könnt Ideen einbringen, die Schule mitzugestalten und euch für Dinge einsetzen, die euch wichtig sind. Außerdem könnt ihr euch informieren und mit anderen austauschen.

↓ ↓ ↓

4. Schritt: Wie gehen wir verantwortungsvoll mit www.aula.de um?

Ihr solltet online respektvoll miteinander umgehen und darauf achten, keine persönlichen Daten preiszugeben. Außerdem solltet ihr die Seite nur für schulische Zwecke nutzen und euch konstruktiv beteiligen.

Bearbeiterin

3.1.3 Social Media als Kanal zur Jugend?

Snapchat, TikTok, Instagram… Für viele Jugendliche sind soziale Medien die am häufigsten genutzte Informationsquelle. Influencerinnen und Influencer sowie politische Akteurinnen und Akteure nehmen zunehmend auf diesem Weg Einfluss auf das politische Geschehen und die Meinungsbildung von Jugendlichen.

M6 Wie entscheidend sind soziale Medien für die Meinungsbildung junger Menschen?

Soziale Netzwerke spielen eine zunehmende Rolle bei der politischen Meinungsbildung von Jugendlichen.

Soziale Netzwerke spielen eine zunehmende Rolle für die politische Meinungsbildung – insbesondere unter jungen Menschen. Für 78 Prozent der unter 30-Jährigen in Deutschland ermöglichen Facebook, Instagram, TikTok und andere sozialen Medien den schnellsten Zugang zum aktuellen Weltgeschehen. Bei den Befragten über 30 Jahren sagten dies 59 Prozent. Das geht aus einer Umfrage des Branchenverbandes Bitkom hervor.

ZEIT ONLINE/KNA/kij: Soziale Medien entscheidende für Meinungsbildung junger Menschen. In: www.zeit.de, 07.02.2023

M7 Follow Me: Influencer und soziale Medien im Leben Jugendlicher

Jugendliche und junge Erwachsene folgen gezielt Influencern und anderen Accounts in sozialen Medien, um sich zu unterhalten, zu informieren oder um mitreden zu können. Social Media Content Creators auf Instagram, TikTok und anderen Plattformen erfüllen dabei unterschiedliche Funktionen für verschiedene Nutzungsmotive und tragen wesentlich zur Meinungsbildung bei. Accounts einzelner Persönlichkeiten bieten Orientierung und haben wichtige Identifikations- und Vorbildfunktionen für ihre jungen Follower. Auch die Accounts klassischer Nachrichtenanbieter werden geschätzt und genießen bei jungen Menschen Vertrauen, weil sie als unabhängig und seriös gelten.

Leibniz-Institut für Medienforschung: Follow me – Wie Jugendliche Influencer wahrnehmen. In: www.leibniz-gemeinschaft.de, 17.11.2022

M8 Wie wurden soziale Medien zu Bundestagswahlen genutzt?

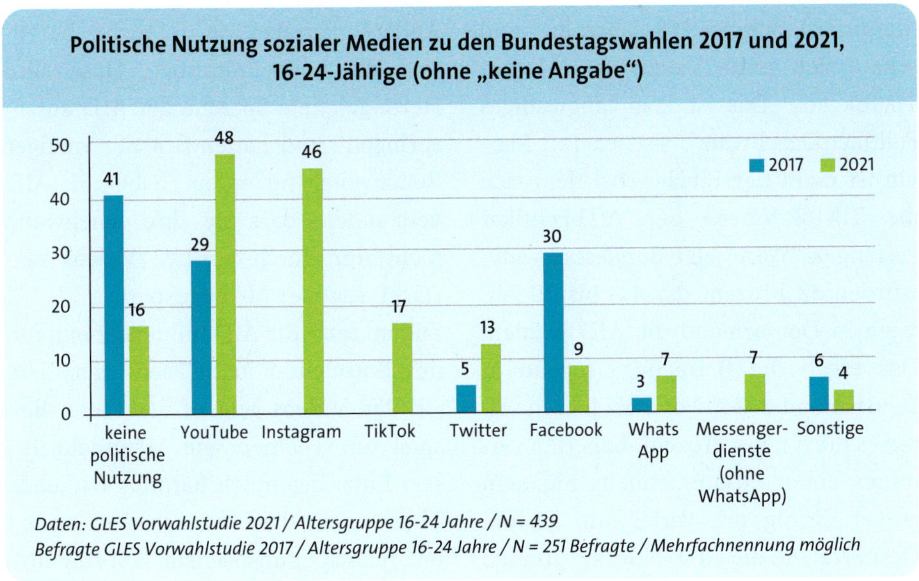

Nach: Bundeskanzler-Helmut-Schmidt-Stiftung: Jung. Digital. Engagiert? Eine Studie zum politischen Informationsverhalten und Engagement junger Menschen in Deutschland. In: www.helmut-schmidt.de, Abruf am 09.07.2024

M9 Social Media als Waffe?

70082-012

Populisten und Autokraten weltweit nutzen Social Media immer raffinierter, um Demokratien anzugreifen. Whistleblower warnen vergebens. Ihr Vorwurf: Tech-Konzerne und Politik unternehmen immer noch zu wenig dagegen. [...] Hass und Hetze, Wahlen manipulieren, Verschwörung verbreiten: Populisten und Autokraten weltweit bespielen die Klaviatur der Sozialen Medien immer raffinierter, immer effektiver. [...]

„Es gibt Studien darüber, die belegen, dass sachliche Inhalte zehn Mal weniger Reichweite erzeugen auf Facebook als emotionale Inhalte. Und Lügen sind in der Regel emotionaler als Fakten. Und das heißt eben auch, dass Lügen eine bessere Chance auf Aufmerksamkeit haben als Fakten", erklärt auch Kommunikationsexperte Johannes Hillje.

Dieses Prinzip würden populistische und auch radikale Akteure ausnutzen. [...] Denn Populisten nutzten personalisierte Werbung immer wieder systematisch, um extreme Botschaften und Verschwörungserzählungen gezielt an dafür empfängliche Wähler zu schicken. Doch ein Verbot personalisierter Werbung träfe das Geschäftsmodell der Tech-Giganten ins Herz und damit ihre Milliardenumsätze. [...]

Facebook bekräftigt noch einmal, dass Aussagen von Politikern nicht auf Fakten geprüft und nicht entfernt würden, auch nicht, wenn sie falsch sind oder gegen Facebooks Regeln verstoßen. „Lügen ist ein Thema. Das ist nicht schön", sagt Meta-Sprecher Klaus Gorny im Interview mit WDR und NDR. „Es ist aber auch nicht verboten in unserer Gesellschaft, deswegen: Auch hier sind wir nicht der Auffassung, dass wir die Richter sein sollten über wahr oder falsch."

Nagel, Petra / Eckert, Svea / Peters, Stella / Cesaro-Tadic, Ciara / Blum, Petra / Dammers, Tobias: Die Waffe der Autokraten. In: www.tagesschau.de, 07.03.2023

Populist
Populistinnen und Populisten sind Menschen, die Ängste und Vorurteile schüren. Dabei behaupten sie, für das ganze Volk zu sprechen und das ganze Volk zu vertreten.

Whistleblower
(= Informant, Hinweisgeber, Enthüller oder Aufdecker); Person, die für die Öffentlichkeit wichtige Informationen aus einem geheimen oder geschützten Zusammenhang veröffentlicht

Autokratie
Herrschaftsform, bei dem sich alle Staatsgewalt in den Händen eines Herrschenden (= Autokrat) befindet

M10 TikTok: Was andere Parteien vom Erfolg der AfD lernen

Marvin ist Schüler, 18 Jahre alt, und schaut sich gerne Videos der AfD auf TikTok an. „Das ist kein langweiliges Politiker-Geschwätz", sagt er. [...] Marvin ist nicht der Einzige, bei dem sich die TikTok-Videos der AfD-Politiker verfangen. Wäre jetzt Bundestagswahl, würden 22 Prozent der 14- bis 29-Jährigen in Deutschland die AfD wählen. Das ergab die Befragung „Jugend in Deutschland 2024". Vor zwei Jahren waren es noch neun Prozent. Experten vermuten einen Zusammenhang mit dem großen Erfolg der Partei auf TikTok. Dort erreiche die AfD mehr als dreimal so viele Nutzer wie alle anderen Parteien im Bundestag zusammen. [...]

Die AfD bediene ein passendes Schema für die App, beschreibt [Medienexperte] Lutz [...]: „Hassbotschaften sind emotional, einfach zugeschnitten, nicht differenziert." Die Nutzer liken und kommentieren solche Videos viel – auch kritisch. Das belohnt der Algorithmus und spült die Videos in immer mehr Kanäle. „Und das Phänomen ist auf TikTok stärker als auf anderen Plattformen. Da rutscht man schneller in den Sog", sagt Lutz.

Andere Parteien seien nicht bereit, „auf die holzschnittartige, Hass- und Hetze-geleitete Spreche der AfD aufzuspringen" und hätten deshalb weniger Reichweite. Außerdem habe die AfD verstanden, dass sie ihre Reichweite nicht nur durch positive Videos verstärkt, sagt der Medienexperte. [...]

Zudem setze die AfD Influencer ein, um ihre Botschaften in die Feeds zu spülen. „In den Videos geht es dann zum Beispiel um Themen wie Männlichkeit", sagt Lutz. Eigentlich harmlos wirkende Themen, die die Influencer aber gezielt mit rechtspopulistischem Wording aufladen. Das Ergebnis: Die Nutzerinnen und Nutzer gewöhnen sich an den Tenor. Nicht zuletzt habe die AfD sehr früh damit begonnen, sich eigene Kanäle zu schaffen, um ihre Inhalte ungefiltert zu verbreiten, sagt Lutz. Die Partei habe also einen Zeitvorteil. „Und dadurch verstehen sie die Mechanismen besser." Zum Beispiel strukturiere die AfD Bundestagsreden so, dass man kurze Ausschnitte daraus wunderbar auf TikTok hochladen könne, sagt Lutz.

Pogner, Isabel: Was andere Parteien vom Erfolg der AfD lernen. In: www.tagesschau.de, 04.05.2024

Aufgaben

70082-303

1. Beschreibt, wie ihr euch über das Weltgeschehen informiert.
2. Tauscht euch darüber aus, welche Inhalte ihr über soziale Medien konsumiert und erstellt eine Liste mit den sozialen Medien, die ihr täglich nutzt.
3. Über soziale Medien wird vielfältig Einfluss genommen (**M6-M10**).
   a) Beschreibt Möglichkeiten der Einflussnahme durch soziale Medien.
   b) Erörtert die Vor- und Nachteile der Einflussnahme durch soziale Medien.
   c) Entwickelt sinnvolle Lösungsmöglichkeiten für die Problematik.
   d) Erstellt einen fiktiven Post in einem sozialen Medium, in dem ihr Jugendliche über den möglichen Einfluss in den sozialen Medien aufklärt.

F **zu Aufgabe 3d**
Was müssen klassische Parteien tun, um Jugendliche in den sozialen Medien zu erreichen?

Wie kann ich mich politisch beteiligen?

Partizipation

> M2

Partizipation meint, dass man sich als Bürgerin oder Bürger aktiv an etwas beteiligt. Dies kann z. B. in einem Verein oder in einem Parlament sein. Das Grundgesetz und die Landesverfassung sehen eine aktive Beteiligung der Bürgerinnen und Bürger vor.

Übung
70082-314

Verschiedene Formen der Bürgerbeteiligung

> M3, M4

Auf **Landesebene** nimmt das Volk an Wahlen teil und kann ein Volksbegehren einbringen. Dazu muss es aber 1/6 der Wahlberechtigten von seinem Vorschlag überzeugt haben. Dies kann sich dann zu einer Volksabstimmung weiterentwickeln, wie z. B. bei Stuttgart 21.
Auf **Bundesebene** regelt das Grundgesetz die Mitwirkungsmöglichkeiten der Bürgerinnen und Bürger. Man kann

- seine Meinung frei äußern und verbreiten (Art. 5 GG),
- sich frei versammeln (Art. 8 GG),
- einen Verein oder eine Gesellschaft bilden (Art. 9 GG),
- wählen (passives Wahlrecht, Art. 20 GG),
- sich in den Bundestag wählen lassen (aktives Wahlrecht, Art. 20 GG)
- und eine Partei gründen oder ihr beitreten (Art. 21 GG).

Übung
70082-315

E-Partizipation

> M5

Die E-Partizipation ermöglicht es den Bürgerinnen und Bürgern, elektronische Elemente zu nutzen, um sich mit staatlichen Organen oder untereinander zu politischen Prozessen auszutauschen. Es gibt drei Formen der E-Partizipation:

- **Regierung → Bürgerinnen und Bürger**
  Diese Partizipationsform meint einerseits die Information durch die Regierung (z. B. über Twitter), aber auch die Übertragung von Sitzungen, Onlinedialoge und E-Konsultationen. Auf kommunaler Ebene ist dies meist ein direkter Austausch zwischen Bürgermeisterin oder -meister und Bevölkerung.
- **Bürgerinnen und Bürger → Regierung**
  Über den Petitionsausschuss können Bürgerinnen und Bürger ihre Anliegen an Politikerinnen und Politiker weitergeben. Sie können sich auch direkt an Abgeordnete wenden.
- **Bürgerinnen und Bürger → Bürgerinnen und Bürger**
  Hier treten die Bürgerinnen und Bürger gemeinsam in Kontakt. Dabei können z. B. Protestbewegungen publik gemacht werden oder eigene Positionen in Chats geäußert werden.

Übung
70082-316

3.2 Wahltag – Wer kommt in den Bundestag?

3.2.1 Wie wirken Parteien an der politischen Meinungsbildung mit?

Im Schülerrat schließen sich Schülerinnen und Schülern zusammen, um ihre Interessen gemeinsam zu vertreten. Manchmal müssen Kompromisse geschlossen werden. In einer demokratischen Gesellschaft erfüllen Parteien eine vergleichbare Rolle wie der Schülerrat.

M1 Was sind Parteien?

A

Wahlkampfstände von Parteien in der Innenstadt

B

Parteimitglieder sitzen als Abgeordnete im Deutschen Bundestag.

M2 Warum gibt es überhaupt Parteien?

70082-013

Politische Parteien organisieren Menschen mit ähnlichen politischen Ansichten und Interessen und geben ihnen eine gemeinsame Stimme. Durch die Struktur von Parteien können Bürgerinnen und Bürger ihre politischen Vorstellungen und Ziele besser einbringen und vertreten lassen. Parteien entwickeln Programme und Lösungen für gesellschaftliche Probleme, stellen Kandidatinnen und Kandidaten für Wahlen auf und fördern den politischen Wettbewerb. Ohne Parteien wäre es schwierig, die vielfältigen Meinungen und Interessen der Bevölkerung in den politischen Entscheidungsprozess zu integrieren und eine stabile Regierung zu bilden.

Bearbeiterin

Art. 21 (1) GG
Die Parteien wirken bei der politischen Willensbildung des Volkes mit. Ihre Gründung ist frei. Ihre innere Ordnung muss demokratischen Grundsätzen entsprechen. Sie müssen über die Herkunft und Verwendung ihrer Mittel sowie über ihr Vermögen öffentlich Rechenschaft geben.

Parteien

Parteien sind Zusammenschlüsse von Bürgerinnen und Bürgern, die gemeinsame Interessen und politische Vorstellungen haben. Durch Wahlen können Parteien politische Macht in Parlamenten und Regierungen gewinnen, um ihre politischen Ziele zu verwirklichen. Durch ihre Stimme geben Bürgerinnen und Bürger Parteien die Legitimation zur Teilhabe an der politischen Willensbildung auf Zeit. Je mehr Wählerinnen- und Wählerstimmen Parteien gewinnen, desto größer ist ihr politischer Einfluss. Im Unterschied zu Interessenverbänden und Bürgerinitiativen übernehmen Parteien politische Verantwortung, indem ihre Mitglieder Ämter in Parlamenten und Regierungen bekleiden oder in der Opposition Politik betreiben.

Thurich, Eckart: pocket politik. Demokratie in Deutschland. In: www.bpb.de, Abruf am 15.06.2018

Legitimation
Erlaubnis, Berechtigung

M3 Welche Aufgaben haben Parteien?

70082-014

Parteien spielen eine zentrale Rolle im politischen System und sorgen dafür, dass die Meinungen und Interessen der Bürgerinnen und Bürger gehört und vertreten werden.

1 Interessenvertretung
Parteien bündeln die Interessen von Menschen mit ähnlichen Ansichten und Anliegen. Sie vertreten diese Interessen gegenüber der Regierung, im Parlament und in der Öffentlichkeit. Dadurch wird sichergestellt, dass unterschiedliche gesellschaftliche Gruppen Gehör finden und ihre Anliegen berücksichtigt werden.

2 Politische Willensbildung
Parteien tragen zur Meinungsbildung bei, indem sie Diskussionen anregen und politische Themen öffentlich machen. Sie informieren die Bürgerinnen und Bürger über aktuelle Probleme, mögliche Lösungen und ihre eigenen Positionen. Dadurch helfen sie den Wählerinnen und Wählern, fundierte Entscheidungen zu treffen.

3 Kandidatenaufstellung
Eine der zentralen Aufgaben von Parteien ist es, Kandidatinnen und Kandidaten für politische Ämter zu nominieren. Diese Kandidierenden werden in Wahlen aufgestellt und können dann in Parlamenten oder anderen politischen Gremien die Interessen der Wählerinnen und Wähler vertreten.

4 Regierungsbildung
Nach Wahlen können Parteien, die genügend Stimmen erhalten haben, eine Regierung bilden. In vielen demokratischen Systemen schließen sich mehrere Parteien zu Koalitionen zusammen, um eine Mehrheit zu erreichen und stabile Regierungsarbeit zu gewährleisten.

5 Programm- und Policy-Entwicklung
Parteien entwickeln politische Programme und Strategien, die sie in ihren Wahlkämpfen vorstellen. Diese Programme enthalten Vorschläge, wie gesellschaftliche Probleme gelöst und die Zukunft gestaltet werden soll. Im Parlament arbeiten Parteien an der Ausarbeitung und Verabschiedung von Gesetzen, die ihren Programmen entsprechen.

6 Kontrolle der Regierung
Parteien, die nicht an der Regierung beteiligt sind, übernehmen die wichtige Aufgabe der Opposition. Sie kontrollieren und kritisieren die Regierungsarbeit, stellen Fragen und bieten alternative Lösungen an. Dies trägt zu einer ausgewogenen und transparenten politischen Landschaft bei.

Bearbeiterin

Aufgaben

70082-304

1. Beschreibt die Bilder in **M1** und tauscht euch darüber aus, was ihr schon über Parteien wisst.
2. Erläutert euch gegenseitig, was eine Partei ist und welche Aufgaben Parteien in einer demokratischen Gesellschaft erfüllen (**M2**, **M3**, **#Parteien**).
3. Parteien spielen bei politischen Entscheidungen eine große Rolle. Erläutere, warum Deutschland auch als Parteiendemokratie bezeichnet wird.
4. „Ohne Parteien kann eine Demokratie nicht funktionieren." Nimm kritisch Stellung zu dieser These.

3.2.2 Wie unterscheiden sich die Parteien?

Sicherlich kennst du viele Parteien und auch einige Politikerinnen und Politiker. Doch wofür stehen die im Deutschen Bundestag vertretenen Parteien genau?

M4 Die Qual der Wahl

Karikatur: Roger Schmidt

M5 Wofür stehen die verschiedenen Parteien?

70082-015

Parteien*, die seit 1990 im Bundestag vertreten waren	
CDU·CSU	Die Christlich Demokratische Union (CDU) ist die konservative Volkspartei in Deutschland. Zusammen mit der Schwesterpartei Christlich Soziale Union (CSU) (die nur in Bayern antritt) bildet die CDU eine gemeinsame Bundestagsfraktion. In der Wirtschaftspolitik bekennt sie sich zur Sozialen Marktwirtschaft. Sozialpolitisch setzt sie auf eine stärkere Eigenverantwortung, wobei Familien jedoch finanziell gefördert werden sollen.
SPD Fraktion im Bundestag	Die Sozialdemokratische Partei Deutschlands (SPD) wurde 1875 als Sozialistische Arbeiterpartei gegründet. Basis der SPD-Politik sind die Grundwerte Freiheit, Gerechtigkeit und Solidarität. Sie betont den Vorrang der Politik gegenüber der Wirtschaft. Der Gedanke der Solidarität soll das Handeln der Menschen prägen.
Die Linke Im Bundestag	DIE LINKE entstand aus dem Zusammenschluss der PDS (Partei des Demokratischen Sozialismus) und der WASG (Wahlalternative Arbeit und Soziale Gerechtigkeit). Sie vertritt das Ziel eines demokratischen Sozialismus. Eine Umverteilung von oben nach unten wird angestrebt.
BÜNDNIS 90 DIE GRÜNEN BUNDESTAGSFRAKTION	Die Partei Bündnis 90/Die Grünen entstand 1993 durch die Fusion der westdeutschen Grünen und des ostdeutschen Bündnis 90. Die Umwelt steht im Zentrum grüner Politik – heute eng mit dem Begriff der Nachhaltigkeit verbunden. Andere Ziele sind Gewaltfreiheit, Demokratie und Menschenrechte. Neben der Verteilungsgerechtigkeit sind die Geschlechter- und Generationengerechtigkeit zentrale Anliegen.

konservativ
bewahren, erhalten einer bestehenden Ordnung

Solidarität
Eintreten füreinander

Sozialismus
Die Grundgedanken dieser Gesellschaftsform sind Gemeinschaft und Gleichheit. Es soll keine Unterscheidung in „arm“ und „reich“ geben. Privateigentum wird größtenteils dem Staat übergeben.

Fusion
Verschmelzung von zwei oder mehreren Unternehmen oder Parteien

Freie Demokraten FDP	Die Freie Demokratische Partei (FDP) vertritt liberale (freiheitliche) Positionen, wie die persönliche Freiheit und Verantwortung des Einzelnen. Der Bürger soll seine Interessen in einem Staat mit möglichst wenig Vorschriften und Bürokratie verfolgen können. Im Zweifel stimmen Liberale für Freiheit vor Sicherheit und Gleichheit, für Markt statt Staat, für das Individuum anstelle der Gemeinschaft.
Alternative für Deutschland – Fraktion im Deutschen Bundestag	Die AfD (Alternative für Deutschland) wurde 2013 gegründet und ist eine politische Partei, die sich durch ihre kritische Haltung gegenüber Migration und der Europäischen Union auszeichnet. Sie betont konservative Werte und setzt sich für eine restriktive Einwanderungspolitik ein. Die Partei tritt häufig für nationale Interessen ein und fordert eine stärkere Betonung der deutschen Identität und Souveränität. Ein weiterer Schwerpunkt der AfD ist die Skepsis gegenüber Klimaschutzmaßnahmen, die sie oft als wirtschaftlich nachteilig betrachtet.

Bearbeiterin

**Die Übersicht bezieht sich auf Parteien, die als Fraktion oder Gruppe im Bundestag vertreten waren. Sonderfälle wie der Südschleswigsche Wählerverband (SSW), das Bündnis Sahra Wagenknecht (BSW) sowie einzelne fraktionslose Abgeordnete sind in dieser Darstellung nicht berücksichtigt.*

M6 Haben Parteiprogramme ausgedient?

Karikatur: Nel, 2019

Aufgaben

70082-305

1. Tauscht euch darüber aus, welche Parteien ihr kennt.
2. a) Erstellt einen Steckbrief zu den im Deutschen Bundestag vertretenen Parteien (**M5**). Geht dabei auf folgende Informationen ein: Name, Gründungsjahr, zentrale Ziele, bekannte Politiker, Mitgliederanzahl und Parteivorsitzender. Wählt ein Politikthema aus, zu dem ihr notiert, wie die Partei dazu steht. Dies könnte beispielsweise Familienpolitik, Wirtschaft, Umweltschutz oder Arbeit sein.
   b) Vergleicht die Positionen der Parteien zu eurem gewählten Politikthema.
3. a) Analysiere die Karikatur **M6**.
   b) Begründe, ob der Karikaturist mit seiner Kritik an den Parteien Recht hat.

Karika-Tour – Wie analysiere ich Karikaturen?

Worum geht es?

Eine Karikatur ist eine zeichnerische Darstellungsform, mit der der Karikaturist einen Sachverhalt aus Politik, Wirtschaft oder Gesellschaft in einer überspitzten Art und Weise zum Ausdruck bringt und interpretiert. Mithilfe der Methode „Karika-Tour" könnt ihr euch einen Überblick über ein Thema verschaffen, indem ihr verschiedene Karikaturen hierzu analysiert und interpretiert.

Geht dabei so vor:

1. Schritt: Die Karika-Tour durchführen

- Geht in Kleingruppen im Uhrzeigersinn von einer Karikatur zur nächsten.
  Pro Karikatur habt ihr 2-3 Minuten Zeit. Fragt eure Lehrkraft, ob sie für euch die Zeit im Blick behält.
- Betrachtet die Karikaturen und macht euch Notizen zu den Darstellungen. Folgende Leitfragen können euch bei der Herausarbeitung der Aussagen der Karikatur helfen: Auf welches Problem macht der Karikaturist aufmerksam? Was möchte er den Betrachterinnen und Betrachtern mitteilen?
- Wenn ihr alle Karikaturen angeschaut und euch Notizen gemacht habt, ist eure Karika-Tour abgeschlossen.

↓ ↓ ↓

2. Schritt: Nach der Karika-Tour

- Jede Gruppe bekommt jeweils eine Karikatur zugeteilt.
- Erarbeitet nun gründlich die Aussage „eurer" Karikatur. Arbeitet entlang des Leitfadens zur Interpretation einer Karikatur.

Eine Karikaturanalyse läuft immer nach demselben Muster ab:

Schritt 1:
Beschreibe die Karikatur.
Schritt 2:
Erläutere, was der Zeichner aussagen und was er erreichen will. (Unterhaltung? Probleme auf den Punkt bringen? Kritik üben? ...)
Schritt 3:
Bewerte die Karikatur. Hat der Zeichner deiner Meinung nach Recht? Fehlen wichtige Aspekte? Achte hier besonders auf gute Begründungen.

Bearbeiterin

Kritik an den Parteien in der Karikatur

Karikatur: Gerhard Mester, Baaske Cartoons, 2012

Karikatur: Schwarwel, 2017

Karikatur: trumix, 2013

Karikatur: Burkhard Mohr, 2006

NSA
Die National Security Agency (NSA), ist der größte Auslandsgeheimdienst der Vereinigten Staaten. Der US-Geheimdienst ist auf Überwachung, Entschlüsselung und Auswertung elektronischer Kommunikation spezialisiert.

3.2.3 Parteien, Verbände und Bürgerinitiativen – wer vertritt wann meine Interessen?

Neben Parteien wirken auch Verbände und Bürgerinitiativen an der Meinungsbildung mit. Vor allem aber vertreten sie die Interessen von Bürgerinnen und Bürgern. In diesem Kapitel geht es darum, herauszufinden, wer wann zuständig ist.

M7 Beispiele für Bürgerinitiativen und Verbände

a) Bürgerinitiative Neckartor

Anwohnerinnen und Anwohner des Neckartors in Stuttgart gründeten die Bürgerinitiative mit dem Ziel, auf die Probleme der dreckigen Luft in Stuttgart aufmerksam zu machen. Die erhöhten Feinstaub- und Stickoxidwerte sind Anlass für verschiedene Aktionen, z. B. Demonstrationen, Stellungnahmen zu politischen Maßnahmen und Informationsveranstaltungen.

Bearbeiterin

Logo der Bürgerinitiative Neckartor

„Ihr fahrt den Planeten an die Wand" und „Klima retten statt Luft verpesten" steht auf den Bannern, mit denen Demonstrierende 2020 bei einer Aktion in Stuttgart temporäre Fahrradspuren und mehr Busse gefordert haben.

b) Bundesverband der Deutschen Industrie (BDI)

Der BDI vertritt die Interessen der deutschen Industrie und ist für mehr als 100.000 Unternehmen mit rund 8 Millionen Beschäftigten tätig.

Als Interessenvertretung der Industrie trägt der BDI bei seinen Mitgliedern zur Meinungsbildung und Entscheidungsfindung bei. Er bietet Informationen für alle Bereiche der Wirtschaftspolitik an. Der BDI unterstützt so die Unternehmen im intensiven Wettbewerb, den die Globalisierung mit sich bringt. Zudem transportiert der BDI die Interessen der deutschen Industrie an die politisch Verantwortlichen in Deutschland, Europa und weltweit und macht aktuelle politische Entscheidungen für seine Mitgliedsverbände transparent.

Bearbeiterin

BDI Bundesverband der Deutschen Industrie e.V.

Logo des BDI

Verbände und Bürgerinitiativen

Verbände sind Vereinigungen, deren Aufgabe es ist, die besonderen Interessen ihrer Mitglieder in den politischen Entscheidungsprozess einfließen zu lassen (Lobbyismus). In einer Bürgerinitiative schließen sich Personen zusammen, die für eine gemeinsame Sache kämpfen. Dabei arbeiten sie nur für die eine Maßnahme zusammen, sonst können sie unterschiedliche Ansichten vertreten.

Bearbeiterin

M8 Handlungsfelder von Verbänden und Bürgerinitiativen

- ... betätigen sich in einzelnen politischen Bereichen (z. B. Wirtschaft, Verkehr, Umwelt).
- ... artikulieren besondere Einzelinteressen und versuchen, diese durchzusetzen.
- ... sprechen eventuell Wahlempfehlungen aus, nehmen aber nicht an Wahlen teil.
- ... versuchen, Einfluss auf die Regierung und auf die Verwaltung zu nehmen.
- ... sind nur begrenzt am politischen Prozess beteiligt.
- ... sind nicht zur innerverbandlichen Demokratie verpflichtet.
- ... nehmen auf die Willensbildung Einfluss.
- ... Gesetzliche Regelung in Artikel 9 GG (Versammlungs-, Vereinigungsfreiheit)
- ... wahren und fördern die Arbeits-, Lebens- und Wirtschaftsbedingungen.
- ... Die Arbeit von Bürgerinitiativen kann zeitlich begrenzt sein, bis ein bestimmtes Ziel erreicht werden konnte.
- ... Verbände vertreten ihre Interessen auf Dauer, allerdings nur in ihren Themenbereichen.
- ... wollen i. d. R. nur einen Teil der Bürgerinnen und Bürger ansprechen.

Nach: Oeftering, Antonio / Metzler, Gabriele / Metzger, Daniel / Mergner, Daniel: Handlungsfelder von Verbänden und Bürgerinitiativen. In: www.politikundunterricht.de, Abruf am 11.4.2018 (ergänzt)

> Aufgaben

70082-306

1. Arbeitet heraus, welche Ziele die Beispiele in **M7** verfolgen.
2. Vergleicht die Ziele von Verbänden und Bürgerinitiativen mit denen von Parteien. Welche Unterschiede und Gemeinsamkeiten könnt ihr feststellen (**M8**)?
3. a) Recherchiert, welche Bürgerinitiativen es in eurem Ort gibt (**M7**).
   b) Begründet, bei welcher Bürgerinitiative ihr euch engangieren würdet und warum.

3.2.4 Was wollen die Parteien in der Klimapolitik?

An der Bundestagswahl 2025 haben 41 verschiedene Parteien teilgenommen. Am Beispiel der bekanntesten Parteien gehst du nun der Frage nach, für welche Werte, Themen und Ziele die Parteien stehen. Wie unterscheiden sich die Parteien in der Klimapolitik?

M9 Wie stehen die Parteien zur Klimapolitik?

70082-017

Es gibt nur wenige Politikfelder, in denen sich die Ansichten und Lösungswege deutlicher unterscheiden: Die AfD sieht den Menschen nicht als Ursache für den Klimawandel an und lehnt so gut wie alle Klimaschutz-Maßnahmen ab. Alle anderen Parteien verfolgen das Ziel, Deutschland klimafreundlicher oder sogar klimaneutral zu machen. Über den Zeithorizont und die Maßnahmen gibt es allerdings unterschiedliche Ansichten.

1 CDU/CSU: Verbrennerverbot und Heizungsgesetz kippen

Die Union steht zum Ziel Klimaneutralität bis 2045, will den Weg dahin aber grundsätzlich neu strukturieren. „Klimaschutz braucht eine starke Wirtschaft", heißt es im Wahlprogramm. Die Union will deshalb den Strom günstiger machen, indem sie Steuern und Netzentgelte senkt. Der Ausbau der Stromtrassen für die Energiewende soll mit günstigeren Freileitungen anstatt teurer Erdverkabelung ausgeführt werden. Neben Energie aus Wind und Sonne soll auch Biomasse oder Geothermie verstärkt genutzt werden.

Als zentrales Element für den Klimaschutz sehen CDU/CSU den Emissionshandel. Durch die CO_2-Bepreisung wird fossile Energie zum Heizen oder Autofahren schrittweise teurer. Die zusätzlichen Einnahmen will die Union an Verbraucher und Unternehmen in Form eines „Klimabonus" zurückfließen lassen, um einen sozialen Ausgleich zu schaffen. Das umstrittene „Heizungsgesetz" (Gebäudeenergiegesetz) soll in seiner jetzigen Form abgeschafft werden […].

Die Union setzt sich für eine CO_2-Kreislaufwirtschaft ein, die auch die Speicherung von CO_2 vorsieht. Sie will das Verbrennerverbot rückgängig machen sowie die Flottengrenzwerte überprüfen, um deutsche Hersteller vor Strafzahlungen zu bewahren. Außerdem wollen die Konservativen an der „Option Kernenergie" festhalten. Neben dem Klimaschutz ist auch die Klimaanpassung ein Thema, sie soll gestärkt werden. Außerdem möchte die Union eine Pflichtversicherung für Elementarschäden einführen.

Emissionshandel
Der Emissionshandel ist ein Instrument zur Reduzierung von Treibhausgasen, insbesondere CO_2. Es funktioniert so, dass die Politik eine Obergrenze für Emissionen festlegt und diese in Zertifikate aufteilt, die dann gehandelt werden können. Unternehmen, die weniger als ihre zugewiesene Menge ausstoßen, können ihre überschüssigen Zertifikate verkaufen, während andere, die mehr ausstoßen müssen, Zertifikate zukaufen können.

2 SPD: Klimageld soll Geringverdiener entlasten

Auch die SPD bekennt sich zu den beschlossenen Klimazielen Deutschlands und der EU. Die Sozialdemokraten betonen […], dass Klimaschutz sozial sein müsse. Das bedeutet, Geringverdiener sollen durch ein Klimageld von CO_2-Preisen entlastet werden. Außerdem wird angestrebt,

dass Energienetze wie Fernwärme oder die Energiegewinnung in Form eines dorfeigenen Windparks gemeinschaftlich angelegt werden, um eine möglichst große Teilhabe zu erreichen.
Die SPD setzt darauf, die Treibhausgasemissionen zu reduzieren, zum Beispiel durch ein Tempolimit auf Autobahnen oder die Dekarbonisierung der Industrie. Unternehmen, die auf klimaneutrale Produktion umstellen, sollen staatlich gefördert werden. [...]
In Sachen Mobilität will die SPD klimaschonende Verkehrsmittel wie Fahrrad, Bus und Bahn besser vernetzen und in einem Konzept „gemeinsam denken". Das Deutschlandticket soll zu gleichen Konditionen bleiben. Für E-Autos soll es finanzielle Vorteile geben. Die SPD will sich zudem dafür einsetzen, die Ladeinfrastruktur für Pkw aber auch klimafreundliche Lkw zu verbessern. Mit einer Städtebauförderung will die SPD die Klimaanpassung der Kommunen vorantreiben. Grünflächen und verbesserte Versickerungsmöglichkeiten sollen die Städte bei Hitze oder Starkregen sicherer und lebenswerter machen.

Dekarbonisierung
Dekarbonisierung ist der Prozess der Reduzierung und Vermeidung von Kohlenstoffdioxid (CO_2) und anderen Treibhausgasemissionen, hauptsächlich durch den Ersatz fossiler Brennstoffe durch erneuerbare Energiequellen. Ziel ist es, die Wirtschaft von fossilen Brennstoffen zu entlasten, um den Klimawandel zu bekämpfen und globale Klimaziele wie die des Pariser Abkommens zu erreichen.

3 Bündnis 90/Die Grünen: Wirtschaft klimaneutral modernisieren

Während die Grünen bei ihrer Plakatkampagne das Thema Klima diesmal nicht in den Vordergrund stellen, durchzieht es fast alle Facetten ihres Wahlprogramms, bis hin zur Außenpolitik: „Die Klimakrise ist eine der größten Sicherheitsrisiken des 21. Jahrhunderts."
Mit Instrumenten wie dem CO_2-Preis, staatlicher Förderung für Investitionen, aber auch dem Einsatz von Ordnungsrecht, das entsprechende Verbote ermöglicht, soll die Wirtschaft klimaneutral modernisiert werden. Für klimafreundlich hergestellten Zement und Stahl wollen die Grünen europaweit sogenannte Leitmärkte etablieren, indem beispielsweise feste Abnahmequoten bei Bauprojekten festgelegt werden. Dort wo keine Vermeidung möglich ist, wollen die Grünen eine CO_2-Kreislaufwirtschaft, die auch die Abscheidung und Speicherung des klimaschädlichen Gases vorsieht.
Die Grünen möchten Kauf und Leasing von E-Autos sozial ausgewogen fördern. Am Verbrennerverbot ab 2035 wird festgehalten, ebenso an den Flottengrenzwerten der EU – etwaige Strafzahlungen deutscher Autohersteller sollten aber zeitlich gestreckt werden. Finanzielle Belastungen von Menschen mit niedrigem oder mittlerem Einkommen durch höhere Transport- und Heizkosten sollen mit dem „Klimageld" abgefedert werden.
Geht es nach den Grünen, kommt das Tempolimit auf Autobahnen. Ziel sei es zudem das Deutschlandticket auch künftig für 49 Euro anzubieten sowie den öffentlichen Personenverkehr weiter auszubauen. In Sachen Klimaanpassung unterstützen die Grünen die Idee der Schwammstadt, in der Flächen zur besseren Versickerung entsiegelt werden, sowie Bäume gepflanzt und Grünflächen angelegt werden, um die Folgen von Hitzeperioden für die Anwohner abzumildern.

Leasing
Leasing ist ein Finanzierungsmodell, bei dem ein Leasinggeber einem Leasingnehmer ein Objekt für eine bestimmte Zeit zur Nutzung überlässt und dafür eine monatliche Rate erhält. Der Leasinggeber bleibt weiterhin der rechtliche und wirtschaftliche Eigentümer des Objekts, während der Leasingnehmer dessen Nutzungsrecht erwirbt und für Wartung und Reparaturen zuständig ist.

Fracking
Fracking (kurz für hydraulic fracturing) ist ein Verfahren zur Erdgas- und Erdölförderung, bei dem unter hohem Druck ein Gemisch aus Wasser, Sand und Chemikalien in tiefe Gesteinsschichten gepresst wird, um künstliche Risse zu erzeugen oder zu erweitern. Durch diese Risse wird das eingeschlossene Gas oder Öl freigesetzt und kann dann gefördert werden.

4 FDP: Klimaneutralität erst 2050

Die Freien Demokraten fordern ein langsameres Tempo: Deutschland soll [...] erst 2050 klimaneutral werden. Das entspricht dem Ziel der EU. Auch die Umweltstandards von Deutschland und EU sollen harmonisiert werden. Ein einheitlicher europäischer Emissionshandel ist für die FDP das zentrale Instrument für den Klimaschutz. Die FDP setzt dabei ganz auf die Lenkungswirkung des CO_2-Preises, andere Regulierungen sollen abgeschafft werden.
Einnahmen aus dem Emissionshandel will die FDP [...] direkt und pauschal pro Kopf an die Menschen zurückzahlen. [...] Die Absage an Verbote betonen die Liberalen auch mit Blick auf das Tempolimit und das Verbrenner-Aus 2035. Diese EU-Regelung müsse abgeschafft werden, ebenso wie das Gebäudeenergiegesetz, an dem die FDP als Partner in der Ampel-Koalition mitgewirkt hatte. Dagegen soll die Entnahme, Nutzung und Speicherung von CO_2 ermöglicht werden.
Die Liberalen wollen die Stromkosten senken und den Bau neuer Gaskraftwerke erleichtern. Dabei soll auch in Deutschland Erdgas im sogenannten Fracking-Verfahren gefördert werden können. Der Nutzung von Kernkraft und Kernfusion steht die FDP offen gegenüber, der rechtliche Rahmen müsse entsprechend gestaltet werden, allerdings sollen die Projekte ohne staatliche Subventionen auskommen.
In Sachen Verkehr betont die FDP die Technologieoffenheit. E-Autos seien nicht die einzige denkbare Form von individueller Mobilität, sondern auch andere klimafreundliche Antriebe kämen infrage. Der öffentliche Personennahverkehr soll gestärkt und durch „flexible, bedarfsgerechte Angebote" wie beispielsweise Ruftaxis ergänzt werden. Fliegen soll noch attraktiver werden: die Liberalen wollen die Luftverkehrsteuer komplett streichen sowie die Luftsicherheitsgebühren senken, um die Wettbewerbsbedingungen für europäischen Fluglinien zu verbessern.

Nord-Stream-Pipeline
Die Nord-Stream-Pipeline ist ein Offshore-System von zwei Erdgaspipelines, das durch die Ostsee von Russland nach Deutschland führt, um Erdgas zu transportieren und die Energiemärkte der Europäischen Union zu versorgen. Sie besteht aus den Strängen Nord Stream 1, der von 2011 bis 2022 in Betrieb war, und Nord Stream 2, der nie in Betrieb genommen wurde und 2022 beschädigt wurde. Die Pipelines waren ein wichtiger Bestandteil der russischen Gaslieferungen nach Europa, standen aber auch im Fokus von politischen und ökologischen Kontroversen.

5 AfD: Leugnen des menschengemachten Klimawandels

Die Alternative für Deutschland sieht den Menschen nicht als Verursacher des Klimawandels und hält deshalb alle Maßnahmen zu seiner Begrenzung für unnütz. Die CO_2-Abgabe, das Verbrenner-Verbot und EU-Flottenabgabe sowie das Heizungsgesetz möchte sie abschaffen und aus dem Pariser Klimaabkommen aussteigen.
Der Ausbau von Windkraftanlagen und PV-Anlagen soll gestoppt werden. Dagegen will die AfD weiter Braun- und Steinkohle zur Energiegewinnung einsetzen und den Wiedereinstieg in die Kernenergie einleiten. Die Partei setzt sich darüber hinaus für die Reparatur und Wiederinbetriebnahme der Nord-Stream-Pipelines ein.
Das Auto müsse als wichtigstes Verkehrsmittel vor weiteren Abgaben und Regularien geschützt werden, das betrifft auch ein Tempolimit. Gleichzeitig will die AfD den öffentlichen Nahverkehr stärken, Transitgüter nach Möglichkeit auf die Schiene verlagern und den Luftverkehr durch eine Streichung der Luftverkehrssteuer entlasten.

6 Die Linke: Neun-Euro-Ticket und Klimageld

Die Linke will den Klimaschutz stärken, indem wieder verbindliche Sektorziele eingeführt werden, speziell bei Verkehr und Wärme. In diesen Bereichen sollen staatliche Förderung und Infrastrukturprogramme die Energiewende voranbringen. Am Kohleausstieg bis 2030 will Die Linke festhalten und in einem nächsten Schritt auch den Abschied von Erdgas planen. Der Energieverbrauch müsse reduziert, die Energieeffizienz gesteigert werden. Die Versorgungsnetze will Die Linke in staatliche Hand überführen […].

Die CO_2-Bepreisung belastet aus Sicht der Linken die Menschen, deshalb soll es einen sozialen Ausgleich in Form eines „Klimagelds" geben. Dessen Höhe veranschlagt die Partei ab Januar 2025 bei 320 Euro. Es soll laufend an die Entwicklung des CO_2-Preises angepasst werden. Die Linke kritisiert das Heizungsgesetz als „sozial unausgewogen" und fordert eine bessere Beratung sowie eine umfassende Förderung von bis zu 100 Prozent der Umbau-Kosten, nach Einkommen gestaffelt.

Die Linke […] spricht sich für ein Tempolimit von 120 km/h auf Autobahnen aus. Um den Umstieg auf den öffentlichen Nahverkehr zu fördern, soll das Neun-Euro-Ticket wieder eingeführt werden und die Pendlerpauschale durch ein Mobilitätsgeld ersetzt werden […]. Inlandsflüge und Privatjets sollen verboten werden, außerdem will die Linke eine Vielfliegersteuer einführen.

Vielfliegersteuer
Eine Vielfliegersteuer ist keine staatliche Abgabe in Deutschland, sondern ein Vorschlag von Klimaschutzorganisationen wie ROBIN WOOD e.V. und der Linkspartei, um die Klimaschäden des Flugverkehrs zu reduzieren und die Kosten für Vielflieger zu erhöhen.

7 BSW: Wiederinbetriebnahme der Nord-Stream Pipelines

Der Klimawandel sei eine „ernste Herausforderung", steht im Wahlprogramm des Bündnis Sarah Wagenknecht. Dennoch sei das Ziel, bis 2045 völlig klimaneutral zu werden, „Wunschdenken". Die Partei will deshalb pragmatisch vorgehen und fossile Energieträger weiter nutzen. Das „Heizungsgesetz" soll gekippt werden.

Das BSW sieht in der teuren Energie ein Problem für die deutsche Wirtschaft und möchte daher den Strom billiger machen. Das soll durch die Verstaatlichung der Netze und die Absenkung der Netzentgelte geschehen.

Den Ausbau von Stromtrassen von Nord- nach Süddeutschland sieht das BSW wegen der enormen Kosten kritisch. Stattdessen sollen in Regionen mit hohem Strombedarf regionale Gaskraftwerke gebaut werden. Gleichzeitig soll die Regierung die günstige Gasversorgung durch langfristige Verträge sicherstellen. Dazu zählt explizit auch die Wiederinbetriebnahme der Nord-Stream Pipelines für russisches Erdgas.

Das Bündnis stellt sich gegen den Bau neuer Kernkraftwerke, ist aber offen für Kernfusion. Auch erneuerbare Energien wie Photovoltaik, Windkraft und Biomasse sollen ausgebaut und gefördert werden.

Die CO_2-Bepreisung soll dagegen abgeschafft werden […]. […] Der Emissionshandel müsse globalisiert oder ausgesetzt werden, da er sonst Wettbewerbsnachteile für Europa bringe. Im Verkehr betont das BSW die Rolle des Autos als wichtigstes Transportmittel, es müsse technologieoffen und bezahlbar sein. Das Verbrennerverbot soll abgeschafft werden. Ein „Volksleasing" soll Anreize für den Kauf innerhalb der EU produzierter E-Autos und sparsamer Verbrenner fördern. Gleichzeitig spricht sich das BSW für den Erhalt des Deutschlandtickets und eine Stärkung des öffentlichen Nahverkehrs aus.

Deutschlandfunk: Wahlprogramme: Klima- und Energiepolitik. In: www.deutschlandfunk.de, 14.01.2025

M10 Klimapolitik karikiert

Karikatur: Gerhard Mester, 2021

Aufgaben

70082-307

1. a) Arbeitet die Positionen der Parteien zur Klimapolitik arbeitsteilig heraus (**M9**).
   b) Notiert pro Gruppe drei Stichpunkte, die die Kernpositionen der Parteien zur Klimapolitik ausdrücken.
2. Vergleicht die Ziele der Parteien in der Klimapolitik. Welche Unterschiede und welche Gemeinsamkeiten könnt ihr feststellen?
3. Führt eine Talkshow (vgl. S. 95) durch, in der ihr die Positionen der Parteien erörtert.
4. a) Begründe, welche Partei du hinsichtlich dieses Themas wählen würdest.
   b) Führt eine Abstimmung in eurer Klasse durch.
5. a) Analysiere die Karikatur (**M10**).
   b) Beurteile, ob die Parteien sich angesichts der Dringlichkeit ausreichend mit Klimapolitik beschäftigen.

F zu Aufgabe 2
Recherchiert dazu auch aktuelle Entwicklungen.

Wahl-O-Mat
Der Wahl-O-Mat ist ein Online-Frage-und-Antwort-Tool, das zeigt, welche zu einer Wahl zugelassene Partei der eigenen politischen Position am nächsten steht.

70082-336

Eine Talkshow durchführen

Worum geht es?

Die Talkshow ist eine Methode, um ein Thema aus verschiedenen Perspektiven zu beleuchten und kritische Diskussionsfähigkeiten zu fördern. Sie eignet sich besonders gut, um aktuelle gesellschaftliche, politische oder kulturelle Themen im Unterricht zu bearbeiten und durch die Rollenübernahme Empathie und Argumentationskompetenzen zu schulen. Ziele der Methode sind: verschiedene Standpunkte zu einem Thema zu verstehen und zu vertreten, Argumentationsfähigkeit zu stärken und aktives Zuhören, kritisches Denken und die Zusammenarbeit im Team zu entwickeln.

Geht dabei so vor:

1. Schritt: Rolleneinteilung

Teilt euren Kurs in fünf Gruppen auf. Jede Gruppe übernimmt eine der folgenden Rollen: Moderation, Expertin/Experte für Klimaschutz, Politikerin/Politiker, Expertin/Experte für Technologie, Aktivistin/Aktivist sowie Bürgerin/Bürger.

2. Schritt: Rollenerarbeitung

Moderation: Leitet die Diskussion und stellt Fragen an die Gäste. Überlegt euch Fragen, die ihr den Gästen stellen möchtet.
Expertin/Experte für Klimaschutz: Erklärt die Bedeutung des Klimaschutzes und was man im Alltag für den Klimaschutz tun kann.
Politikerin/Politiker: Schlägt die Einführung bestimmter Maßnahmen zum Klimaschutz vor.
Expertin/Experte für Technologie: Erklärt die Möglichkeiten von Technologien zum Klimaschutz.
Aktivistin/Aktivist: Betont die Wichtigkeit des Klimaschutzes und fordert mehr Mitspracherecht und Aufklärung.
Bürgerin/Bürger: Ist skeptisch gegenüber vielen Klimaschutzmaßnahmen.

3. Schritt: Talkshow durchführen

Gestaltet das Klassenzimmer als Talkshow-Studio, indem ihr 10 Stühle in einem Halbkreis vorne aufstellt. Die restlichen Stühle werden für das Publikum in Reihen aufgebaut.
Sucht aus jeder Gruppe zwei Personen aus, die aktiv an der Talkshow teilnehmen. Alle anderen sind das Publikum und aktive Beobachtende. Die Moderation leitet in die Talkshow ein und bittet jede Vertretung um eine kurze Vorstellung und Stellungnahme. Danach wird das Thema unter der Leitung der Moderation diskutiert.
Während der Talkshow machen sich die Beobachtenden Notizen zu folgenden Fragen:
Welche Argumente sind besonders stark? Welche Beispiele wurden zur Unterstützung angebracht? Welche Rolle war besonders überzeugend?

4. Schritt: Talkshow reflektieren

Wie haben sich die Teilnehmenden in ihren Rollen gefühlt?
Wer hat die eigene Rolle besonders gut ausgefüllt?
Wie haben die Teilnehmenden den Umgang mit Gegenargumenten empfunden?

Bearbeiterin

3.2.5 Wie wird der Deutsche Bundestag gewählt?

Etwa 60 Millionen Menschen sind in Deutschland wahlberechtigt. Stell dir vor, die müssten zusammen über Gesetze diskutieren und abstimmen – das wäre unmöglich. Deshalb wählen die Wahlberechtigten ihre Vertreterinnen und Vertreter in den Deutschen Bundestag. Wie genau funktioniert das?

M11 Wie funktioniert die Bundestagswahl?

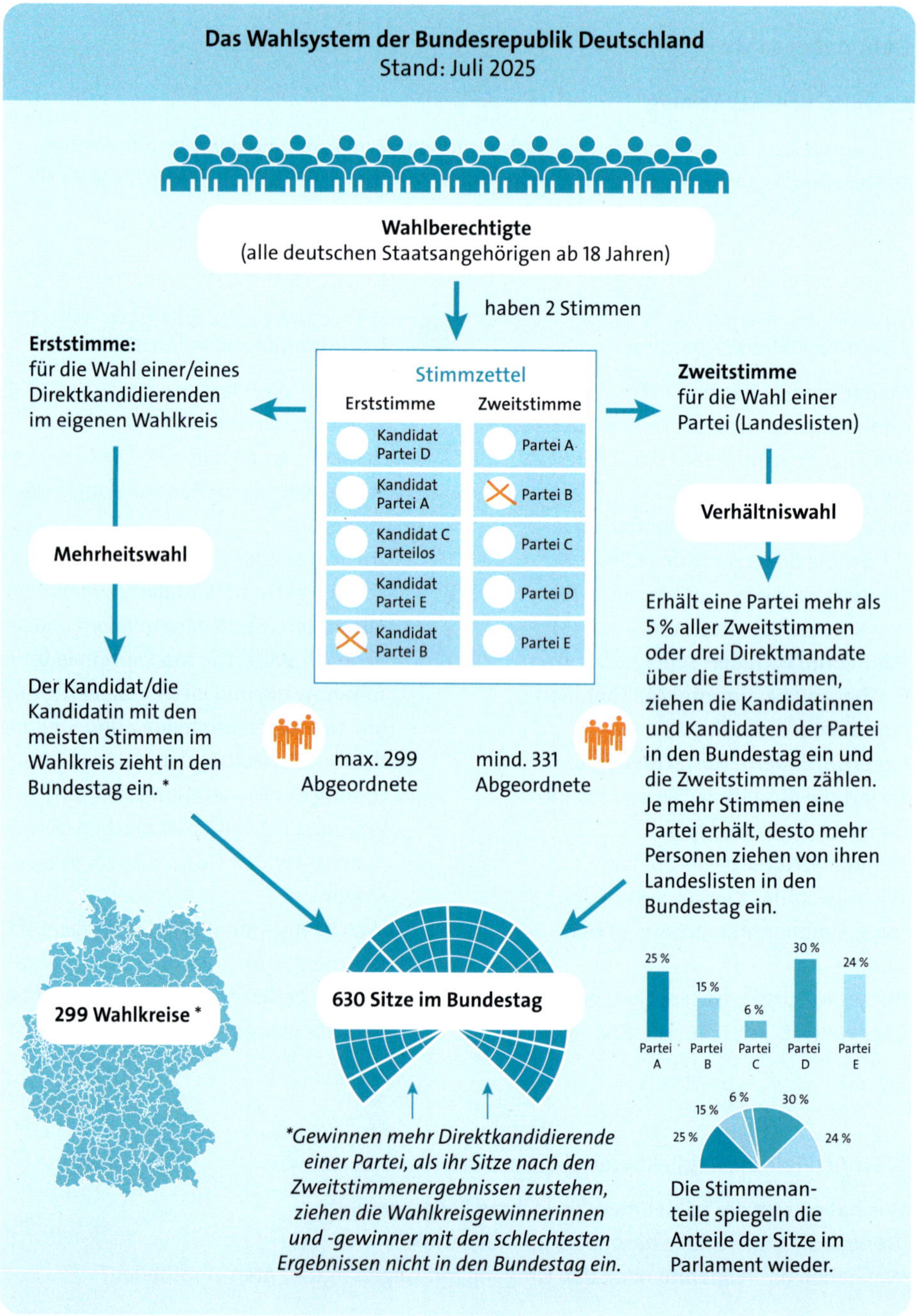

Bearbeitergrafik

Grundmandatsklausel
Die Grundmandatsklausel ist eine Ausnahmeregelung bei Bundestagswahlen: Sie erlaubt es einer Partei, auch dann in den Bundestag einzuziehen, wenn sie die allgemeine Fünf-Prozent-Hürde nicht überwunden hat, wenn sie mindestens drei Direktmandate (Grundmandate) gewinnt. Durch ein Urteil des Bundesverfassungsgerichts gilt die Grundmandatsklausel weiterhin, obwohl sie in der aktuellen Wahlrechtsreform abgeschafft werden sollte, und sichert so auch kleineren Parteien den Einzug ins Parlament.

M12 Mehrheits- oder Verhältniswahl?

Bei der Entscheidung für ein Verfahren gilt es abzuwägen: Das Wahlergebnis soll den politischen Willen der gesamten Wählerschaft im Parlament möglichst korrekt abbilden – es soll aber gleichzeitig eine regierungsfähige Mehrheit hervorbringen. Beides ist nicht gleichzeitig in idealer Weise zu erreichen.

Mehrheitswahl

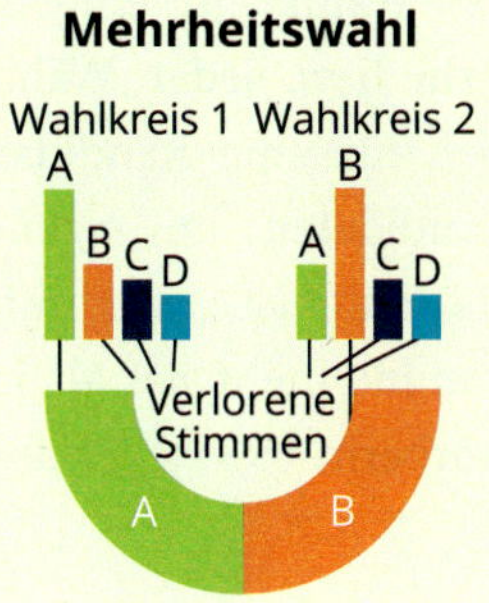

Zu klaren Mehrheiten führt es meistens, wenn alle Abgeordneten direkt in den Wahlkreisen gewählt werden. Hier spricht man von einem Mehrheitswahlsystem.
Wer im Wahlkreis die meisten Stimmen auf sich vereinigen konnte, ist gewählt. [...] Die Stimmen für alle nicht gewählten Kandidaten verfallen – sie wirken sich nicht auf die Zusammensetzung des Parlaments aus.
Die Mehrheitswahl begünstigt [...] immer die großen Parteien. Kleinere politische Strömungen haben kaum eine Chance, ihre Ideen in die parlamentarische Debatte einzubringen. Die Folge ist, dass sich große Gruppen der Bevölkerung mit ihren Überzeugungen politisch überhaupt nicht vertreten fühlen. Der Vorteil für das politische System: Eine klare absolute Mehrheit für eine Partei ist die Regel. Die Regierungsbildung ist meist kein Problem.

Wahlrechtsgrundsätze nach Art. 38 GG

- gleich
- frei
- unmittelbar
- geheim
- allgemein

Verhältniswahl

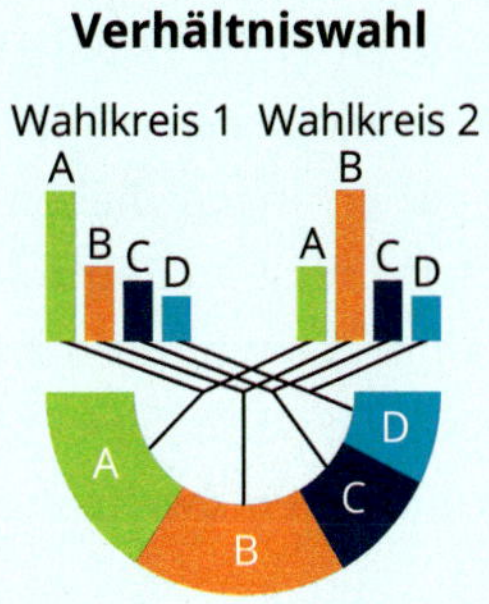

Das Verhältniswahlsystem dagegen kennt überhaupt keine direkt gewählten Wahlkreiskandidaten. Die Stimmberechtigten entscheiden sich für die Kandidatenlisten einer Partei. Jede Partei schickt so viele Abgeordnete ins Parlament, wie es ihrem Anteil an den abgegebenen Wahlstimmen entspricht.
Im reinen Verhältniswahlsystem sind deshalb auch sehr kleine Parteien vertreten. Wenn es keine Sperrklausel gibt, entspricht die Zusammensetzung des Parlaments genau der Verteilung der Stimmen auf die Listen, die zur Wahl standen.
Ein reines Verhältniswahlsystem führt – wie es die Geschichte der Weimarer Republik gezeigt hat – leicht zur Zersplitterung der Parteienlandschaft. Ein in viele Fraktionen zerfallendes Parlament bringt schwache, wenig stabile Regierungen hervor, die sich auf Mehrparteienkoalitionen stützen müssen.

Woyke, Wichard: Bundestagswahlen. Bonn 2002, S. 3 f.

M13 Was passiert mit meiner Stimme?

70082-019

In den letzten Jahren ist der Bundestag immer weiter gewachsen. Im März 2023 hat der Deutsche Bundestag darum eine Wahlrechtsreform für die nächsten Bundestagswahlen beschlossen.

1 Die Erststimme und ihre Bedeutung

Das Gebiet der Bundesrepublik ist in 299 Wahlkreise eingeteilt. Jede Wählerin bzw. jeder Wähler entscheidet sich für eine Kandidatin oder einen Kandidaten im eigenen Wahlkreis. Gewählt ist, wer mindestens eine Stimme mehr hat als jede andere Bewerberin bzw. jeder andere Bewerber (relative Mehrheitswahl). Gewählte Direktkandidierende kommen nur dann nicht ins Parlament, wenn der eigenen Partei nach den Zweitstimmenergebnissen weniger Plätze zustehen. Oder wenn die Partei weniger als 5% der Stimmen insgesamt erhalten hat.

2 Die Zweitstimme und ihre Bedeutung

Nach der Gesamtzahl der Zweitstimmen, die für eine Partei bei der Wahl abgegeben werden, richtet sich die Anzahl der Sitze, die diese Partei im Bundestag erhält (Verhältniswahl). Die Wählenden geben ihre Stimme dabei der Landesliste einer Partei in ihrem Bundesland. Der Bundestag hat ab der Bundestagswahl 2025 immer 630 Abgeordnetensitze.

3 Verteilung der Sitze auf die Parteien

Bei der Vergabe der Sitze werden nur Parteien berücksichtigt, die bundesweit mindestens 5% der Zweitstimmen errungen haben (Sperrklausel oder auch Fünfprozenthürde genannt). Es wird also zunächst errechnet, wie viele Sitze jede Partei aufgrund ihrer Zweitstimmen zustehen. Es kann vorkommen, dass eine Partei mehr Wahlkreise gewinnt als ihr Sitze nach Zweitstimmenanteil zustünden. In diesem Fall verfallen die Direktmandate, die im Vergleich mit den anderen den niedrigsten Stimmenanteil in ihrem Wahlkreis errungen haben.

4 Verteilung der Sitze auf die Landeslisten der Parteien

Der Landesverband einer Partei erhält die Anzahl an Sitzen, die dem Anteil an Zweitstimmen entspricht, der auf seine Landesliste entfiel. Die Anzahl der errungenen Bundestagssitze wird dann zunächst mit den in dem Bundesland direkt gewählten Wahlkreiskandidierenden dieser Partei besetzt (Direktmandate), die verbleibenden Sitze mit Kandidierenden der Landesliste (Listenmandate).

Bearbeiterin

Personalisierte Verhältniswahl

Der Bundestag wird alle 4 Jahre nach dem Verfahren der personalisierten Verhältniswahl gewählt.
Die personalisierte Verhältniswahl kombiniert Mehrheits- und Verhältniswahl. Dabei hat jede Wählerin bzw. jeder Wähler zwei Stimmen: Mit der ersten Stimme wählt sie bzw. er einen Direktkandidaten seines Wahlkreises, der nach dem Mehrheitsprinzip gewählt wird. Mit der zweiten Stimme wählt sie bzw. er eine Partei, deren Sitze im Parlament proportional zu ihrem Stimmenanteil vergeben werden. Dieses System verbindet die direkte Wahl von Kandidatinnen und Kandidaten mit einer fairen Verteilung der Sitze für die Parteien.

Bearbeiterin

Juniorwahl

Projekt Juniorwahl
Mit dem Projekt Juniorwahl kann parallel zur aktuell stattfindenden Wahl (z. B. Landtagswahl, Bundestagswahl) eine Wahl in der Schule durchgeführt werden.

M14 Die Wahlrechtsreform 2023 in der Kritik

70082-020

Nicht alle sind mit den Änderungen der Wahlrechtsreform zufrieden. Ein Hauptkritikpunkt ist, dass zukünftig nicht mehr automatisch alle Wahlkreise im Parlament vertreten sind.
Die CSU befürchtet, dass sie nach der nächsten Wahl weniger Sitze im Parlament hat. Bei den letzten Wahlen hat die CSU mehr Direktmandate durch die Erststimme gewonnen, als ihr durch die Zweistimmenergebnisse zugestanden hätten. Sie hatte also viele Überhangmandate. Mit dem Wegfall der Überhangmandate würde die CSU zukünftig weniger Sitze erhalten.
Auch DIE LINKE sieht die Reform kritisch. Sie befürchtete zunächst, mit der Abschaffung der Grundmandatsklausel nicht mehr in den Bundestag einzuziehen. Diese Klausel ermöglichte Parteien mit mindestens drei gewonnenen Direktmandaten den Einzug in den Bundestag, selbst wenn sie bei der Zweitstimme weniger als 5 Prozent erreichten. Bei der Wahl 2021 etwa wäre DIE LINKE mit 4,9 Prozent ohne diese Regelung nicht ins Parlament gekommen. Das Bundesverfassungsgericht hat jedoch 2024 entschieden, dass die bisherige Grundmandatsklausel bis auf Weiteres fortbesteht.

Bearbeiterin

Erklärvideos zur Bundestagswahl 2025 und zur Wahlrechtsreform 2023

70008-0226

Urteil des Bundesverfassungsgerichts

70082-337

> Aufgaben

70082-308

1. Nenne die Merkmale der Mehrheits- und der Verhältniswahl (**M12**).
2. Erläutert in einem Partnerpuzzle, wie die Wahl zum Deutschen Bundestag funktioniert (**M11-M13**).
3. Erläutere, wie die Sitzvergabe im Bundestag funktioniert (**M13**).
4. Erkläre, was sich durch die Wahlrechtsreform geändert hat (**M13, M14**).
5. „Wählen gehen ist ein wichtiges demokratisches Recht." Nimm begründet Stellung zu dieser Aussage.

H zu Aufgabe 1
Teilt euch dazu die Materialien auf, erarbeitet euren Teil selbstständig und erklärt ihn anschließend eurem Partner bzw. eurer Partnerin. Abschießend fasst ihr das Wissen gemeinsam zusammen.

F zu Aufgabe 2
Erstelle ein Quiz zum Thema „Wie funktioniert die Bundestagswahl?" und präsentiere es in der Klasse.

Wer kommt wie in den Deutschen Bundestag?

Parteien

> M1-M5

Übung
70082-317

Die Bundesrepublik Deutschland ist eine sogenannte Parteiendemokratie. In Artikel 21 Grundgesetz heißt es: „Die Parteien wirken bei der politischen Willensbildung des Volkes mit.“ Ihre Aufgaben bestehen darin, unterschiedliche Interessen in der Bevölkerung zu bündeln und in Politik umzusetzen.
In Deutschland sind seit der Bundestagswahl 2025 acht Parteien im Bundestag vertreten: CDU/CSU, AfD, SPD, Bündnis 90/Die Grünen, DIE LINKE sowie das 2024 neu gegründete Bündnis Sahra Wagenknecht (BSW) und – erneut vertreten – auch der Südschlesiche Wählerverband (SSW) als Vertretung der nationalen Minderheit.

Verbände und Bürgerinitiatven

> M7-M8

Übung
70082-318

Interessenverbände sind Zusammenschlüsse von Bürgerinnen und Bürgern in einer auf Dauer angelegten, festen Organisationsstruktur. Ein durch Vielfalt gekennzeichnetes Verbändewesen ist Merkmal einer funktionierenden pluralistischen Demokratie. Um eine Berücksichtigung der von ihnen vertretenen Interessen zu erreichen, versuchen die Verbandsvertreterinnen und -vertreter gezielt, politische Entscheidungen zu beeinflussen. Als „Mittler“ zwischen der Gesellschaft und den staatlichen Institutionen kommt den Verbänden eine wichtige Aufgabe zu, etwa bei der Bereitstellung von Fachinformationen oder bei der Klärung der Frage, ob eine bestimmte politische Entscheidung sachgemäß ist bzw. auf großen Widerstand in der Bevölkerung stößt.

Wahlrechtsgrundsätze

> M11

Übung
70082-319

Artikel 38 GG bestimmt, dass alle Wahlen in Deutschland mit den Wahlrechtsgrundsätzen übereinstimmen müssen: allgemein, unmittelbar, frei, gleich und geheim.

- **Allgemein** bedeutet, dass jeder, der das Wahlrecht besitzt, auch wählen kann. In Deutschland kann man ab 18 Jahren das erste Mal an den Bundestagswahlen teilnehmen. In einigen Bundesländern darf man ab 16 Jahren bei den Kommunal- und Landtagswahlen teilnehmen.
- **Unmittelbar** bedeutet, dass ein Abgeordneter bzw. eine Partei direkt gewählt wird und nicht über Wahlmänner oder Ähnliches.
- **Geheim** bedeutet, dass nicht mehr nachvollziehbar sein darf, wer wie gewählt hat.
- **Gleich** bedeutet, dass jeder Wähler die gleiche Stimmenanzahl hat bzw. jede Stimme gleich viel zählt.
- **Frei** bedeutet, dass jeder, der das Wahlrecht hat, wählen oder sich wählen lassen darf.

Erst- und Zweitstimme

> M11-M14

Bei der Bundestagswahl haben die Wahlberechtigten insgesamt zwei Stimmen. Mit ihnen entscheiden sie über 630 Bundestagsmandate. Mit der Erststimme wird aus 299 Wahlkreisen jeweils der Kandidat/die Kandidatin direkt in den Bundestag gewählt, welche/welcher die meisten Stimmen erhält. Mit der Zweitstimme wählt man die Landesliste einer Partei. Der Anteil der Stimmgewinne bei der Zweitstimme ist zentral, da er darüber entscheidet, wie stark die einzelnen Parteien im Bundestag vertreten sind. Erreicht eine Partei weniger als 5 % der Zweitstimmen oder keine drei Direktmandate, so findet das Zweitstimmenergebnis keine Berücksichtigung.

Übung
70082-320

Sitzverteilung im Deutschen Bundestag
Stand: 2025

73000-781

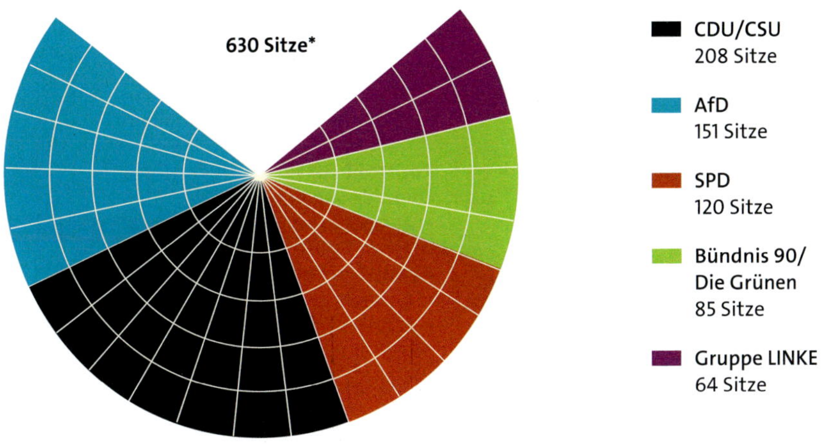

* 2 MdB fraktionslos

3.3 Wie beteiligen sich Medien am demokratischen Prozess?

3.3.1 Welche Funktionen erfüllen Medien in der Demokratie?

Stell dir vor, es gäbe kein Medium, das über das politische Geschehen berichtet. Die Bürgerinnen und Bürger hätten keine Möglichkeit, sich über Aktuelles zu informieren und zu entscheiden, ob sie politische Entscheidungen gut oder weniger gut finden.

M1 Welche Funktionen haben Medien in einer demokratischen Gesellschaft?

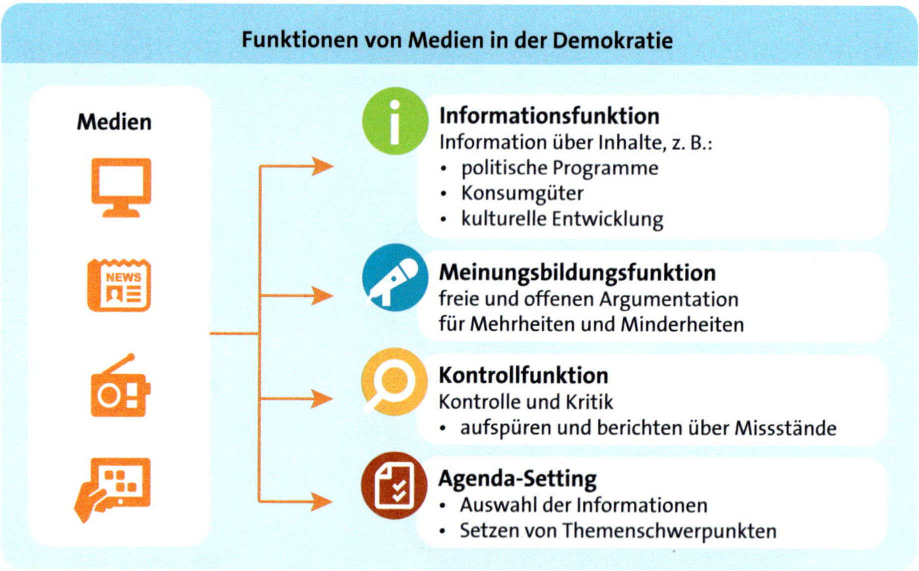

Nach: Bundeszentrale für politische Bildung / www.bpb.de / CC BY-NC-ND 3.0, Bonn

Medien dienen nicht nur der Unterhaltung, sondern liefern Informationen über das Weltgeschehen, politische Entscheidungen und aktuelle gesellschaftliche Diskussionen. Jede Bürgerin und jeder Bürger hat dadurch die Möglichkeit, sich eine eigene Meinung zu bilden. Überdies kontrollieren Medien die Arbeit der Politikerinnen und Politiker, indem sie diese kritisch untersuchen und unabhängig darüber in der Öffentlichkeit berichten. Durch die Auswahl vielfältiger Themen unterstützen uns die Medien, diverse gesellschaftliche Probleme wahrzunehmen und politische Missstände zu bemerken.

Bearbeiter

Medien als Vierte Gewalt

Die „Vierte Gewalt" ist ein feststehender Ausdruck für die Medien im politischen System. Offiziell sind die Medien kein Bestandteil der Gewaltenteilung. Sie nehmen aber doch eine wichtige Rolle ein, da sie das politische Geschehen durch ihre Berichterstattung beeinflussen und kontrollieren können.

M2 Zwei Journalistinnen im Iran zu mehrjährigen Haftstrafen verurteilt

Sie berichteten über den Tod einer Frau im Gewahrsam der Sittenpolizei – die UN zeichneten sie dafür aus. Nun verurteilte ein Gericht im Iran die Berichterstatterinnen.

Im Iran sind zwei Journalistinnen im Zusammenhang mit den Protesten im vergangenen Jahr zu langen Haftstrafen verurteilt worden. Ein Revolutionsgericht in Teheran verurteilte Nilufar Hamedi zu sieben Jahren Gefängnis und Elaheh Mohammadi zu sechs Jahren, wie das Justiz-Portal Misan mitteilte.

Beide wurden der Zusammenarbeit mit den USA beschuldigt und wegen Verstößen gegen die nationale Sicherheit verurteilt. Gegen die Urteile kann Berufung eingelegt werden. Das Gericht verhängte neben den Haftstrafen zudem ein zweijähriges Verbot gegen die Frauen, sich in Gruppen zu organisieren, in den sozialen Medien aktiv zu sein oder ihrer Arbeit als Journalistinnen nachzugehen.

Seit mehr als einem Jahr sind Hamedi und Mohammadi bereits inhaftiert – diese Zeit gilt als bereits verbüßt. Die beiden Journalistinnen waren im Herbst 2022 unter den Ersten, die über den Tod der iranischen Kurdin Jina Mahsa Amini berichteten. [Die junge Frau war von der Sittenpolizei festgenommen worden, weil sie ihr Kopftuch nicht vorschriftsmäßig getragen haben soll, und im Gewahrsam gestorben.]

Die Journalistinnen Nilufar Hamedi (l) und Elaheh Mohammadi (r). Die Frauen waren unter den Ersten, die über den Tod der Kurdin Amini berichteten, der eine massive Protestwelle im Iran auslöste. Sie wurden festgenommen und als Staatsfeindinnen gebrandmarkt.

Deutschlandfunk: Im Iran sind zwei Journalistinnen zu langer Haft verurteilt worden. In: www.deutschlandfunkkultur.de, 23.10.2023

M3 Wie ist die Situation der Pressefreiheit weltweit?

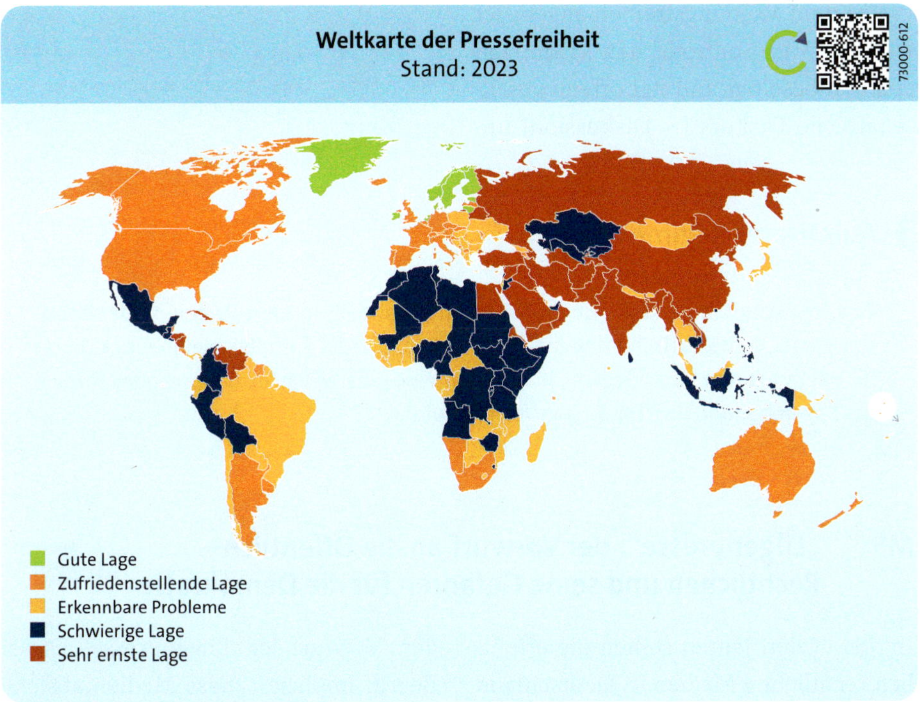

Nach: ©Reporter ohne Grenzen, 2023

Pressefreiheit

Pressefreiheit bedeutet, dass die Presse frei ihre Arbeit machen darf.
Die Presse – das sind zum Beispiel Journalistinnen und Journalisten, die im Fernsehen, Radio, in Zeitungen oder im Internet veröffentlichen. Das Wort „Presse" kommt von der Druckerpresse, mit der früher Bücher und Zeitungen gedruckt wurden. Die Pressefreiheit wird in Artikel 5 GG geregelt. Dort ist festgelegt, dass niemand die Arbeit der Medien im Vorfeld verbieten oder kontrollieren darf. Das heißt: Eine staatliche Vorzensur ist in Deutschland verboten. Medien dürfen frei berichten, solange sie die allgemeinen Gesetze (z. B. Jugendschutz oder Persönlichkeitsrechte) beachten.

Bearbeiterin

M4 Ohne Pressefreiheit gibt es keine Demokratie

Die Freiheit der Presse und die Freiheit der Meinungsäußerung sind untrennbar miteinander verbunden. Ohne diese in unserer Verfassung verankerten Grundrechte gibt es keine Demokratie. Autoritäre Regime verabscheuen diese Freiheiten. Demokratien hingegen leben vom freien Fluss der Informationen und dem Austausch von Argumenten. Und sie geraten sofort in Gefahr, wenn die Presse- und Meinungsfreiheit angetastet wird. Ist die Kontrolle der Mächtigen erst mal beseitigt und der offene gesellschaftliche Diskurs [= Diskussion] unterbunden, geht es bergab mit der demokratischen Grundordnung.

Demonstration für die Pressefreiheit

Roller, Walter: Ohne Pressefreiheit gibt es keine Demokratie. In: www.augsburger-allgemeine.de, 03.05.2017

Autoritäres Regime

Eine Herrschaft, eine Regierung, die autoritär handelt, hindert Parteien oder Gruppen daran, demokratisch im Staat mitzuwirken. Dies ist zum Beispiel in einer Diktatur oder in einem Staat der Fall, in dem nur eine einzige Partei, Gruppe oder Familie das Sagen hat und die Opposition verfolgt wird.

M5 „Lügenpresse": der Vorwurf an die Öffentlich-Rechtlichen und seine Gefahren für die Demokratie

70082-021

In den letzten Jahren stehen die öffentlich-rechtlichen Medien in Deutschland und anderen Ländern zunehmend unter dem Vorwurf der „Lügenpresse". Dieser Begriff impliziert, dass Medien absichtlich falsche Informationen verbreiten, um die Bevölkerung zu manipulieren. Besonders öffentlich-rechtliche Sender wie ARD und ZDF geraten hier ins Visier, weil sie von der Öffentlichkeit finanziert werden und in der Gesellschaft als unabhängige Informationsquellen gelten sollten. Doch dieser Vorwurf bringt erhebliche Risiken für die Demokratie mit sich. Das Misstrauen gegenüber etablierten Medien ist teils durch die Verbreitung sozialer Medien gestiegen. Auf diesen Plattformen verbreiten sich Informationen oft ungeprüft, was Verschwörungstheorien und alternative Erklärungen stärkt. Politische Akteure nutzen den Begriff „Lügenpresse", um die Glaubwürdigkeit unabhängiger Berichterstattung anzugreifen und Medien als politische Gegner darzustellen.

Gefahren des „Lügenpresse"-Vorwurfs

1. **Vertrauensverlust:** Medien sind ein wichtiges Bindeglied zwischen Staat und Bürgerinnen und Bürgern. Ein pauschales Misstrauen untergräbt ihre Rolle als Informationsquelle, was die Bildung fundierter Meinungen erschwert.
2. **Radikalisierung und Polarisierung:** Der Begriff „Lügenpresse" wird oft von extremistischen Gruppen genutzt, um Anhängerinnen und Anhänger zu gewinnen und die Gesellschaft zu spalten.
3. **Schwächung der Demokratie:** Wenn Nachrichtenmedien als unglaubwürdig gelten, fehlt eine gemeinsame Faktenbasis für demokratische Debatten und Entscheidungen.
4. **Bedrohung der Pressefreiheit:** Journalistinnen und Journalisten, die angefeindet und bedroht werden, könnten sich von bestimmten Themen fernhalten, was die Meinungs- und Pressefreiheit schwächt.

Bearbeiterin

Aufgaben

70082-309

1. Erläutere die Funktionen der Medien in der demokratischen Gesellschaft (**M1**).
2. Analysiert zu zweit die in **M2** beschriebene Situation im Iran. Überlegt dabei, welche Gründe für die Verhaftung und Verurteilung der Journalistinnen genannt werden und welche Rolle die Regierung bei der Einschränkung der Pressefreiheit spielt. Welche Folgen hat dieser Fall für die Bevölkerung und das Recht auf Information?
3. Stelle dar, warum die Medien auch als vierte Gewalt bezeichnet werden.
4. Analysiere die Karte zur Situation der Pressefreiheit weltweit (**M3**).
5. Erkläre, warum eine Demokratie ohne Pressefreiheit keine Demokratie ist (**M4**).
6. Untersucht, welche Ursachen für das Misstrauen gegenüber den öffentlich-rechtlichen Medien genannt werden und welche Gefahren dies für die Demokratie birgt (**M5**).
7. Diskutiert in Kleingruppen, warum das Vertrauen in Medien wichtig für die Demokratie ist, und notiert drei zentrale Gründe aus eurer Diskussion.
8. Hat die Pressefreiheit Grenzen? Diskutiert im Plenum.

H zu Aufgabe 1
Sammelt, welche Medien ihr kennt und nutzt.

3.3.2 Welche Gefahren gehen von Fake News aus?

Im Bundestagswahlkampf 2021 verbreitete sich die Nachricht, die Kanzlerkandidatin der Grünen, Annalena Baerbock, wolle den Besitz von Haustieren verbieten. Das stimmte nicht. Es ließen sich keinerlei Beweise für ein solches Zitat finden und auch die Kandidatin selbst widersprach dieser Aussage. Es handelte sich um eine Falschnachricht.

M6 Ende der privaten Haustierhaltung?

Fake News

Fake News sind falsche Informationen oder Geschichten, die absichtlich erfunden oder verändert werden, um die Leute in die Irre zu führen.

Manchmal kann es sich dabei einfach um einen Scherz handeln. Oft werden Fake News aber auch mit Absicht verbreitet. Die Menschen, die Fake News verbreiten, versuchen zum Beispiel unfreundliche Gefühle gegenüber bestimmten Gruppen zu erzeugen. Diese erfundenen Geschichten können über das Internet, Fernsehen oder andere Medien verbreitet werden. Am schnellsten verbreiten sich Fake News über die sozialen Medien. Sie werden problematisch, wenn sie von vielen Menschen geteilt werden, ohne dass sie überprüft wurden.

Bearbeiterin

fake
englisch: Fälschung, Schwindel

M7 Welchen Einfluss können Fake News haben?

70082-023

Fake News führen dazu, dass sich auf der Basis von falschen Informationen eine Meinung gebildet wird, aufgrund derer eine Handlung, wie bspw. die Teilnahme an Wahlen oder Demonstrationen, ein Parteieintritt oder das Engagement in einer Bürgerinitiative erfolgt. Diese haben direkt Einfluss auf die Gesellschaft und Politik. Dadurch wird es erschwert, gesellschaftliche und politische Probleme und Konflikte öffentlich und frei zu diskutieren und zu lösen - dies ist jedoch für eine Demokratie unabdingbar. Fake News stellen somit für die Demokratie auf zwei Ebenen eine Gefahr dar. Zum einen untergraben sie das Vertrauen der Bürger_innen in die Parteien, Politiker_innen und auch Medien - dieses ist jedoch notwendig in einer repräsentativen Demokratie, welche auf Vertrauen basiert. Dies kann zu einer Abwendung der Bürger_innen vom politischen System der Demokratie, zur häufig bemühten Politikverdrossenheit, führen. Zum anderen bedeuten sie, dass auf Grundlage von gezielten Fehlinformationen eine Vorstellung von gesellschaftlichem Zusammenleben entwickelt wird, welche nicht der Realität verspricht, was den gesellschaftlichen Zusammenhalt gefährdet. Fake News sind demnach weit mehr als „nur" eine Nachricht - sie gefährden die Demokratie.

Przybilla-Voß, Marika: Fake News – eine Gefahr für die Demokratie? In: https://demokratie.niedersachsen.de, Abruf am 18.02.2024

Social Bots
sind automatisierte Programme in sozialen Netzwerken, die wie Menschen mit anderen Nutzerinnen und Nutzern interagieren. Im Wesentlichen handelt es sich dabei um Fakeprofile, die menschliches Verhalten nachahmen und selbständig liken, kommentieren oder Posts absetzen. Social Bots basieren auf Algorithmen und werden meist für einen bestimmten Zweck programmiert, zum Beispiel um betrügerische Inhalte, Meinungen oder Fake News zu verbreiten. Social Bots werden auch genutzt, um die Reichweite von Accounts zu erhöhen, indem solche Bots als Followerinnen und Follower gekauft werden.

M8 Karikatur zur Bedeutung von Fake News

Karikatur: Mario Lars, 2017

Fake News
bedeutet so viel wie „gefälschte Nachrichten" oder Falschmeldungen. Sie werden erstellt und verbreitet, um andere zu manipulieren.

Aufgaben

70082-310

1. Erkläre, was Fake News sind und wie sie funktionieren (**M6**, **M7**, **#Fake News**).
2. Erläutere, welche Gefahren von Fake News für die Demokratie ausgehen (**M8**).
3. Gestaltet in Gruppen ein Video, in welchem ihr vor Fake News warnt. Fügt in das Video z. B. eine Falschmeldung aus dem Schulleben ein und erklärt, wie man diese Falschmeldung entlarven kann.

Wie erkenne ich Fake News?

Worum geht es?

Jeder kennt mittlerweile die Gefahren, die von im Netz verbreiteten Falschmeldungen ausgehen: Fake News können Bürgerinnen und Bürger einseitig beeinflussen, radikale Meinungen streuen und in die Gesellschaft tragen, sie können Personen diskreditieren und Verschwörungstheorien verbreiten. Umso wichtiger ist es, Fake News als solche zu erkennen und einordnen zu können.

Geht dabei so vor:

1. Schritt: Lest Nachrichten mit gesundem Menschenverstand

Traut nicht jeder Nachricht sofort, sondern überlegt euch, ob die dargestellte Information tatsächlich so richtig sein kann. Stellt euch bei Nachrichten grundsätzlich folgende Fragen: Von wem kommt die Nachricht? Welche Absicht steckt dahinter? Achtet auch auf die Wortwahl: Seriöse Quellen verwenden neutrales Vokabular und bleiben sachlich.

2. Schritt: Kontrolliert die Quelle

Überprüft, ob eine Quelle angegeben wird. Seriöse Quellen nennen immer eine Herkunft der Information. Fake News arbeiten oft mit Verweis auf bekannte Expertinnen und Experten, die aber nicht namentlich genannt werden, oder mit anonymen Quellen. Wird eine Quelle angeben, recherchiert diese. Steht in der Originalquelle das gleiche wie in der Nachricht? Wird die Quelle auch von anderen Informationsquellen zitiert? Gibt es schon Einträge über diese Quelle, die eventuell auf Fake News oder unseriöse Berichterstattung hinweisen?

3. Schritt: Überprüft das Bild

Enthält die Nachricht ein Bild, solltet ihr dieses ebenfalls checken: Wer hat das Bild wann und wo aufgenommen? Wer verbreitet das Bild? Die Bilderrückwärtssuche von Google kann euch dabei helfen, ein Bild zu seiner Erstverwendung zurückzuverfolgen. Hierzu klickt ihr einfach auf das Kamerasymbol rechts neben der Suchzeile und ladet das zu überprüfende Foto hoch.
Findet ihr das Bild in anderen Nachrichten, überprüft, ob es sich um das gleiche Bild handelt oder ob Details verändert wurden, das Bild aus einem Kontext herausgenommen oder etwas ergänzt wurde.

4. Schritt: Nachbearbeitung

Prüft mithilfe der folgenden Faktenchecker-Seiten, ob die Nachricht als Fake News erkannt wurde:
Bei den Faktenchecker-Webseiten gibt es häufig keine Funktion, um einzelne Nachrichten direkt zu überprüfen. Ihr könnt aber bei Google ins Suchfeld den Faktenchecker, dann einen Doppelpunkt und die Schlagwörter aus der Nachricht, die ihr checken möchtet, eintippen.

Linktipps zu Faktenchecker-Seiten

70082-332

Bearbeiterin

Wozu brauchen wir Pressefreiheit?

Funktionen der Medien

> M1

Die Medien nehmen in Demokratien eine wichtige Rolle ein, denn sie informieren die Bevölkerung über aktuelle politische Themen (Informationsfunktion). Dabei tragen sie zur Meinungsbildung der Bürgerinnen und Bürger bei (Meinungsbildungsfunktion). Dazu gehört viel Verantwortung, denn Medien wählen Themen aus, die erscheinen, und positionieren diese auch nach Wichtigkeit (Agenda-Setting). Dadurch, dass sie über politische Themen recherchieren und berichten, kontrollieren und kritisieren sie die Regierung (Kontrollfunktion).

Übung

70082-321

Bedeutung und Grenzen der Pressefreiheit

> M2-M5

Pressefreiheit und freie Meinungsäußerung werden in Art. 5 GG garantiert. In der Demokratie ist die Pressefreiheit unerlässlich, weil die Presse den Bürgerinnen und Bürgern Informationen zusichert und die Möglichkeit bietet, ihre Positionen zu äußern. Eine Demokratie lebt von der kritischen Auseinandersetzung und der Kontrolle derjenigen, die eine machtvolle Position in der Politik innehaben.
Die Pressefreiheit ist ein Grundrecht, trotzdem steht sie nicht über den anderen Grundrechten. Wer sich auf die Pressefreiheit beruft, muss die Freiheit anderer Personen, also ihre Grundrechte, achten. Wenn die Pressefreiheit eingeschränkt werden soll, muss dies ein Gericht entscheiden.

Übung

70082-322

Fake News und Social Bots

> M6-M8

Desinformationen, bewusst platzierte Falschmeldungen und manipulierte Bilder überfluten mithilfe von Computerprogrammen (Social Bots) aus finanziellem oder politischem Interesse das Internet. Dies beeinflusst generell die Glaubwürdigkeit von Informationen. Es ist zu bemerken, dass Wissenschaftlerinnen und Wissenschaftlern und öffentlichen Medien von bestimmten Bevölkerungsgruppen immer weniger Glauben geschenkt wird. Wenn Wahrheiten nur noch der eigenen Meinung entsprechen sollen und sich nicht mehr nach Fakten richten, bezeichnet man diese Entwicklung auch als postfaktisch.

Übung

70082-323

3.4 Gibt es Grenzen für's Mitmachen? – Gefährdungen für die Demokratie

3.4.1 Ist die Demokratie durch Extremismus gefährdet?

Politische Entscheidungen und Politikerinnen und Politiker kritisch sehen zu können, ist zentraler Bestandteil unserer Demokratie. Doch was, wenn die grundlegenden Prinzipien der Demokratie infrage gestellt werden?

M1 Problematische Aussagen?

70082-024

„Ich glaube nicht an die Demokratie, ich glaube an den Koran!"
Fiktive Aussage

„Kein Gott, kein Staat, kein Vaterland – Schwarz, Rot, Gold wird abgebrannt!"
www.linksjugend-solid-bw.de, Abruf am 26.06.2018

„Die Leute finden ihn als Fußballspieler gut. Aber sie wollen einen Boateng nicht als Nachbarn haben."
Alexander Gauland, Stellvertretender AfD-Vorsitzender, 2016

„Das Grundgesetz ist keine Verfassung!"
Fiktive Aussage

M2 Was kennzeichnet unsere Demokratie?

Bearbeiterin

Freiheitlich-demokratische Grundordnung (FdGO)

Den Wesenskern des politischen Systems der Bundesrepublik Deutschland bildet die sogenannte FdGO, die freiheitlich-demokratische Grundordnung.
Sie steht nicht als solche im Grundgesetz, fasst aber die wichtigsten Verfassungsprinzipien zusammen. Wer der freiheitlich-demokratischen Grundordnung nicht zustimmt, gilt als verfassungsfeindlich. Eine Partei, die die FdGO nicht bejaht, kann verboten werden.

Bearbeiterin

M3 Wodurch ist die Demokratie gefährdet?

a) Was ist Linksextremismus?

70008-0338

Es gibt unterschiedliche Einstellungen, Denkrichtungen und politische Ziele, die mit dem Begriff „Linksextremismus" bezeichnet werden. Gemeinsam ist Linksextremisten, dass sie die kapitalistische Wirtschaftsordnung ablehnen und die demokratische Grundordnung zerstören oder abschaffen wollen. Für Linksextremisten geht es um die totale Gleichheit der Menschen in der Gesellschaft. Um dieses Ziel zu erreichen, lehnen sie Pluralismus, Rechtsstaatlichkeit oder die Achtung anderer Menschenrechte ab. Das macht sie undemokratisch. Oft wenden Linksextremisten Gewalt zur Erreichung ihrer Ziele an.

Schneider, Gerd/Toyka-Seid, Christiane: Linksextremismus. In: www.bpb.de, Abruf am 26.08.2025

Fliegende Steine und brennende Barrikaden – Hamburg wurde während des G-20-Gipfels verwüstet.

Kapitalismus
Eine Wirtschafts- und Gesellschaftsordnung; Darin besitzen einige wenige Menschen – die Unternehmer – alle Produktionsmittel, die zur Herstellung von Waren nötig sind: Geld, Maschinen, Fabrikhallen etc. Unternehmer sind auf einen möglichst großen Gewinn bedacht und entscheiden selbst, was sie herstellen und an wen sie ihre Produkte verkaufen.

Pluralismus
Vielfalt an Ideen, politischen Denkweisen, Meinungen, Interessen, Ziele und Lebensweisen in einer Gesellschaft

b) Was ist Rechtsextremismus?

70008-0339

Demonstration der ausländer- und islamfeindlichen Patriotischen Europäer gegen die Islamisierung des Abendlandes (PEGIDA) vor der Feldherrnhalle auf dem Münchner Odeonsplatz.

Rechtsextremisten gehen davon aus, dass Menschen nicht nur unterschiedlich, sondern auch unterschiedlich wertvoll sind. Rechtsextremismus kann sich also zum Beispiel gegen andere Nationen richten (Nationalismus), gegen Menschen, die „irgendwie anders" aussehen (Rassismus), gegen Jüdinnen und Juden (Antisemitismus), gegen Menschen mit Behinderungen (Behindertenfeindlichkeit), gegen Schwule, Lesben, bi-, inter- und transgeschlechtliche Menschen (Queerfeindlichkeit) oder gegen Muslime und Muslima (Muslimfeindlichkeit). Rechtsextremisten wollen, dass manche Menschen besser behandelt werden als andere, weil sie ihre eigene Gruppe für „wertvoller" halten. Gleiche Rechte für alle Menschen lehnen sie ab. [Anm. der Red.: Eine pluralistische Ordnung, Rechtsstaatlichkeit und Menschenrechte lehnen Rechtsextremisten ebenfalls ab.] Immer wieder gibt es brutale Übergriffe von rechtsextremistischen Tätern auf Menschen, die sie für weniger wertvoll halten und verachten. Rechtsextremisten haben sogar Morde verübt.

Schneider, Gerd/Toyka-Seid, Christiane: Rechtsextremismus. In: www.bpb.de, Abruf am 26.08.2025

c) Was ist religiöser Extremismus?

Am 19. Dezember 2016 tötete Anis Amri auf dem Weihnachtsmarkt des Berliner Breitscheidtplatzes elf Menschen, als er mit einem LKW in eine Menschenmenge raste. Kurze Zeit später veröffentlichte der Islamische Staat (IS) eine Nachricht, dass Anis Amri als Soldat des IS gehandelt habe.

postulieren
hier: behaupten; als wahr gegeben hinstellen

Ein Beispiel für religiös begründeten Extremismus ist der Islamismus.
Unter Berufung auf den Islam zielt der Islamismus auf die teilweise oder vollständige Abschaffung der freiheitlichen demokratischen Grundordnung der Bundesrepublik Deutschland ab. Der Islamismus basiert auf der Überzeugung, dass der Islam nicht nur eine persönliche, private „Angelegenheit" ist, sondern auch das gesellschaftliche Leben und die politische Ordnung bestimmen oder zumindest teilweise regeln sollte. Der Islamismus postuliert die Existenz einer gottgewollten und daher „wahren" und absoluten Ordnung, die über den von Menschen gemachten Ordnungen steht.

Bundesamt für Verfassungsschutz: Islamismus/islamistischer Terrorismus. In: Verfassungsbericht 2021. Berlin: Bundesministerium des Innern, für Bau und Heimat 2022, S. 176

d) „Reichsbürger" und „Selbstverwalter"

„Reichsbürger" und „Selbstverwalter" sind Gruppierungen und Einzelpersonen, die aus unterschiedlichen Motiven und mit unterschiedlichen Begründungen [...] die Existenz der Bundesrepublik Deutschland und deren Rechtssystem ablehnen [...] und deshalb die Besorgnis besteht, dass sie Verstöße gegen die

Rechtsordnung begehen. […] Zwischen „Reichsbürgern" und „Selbstverwaltern" fällt eine trennscharfe Unterscheidung schwer. „Reichsbürger" lehnen die Bundesrepublik Deutschland unter Berufung auf ein […] „Deutsches Reich" ab. „Selbstverwalter" hingegen fühlen sich dem Staat gänzlich nicht zugehörig. […] Manche markieren ihr Wohnanwesen zum Beispiel durch Grenzziehungen, Schilder und Wappen, um ihren angeblich souveränen Verwaltungsraum zu kennzeichnen. Mitunter wird dieser unter Berufung auf ein Widerstandsrecht gewaltsam verteidigt.

Selbsterstellter Ausweis eines „Reichsbürgers"

Bundesamt für Verfassungsschutz: „Reichsbürger" und „Selbstverwalter". In: Verfassungsbericht 2021. Berlin: Bundesministerium des Innern, für Bau und Heimat 2022, S. 102

Extremismus

Im politischen Sinn bezeichnet der Extremismus Positionen, die sich am äußersten Rand der jeweiligen politischen Einstellung befinden, also am meisten "rechts" oder "links" sind. Auch Menschen mit einer radikalen religiösen Einstellung, die etwa mit Waffengewalt und Terror durchsetzen wollen, dass nicht-gläubige oder andersgläubige Menschen bekehrt werden und ein Staat nach ihren strengen Glaubensregeln errichtet wird, nennt man Extremisten. […] Politische Extremisten dulden meist keine anderen Meinungen und stehen für Ideen ein, die nicht mit den Regeln der Demokratie vereinbar sind.

Wetzel, Matthias: Lexikon: Extremismus. In: www.helle-koepfchen.de, 05.02.2015

Aufgaben

70082-311

1. Sind die Aussagen aus **M1** demokratiefeindlich? Ordnet euch dazu auf einer Positionslinie ein.
2. Arbeitet mithilfe der FdGO (**M2**) heraus, gegen welche demokratischen Grundsätze in den Beispielen aus **M1** verstoßen wird.
3. Erläutere einer Partnerin oder einem Partner, was mit dem Begriff „FdGO" gemeint ist (**M2**).
4. Es gibt verschiedene Arten von Extremismus.
   a) Erkläre die unterschiedlichen Arten von Extremismus (**M3**).
   b) Ordne die Aussagen aus **M1** den verschiedenen extremistischen Richtungen zu (**M3**).
5. Diskutiert, warum politischer Extremismus die Demokratie gefährdet.
6. Was würdest du solchen Aussagen wie in **M1** entgegnen? Wähle ein Beispiel und verfasse ein kurzes Statement.

3.4.2 (Wie) Kann sich die Demokratie gegen Angriffe wehren?

Wird versucht, die Demokratie in Deutschland zu beseitigen, kann sich der Staat dagegen wehren. Doch welche Maßnahmen gibt es?

M4 Wie schützt der Staat verfassungsrechtlich die Demokratie?

Wehrhafte Demokratie
Die wehrhafte Demokratie schützt die freiheitlich-demokratische Grundordnung. Sie kann nicht auf legalem Weg beseitigt werden.

Artikel 9
(2) Vereinigungen, deren Zwecke oder deren Tätigkeit den Strafgesetzen zuwiderlaufen oder die sich gegen die verfassungsmäßige Ordnung oder gegen den Gedanken der Völkerverständigung richten, sind verboten. [...]

Artikel 20
(1) Die Bundesrepublik Deutschland ist ein demokratischer und sozialer Bundesstaat.
(2) Alle Staatsgewalt geht vom Volke aus. Sie wird vom Volke in Wahlen und Abstimmungen und durch besondere Organe der Gesetzgebung, der vollziehenden Gewalt und der Rechtsprechung ausgeübt. [...]
(4) Gegen jeden, der es unternimmt, diese Ordnung zu beseitigen, haben alle Deutschen das Recht zum Widerstand, wenn andere Abhilfe nicht möglich ist.

Artikel 21
(2) Parteien, die nach ihren Zielen oder nach dem Verhalten ihrer Anhänger darauf ausgehen, die freiheitliche demokratische Grundordnung zu beeinträchtigen oder zu beseitigen oder den Bestand der Bundesrepublik Deutschland zu gefährden, sind verfassungswidrig. Über die Frage der Verfassungswidrigkeit entscheidet das Bundesverfassungsgericht. [...]

Grundgesetz für die Bundesrepublik Deutschland

M5 Parteiverbotsverfahren in Deutschland

Hinweis zur Grafik
Seit Bestehen der Bundesrepublik wurden zwei Parteien verboten – die Sozialistische Reichspartei (SRP, 1952) und die Kommunistische Partei Deutschlands (KPD, 1956).

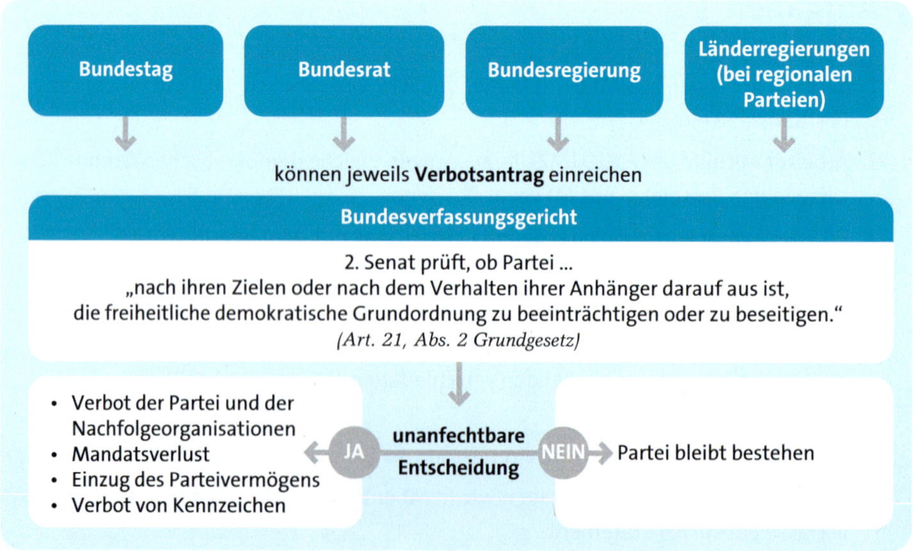

Nach: dpa-Infografik, Globus 4633; Quelle: BMI, Juraforum

M6 NPD-Verbot gescheitert?

70082-025

Das Bundesverfassungsgericht in Karlsruhe hat einem Verbot der rechtsextremen NPD eine Absage erteilt. Allerdings stufte es die Partei als verfassungsfeindlich ein. Den Verbotsantrag hatten die Bundesländer gestellt. Zwar verfolge die Partei verfassungsfeindliche Ziele, es fehle ihr aber am „Potenzial", die Demokratie in Deutschland zu beseitigen, heißt es im Urteil. Eine „Grundtendenz" zur Durchsetzung ihrer Ziele mit Gewalt könne der NPD nicht nachgewiesen werden – wenngleich es Einschüchterungen und Bedrohungen gebe. Darauf müsse allerdings in anderer Weise reagiert werden als mit einem Verbot, etwa mittels des Polizeirechts.

jj/stu (dpa, afp): Das NPD-Verbot ist gescheitert. In: www.dw.com, 17.01.2017

M7 Karikatur zum Urteil des BVerfG

Karikatur: Nel, 2017

M8 Wieso darf die AfD als extremistischer Verdachtsfall vom Verfassungsschutz beobachtet werden?

70082-026

Landesverbände der AfD [Alternative für Deutschland] werden bereits in verschiedenen Bundesländern (Sachsen, Sachsen-Anhalt und Brandenburg) als sogenannter extremistischer Verdachtsfall oder sogar als erwiesen rechtsextremistisches Beobachtungsobjekt (Thüringen) von den Landesbehörden des Verfassungsschutzes eingestuft und beobachtet.

Anfang März 2022 hat das Kölner Verwaltungsgericht entschieden, dass die Einstufung der [Bundes-] AfD als Verdachtsfall durch das BfV [Bundesamt für Verfassungsschutz] gerechtfertigt sei. Es gebe „ausreichende tatsächliche

Flügel einer Partei
Eine bestimmte Personengruppe, die innerhalb der Partei besonders radikale Ansichten vertritt

Anhaltspunkte für verfassungsfeindliche Bestrebungen innerhalb der Partei", trotz offizieller Auflösung des sogenannten „Flügels" der AfD, der als erwiesen extremistisch galt.

[Offensichtlich wird dies beispielsweise an Begrifflichkeiten von AfD-Politikern mit eindeutigem Bezug zum Vokabular der Nationalsozialisten, wie z. B. „Entsorgung" von Menschen, „Umvolkung" oder „Zwangsvergiftung", gezielt für publikumswirksame Zwecke.]

Die Kölner Richter begründen ihr Urteil ferner damit, dass auch die AfD-Jugendorganisation für einen ethnischen Volksbegriff (u. a. Ausschluss von „Fremden") wirbt, der im Widerspruch zum Grundgesetz steht. Die AfD will das Urteil prüfen und ggf. weitere Schritte dagegen einleiten.

Bei als Verdachtsfall eingestuften Organisationen darf der Verfassungsschutz auch verdeckt nach richterlichem Beschluss Informationen sammeln, indem er Personen observiert oder Informanten anwirbt.

Nach: bpb Online-Redaktion: AfD als Verdachtsfall eingestuft. In: www.bpb.de, 09.03.2022 [aus didaktischen Gründen leicht modifiziert]

Demonstration gegen die AfD

Aufgaben

70082-312

1. Beschreibt, wie der Staat die Demokratie schützen kann (**M4-M5**).
2. Sammelt in Gruppen Lösungsvorschläge, wie man gegen Extremismus vorgehen könnte.
3. Interpretiert die Karikatur und diskutiert über die Entscheidung des Bundesverfassungsgerichts, die NPD nicht zu verbieten (**M6, M7**).
4. Informiert euch über das Parteiverbotsverfahren und urteilt selbst, ob die Partei NPD verboten werden sollte.
5. Fasse die Informationen aus **M8** zusammen und erkläre einer Mitschülerin bzw. einem Mitschüler, warum die AfD vom Verfassungsschutz beobachtet werden darf.
6. Diskutiert in einer Pro- und Kontra-Diskussion, ob die AfD zurecht vom Verfassungsschutz beobachtet wird. Recherchiert dazu verschiedene Pro- und Kontra-Standpunkte im Internet.

Extremismus

> M3

Politisch extreme Positionen lehnen die Prinzipien der Demokratie ab, wie z. B. die Gewaltenteilung oder Volkssouveränität. Es gibt viele unterschiedliche Formen des politischen Extremismus. Alle verschiedenen Strömungen sind durch zentrale Merkmale gekennzeichnet: Freund-Feind-Stereotype, Heilslehre, Verschwörungstheorien oder Missionsbewusstsein. Viele Anhängerinnen und Anhänger sind in der Bundesrepublik im Linksextremismus, Rechtsextremismus, religiös motiviertem Extremismus und bei den Reichsbürgern zu finden.

Übung

70082-324

Schutz der Demokratie

> M4

Die wichtigsten Prinzipien des Staates können nicht auf legalem Weg verändert werden. Deshalb steht im Grundgesetz eine Ewigkeitsgarantie (Art. 79) für Artikel 1 bis 20. Sie können also auch mit einem Mehrheitsbeschluss nicht verändert werden. Darin wird die Achtung der Menschenrechte, die Gewaltenteilung, die Unabhängigkeit der Gerichte, die Volkssouveränität, die Verantwortlichkeit der Regierung, das Mehrparteienprinzip, die Chancengleichheit für alle politischen Parteien und das Recht auf Bildung und Ausübung einer Opposition geregelt.

Übung

70082-325

Parteiverbote

> M5-M8

Die freiheitlich-demokratische Grundordnung darf nicht gefährdet oder abgeschafft werden. Deshalb wird unsere Demokratie als wehrhafte oder streitbare Demokratie bezeichnet. Parteiverbotsverfahren gehören zu den Elementen der wehrhaften Demokratie. Nach Art. 21,2 GG können verfassungswidrige Parteien auf Antrag vom Bundesverfassungsgericht verboten werden. Außerdem können Vereinigungen, die sich gegen die verfassungsmäßige Ordnung richten, vom Innenminister verboten werden. Das Grundgesetz räumt jedem Deutschen ein Recht zum Widerstand gegen jeden ein, der es unternimmt, die verfassungsmäßige Ordnung zu beseitigen, wenn keine andere Abhilfe möglich ist.

Übung

70082-326

3.5 Sich für andere einsetzen – Zivilcourage und gesellschaftliches Engagement

Jeder kennt Gewalt- oder Mobbingszenen. Keiner möchte selbst in eine solche Situation kommen. Wie kann man sich und andere schützen? Wie anderen, die von Gewalt bedroht sind, helfen?

M1 Teenies werden zu Helden

70082-027 70082-028

Drei junge Menschen werden zu Helden, als sie einer Frau in einem Rollstuhl das Leben retten. Am 12. April gegen 21.30 Uhr bemerkt Jose, 19 Jahre alt, den leeren Rollstuhl und hört leise Hilferufe. „Ich wusste erst nicht, wo sie war. Als ich sie dann sah, wusste ich aber, dass sie sofort Hilfe braucht."

Er spricht Simon und dessen Freundin Caro an. Die beiden 17-Jährigen kommen gerade vom Tanzen. Simon springt gemeinsam mit Jose auf das Gleis, während Caro über die Notrufsäule die Abschaltung des Stroms auf der Strecke veranlasst. „Es war alles Instinkt."

Jose und Simon bringen die verletzte Frau in den sicheren Bereich unter dem Bahnsteig. Später stellt sich heraus, dass die Frau einen Krampfanfall hatte. Die Bundespolizei übernimmt die Situation und reanimiert die Frau, bevor Sanitäter sich um sie kümmern. Der Frau geht es mittlerweile besser […].

Während Caro den Notruf wählt, klettern Jose und Simon ins Gleisbett.

Die jungen Helfer handelten instinktiv und ohne Angst. Simon gibt zu, dass er gelegentlich das Bild der Frau vor Augen hat, aber es belastet ihn nicht, da er weiß, dass sie gerettet wurde. Für die Bundespolizei grenzt das Verhalten der Schüler und des Studenten an perfekte Zivilcourage und sie hat die drei deswegen ausgezeichnet.

Gözübüyük, Daniel / Röer, Marius: Teenies werden zu Helden und retten gestürzte Rollstuhlfahrerin von Gleis. In: www.mopo.de, 17.05.2023

Zivilcourage

Zivilcourage ist der besondere Mut, als Einzelner in eine Situation einzugreifen, in der ein Mensch erniedrigt und zum Opfer gemacht wird.
Wer zu seiner Überzeugung steht, auch wenn die Mehrheit anders denkt, und eingreift, wenn Unrecht geschieht, der beweist Zivilcourage. Zivilcourage heißt aber auch, wenn man sich selbst verletzen würde und damit keinem hilft, ist es viel vernünftiger, Hilfe zu holen oder die Polizei zu benachrichtigen.

Bearbeiterin

M2 Engagement im Landkreis Tübingen: mit einem Klick zum Ehrenamt

70082-029

Nun ist die neue Engagement-Börse des Landkreises Tübingen online. „Wer hilft gewinnt" heißt sie. Damit können sich Leute, die sich engagieren wollen, mit Vereinen und Organisationen vernetzen, die Helfer suchen.

„Wenn das Ehrenamt wirklich zum Helfenden passt, steigt die Wahrscheinlichkeit, dass die Person dabei bleibt." Daniela Hüttig, stellvertretende Landrätin und erste Landesbeamtin, ist vom Nutzen der neuen Engagement Börse „Wer hilft gewinnt" überzeugt. [...]

Den Mitgliedern der Arbeitsgruppe ist es wichtig, online neue Ehrenamtliche vermitteln zu können, denn „Engagement ist die grundlegende menschliche Lösungsstrategie bei Konflikten", erklärt Nino Novak von Büro-Aktiv am Dienstag, als die neue Internetseite im Landratsamt vorgestellt wurde. Ehrenamt bedeutet für ihn, Spaß haben, in Gemeinschaft sein und die Gesellschaft stärken. [...]

Es braucht ehrenamtliches Engagement, um als Gesellschaft zu funktionieren. Ein großer Vorteil der Internetbörse ist hierbei, dass Interessierte selbst aktiv werden und sich nach dem geeigneten Angebot umschauen können. [...]

„Unser Ziel ist es Kommunen und Akteure bei der Suche nach Unterstützenden-den zu helfen", erklärt Busse. „Unser Ziel ist es Demokratie und Gemeinschaft zu stärken."

Steinmetz, Lilia: Mit einem Klick zum Ehrenamt. In: www.swp.de, 24.10.2024

„Wer hilft, gewinnt" (Link)

70082-334

Logo der Freiwilligenbörse „Wer hilft gewinnt"

Zivilgesellschaftliches Engagement

Hilft man jemandem freiwillig und unentgeltlich, spricht man von zivilgesellschaftlichem Engagement, auch Ehrenamt.

Zivilgesellschaftliches Engagement findet in Vereinen, Verbänden, Initiativen und sozialen Bewegungen statt und stärkt den sozialen Zusammenhalt und die Demokratie. Beispiele sind ehrenamtliche Tätigkeiten in der Freiwilligen Feuerwehr, der Tafel oder die Gründung von Bürgerinitiativen für die lokale Gemeinschaft.

Bearbeiterin

„Bring dich ein. #gemeinsam" – Video des Bundesministeriums des Innern zur Förderung des zivilgesellschaftlichen Engagements

70004-08

M3 Gründe für zivilgesellschaftliches Engagement

Bearbeitergrafik

F zu Aufgabe 2
Entwickelt Ideen, wie man Zivilcourage im Alltag zeigen kann. Stellt diese auf Plakaten dar und präsentiert sie im Schulhaus.

H zu Aufgabe 3
Nenne Personen und Aufgabengebiete, in denen sich Menschen ehrenamtlich engagieren.

H zu Aufgabe 4
Notiert stichpunktartig, welche Vorteile die Plattform „Wer hilft, gewinnt“ (QR-Code) für Menschen bietet, die sich engagieren möchten, und welche Herausforderungen beim Ehrenamt angesprochen werden.

Aufgaben

70082-312

1. Beschreibe, wie die drei jungen Menschen Zivilcourage geleistet haben (**M1**).
2. Erkläre, warum Personen, die zivilcouragiert handeln, oft als „Alltagshelden“ bezeichnet werden.
3. Erkläre, warum sich die Personen in den Fallbeispielen ehrenamtlich engagieren (**M2-M3**).
4. Diskutiert, wie digitale Plattformen gesellschaftliches Engagement fördern können und welche weiteren Angebote hilfreich wären, um Ehrenamt und Engagement in eurer eigenen Region zu unterstützen (**M2**).
5. a) Stelle die Bedeutung der ehrenamtlichen Arbeit für die Gesellschaft dar (**M3**).
   b) Engagierst du dich ehrenamtlich? Beurteile, ob du dir selbst vorstellen kannst, dich ehrenamtlich zu engagieren (**M3**).
6. Überprüfe, ob zivilgesellschaftliches Engagement zum Erhalt der demokratischen Gesellschaft beiträgt.

Welche Bedeutung haben Zivilcourage und zivilgesellschaftliches Engagement?

Zivilcourage

> M1

Zivilcourage meint den Mut der Bürgerinnen und Bürger im täglichen Leben. Es bedeutet, dass man im Alltag nicht einfach wegschaut, sondern genau hinsieht und handelt, z. B. wenn eine andere Person angegriffen oder beleidigt wird.
Zivilcourage ist für die Demokratie wichtig, weil – wenn man zivilcouragiert handelt – man für die Werte der Demokratie einsteht, z. B. indem man Menschenrechte einfordert und seine eigene Meinung sagt.
Wenn man Zivilcourage zeigt, muss man aufpassen, sich selbst nicht in Gefahr zu begeben. Droht Gefahr, ist es sinnvoller, Hilfe zu holen als alleine zu helfen.

Übung

70082-327

Zivilgesellschaftliches Engagement

> M2-M3

Zivilgesellschaftliches Engagement meint Engagement von Personen oder Gruppen (z. B. in (Sport-)Vereinen, bei der Freiwilligen Feuerwehr oder im Rettungsdienst), die dies unentgeltlich oder gegen eine geringe Aufwandsentschädigung tun, also ehrenamtlich handeln.
Wenn es kein zivilgesellschaftliches Engagement gäbe, könnten viele Bereiche nicht mehr finanziert werden – z. B. das Training im Sportverein oder manche Jugendhäuser. Etwa jeder Dritte in Deutschland engagiert sich ehrenamtlich.

Übung

70082-328

Selbsteinschätzung

In diesem Kapitel hast du viel darüber gelernt, wie man sich am politischen Prozess beteiligen kann und wie dieser funktioniert. Mit dieser Tabelle kannst du überprüfen, was du schon kannst und wo du noch üben solltest.

Ich kann ...	Das klappt schon ...	Hier kann ich noch üben ...
... Partizipationsmöglichkeiten der Bürgerinnen und Bürger auf Bundesebene beschreiben.		Kap. 3.1: M1-M5
... die Auswirkungen von Blogs und sozialen Netzwerken auf die politische Willensbildung erläutern.		Kap. 3.1: M6-M10
... Parteien, Verbände und Bürgerinitiativen vergleichen.		Kap. 3.2: M7-M8
... das Wahlsystem zum Bundestag beschreiben.		Kap. 3.2: M10-M13
... die Aufgaben von Parteien nennen.		Kap. 3.2: M1-M5
... die Positionen von Parteien im Themenbereich Klimapolitik miteinander vergleichen.		Kap. 3.2: M9
... die Bedeutung der Pressefreiheit für die Demokratie erläutern.		Kap. 3.3: M2-M5
... Kennzeichen von politischem Extremismus beschreiben.		Kap. 3.4: M1-M3
... die Bedeutung von Zivilcourage und zivilgesellschaftlichem Engagement für die demokratische Gesellschaft beschreiben.		Kap. 3.5: M1-M3

M1 Soll eine Wahlpflicht eingeführt werden?

70082-030

Wer sich mehr mit Politik beschäftigt, ist weniger anfällig für populistische Propaganda.

Menschen sind mehr noch als jetzt gezwungen, sich mit Politik auseinanderzusetzen.

Wenn mehr mitmachen, dann haben die Gewählten eine größere Legitimation für ihre Arbeit.

Die Wahlbeteiligung liegt mit Wahlpflicht in den meisten Fällen deutlich über 80 %.

Eingriff in die Persönlichkeitsrechte: Jeder sollte selbst bestimmen, ob er zur Wahl geht oder nicht.

Die Politik ist in der Pflicht, sich besser und attraktiver zu präsentieren (gute Opposition, gute Kandidaten).

Wer kein Interesse hat, der informiert sich auch nicht und trifft seine Entscheidung aus dem Bauch heraus.

Demokratisches Verhalten kann man nicht erzwingen.

Bearbeiterin

M2 Tag der Pressefreiheit

Karikatur: Kostas Koufogiorgos, 2013

Internationaler Tag der Pressefreiheit
Mit dem Internationalen Tag der Pressefreiheit wird seit 1994 jährlich am 3. Mai auf Verletzungen der Pressefreiheit sowie auf die grundlegende Bedeutung freier Berichterstattung für die Existenz von Demokratien aufmerksam gemacht.

Aufgaben

70082-313

1. Soll eine allgemeine Wahlpflicht in Deutschland eingeführt werden? Führt eine Pro-Kontra-Debatte mithilfe der Argumente in **M1** durch.
2. Erläutert die Aussage der Karikatur vor dem Hintergrund der Bedeutung der Pressefreiheit für die Demokratie (**M2**).

Die Gummibärchen reichen nicht für alle!

Stell dir folgende Situation vor:
Du wirst gebeten, in der Klasse Süßigkeiten zu verteilen. Dafür erhältst du eine Tüte mit Gummibärchen. Du beginnst sie zu verteilen. Fast alle sind mit Gummibärchen versorgt, da stellst du fest, dass die Tüte leer ist. Die Gummibärchen reichen nicht für alle ...

Gummibärchen in verschiedenen Farben

Was weißt du schon?

70082-400

1. Beschreibe die oben dargestellte Situation jeweils aus der Perspektive der Beteiligten:
   a) desjenigen/derjenigen, der/die verteilt,
   b) desjenigen/derjenigen, der/die die Bärchen erhalten hat und
   c) desjenigen/derjenigen, der/die keine Bärchen erhalten hat.
2. Vergleiche deine Perspektivbeschreibungen mit denen eines Partners/einer Partnerin.
3. Erörtere verschiedene Möglichkeiten, die Gummibärchen zu verteilen. Beachte, dass sie nicht für alle ausreichen.
4. a) Nenne Aspekte, die ein sozialer Staat deiner Meinung nach erfüllen sollte.
   b) Begründe, welche eurer Verteilungsvorschläge (vgl. Aufgabe 3) aus deiner Sicht besonders sozial sind.

Aufgaben und Probleme des Sozialstaats

4

Wenn sich ein Staat Sozialstaat nennen möchte, muss er verschiedene Kriterien erfüllen. Das Grundgesetz gibt hier als deutsche Verfassung den Rahmen eindeutig vor. In Artikel 20 (1) GG heißt es: „Die Bundesrepublik ist ein demokratischer und sozialer Bundesstaat." Über die konkrete Ausgestaltung gibt es jedoch unterschiedliche Vorstellungen, die u. a. auch auf die unterschiedliche Interpretation des Begriffs der sozialen Gerechtigkeit zurückzuführen sind.

Du lernst in diesem Kapitel ...

- ... welche Formen sozialer Ungleichheit in Deutschland existieren.
- ... welche unterschiedlichen Vorstellungen es zur Ausgestaltung des Sozialstaatsgebots des Grundgesetzes gibt.
- ... welchen Herausforderungen sich ein moderner Sozialstaat stellen muss.

„Zukunftswerkstatt": Sozialstaat der Zukunft

Niemand von euch weiß heute schon genau, was aus ihm mal wird ... Aber vielleicht habt ihr ja Erwartungen und Wünsche an einen Staat, in dem ihr zukünftig leben werdet. Was soll ein solcher Staat der Zukunft leisten und wofür soll jeder selbst verantwortlich sein? Entwerft doch einfach eure eigene Vorstellung von einem Sozialstaat, in dem ihr in Zukunft leben möchtet.

Geht dabei so vor:

Start

1. Unterteilt eure Lerngruppe in kleinere Teilgruppen (ca. fünf Schülerinnen und Schüler), damit ihr besser arbeiten könnt. Klärt dann zunächst nachfolgende Fragen schriftlich, bevor ihr mit eurer Zukunftswerkstatt beginnt.

2. Analysiert, auf welche konkreten Probleme und Herausforderungen unser Sozialstaat in der Realität reagieren muss. (→ Kapitel 4.1: M2-M3, M10-M12)

3

Erklärt, auf welchen gesetzlichen Rahmenbedingungen unser Sozialstaat basiert (→ Kapitel 4.2: M6) und wie genau er aufgebaut ist. (→ Kapitel 4.2: M6-M12)

4

Erläutert, mit welchen konkreten Maßnahmen unser Sozialstaat auf die Probleme aus Kap 4.1 reagiert. (→ Kapitel 4.3: M1-M3, M4-M9)

Ziel

5

Nun könnt ihr mit der Zukunftswerkstatt beginnen:

Fantasiephase:
Sammelt eure Wünsche, Träume und Ziele eines Sozialstaates der Zukunft. Nehmt keine Rücksicht auf Gesetze oder ähnliches. Fasst eure Ideen zu konkreten Entwürfen zusammen.

Verwirklichungsphase:
- Stellt eure Entwürfe der Realität gegenüber: Welche Schwierigkeiten gibt es, die Ideen in die Tat umzusetzen? Wo müssen die Entwürfe verändert oder angepasst werden? Wo besteht die Notwendigkeit, äußere Bedingungen, z. B. gesetzliche und/oder finanzielle Rahmenbedingungen zu überdenken und ggf. zu verändern, damit sie umsetzbar wären?
- Konkretisiert notwendige Veränderungsschritte: Nennt z. B. Maßnahmen, die ergriffen werden müssen, damit euer Zukunftsentwurf Realität werden kann.

Beurteilungsphase:
Präsentiert alle Entwürfe in der Klasse und beurteilt die Realisierbarkeit der einzelnen Zukunftsentwürfe. Für welchen Entwurf würdet ihr euch jeweils entscheiden? Begründet eure Entscheidung.

Methode zur Zukunftswerkstatt

70079-03

4.1 (Un-)Gleiche Lebenschancen in Deutschland?

4.1.1 Wie viel Ungleichheit verträgt unsere Gesellschaft?

Noch auf der Geburtsstation im Krankenhaus sind die Kinder alle gleich: frei, gleich an Rechten und erschöpft von den Anstrengungen der Geburt. Wann aber werden die Weichen gestellt, ob sich jemand zum Unternehmer, Wissenschaftler, Hilfsarbeiter oder gar zum „Sozialfall“ entwickelt? Welche Faktoren beeinflussen unsere Lebenswege? Und: wie viel Ungleichheit hält unsere Gesellschaft aus?

M1 Eine Unterhaltung über das Leben

70082-031

„Jeder ist seines Glückes Schmied. Wer sich heute wirklich anstrengt, der kann es auch zu etwas bringen.“

„Tatsächlich ist es so, dass die einen oben sind, und die anderen sind unten und kommen bei den heutigen Verhältnissen auch nicht hoch, so sehr sie sich auch anstrengen.“

Florian und Sweja unterhalten sich über das Leben.

Nach: Allensbacher Jahrbuch VIII, 1983

M2 Entscheidet die Herkunft über Lebenschancen?

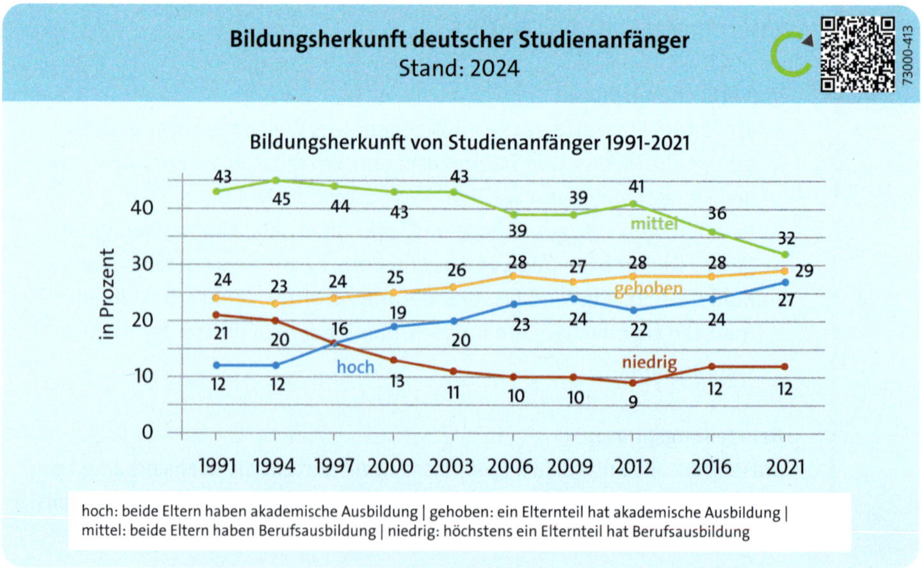

©C.C. Buchner Verlag, aktuelle Daten nach: DZHW (Datenerhebung: 2021; Grafikerstellung: 2024)

M3 Wie viel Ungleichheit ist akzeptabel?

a) Soziale Ungleichheit und soziale Herkunft

Häufiger als in vergleichbaren Industriestaaten hängt [in Deutschland] die Frage, welche Perspektiven ein Kind hat, von dessen Herkunft ab. Seine Aufstiegsmöglichkeiten sind gering. [...] Die Chance, ein Studium zu beginnen, ist für ein Kind geringqualifizierter Eltern ein Drittel so hoch wie für ein Akademikerkind. [...] Eine freie Gesellschaft muss ein gewisses Maß an Ungleichheit, die ja auch auf unterschiedliche Leistungsbereitschaft zurückgeht, aushalten. Doch dass Kinder unter ihren Möglichkeiten bleiben, nur weil sie das Pech hatten, im falschen Bett gezeugt worden zu sein, ist ein beschämender Befund.

Müller, Ann-Kathrin / Neubacher, Alexander: Die Chancenlüge. In: www.spiegel.de, Abruf am 06.02.2023

b) Soziale Ungleichheit und Marktwirtschaft

Die Marktwirtschaft produziert auch soziale Ungleichheiten, weil der Erfolgreiche ja etwas von seinem Erfolg haben will und haben soll. Das liegt in der Natur der Sache, das ist so in Ordnung. Nicht in Ordnung ist es aber, wenn sich die Vermögen immer mehr zusammenballen, wenn wenige fast alles und sehr viele fast nichts haben, wenn die obersten 10 Prozent der Haushalte fast 52 Prozent des Nettovermögens halten. So ist es in Deutschland – und das ist nicht gut.

Prantl, Heribert: Wenige alles? In: www.sueddeutsche.de, Abruf am 06.02.2023

materieller Wohlstand
Um den materiellen Wohlstand in einem Land zu messen, kann man die Einkommen der Haushalte heranziehen.

Aufgaben

70082-401

1. Führt ein Meinungsbarometer zu den in **M1** geäußerten Positionen durch.
   a) Markiert dazu zwei Punkte in eurem Klassenzimmer:
   Position 1: Wer sich anstrengt, kann es zu etwas bringen. ⟷ **Position 2:** So sehr man sich auch anstrengt, wenn man unten ist, bleibt man auch unten.
   b) Wie beurteilt ihr selbst diese Positionen? Stellt euch entsprechend zwischen diesen beiden Positionen auf.
   c) Begründet anschließend eure Positionen.
2. a) Beschreibe die Grafik **M2**.
   b) Vergleiche die Aussagen aus **M1** sowie eure Ergebnisse aus Aufgabe 1c mit den Daten aus **M2**. Was stellst du fest?
   c) Erläutere mithilfe vom **M2**, inwieweit Herkunft über Lebenschancen entscheidet.
3. a) Nenne mögliche Gründe für soziale Ungleichheit. Berücksichtige bei deinen Überlegungen auch **M2**.
   b) Arbeite aus **M3** heraus, wie die Autoren die Folgen sozialer Ungleichheit für unsere Gesellschaft sehen.
   c) Überprüfe mithilfe von **M3**, die Ansicht, Ungleichheit sei in einer Gesellschaft akzeptabel.

H zu Aufgabe 1b
Wer der Meinung ist, Position 1 trifft zu, stellt sich dort hin. Wer sich nicht genau entscheiden kann, steht in der Mitte. Wer eher zu Position 2 tendiert, steht vielleicht zwischen dem (gedachten) Mittelpunkt und dem (markierten) Punkt der Position 2 usw.

F zu Aufgabe 2a
Nenne Aspekte, über die diese Grafik keine Auskunft erteilt.

4.1.2 Soziale Gerechtigkeit trotz Ungleichheit?

Viele Bürgerinnen und Bürger erwarten von dem Staat, in dem sie leben, dass er gerecht mit ihnen umgehen möge. Häufig wird dabei Gerechtigkeit gleichgesetzt mit Verteilungsgerechtigkeit, d. h. mit der Frage danach, wie Einkommen und Vermögen in den verschiedenen sozialen Schichten verteilt ist. Doch gibt es überhaupt „die" Gerechtigkeit?

M4 Ist das gerecht?

„Obelix, hol mir doch bitte mal einen Tortenheber", sagt der Druide Miraculix im Zeichentrickfilm „Asterix und Kleopatra" beim Anblick einer erbeuteten Torte. Woraufhin sich Obelix unter „Gestatten, der Herr" den Säbel eines ausgeknockten Römers greift. „Und nun mach bitte drei Teile aus dem Kuchen." Obelix schneidet die Torte auf: zwei normalgroße Stücke für Asterix und Miraculix, den gewaltigen Rest für sich.

Kuchenszene aus Asterix & Obelix

Solche Methoden der Verteilung sind natürlich unfair. Kuchen teilt man in gleich große Stücke auf, ist doch klar, oder nicht?

Aber man könnte auch argumentieren, dass der als Kind in den Zaubertrank gefallene Obelix eine römische Legion schon mal im Alleingang verprügelt. Hätte er dann nicht das größte Kuchenstück verdient? Oder gebührt der größte Anteil Asterix, weil er so schlau ist? Aber was wären die Gallier ohne die Braukunst des Zaubertrank-Machers Miraculix?

Jäger, Andreas: Wie man Dinge fair aufteilt. In: www.sueddeutsche.de, 21.02.2023

M5 Welche Dimensionen von Gerechtigkeit gibt es?

a) Dimensionen von Gerechtigkeit

1 Bedarfsgerechtigkeit
2 Leistungsgerechtigkeit
3 Einkommensgerechtigkeit
4 Generationengerechtigkeit
5 Chancengerechtigkeit
6 Regelgerechtigkeit

b) Definitionen von Gerechtigkeit

a ... bedeutet, dass es vom Ergebnis der erbrachten Leistung abhängt, wie viel man erhält.

b ... bedeutet, dass jedes Gesellschaftsmitglied unabhängig von der eigenen Leistung die Dinge, die er/sie zum Leben benötigt, vom Staat erhält.

c ... bedeutet, dass jedes Gesellschaftsmitglied die gleichen Möglichkeiten auf Arbeit, Bildung und gegebenenfalls sozialen Aufstieg haben soll.

d ... bedeutet, dass der gleiche Lohn/das gleiche Einkommen für die gleiche Arbeit, d. h. z. B. unabhängig von Geschlecht, gezahlt wird.

e ... bedeutet, dass Gesetze für jedes Gesellschaftsmitglied gleichermaßen gelten und für jeden nachvollziehbar sein müssen.

f ... bedeutet, dass nachfolgende Generationen durch gegenwärtige politische Entscheidungen gegenüber der heutigen Generation nicht benachteiligt werden dürfen.

Bearbeiterin

M6 Wie ist das Gerechtigkeitsempfinden in Deutschland?

Gerechtigkeitsempfinden in Deutschland in verschiedenen Bereichen in %
Stand: 2018

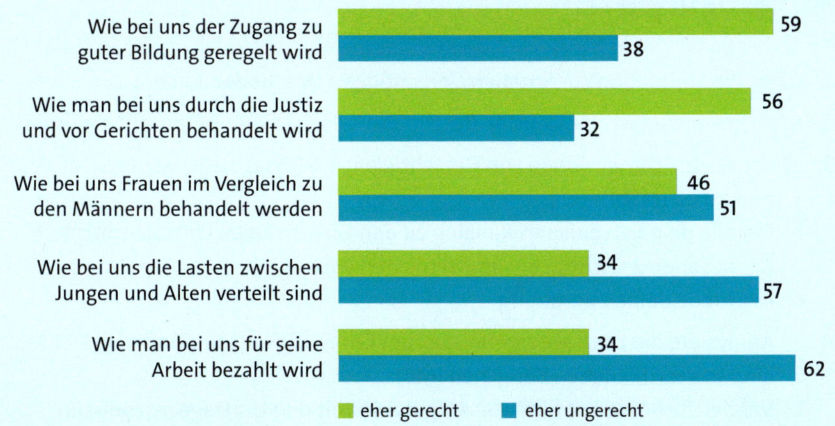

Frage: „Geben Sie bitte für die folgenden Bereiche an, ob es da in Deutschland Ihrer Ansicht nach eher gerecht oder eher ungerecht zugeht." (Fehlende Werte zu 100 Prozent: weiß nicht/keine Angabe). Basis: deutschsprachige Bevölkerung ab 14 Jahren (N=1 412).

Nach: Infratest dimap, 2018

M7 Was ist soziale Gerechtigkeit?

70082-033

Am 20. Februar ist der Tag der sozialen Gerechtigkeit. Für einen demokratischen Sozialstaat, in dem wir in Deutschland leben, ein wichtiger Begriff. Doch was heißt denn soziale Gerechtigkeit genau und kann man diesen Idealzustand in Zeiten von Inflation und Klimawandel wirklich erreichen? Und wenn ja, wie weit ist Deutschland von sozialer Gerechtigkeit entfernt? Darüber spricht der Wirtschaftswissenschaftler Prof. Dr. Andreas Knabe im Interview.

Heute ist der Tag der sozialen Gerechtigkeit. Was ist das denn eigentlich?

Soziale Gerechtigkeit ist natürlich ein [...] schwieriger Begriff. Er beschreibt ein moralisches [...] Konzept, für das es keine allgemeingültige, von allen gleichermaßen akzeptierte Definition gibt. Wenn man sich allerdings anschaut, was im Allgemeinen darunter verstanden wird, dann bezieht man sich eigentlich immer auf eine Art Gleichheitsgrundsatz. Wenn Menschen in gleichartigen Situationen ohne erkennbaren Grund unterschiedlich behandelt werden, dann kann soziale Ungerechtigkeit vorliegen. Der Gleichheitsgrundsatz heißt aber nicht, dass am Ende alle Menschen ein materiell gleiches Leben führen müssten, also dass alle eine gleich große Wohnung haben, das gleiche Auto fahren, die gleichen Klamotten tragen und so weiter. Es geht also nicht um Gleichmacherei. Die Menschen sind sehr unterschiedlich und haben ganz unterschiedliche Wünsche, Vorstellungen und Bedürfnisse. Sie sollen aber alle die gleiche Möglichkeit haben, ihre unterschiedlichen Vorstellungen in ihrem Leben auch umzusetzen. Also man könnte kurz sagen, dass soziale Gerechtigkeit darin besteht, dass alle Menschen die gleichen Rechte und die gleichen Möglichkeiten haben, ihr Leben nach ihren eigenen Wünschen und Vorstellungen zu gestalten.

Baaske, Lisa im Interview mit Prof. Dr. Andreas Knabe: Wie sozial gerecht ist Deutschland? In: www.unimagazin.ovgu.de, 20.02.2023

Aufgaben

70082-402

1. Führt die Simulation zur Sozialen Gerechtigkeit (**Methode**) durch.
2. Stell dir vor, du bist Obelix (**M4**). Beschreibe, wie du die Torte aufteilen würdest.
3. a) Ordne den Dimensionen von Gerechtigkeit 1-6 (**M5a**) die jeweiligen Definitionen a-f zu (**M5b**).
   b) Erstelle dein persönliches Ranking zu den Dimensionen von Gerechtigkeit (1 = besonders wichtig, 6 = am wenigsten wichtig).
   c) Begründe deine Zuordnung.
4. a) Analysiere die Umfrageergebnisse zum Gerechtigkeitsempfinden in Deutschland in verschiedenen Bereichen (**M6**).
   b) Vergleiche deine Antwort aus Aufgabe 3b mit den Umfrageergebnissen. Was stellst du fest?
5. Erläutere die Vorstellung von sozialer Gerechtigkeit, die Professor Andreas Knabe vertritt (**M7**).

H zu Aufgabe 4b
Achte hier besonders auf Gemeinsamkeiten und Unterschiede.

F zu Aufgabe 5
Beschreibe mögliche Schwierigkeiten, vor denen der Staat steht, wenn er Gerechtigkeit schaffen möchte.

Eine Simulation zum Thema „Soziale Gerechtigkeit“

Worum geht es?

Versucht mithilfe der nachfolgenden Simulation festzustellen, welche Dimension von Gerechtigkeit für euch besonders wichtig ist.

Geht dabei so vor:

1. Schritt: Simulation vorbereiten (mindestens 1 Tag vorher)

Ihr benötigt 5 Euro in möglichst kleinen Münzen. Außerdem benötigt ihr bei 30 Schülerinnen und Schülern: 8 einzelne Tennissocken, 6 dünne (Damen-)Socken, 8 einzelne Fingerhandschuhe, 2 gepolsterte Handschuh-Topflappen, 4 Fausthandschuhe. Achtung: Ihr benötigt genau 2 Utensilien weniger als ihr Personen in der Klasse seid, also bei 30 Schülerinnen und Schülern genau 28. Weiterhin benötigt ihr eine Leinentasche, Tüte o. ä., in der ihr eure Utensilien so verstauen könnt, dass sie von außen nicht zu sehen sind. Nun setzt ihr euch in einen Stuhlkreis. Achtet darauf, dass das Kreisinnere so groß ist, dass sich 30 Personen gut darin bewegen können. Jetzt verteilt die Spielleitung ihre Utensilien pro Person, wobei zwei Schülerinnen und Schüler leer ausgehen ... Zieht die Socken, Handschuhe, Topflappen über eine eurer Hände. Anschließend verteilt die Spielleitung die Münzen willkürlich auf dem Fußboden im Inneren des Stuhlkreises; die Spielerinnen und Spieler bleiben auf ihren Stühlen sitzen.

Tipp:
Bittet eure Lehrkraft, die Spielleitung zu übernehmen.

↓ ↓ ↓

2. Schritt: Simulation durchführen (ca. 20 Min.)

Ihr dürft nur mit der „bekleideten“ Hand spielen. Ausnahme: die beiden, die keine „Bekleidung“ abbekommen haben, dürfen mit der unbekleideten Hand spielen. Die Spielleitung gibt das Startzeichen: „Für alle lautet die Aufgabe gleich: Sammelt so viele Münzen wie möglich!“ Reden ist nicht erlaubt. Wenn alle Münzen vom Fußboden aufgesammelt sind, setzt ihr euch wieder auf euren Platz.

↓ ↓ ↓

3. Schritt: Simulation auswerten (ca. 20 Min.)

Zählt nun eure Münzen. Gibt es große Unterschiede? Weshalb? Nennt Gründe, weshalb der eine mehr, der andere weniger Münzen aufsammeln konnte. Tauscht euch darüber aus, wie ihr euch während der Simulation gefühlt habt. Hat gegebenenfalls die anschließende Verhandlungsrunde euer Ergebnis verbessert? Wie seid ihr an die Verhandlungen herangegangen?

Variante:
Ihr könnt die Simulation auch ausweiten, indem ihr vor der Auswertung eine weitere Runde spielt. Die Spielleitung gibt euch z. B. drei Minuten Zeit, in denen ihr nun mit den anderen Teilnehmenden in Verhandlung treten dürft, um euer u. U. unbefriedigendes Ergebnis zu maximieren, falls ihr auf großzügige Teilnehmende stoßt.

Bearbeiterin

4.1.3 Arm in Deutschland – Ist das möglich?

Armut kann viele Ausprägungen haben. Betroffen sind häufig Kinder, Alleinerziehende, Arbeitslose und ältere Menschen. Aber kann man in einem Staat wie Deutschland, der sich Sozialstaat nennt, tatsächlich arm sein? Was ist Armut überhaupt?

M8 Lebenslauf ...

Karikatur: Kostas Koufogiorgos, 2014

M9 Arm ist, wer ...

	trifft zu	trifft nicht zu
... kein Taschengeld bekommt.		
... keinen eigenen Fernseher hat.		
... nicht in den Urlaub fahren kann.		
... keine warme Mahlzeit am Tag erhält.	BITTE INS HEFT!	
... kein Geld für den Schulausflug hat.		
... sich nicht die neuesten Markenklamotten kaufen kann.		
... keinen Schulabschluss hat.		
...		

Bearbeiterin

Armut

Unterschieden werden absolute und relative Armut. Als absolut arm wird ein Mensch dann bezeichnet, wenn er/sie sich lebenswichtige Dinge, wie z. B. Lebensmittel oder Wohnung, nicht leisten kann. Nach der Definition der Weltbank sind Menschen extrem arm, wenn sie weniger als 2,15 US-Dollar pro Tag [Stand: Februar 2024] zur Verfügung haben. Als relativ arm wird jemand dann bezeichnet, wenn er/sie im Vergleich zu den übrigen Menschen in der jeweiligen Gesellschaft deutlich weniger Geld zur Verfügung hat und deshalb am sozialen Leben, z. B. Kino- oder Restaurantbesuch, nur bedingt teilhaben kann.

Eine Person gilt in der Europäischen Union (EU) als von Armut oder sozialer Ausgrenzung bedroht, wenn mindestens eine der folgenden drei Bedingungen zutrifft: Ihr Einkommen liegt unter der Armutsgefährdungsgrenze, ihr Haushalt ist von erheblicher materieller und sozialer Entbehrung betroffen oder sie lebt in einem Haushalt mit sehr geringer Erwerbsbeteiligung. [...] Im Jahr 2022 war etwa jede siebte Person [...] armutsgefährdet, wenn sie über weniger als 60 % des mittleren Einkommens der Gesamtbevölkerung verfügt. Man spricht deshalb von relativer Armut.

Statistisches Bundesamt: Pressemitteilung Nr. 190 vom 16. Mai 2023: Gut ein Fünftel der Bevölkerung Deutschlands von Armut oder sozialer Ausgrenzung bedroht. In: www.destatis.de, Abruf am 05.02.2024

Armutsgefährdungsgrenze
Wer ein Einkommen unterhalb der Armutsgefährdungsgrenze bezieht, hat so wenig Geld, dass es sehr schwierig ist, davon zu leben.

Erwerbsbeteiligung
Die Erwerbsbeteiligung beschreibt, wie viele Menschen einer bestimmten Bevölkerungsgruppe in einer Erwerbstätigkeit sind oder sich für eine Erwerbstätigkeit bewerben.

Mittleres Einkommen

Das mittlere Einkommen wird auch Medianeinkommen genannt und ist im Unterschied zum Durchschnittseinkommen das Einkommen derjenigen Person, die genau in der Mitte stünde, wenn sich alle Personen in Deutschland mit ihren Einkommen in einer Reihe aufstellen würden. Personen zur Rechten dieser mittleren Person würden mehr als das Medianeinkommen dieser Person verdienen; Personen zur Linken würden weniger als das Medianeinkommen dieser Person verdienen.

Bearbeiterin

M10 Welche Erfahrungen mit Armut machen junge Menschen in Deutschland?

70082-034

Folgendes Originalzitat stammt aus Kommentierungen der Youtube-Beiträge von Andre Schiebler aka Anderson Rey, Can aka Justcaan und Kati Karenina.

„bin zwar nicht krass arm aufgewachsen aber ich musste meine hobbys aufgeben weil wir sie nicht bezahlen konnten und ich verzichte immer auf dinge die ich gerne haben möchte damit meine mutter genug Geld hat ... 😢💕 aber ich hoffe das sich das bald ändert denn meine Mutter geht in 2 jobs und das geld reicht immernich nicht wirklich... sie macht sich immer weiter kaputt und ich muss dabei zusehen und kann nicht wirklich helfen, das ist einfach nur traurig ..."

Bertelsmann Stiftung / MESH Collective: #Stoppt Kinderarmut 2020. In: www.bertelsmann-stiftung.de, Abruf am 22.05.2024 (Rechtschreibung nicht angepasst)

M11 Jeremias Geschichte: kein Pausenbrot, keine Kindheit, keine Chance

70082-036

Der Vater war depressiv, die Mutter spielsüchtig – mit nur elf Jahren meldete sich Jeremias Thiel beim Jugendamt und bat selbst darum, aus seiner Familie geholt zu werden. Heute studiert er in den USA und hat ein Buch darüber geschrieben, wie es sich anfühlt, in Deutschland in Armut aufzuwachsen.

Herr Thiel, viele Menschen, die in Armut aufgewachsen sind, schämen sich dafür und verstecken sich. Sie hingegen gehen offen damit um und haben jetzt sogar eine Autobiografie veröffentlicht – warum?

Mit dem Buch möchte ich nicht nur meine Geschichte erzählen, sondern die vieler Menschen und Kinder in Deutschland. Ich will die Stimme für die Ungehörten sein – und zeigen, wie normal Armut hierzulande ist. Die Schere zwischen Arm und Reich geht immer weiter auseinander. […] Chancengerechtigkeit ist in erster Linie Wunschdenken, nicht die Realität.

[…] Was bedeutet es, in Armut aufzuwachsen?

Meine Eltern sind schon immer arbeitslos und leben von Hartz IV. Ich hatte nur ein Paar Schuhe […]. Im Kommunionunterricht habe ich mich in ein Mädchen verschossen – und für meine stinkenden Füße geschämt. Ich war Flaschensammeln, um mir neue Schuhe kaufen zu können. Armut zeigt sich aber auch in fehlender Privatsphäre und wenig oder schlechtem Essen. Ich hatte keinen Rückzugsort, musste mir ein Zimmer mit meinem Bruder teilen – und bekam Fritten zum Essen. Damit war ich keine Ausnahme: Studien belegen, dass Menschen aus armen Verhältnissen zu Karies neigen und unter Nährstoffmangel leiden.

In einem Kapitel des Buches beschreiben Sie, was Armut mit der Seele macht. Was hat es mit Ihrer gemacht?

Viele denken: Wer arm ist, hat weniger zu essen – doch damit allein ist es nicht getan. Kinder und Jugendliche, die in Armut aufwachsen, verarmen auch emotional. In meinem Fall bedeutet das, dass es mir schwerfällt, Emotionen zuzulassen – weil ich das mit Schwäche zeigen verbinde. Ich musste schon früh funktionieren, habe die Verantwortung für meine Eltern und für meinen Bruder übernommen. […]

Woher haben Sie mit elf Jahren die Kraft genommen, Ihre Familie zu verlassen?

Die Situation ist völlig eskaliert. Meine Mutter war psychisch in einer anderen Welt und hat meinen kranken Bruder und mich ohne Essen in der Wohnung eingesperrt. Ich wusste: So kann es nicht weitergehen. Der Gang zum Jugendamt war ein Akt der Befreiung. Ich hatte wahnsinnige Angst und Schuldgefühle meinen Eltern gegenüber. Es war dennoch die beste Entscheidung meines Lebens.

SOS-Kinderdorf Deutschland / Thiel, Jeremias: Jeremias Geschichte. In: www.sos-kinderdorf.de, Abruf am 22.05.2024

Jeremias Thiel zu Gast in der ARD Talkshow „Maischberger" zum Thema „Die unfaire Republik: Reiche bevorzugt, Arme benachteiligt?"

M12 Wer ist von Armut bedroht?

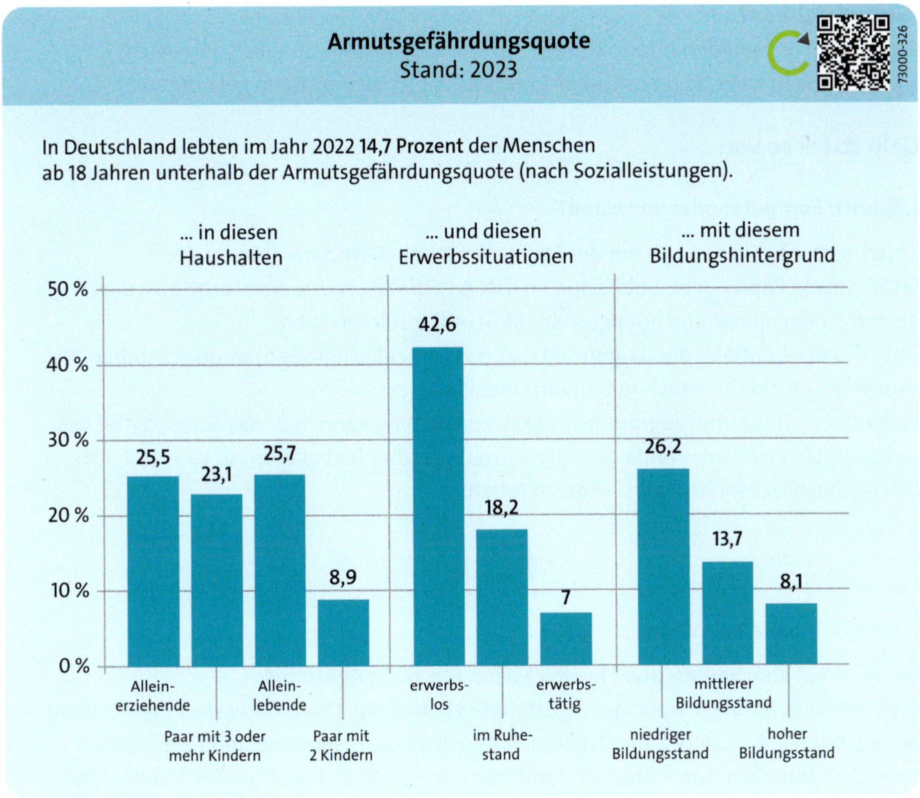

©*C.C. Buchner Verlag, aktuelle Daten nach: DESTATIS (Datenerhebung: 2022; Grafikerstellung: 2023)*

Aufgaben

70082-403

1. Analysiere die Karikatur (**M8**).
2. Wen würdest du als arm bezeichnen?
   a) Kreuze die zutreffende(n) Antwort(en) an. Übertrage dazu die Tabelle **M9** in dein Heft.
   b) Vergleiche deine Ergebnisse mit denen eines Partners/einer Partnerin.
3. Nenne Faktoren, die zu Armut führen können (**M10**, **M11**).
4. Begründe mithilfe der #-Karte, ob in **M10** und **M11** jeweils Armut beschrieben wird.
5. Erläutere ausgehend von **M10** und **M11** Folgen von Armut.
6. a) Analysiere die Grafik zur Armutsgefährdung (**M12**).
   b) Vergleiche die Befunde aus der Analyse der Grafik **M12** mit deinen Ergebnissen aus Aufgabe 3.
7. Gestalte vor dem Hintergrund von **M8-M12** einen Flyer (vgl. S. 138) mit Anforderungen an einen aus deiner Perspektive sozialen Staat.

H **zu Aufgabe 3**
Beziehe die Unterscheidung zwischen absoluter und relativer Armut in deine Begründung ein.

F **zu Aufgabe 4**
Angesichts des Elends in anderen Teilen der Erde wird armutsgefährdeten Menschen bei uns in Deutschland häufig vorgeworfen, sie würden zu Unrecht jammern, denn es gehe ihnen doch gar nicht so schlecht. Was entgegnest du auf diesen Vorwurf?

Einen Flyer gestalten

Worum geht es?

Auf einem Flyer werden Informationen kurz, präzise und anschaulich dargestellt. Hierzu müssen kurze Texte formuliert und das Papier ansprechend gestaltet werden.

Geht dabei so vor:

1. Schritt: Computer oder von Hand?

Entscheide, ob du den Flyer mit der Hand (a) oder am Computer (b) gestaltest.
(a) Nimm ein Papier oder eine Pappe im DIN A4-Format. Wähle eine Farbe aus, die zu deinem Thema passt und auf der man die Schrift gut lesen kann.
Falte das Blatt entlang der langen Seite so, dass drei gleichgroße Spalten entstehen. Du kannst die Knickfalten auch mit einem Lineal ausmessen.
(b) In einem Computerprogramm zur Textverarbeitung kann man das Seitenlayout des Dokuments einstellen: Wähle das Querformat und drei Textspalten. So kannst du den DIN A4-Ausdruck im Anschluss einfach falten.

↓ ↓ ↓

2. Schritt: Inhalte anordnen

Der Flyer hat eine Vorder- und eine Rückseite und vier Innenseiten.
Die Vorderseite muss ansprechend gestaltet sein und das Thema bzw. die Fragestellung zeigen. Auf der Rückseite kannst du einen Appell an die Leserinnen und Leser richten oder die Namen der Autorinnen und Autoren nennen. Wenn beide Außenseiten aufgeklappt sind, bleiben drei Innenspalten nebeneinander, die Platz für größere Zusammenhänge bieten können.

↓ ↓ ↓

3. Schritt: Inhalte erstellen

Formuliere einen ansprechenden Titel. Erstelle eine grobe Gliederung der Inhalte und entscheide, was wo stehen soll. Formuliere anschließend die Inhalte vollständig.
Wichtig: Auf einem Flyer ist nicht viel Platz. Nutze (Zwischen-)Überschriften, kurze Sätze und möglichst wenig Text.

↓ ↓ ↓

4. Schritt: Flyer gestalten

Die Handschrift muss leserlich sein, die Schriftgröße am Computer mindestens 12pt groß. Die Überschriften sollten sich in Größe und Farbe von dem übrigen Text abheben.
Ergänze passende Bilder oder Illustrationen.
Nenne unter Texten und Bildern die Quellen, die du genutzt hast.

Bearbeiterin

Wie viel Ungleichheit verträgt unsere Gesellschaft?

„Soziale Gerechtigkeit" trotz Ungleichheit?

> M1-M7

Eine Vorstellung von Gerechtigkeit beruht auf dem Gedanken, dass Menschen das, was sie zum Leben benötigen, selbst erarbeiten können. Nur wenn sie aus eigener Anstrengung heraus dazu nicht (mehr) in der Lage sind, hilft der Staat den Bedürftigen und sorgt dafür, dass niemand in existenzielle Not gerät. Hier spricht man von sozialer Gerechtigkeit.

Ein weiterer zentraler Aspekt sozialer Gerechtigkeit bezieht sich auf die Bildungsgerechtigkeit, d. h. auf gleiche Bildungschancen für alle Kinder unabhängig von ihrer sozialen Lage.

Mit Blick auf politische Entscheidungen spielt die Generationengerechtigkeit eine große Rolle: Entscheidungen müssen so getroffen werden, dass keine Generation besonders bevorzugt oder benachteiligt wird.

Zur sozialen Gerechtigkeit gehört auch der Gedanke der Leistungsgerechtigkeit, dass derjenige, der mehr leistet, auch besser verdienen soll. Insofern kann es auch in einer sozial gerechten Gesellschaft Ungleichheit geben.

Übung

70082-410

Arm in Deutschland – ist das möglich?

> M8-M12

In Deutschland kommt absolute Armut kaum vor. Dennoch gibt es in Deutschland arme oder von Armut gefährdete Menschen. Hier wird die Armut des Einzelnen ins Verhältnis gesetzt zum mittleren Einkommen anderer Gesellschaftsmitglieder. Man spricht deshalb von relativer Armut.

Im Jahr 2021 galt laut Mikrozensus rund jede sechste Person in Deutschland als armutsgefährdet: Erwerbslose (ungefähr die Hälfte aller Erwerbslosen) sowie Alleinerziehende (vier von zehn Alleinerziehenden) waren dabei überdurchschnittlich häufig von Armut betroffen. So lag zum Beispiel die Armutsgrenze im Jahr 2021 bei Alleinerziehenden mit einem Kind unter 14 Jahren bei 1.489 Euro. Für die betroffenen Kinder bedeutet dies neben materieller häufig auch soziale und kulturelle Armut, denn sie können nur sehr begrenzt am gesellschaftlichen Leben teilhaben, weil das Geld kaum für Klassenfahrt, Kinobesuch oder Sportverein ausreicht.

Übung

70082-411

4.2 Wie viel Sozialstaat wollen wir uns leisten?

4.2.1 Soziale Absicherung als ein wichtiger Wert für unser Zusammenleben?

Viele denken zuerst an sich, dann erst an den Nächsten. Das ist schlecht für diejenigen, die alt, krank, arm oder in Not sind. Es ist schlecht für uns, wenn wir plötzlich selbst betroffen sind. Ein Sozialstaat kann viele Facetten haben. Im Grundgesetz ist der Sozialstaatsgedanke sogar festgeschrieben. Aber was bedeutet das konkret?

M1 Welche Probleme sind momentan in unserer Gesellschaft besonders dringlich?

Bearbeiterin

M2 Umfrage zu den wichtigsten Problemen in Deutschland

Nach: Infratest dimap, 2023

M3 Solidarität: ein wichtiger Wert in einer Gesellschaft?

Solidarität fragt nicht: „Was habe ich davon?", sondern „Was kann ich aus gutem Grund zum Gelingen des Ganzen beitragen?"

[...] Solidarität beschreibt ein Prinzip, das sich auf das lateinische „solidus" beziehend eine echte Bezogenheit meint, die aus gemeinsamen Werten und Überzeugungen herrührt, sich mit ihnen wandelt und auch dann erhalten bleibt, wenn man keinen persönlichen Vorteil daraus ziehen kann. [...]

In einer Solidargemeinschaft geht es darum, [...] den eigenen Beitrag zu einem

System, zu einer Gemeinschaft immer aufs Neue mit zu denken. Es reicht nicht, Steuern zu zahlen, um sich einen Platz in einer solchen Gemeinschaft zu sichern und auf das zu pochen, was dieses System einem schuldet. Vielmehr geht es darum, sich klar zu machen, dass eine Gemeinschaft, auf die wir angewiesen sind, nur durch ihre Mitglieder zu einer Gemeinschaft wird [...]. Ohne Solidarität gibt es schlicht keine Gemeinschaft.

Schmidt, Ina: Solidarität – Was Gesellschaft zusammenhält. In: https://ethik-heute.org, 04.02.2020

M4 Der Sozialstaatsgedanke des Grundgesetzes

„Die Bundesrepublik ist ein demokratischer und sozialer Bundesstaat."

Art. 20 (1) GG

Das Sozialstaatsprinzip ist im Grundgesetz als Staatsziel verankert: Nach Artikel 20 und 28 des Grundgesetzes ist der deutsche Staat ein demokratischer und sozialer Bundes- und Rechtsstaat. Das bedeutet, dass sich der Gesetzgeber in der Bundesrepublik auch um soziale Gerechtigkeit und die soziale Sicherheit der Bürger kümmern muss. Wichtige Bereiche der sozialen Gesetzgebung in Deutschland sind neben der Arbeitsgesetzgebung und der Steuergesetzgebung die Sozialversicherung, also die gesetzliche Krankenversicherung, gesetzliche Renten-, Arbeitslosen- und Pflegeversicherung. Darüber hinaus finanziert der Staat soziale Leistungen wie Kindergeld, Elterngeld, Wohngeld oder Sozialhilfe.

Deutscher Bundestag: Glossar: Sozialstaat. In: www.bundestag.de, Abruf am 06.02.2024

Aufgaben

70082-404

1. Und was denkst du?
   a) Ergänze die Sprechblasen (**M1**).
   b) Arbeitet zu zweit: Einigt euch auf eine Reihenfolge entsprechend der Bedeutsamkeit für das Zusammenleben in unserer Gesellschaft.
   c) Vergleicht die Ergebnisse aus der Umfrage aus **M2** mit euren Aussagen aus 1a.
2. a) Beschreibe den Begriff Solidargemeinschaft (**M3**).
   b) Stelle dar, was Ina Schmidt meint, wenn sie sagt, dass es ohne Solidarität keine Gemeinschaft gäbe (**M3**, Z. 20f). Stimmst du ihr zu?
   c) Nenne mögliche Beiträge, die du selbst für unsere Solidargemeinschaft leisten kannst.
3. a) Erläutere die Aufgaben unseres Sozialstaats unter Einbeziehung von Artikel 20 (1) GG (**M4**).
   b) Vergleiche deine Vorstellungen von einem sozialen Staat aus der Simulation zur Sozialen Gerechtigkeit mit den tatsächlichen Aufgaben unseres Sozialstaats (**M4**).
4. Gestalte ein Bild oder eine Collage zum Thema „Der Sozialstaatsgedanke des Grundgesetzes" (**M4**).

Ein Gruppenpuzzle durchführen

Worum geht es?

Ein Gruppenpuzzle empfiehlt sich, wenn ihr ein besonders umfangreiches Thema bzw. eine komplexe Aufgabenstellung bearbeiten möchtet. Beim Gruppenpuzzle eignet ihr euch zunächst spezielles Wissen an, um es dann als Expertin oder Experte an Mitschülerinnen und Mitschüler weiterzugeben. Es ist also besonders wichtig, dass wirklich jeder konzentriert mitarbeitet – sonst fehlt euch und euren Mitschülerinnen und Mitschülern zentrales Wissen.

Geht dabei so vor:

Das Gruppepuzzle umfasst drei Arbeitsphasen: Zunächst eine Phase der Arbeit in den Stammgruppen, danach in den Expertengruppen und abschließend noch einmal eine Phase in den Stammgruppen.

1. Schritt: Gruppen einteilen:

Zur Gruppeneinteilung und damit ihr den Überblick behaltet, wer wann mit wem arbeitet, tragt ihr euch in die Tabelle ein, die eure Lehrkraft (evtl. auf Folie) kopiert hat. Jeder darf sich dabei nur einmal eintragen.

Expertengruppen / Stammgruppen	A	B	C	D	E
1					
2					
3					
4					
5					

auf die Folie

2. Schritt: Treffen in der Stammgruppe:

Zu Beginn setzt ihr euch mit eurer Stammgruppe zusammen. Jeder bekommt sein Arbeitspaket und erarbeitet sich dieses Thema zunächst selbstständig (hier z. B. eine Säule der gesetzlichen Sozialversicherung).

3. Schritt: Thema in der Expertengruppe diskutieren:

Nun treffen sich die Expertengruppen. Du tauschst dich mit den Expertinnen und Experten aus den anderen Stammgruppen aus, die dasselbe Thema bearbeiten wie du. Ihr klärt miteinander offene Fragen und bereitet eine Präsentation zu eurem Thema vor.

Expertengruppen:

A1, A2, A3, A4, A5
B1, B2, B3, B4, B5 ...

... E3, E4, E5

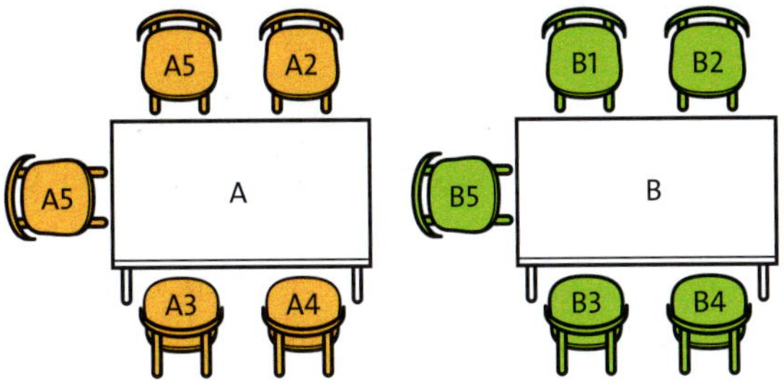

4. Schritt: Thema in der Stammgruppe präsentieren:

Abschließend trefft ihr euch in den Stammgruppen, um eure Ergebnisse aus der ersten Arbeitsphase vorzustellen. Hierbei sitzt ihr wie folgt zusammen:

Stammgruppen:

1 A1, B1, C1, D1, E1
2 A2, B2, C2, D2, E2 ...

... C3, D4, E5

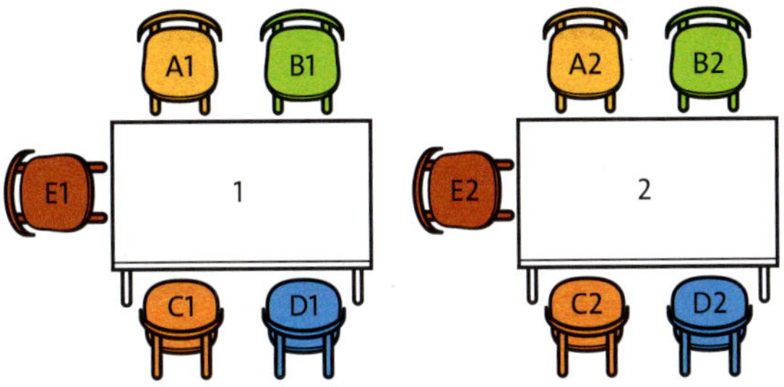

Am Ende dieser Arbeitsphase liegt in jeder Stammgruppe ein möglichst umfassendes Ergebnis in Bezug auf die Aufgabenstellung vor.

Bearbeiterin

4.2.2 (Wie) Kann unser Sozialversicherungssystem für soziale Gerechtigkeit sorgen?

Damit Menschen friedlich miteinander leben, müssen wenigstens ihre Grundbedürfnisse gesichert sein. Dies erkannte schon Otto von Bismarck im späten 19. Jahrhundert. Er führte die Kranken-, Unfall- und Rentenversicherung ein. Heute „steht" unser Sozialversicherungssystem auf fünf „Säulen". Aber welche sind das genau? Und ist dieses System zukunftsfähig?

M5 Wozu ein Sozialversicherungssystem?

70082-037

1 Antonia (16), Schülerin

Mit 13 Jahren bekam Antonia die Diagnose „Diabetes". Seitdem braucht sie jeden Tag Insulin. Vor zwei Wochen hatte sie einen Fahrradunfall und hat einen Bänderriss am Fuß. Sie musste kurz ins Krankenhaus und braucht vorübergehend eine Gehhilfe.

2 Peer (32), Grafiker

Als Folge der Corona-Pandemie mussten Peer und mehr als die Hälfte der Belegschaft einer Kölner Veranstaltungsagentur entlassen werden. Er war mit seiner Familie gerade in eine neue Wohnung umgezogen und seine Tochter brauchte dringend einen Computer. Gleichzeitig ist auch noch seine Mutter beim Fensterputzen schwer gestürzt. Zum Glück kam sie mit einer ambulanten Behandlung beim Hausarzt und Physiotherapie davon.

Bearbeiterin

M6 Die fünf Säulen des deutschen Sozialversicherungssystems

Deutschland ist ein Sozialstaat. Das bedeutet: Für soziale Sicherheit und Gerechtigkeit zu sorgen, gehört zu den grundlegenden Aufgaben von Politik und Gesetzgebung. […]

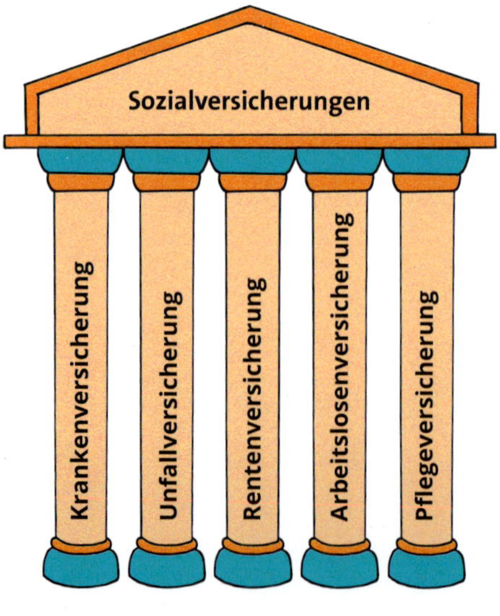

Die gesetzlichen Sozialversicherungen haben das Ziel, die größten Lebensrisiken finanziell abzusichern: wenn Menschen ihren Job verlieren, krank werden, einen Unfall haben oder im Alter nicht mehr arbeiten können und gepflegt werden müssen.

Zusätzlich hilft der Staat Menschen, die von Armut bedroht sind, sowie Familien mit Kindern durch Förder- und Fürsorgeleistungen. Das sind zum Beispiel Wohngeld, Kinder- und Elterngeld oder Sozialhilfe.

BMWK: Neue Wege bei der Finanzierung der Sozialsicherung. In: www.bmwk.de, 25.02.2021

M7 Arbeitsförderung (Arbeitslosenversicherung)

70082-039

Gesetzliche Grundlage der „Arbeitslosenversicherung" ist das III. Buch „Arbeitsförderung" des Sozialgesetzbuches SGB. Der frühere Begriff „Arbeitslosenversicherung" wird gesetzestechnisch nicht mehr verwendet.

Die Arbeitslosenversicherung ist eine Pflichtversicherung. Versichert sind alle Personen, die einer bezahlten, nicht geringfügigen Beschäftigung nachgehen. Das betrifft Arbeiter ebenso wie Angestellte oder Auszubildende. Für besondere Personengruppen, z. B. Beamte, Soldaten oder Personen, die das Lebensalter für die Regelaltersrente aus der gesetzlichen Rentenversicherung erreicht haben, besteht hingegen Versicherungsfreiheit. Arbeitsförderung erhalten diejenigen, die sich durch Beitragszahlungen an der Finanzierung beteiligt haben. Dabei werden die Beiträge zur Arbeitsförderung von den Versicherungspflichtigen und deren Arbeitgebern grundsätzlich je zur Hälfte getragen. Für Auszubildende zahlt der Arbeitgeber den Beitrag allein, wenn das monatliche Arbeitsentgelt einen bestimmten Betrag nicht übersteigt. Die Beiträge werden grundsätzlich nach einem Prozentsatz, dem Beitragssatz, von der Beitragsbemessungsgrundlage erhoben. Beitragsbemessungsgrundlage ist das Arbeitsentgelt.

Nach: Deutsche Rentenversicherung Bund: Unsere Sozialversicherung. Wissenswertes speziell für junge Leute. 51. Auflage (6/2023). Berlin, S. 113 ff.

M8 Rentenversicherung

70082-041

Die gesetzliche Rentenversicherung ist eine Versicherung für alle. Jeder kann ihr beitreten: Arbeiter, Angestellte, Selbständige, Schüler und Hausfrauen. Die Rentenversicherung schützt ihre Versicherten bei Erwerbsminderung, im Alter sowie deren Hinterbliebene. Es gibt die Pflichtversicherung und die freiwillige Versicherung. Alle Arbeitnehmer sind pflichtversichert. Nicht versicherungspflichtige Personen können sich freiwillig versichern. Die Pflichtversicherung ist eine Zwangsversicherung, ausgenommen sind Beschäftige, die durch andere Einrichtungen ähnlich wie in der Rentenversicherung geschützt sind. Das sind zum Beispiel Beamte oder Berufssoldaten.

Die Finanzierung der Rentenversicherung basiert auf den Beiträgen der Versicherten, den Beiträgen der Arbeitgeber und dem Bundeszuschuss. Der Arbeitnehmer trägt den Beitrag zur Hälfte, die andere Hälfte der Arbeitgeber. Freiwillig Versicherte und Selbständige zahlen den Beitrag in voller Höhe selbst.

In der Rentenversicherung gilt der Generationenvertrag zwischen Jung und Alt: vom laufenden Beitrag werden die laufenden Renten gezahlt, d. h. die Beiträge der (gegenwärtig beschäftigten) Rentenversicherten werden direkt an die Rentenempfänger ausgezahlt. Dieses Verfahren wird als Umlageverfahren bezeichnet und stellt ein weiteres wesentliches Merkmal des Rentenfinanzierungssystems dar. Die Höhe der Zahlungen aus der Rentenversicherung richtet sich – anders als z. B. bei der Krankenversicherung – u. a. nach Dauer und Höhe der eingezahlten Beiträge. Dies nennt man Äquivalenzprinzip.

Nach: Deutsche Rentenversicherung Bund: Unsere Sozialversicherung. Wissenswertes speziell für junge Leute. 51. Auflage (6/2023). Berlin, S. 39 ff.

Geringfügige Beschäftigung
auch bekannt als Minijob, liegt vor, wenn das monatliche Arbeitsentgelt eines Arbeitnehmers 556 Euro nicht übersteigt (Stand 2025).

Regelaltersrente
ist die Altersrente, die man in Deutschland ohne Rentenabschläge erhält, wenn man die gesetzliche Regelaltersgrenze erreicht hat. Für Versicherte, die ab 1964 geboren sind, liegt diese Grenze bei 67 Jahren.

Beitragsbemessungsgrundlage/-grenze
Die Beitragsbemessungsgrenze für die Arbeitsförderung ist eine Einkommensgrenze, bis zu der Beiträge zur Arbeitslosenversicherung berechnet werden. Wer mehr als diesen Betrag verdient, zahlt für den darüber liegenden Teil seines Einkommens keine Beiträge zur Arbeitslosenversicherung. Die Beitragsbemessungsgrenze wird jährlich angepasst und von der Bundesregierung festgelegt. Für das Jahr 2025 liegt sie für die Arbeitslosenversicherung bei 8.050 Euro pro Monat oder 96.600 Euro im Jahr (für die allgemeine Rentenversicherung und Arbeitslosenversicherung).

Erwerbsminderung
bedeutet, dass jemand aufgrund von Krankheit oder Behinderung nicht mehr oder nur noch eingeschränkt arbeiten kann.

M9 Krankenversicherung

70082-043

Damit eine Krankheit nicht zu einem finanziellen Risiko wird, sind alle Einwohner der Bundesrepublik Deutschland verpflichtet, sich zur Absicherung im Krankheitsfall in der gesetzlichen oder privaten Krankenversicherung zu versichern. In der Krankenversicherung gibt es Pflichtversicherte, freiwillig Versicherte und Familienversicherte. Als Arbeitsnehmer ist man in der Bundesrepublik Deutschland in der Regel pflichtversichert, d. h. man ist automatisch gesetzlich krankenversichert. In Deutschland sind das etwa 90 Prozent der Bevölkerung. Als Solidargemeinschaft übernimmt die Krankenversicherung die wichtigsten Leistungen bei Krankheit sowie bei Schwanger- und Mutterschaft. Bei Krankheit haben die Versicherten Anspruch auf Krankenbehandlung, das heißt, auf ärztliche und zahnärztliche Behandlung, auf häusliche Krankenpflege und Haushaltshilfe, auf Krankenhausbehandlung [Ausnahme: beruflich bedingte Unfälle) oder auf Leistungen zur Rehabilitation. Bei Schwangerschaft und Mutterschaft besteht ein Anspruch auf ärztliche Betreuung, stationäre Entbindung, häusliche Pflege und Haushaltshilfe sowie auf Mutterschaftsgeld.

Eine Frau liegt mit einer starken Erkältung auf dem Sofa.

Die Krankenversicherung zahlt auch ein Krankengeld, wenn der Arbeitgeber das Gehalt während einer Arbeitsunfähigkeit nicht weiterbezahlt. Besondere Leistungen müssen allerdings zusätzlich bezahlt bzw. versichert werden.

Die gesetzliche Krankenversicherung finanziert sich weitestgehend selbst durch Beiträge. Wie hoch der Beitrag der Versicherten ist, hängt jeweils von deren Einkommen ab.

Wie in der Arbeitsförderung und der Rentenversicherung gibt es bei der gesetzlichen Krankenversicherung einen einheitlichen Beitragssatz. Die Beiträge werden je zur Hälfte von Arbeitgeber und Arbeitnehmer getragen. Wer familienversichert ist, zahlt keine Beiträge. Zusätzlich kann ein Zusatzbeitrag erhoben werden, wenn Krankenkassen ihren Finanzbedarf sonst nicht decken können. Grundsätzlich aber gilt: der finanziell Stärkere unterstützt den schwächeren. Das nennt man Solidarprinzip.

Nach: Deutsche Rentenversicherung Bund: Unsere Sozialversicherung. Wissenswertes speziell für junge Leute. 51. Auflage (6/2023). Berlin, S. 143 ff.

M10 Pflegeversicherung

70082-045

Die Pflegeversicherung hat die Aufgabe, Menschen zu helfen, die wegen der Schwere ihrer Pflegebedürftigkeit auf solidarische Unterstützung angewiesen sind. Die Leistungen der Pflegeversicherung sollen helfen, trotz des Hilfsbedarfs ein möglichst selbständiges und selbstbestimmtes Leben zu führen, das der Würde des Menschen entspricht. Die Hilfen sind darauf ausgerichtet, die körperlichen, geistigen und seelischen Kräfte der Pflegebedürftigen wiederzugewinnen oder zu erhalten. Auch die Pflegeversicherung ist eine Pflichtversicherung. Im Grundsatz gilt: Pflegeversicherung folgt Krankenversicherung, d.h. der versicherungspflichtige Personenkreis ist mit dem in der gesetzlichen Krankenversicherung identisch. Dazu gehören auch die freiwilligen Mitglieder. Familienversichert können der Ehe- oder Lebenspartner und die Kinder des Mitgliedes sein. Wer z.B. privat krankenversichert ist, muss folglich auch eine private Pflegeversicherung abschließen. Die Ausgaben werden durch Beiträge der Mitglieder und der Arbeitgeber finanziert. Die Höhe der Beiträge richtet sich nach dem Beitragssatz und den beitragspflichtigen Einnahmen der Mitglieder. Kinderlose zahlen einen

Ein Pfleger hilft einem Mann aus dem Bett.

Beitragszuschlag. Der Beitrag zur Pflegeversicherung wird wie die übrigen Sozialabgaben auch automatisch bei der Lohn- bzw. Gehaltsabrechnung einbehalten. Familienversicherte zahlen keinen Beitrag.

Nach: Deutsche Rentenversicherung Bund: Unsere Sozialversicherung. Wissenswertes speziell für junge Leute. 51. Auflage (6/2023). Berlin, S. 195 ff.

M11 Unfallversicherung

70082-047

Die gesetzliche Unfallversicherung als eine der ältesten „Säulen" der Deutschen Sozialversicherung soll Arbeitsunfällen, Berufskrankheiten und arbeitsbedingten Gesundheitsgefahren sollen mit allen geeigneten Mitteln vorbeugen. Diese Aufgaben lassen sich gliedern in Prävention, Rehabilitation und Entschädigung durch Geldleistungen. So zum Beispiel ist der Weg von der Wohnung zur Arbeitsstätte und zurück über diese Versicherung abgedeckt. Geschützt sind damit auch Unfälle mit dem eigenen Auto. Dabei ist es unerheblich, ob der Versicherte den Unfall verschuldet hat.

Leistungen der Unfallversicherung erhalten Versicherte und ihre Hinterbliebenen nach Eintritt eines Versicherungsfalls. Die wichtigsten Leistungen sind Heilbehandlungen und Renten. Bei den Versicherten der Unfallversicherung wird unterschieden in Pflichtversicherte und freiwillig Versicherte; Pflichtversicherter

Arbeitsunfall

wird man ohne Rücksicht auf den eigenen Willen oder den des Arbeitgebers. Im Gegensatz zur Kranken-, Pflege-, Rentenversicherung und der Arbeitsförderung ist die gesetzliche Unfallversicherung für die Versicherten beitragsfrei. Sie finanziert sich ausschließlich durch die Beiträge der Arbeitgeber, bzw. den Bund, die Länder und die Gemeinden im öffentlichen Bereich.

Nach: Deutsche Rentenversicherung Bund: Unsere Sozialversicherung. Wissenswertes speziell für junge Leute. 51. Auflage (6/2023). Berlin, S. 177 ff.

Babyboomer
Babyboomer sind Menschen, die in den geburtenstarken Jahrgängen nach dem Zweiten Weltkrieg geboren wurden, meist zwischen Mitte der 1940er und Mitte der 1960er Jahre. Sie sind bekannt für ihre hohe Geburtenrate nach dem Krieg und ihre Prägung durch das Wirtschaftswunder und die damit verbundenen Veränderungen in Gesellschaft und Kultur.

Pillenknick
Der Begriff bezeichnet den deutlichen Rückgang der Geburtenrate, der in Deutschland in den 1960er und 1970er Jahren nach dem sogenannten "Babyboom" stattfand. Dieser Rückgang wurde vor allem auf die Einführung der Antibabypille zurückgeführt, die Frauen mehr Kontrolle über ihre Familienplanung ermöglichte.

M12 Ist das deutsche Sozialversicherungssystem zukunftsfähig?

70082-049

Die Finanzierung der gesetzlichen Versicherungen erfolgt, mit Ausnahme der Unfallversicherung, als beitragsfinanziertes Umlagesystem: Die eingezahlten Beiträge werden als Leistungen an andere direkt wieder ausgezahlt. Für ihre Beiträge erwerben Beitragszahlerinnen und Beitragszahler einen Leistungsanspruch im Alter bzw. bei Arbeitslosigkeit, Krankheit oder Pflegebedürftigkeit.

Allerdings gelangt das Umlagesystem zunehmend an die Grenzen der Finanzierbarkeit. [...] Reformbedarf mit Blick auf die Tragfähigkeit der Sozialversicherungen [...] ist im Wesentlichen auf die demografische Entwicklung in Deutschland zurückzuführen.

Zusätzlich treiben der medizinisch-technische Fortschritt und steigende Personalkosten die Ausgaben für Gesundheit und Pflege in die Höhe.

Die Demografie in Deutschland ist durch zwei Entwicklungen gekennzeichnet. Die eine Entwicklung ist durch die geburtenstarken Jahrgänge der „Babyboomer" (ab 1952) und durch den starken Rückgang der Geburten nach dem „Pillenknick" 1965 geprägt. Bis 2035 werden die Babyboomer in Rente gehen.

Die zweite Entwicklung ist die steigende Lebenserwartung um mehr als sieben Jahre zwischen 2010 und 2060. Immer mehr Rentnerinnen und Rentner werden von immer weniger Erwerbstätigen finanziert.

Bundesministerium für Wirtschaft und Klimaschutz: Schlaglichter der Wirtschaftspolitik, Monatsbericht 3/21. In: www.bmwk.de, Abruf am 22.05.2024

Aufgaben

70082-405

1. Sind die Menschen in den Fallbeispielen in **M5** auf sich alleine gestellt? Nenne dir bekannte staatliche Hilfen, die hier greifen könnten.
2. Erkläre anhand von **M5** und **M6** die Bedeutung der sozialen Sicherung für Individuum und Gesellschaft.
3. Charakterisiere das deutsche Sozialversicherungssystem (**M6-M11**). Geht dabei arbeitsteilig mithilfe des Gruppenpuzzles (vgl. Methode auf S. 142 f.) vor. Berücksichtigt folgende Aspekte:
   - Wie heißt die Versicherung?
   - Wer ist versichert?
   - Was leistet die Versicherung?
   - Wie finanziert sich die Versicherung?
   - Zum Weiterdenken: Welche aktuellen Probleme belasten die einzelnen Säulen der deutschen Sozialversicherung?
4. Arbeite aus **M12** Faktoren heraus, die unser bisheriges Sozialstaatsmodell gefährden.
5. Begründe, ob das Sozialversicherungssystem für einen sozialen Ausgleich sorgen kann. Berücksichtige dabei unterschiedliche Gerechtigkeitsvorstellungen.

Wie viel Ungleichheit verträgt unsere Gesellschaft?

„Soziale Gerechtigkeit“ trotz Ungleichheit?

> M1-M2

Das Grundgesetz legt in Artikel 20 fest: „Die Bundesrepublik Deutschland ist ein demokratischer und sozialer Bundesstaat.“ Wir leben also in einem Land, in dem – neben der Garantie der Menschenwürde und der Menschenrechte – das Sozialstaatsprinzip die Grundlage unseres Zusammenlebens darstellt.

Übung
70082-412

Aufgaben des Sozialstaats

> M4

Alle Bürgerinnen und Bürger sollen die Möglichkeit haben, aktiv am gesellschaftlichen und politischen Leben teilzuhaben. Konkret bedeutet das, dass der Staat Hilfe gegen Not und Armut leistet. Er gewährleistet auch ein Existenzminimum.
Zudem sorgt der Sozialstaat für sozialen Ausgleich sowie für soziale Sicherheit im Falle von Krankheit, Arbeitslosigkeit, Alter und Pflegebedürftigkeit.

Übung
70082-413

Solidarprinzip

> M3, M5-M6

Grundsätzlich gilt für alle Sozialversicherungen das Solidarprinzip: Die zu versichernden Risiken werden von allen Versicherten gemeinsam getragen.
Unabhängig davon, wie viel die Versicherten an die Sozialversicherungen gezahlt haben, sind sie in umfassendem Maße abgesichert. Durch diesen solidarischen Ansatz wird ein Ausgleich zwischen Gesunden und Kranken, zwischen besser und weniger gut Verdienenden, zwischen Jung und Alt, zwischen Familien und Singles geschaffen.

Übung
70082-414

Die fünf „Säulen“ der Sozialversicherung

> M6-M11

Ziel der Sozialversicherungen ist es, den Bürgerinnen und Bürgern menschenwürdige Lebensverhältnisse zu ermöglichen und sie gegen größere Lebensrisiken abzusichern. Die Umsetzung dieses Ziels wird durch die gesetzlich geregelte Arbeitslosen-, Unfall-, Kranken- und Pflege- sowie die gesetzliche Rentenversicherung angestrebt.

Übung
70082-415

Reformdruck

> M12

Vor dem Hintergrund steigender Kosten geraten alle „Säulen“ unseres Sozialversicherungssystems zunehmend unter Finanzierungsdruck. Es stellt sich deshalb die Frage, ob das derzeitige System ein Auslaufmodell ist oder durch effektive Reformen gerettet werden kann.

Übung
70082-416

4.3 Funktioniert unser Sozialstaat (noch)?

4.3.1 Demografischer Wandel als besondere Herausforderung für das Rentenversicherungssystem?

Der zunehmende Finanzierungsdruck auf die Sozialversicherungen besteht nicht erst seit der Corona-Pandemie. Im Wesentlichen ist er auf die demografische Entwicklung in Deutschland zurückzuführen. Sind die Sozialsysteme vor dem Hintergrund der steigenden Belastungen zukunftsfähig?

Demografischer Wandel
Bezeichnung für die Bevölkerungsentwicklung und ihre Veränderungen in einer Gesellschaft

Video zum Demografischen Wandel

70079-10

Link zur Statistik mit Jahresvergleich des Bevölkerungswachstums

70079-11

M1 Ist die Zukunft des Sozialsystems gesichert?

Karikatur: Thomas Plaßmann, 2013

M2 Vor welchen Problemen steht das Sozialversicherungssystem?

70082-050

Da die Beitragseinnahmen von der Entwicklung der Lohnsumme der sozialversicherungspflichtig Beschäftigten abhängen, führen konjunkturelle Schwankungen wie die aktuelle Rezession [Corona-Krise] zwangsläufig zu Mindereinnahmen [...]. Gleichzeitig ergeben sich etwa in der gesetzlichen Arbeitslosenversicherung (ALV) Mehrausgaben aufgrund des Anstiegs von Kurzarbeit und Arbeitslosigkeit. Außerdem sind wegen der Pandemie die Gesundheitsausgaben sprunghaft angestiegen. [...] Vorhandene Rücklagen der verschiedenen Versicherungszweige werden bzw. wurden zur Bewältigung der Krise abgebaut. Reformbedarf mit Blick auf die Tragfähigkeit der Sozialversicherungen besteht nicht erst seit der Pandemie und ist im Wesentlichen auf die demografische Entwicklung in Deutschland zurückzuführen. Zusätzlich treiben der medizinisch-technische Fortschritt und steigende Personalkosten die Ausgaben für Gesundheit und Pflege in die Höhe. [...] Die derzeitige Geburtenrate [1,58 Kinder pro Frau (Stand: 2022)] unterhalb des sogenannten Reproduktionsniveaus (2,1 Kinder pro Frau) hat zur Folge, dass die Gesellschaft schrumpft und im Durchschnitt immer älter wird. Bei einem unveränderten Renteneintrittsalter führt diese Entwicklung dazu, dass immer mehr Rentnerinnen und Rentner von immer weniger erwerbstätigen Personen finanziert werden müssen. [...] Wegen der steigenden Lebenserwartung ist zusätzlich eine längere Inanspruchnahme der Rentenversicherungsleistungen zu erwarten. Die GRV hat also gleichzeitig mit steigenden Ausgaben und sinkenden Einnahmen zu kämpfen.

BMWK: Neue Wege bei der Finanzierung der Sozialsicherung. In: www.bmwk.de, 25.02.2021

M3 Spätere Rente als Lösung?

70082-051

a) Altersgrenze erhöhen

Das ifo Institut Dresden hat sich dafür ausgesprochen, das Rentenalter an die steigende Lebenserwartung zu koppeln. „Einige unserer Nachbarländer haben das bereits beschlossen, so die Niederlande, Schweden und Finnland", sagt ifo-Rentenexperte Joachim Ragnitz. In den Niederlanden werde folgende Regel angewendet: Wenn die Menschen drei Jahre länger leben, müssen sie zwei Jahre länger arbeiten und bekommen ein Jahr länger Rente. Das Verhältnis von Rentnern zu Erwerbstätigen würde damit auch nach dem Jahr 2040 stabil bei rund 40 Prozent liegen und nicht auf fast 50 Prozent steigen, wie derzeit prognostiziert.

ifo Dresden: Pressemitteilung. In: www.ifo.de, 16.01.2024

ifo
Institut für Wirtschaftsforschung

b) Altersgrenze nicht erhöhen

Arbeitsminister Hubertus Heil [hält] nichts davon, die Altersgrenze bei der Rente noch weiter nach oben zu setzen. „Das Rentenalter noch weiter [...] zu erhöhen, ist falsch und unfair, denn das würde eine reale Rentenkürzung für viele Menschen bedeuten, die einfach nicht so lange arbeiten können", sagte der SPD-Politiker [...]. Das gesetzliche Rentenalter von 67 Jahren ab 2031 sei im internationalen Vergleich schon sehr hoch, sagte Heil. Es noch höher zu setzen, würde zu Lasten der jüngeren Generation gehen.

Dpa: Bundesarbeitsminister Heil: Erhöhung des Rentenalters wäre falsch. In: www.zdf.de, 22.12.2022

Aufgaben

70082-406

1. Erläutere die Aussage der Karikatur **M1**.
2. Arbeite aus **M2** Faktoren heraus, die unser Sozialversicherungssystem besonders herausfordern.
3. Erörtere ausgehend von **M3** den Vorschlag, das Renteneintrittsalter weiter nach oben zu setzen.

H zu Aufgabe 1 und 3
Beziehe dein Wissen zur Finanzierung der Sozialversicherungen aus Kapitel 4.2 in deine Überlegungen ein.

4.3.2 Bürgergeld als Ausdruck staatlicher Fürsorge?

Zum 1. Januar 2023 wurde in Deutschland das Bürgergeld eingeführt, das das bisherige Arbeitslosengeld II (Hartz-IV) ablöst. Damit wurde eine zentrale sozialpolitische Reform durchgesetzt. Hier lernst du die wesentlichen Merkmale des Bürgergelds kennen.

M4 Wie viel braucht man zum Leben?

Bürgergeld-Regelsatz für eine alleinstehende Person in Euro
Stand: 2024

73000-574

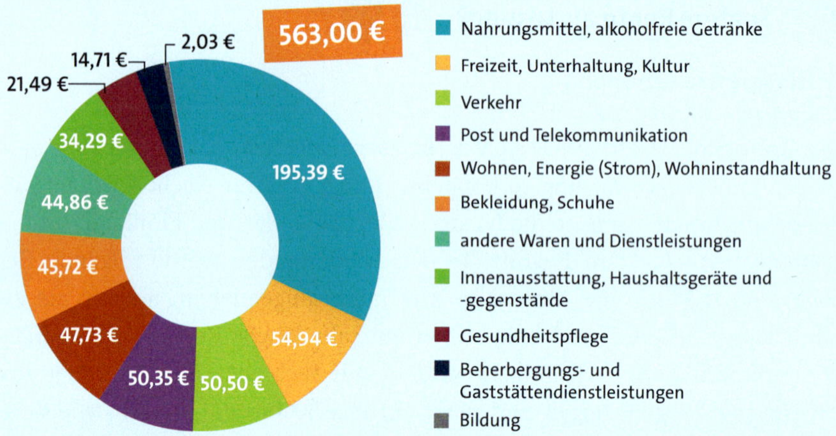

Hinweis: Strom müssen Betroffene hingegen aus dem Regelsatz selbst zahlen.
Die hier aufgeführten Beträge zum Regelbedarf basieren auf der Regelbedarfsstufe 1 für einen alleinstehenden, volljährigen Leistungsbedürftigen.
Bei Bürgergeld über den Regelsatz hinaus werden auch die Kosten für Unterkunft und Heizung in angemessener Höhe übernommen. Zudem werden auch die bisherigen Kosten für die gesetzliche Krankenversicherung übernommen.

©C. C.Buchner Verlag, aktuelle Daten nach: Landeszentrale für politische Bildung Baden-Württemberg (Datenerhebung: 2024; Grafikerstellung: 2024)

Bürgergeld – staatliche Grundsicherung

Jobcenter
staatliche Einrichtung, die Menschen unterstützt, wenn sie länger arbeitslos sind, keinen Anspruch auf Arbeitslosengeld haben oder ihr Einkommen nicht für den Lebensunterhalt ausreicht; dann kann Bürgergeld beantragt werden. Das Jobcenter hilft auch dabei, neue Arbeit zu finden.

Die Grundsicherung ist eine staatliche Sozialleistung, die sich aus Steuern finanziert und gedacht ist für Menschen, die Arbeit suchen.
Sie basiert auf dem staatlichen Fürsorgeprinzip, d.h. die Grundsicherung soll dabei helfen, dass die Betroffenen ihren Lebensunterhalt auch dann decken können, wenn die eigenen Mittel dafür nicht ausreichen. Die Grundsicherung wird umgangssprachlich als Bürgergeld bezeichnet und ist Nachfolger des Arbeitslosengeldes II (Hartz IV). Wer „Grundsicherung für Arbeitsuchende" bekommt, wird in eine sogenannte Regelbedarfsstufe eingruppiert. Diese Einteilung berücksichtigt die persönliche Situation – zum Beispiel, ob eine Person alleinstehend ist oder ob sie mit der Familie zusammenlebt und deshalb mehr Unterstützung benötigt. Die Grundsicherung (Bürgergeld) wird beim zuständigen Jobcenter beantragt.
Bearbeiterin

M5 Perspektive eines Betroffenen: Ist das Bürgergeld ein Instrument für sozialen Ausgleich?

70082-052

„Sie sind nicht mehr Teil der Gesellschaft, Sie sind komplett ausgeschlossen. So fühlt sich das an, weil Sie an nichts teilnehmen können. Sie können nicht ins Schwimmbad gehen, Sie können nicht ins Kino gehen, Sie können im Grunde genommen am gesellschaftlichen Leben überhaupt nicht mehr teilnehmen. Und Sie sind raus aus dieser Gesellschaft und gehören nicht mehr dazu. Und das fühlt sich ganz schön beschissen an."

„Ja, mein Name ist Thomas Wasilewski. Ich bin 60 Jahre alt. Ich bin erwerbsunfähig, ich bin Familienvater, habe drei Söhne und bin verheiratet. Ich bin einer von vielen Armutsbetroffenen in Deutschland und lebe vom Bürgergeld."

„Der Alltag mit Bürgergeld ist sehr, sehr schwierig und am Ende des Monats – spätestens am 23. – bin ich pleite und weiß selber nicht mehr, wovon ich leben soll. Und da hat man eine tiefe Verzweiflung. Da können Sie nachts nicht mehr schlafen und wünschen sich nur noch den Tag, an dem Sie sich wieder was zu essen kaufen können, wenn das Geld kommt, um mal wieder ein bisschen nach oben zu schauen, ne."

„Derjenige, der arbeitet [...] da muss es einen Abstand geben, der muss auch groß genug sein, aber den erreicht man meiner Meinung nach nicht dadurch, dass man die Sozialleistungen streicht oder keine Erhöhungen weitergibt, sondern indem man die Löhne anhebt. Dann lohnt sich Arbeit."

(Thomas Wasilewski, Bürgergeld-Bezieher)

Für sich selbst wünscht er sich ein Bürgergeld, das ihm die Angst nimmt. Die Angst vor den letzten Tagen im Monat, an denen nichts mehr zum Leben übrigbleibt.

Spinrath, Andreas/ Polanz, Lutz: Ausschnitte aus der Sendung MONITOR Bürgergeld: Falsches Spiel mit falschen Zahlen? In: www1.wdr.de, 21.09.2023

Aufgaben

70082-407

1. Wie viel brauchst du zum Leben? Vergleiche jeweils deine eigenen Ausgaben mit zwei ausgewählten Positionen des Diagramms in **M4**.
2. Beschreibe die Grundsicherung als Ausdruck staatlicher Fürsorge (**#Bürgergeld – staatliche Grundsicherung**).
3. Arbeite aus **M5** Aspekte heraus, die ein Bürgergeld-Bezieher an der staatlichen Grundsicherung kritisiert.
4. „Das Bürgergeld trägt zum sozialen Ausgleich bei." Überprüfe diese Aussage.

4.3.3 Sozialstaat neu denken: bedingungsloses Grundeinkommen (BGE) als Modell für Deutschland?

Eine moderne Sozialpolitik sorgt dafür, dass man als Bürgerin oder Bürger an der Gesellschaft teilhaben kann. Sie gibt eine gewisse existentielle Sicherheit und ermöglicht so individuelle Entfaltung. Aber wie viel staatliche Sicherung ist sinnvoll? Und wie soll diese konkret aussehen?

M6 Stell dir vor ...

... du erhältst von Geburt bis zum 18. Lebensjahr 600,00 Euro pro Monat, danach 1.000,00 Euro. Einfach so. Bedingungslos.

Was würde passieren?

Was würde das Geld mit mir machen?

Bearbeiterin

Verschiedene Euro-Scheine

Bedingungsloses Grundeinkommen (BGE)

Die Idee ist, dass alle Menschen eines Landes von Geburt an lebenslang jeden Monat vom Staat so viel Geld erhalten, wie sie zum Leben benötigen. Einfach so, als Grundrecht. Ohne, dass sie dafür etwas tun müssen. Ohne, dass es ihnen gestrichen werden kann. Eben bedingungslos.

Mein Grundeinkommen e.V.: Was ist das bedingungslose Grundeinkommen? In: www.mein-grundeinkommen.de, Abruf am 07.02.2024

M7 Was ist das bedingungslose Grundeinkommen?

Demonstration für das bedingungslose Grundeinkommen

Seit vielen Jahren wird immer wieder die Einführung eines bedingungslosen Grundeinkommens (BGE) in Deutschland diskutiert.

Allen Bürgern soll ein fester monatlicher Betrag ausbezahlt werden, ohne die Auszahlung dabei an Bedingungen zu knüpfen. Dieser Betrag soll [...] eine radikale Vereinfachung und Entbürokratisierung der sozialen Absicherung ermöglichen. [...] [Allen Bürgerinnen und Bürgern soll ein existenzsicherndes Einkommen garantiert werden,] das Armut vermeidet. [...] Bezüglich der Höhe des BGE gibt es sehr unterschiedliche Vorstellungen.

Wissenschaftlicher Beirat beim Bundesministerium der Finanzen: Bedingungsloses Grundeinkommen. Gutachten 02/2021. In: www.bundesfinanzministerium.de, 21.07.2021, S. 2 f.

M8 Das Bedingungslose Grundeinkommen: ein Experiment

Marcel Fratzscher (*1971, Professor für Makroökonomie, HU-Berlin)

a) Hintergrund

Der Mensch ist ein soziales Wesen, das eine intrinsische Motivation hat, einen Beitrag zur Gemeinschaft zu leisten. Und Menschen sind besser in der Lage, einen solchen Beitrag zu leisten, wenn sie Freiheiten haben und Unterstützung erhalten, als wenn sie sanktioniert oder in ihren Freiheiten beschränkt werden. Daher beruht das Konzept des BGE auf einem proaktiven, befähigenden und nicht auf einem sanktionierenden Sozialstaat. Das war das Argument, das mich selbst von einem Kritiker zu einem vorsichtigen Befürworter machte. Viele Gegner argumentieren jedoch, das Grundeinkommen führe zu Ungerechtigkeiten. Zum Beispiel, weil sich einige eben nicht stärker einbringen und die Umverteilung innerhalb der Gesellschaft zunehme. [...]

b) Beschreibung des Experiments

Ein groß angelegtes Experiment hat nun untersucht, wie das bedingungslose Grundeinkommen wirkt: Von Juni 2021 bis Mai 2024 hat der Verein Mein Grundeinkommen rund 120 Personen 1.200 Euro pro Monat ausgezahlt, finanziert über Spenden und wissenschaftlich begleitet von unabhängigen Expertinnen und Experten. [...]

Um die Resultate wissenschaftlich belastbar und aussagekräftig zu gestalten, wurden aus mehr als zwei Millionen Bewerberinnen und Bewerbern über verschiedene Stufen 1.700 Personen durch bestimmte Faktoren ausgewählt und von diesen wiederum zufällig gut 120 für das Grundeinkommen bestimmt, die anderen 1.580 bildeten die Kontrollgruppe. [...]

c) Das Ergebnis

Die Resultate des Experiments sind für die Befürwortenden eines BGE ernüchternd [...]. Die Geldempfänger haben faktisch nichts Grundlegendes an ihrem Arbeitsverhalten verändert. Sie haben weder ihre Arbeitszeit noch ihre Tätigkeit verändert. [...] [E]in bedingungsloses Grundeinkommen führt [...] nicht dazu, dass sich Menschen beruflich verbessern. Es gibt aber zwei signifikante Unterschiede zwischen den Empfängern des BGE und ihren quasi identischen Zwillingen aus der Kontrollgruppe: Erstere sind deutlich und nachhaltig zufriedener mit ihrem Leben und haben eine bessere mentale Gesundheit. [...] Stark vereinfacht könnte man das Fazit wie folgt zusammenfassen: Geld macht zufriedener. Das ist jedoch (auch wissenschaftlich) wenig überraschend. Und rechtfertigt dies die Einführung eines bedingungslosen Grundeinkommens?

Man sollte, wie immer in der Wissenschaft, vorsichtig mit den Erkenntnissen umgehen. Die Resultate basieren auf einer kleinen, begrenzten Gruppe von Probandinnen und Probanden. Die größte Schwäche eines solchen Experiments – wie letztlich aller Verhaltensexperimente – ist die Tatsache, dass das Geld nur für drei Jahre und nicht permanent ausgezahlt wurde. [...]

d) Erkenntnisse für den Sozialstaat

[...] Mehr Geld ist meist keine essenzielle Voraussetzung für eine Verhaltensänderung in Bezug auf Arbeit und Qualifizierung, sondern mehr Geld ist das Resultat von Qualifizierung und Anstrengungen. Zweitens hängen die meisten Entscheidungen und Verhaltensweisen der Menschen weniger von Geld als von ihren Werten und ihrer Mentalität ab. Menschen verändern ihr Verhalten nicht, weil sie regelmäßig Geld bekommen. Sie sind geprägt durch andere Faktoren, etwa die Werte, mit denen sie groß geworden sind oder die sie in ihrem Umfeld erleben. […] Drittens unterstreichen die Resultate die Bedeutung der Vorsorge durch die Sozialsysteme. Menschen entkommen schwierigen persönlichen Verhältnissen vornehmlich nicht, wenn sie mehr Geld erhalten. Vielmehr ist der Teufelskreis aus geringem Einkommen, fehlender sozialer Teilhabe und wenigen Chancen für die Betroffenen selbst schwer zu durchbrechen. Langzeitarbeitslose kommen größtenteils nicht durch mehr Bürgergeld wieder in Arbeit, sondern durch Qualifizierung und konkrete Hilfe bei der sozialen Eingliederung. […] Und eine effektive Vorsorge durch einen aktiven Sozialstaat, der hilft, eine solche Situation zu verhindern, ist die effektivste Politik für die Betroffenen wie für die Gesellschaft.

Fratzscher, Marcel: Warum ein Grundeinkommen die Menschen kaum verändert. In: www.zeit.de, 11.04.2025

M9 Perspektive eines Karikaturisten

Karikatur: Reinhard Alff

Aufgaben

70082-408

1. Beschreibe, was regelmäßige monatliche Zahlungen ohne weitere Bedingungen mit dir machen würden (**M6**).
2. Stelle die Idee des bedingungslosen Grundeinkommens (BGE) in deinen eigenen Worten dar (**M7**, **#-Karte**).
3. Erläutere das Experiment zum BGE (**M8**) mit Blick auf mögliche Reformvorhaben für unseren Sozialstaat.
4 a) Analysiere die Karikatur **M9**.
b) Überprüfe, ob das bedingungslose Grundeinkommen dazu beitragen kann, die in der Karikatur **M9** dargestellten Kritikpunkte an der Funktionsweise unseres Sozialversicherungssystems zu beseitigen.

H zu Aufgabe 2
Beziehe dein Wissen zu den Prinzipien unseres Sozialstaats in deine Überlegungen ein.

Wie zukunftsfähig ist unser Sozialstaat?

Herausforderungen für das Sozialversicherungssystem > M1-M3

Eine geringe Geburtenrate und die Erhöhung der Lebenserwartung führen in Deutschland zu einer Verschiebung der Altersstruktur. Diese demografische Entwicklung stellt ein Problem für das Sozialversicherungssystem des Sozialstaats dar. Es gerät zunehmend unter Finanzierungsdruck. Für die Rente müssen immer weniger junge Menschen für mehr ältere aufkommen. Dadurch ist die Erhaltung des Lebensstandards im Alter gefährdet, da die Leistungen der gesetzlichen Rentenversicherung nicht mehr ausreichen. Auch führt der demografische Wandel zu Kostensteigerungen bei Kranken- und Pflegeversicherungen. Ältere Menschen nehmen durchschnittlich mehr Leistungen in Anspruch.

Übung

70082-417

Bürgergeld als Ausdruck des staatlichen Fürsorgeprinzips > M4-M5

Im Sozialstaat ist es Aufgabe für die Politik dafür zu sorgen, dass sich Armutsrisiken für bestimmte gesellschaftliche Gruppen nicht verfestigen. Das bedeutet auch, dass der Staat jedem Menschen Chancen zur Verbesserung einer prekären (= wirtschaftlich schwierigen) Lebenslage einräumen muss. Das Bürgergeld, d. h. die Grundsicherung für Arbeitssuchende, das zum 01.01.2023 in Deutschland eingeführt wurde, ist Ausdruck dieser staatlichen Fürsorge. Es ersetzt das umgangssprachlich mit Hartz IV bezeichnete Arbeitslosengeld II. Das Bürgergeld soll denjenigen ein menschenwürdiges Existenzminimum gewährleisten, die ihren Lebensunterhalt nicht aus eigener Kraft und aus eigenen Mitteln bestreiten können. Es muss beim Jobcenter beantragt werden. Bei der Festsetzung der Höhe des Bürgergelds werden die persönlichen Umstände der erwerbsfähigen, aber hilfebedürftigen Menschen berücksichtigt.

Übung

70082-418

Reformmodell: bedingungsloses Grundeinkommen > M6-M10

Nicht zuletzt, weil der Sozialstaat nach dem Prinzip des sozialen Ausgleichs funktioniert und Steuergelder entsprechend umverteilt werden müssen, stellt sich immer auch die Frage nach Art, Umfang und der Angemessenheit einer entsprechenden Unterstützungsleistung. Ein neues – wenn auch nicht unumstrittenes – Modell dieser staatlichen Unterstützungsleistung ist in diesem Zusammenhang das bedingungslose Grundeinkommen, das Bedürftigen die Antragstellung und Offenlegung persönlicher Verhältnisse ersparen würde: alle Bürgerinnen und Bürger erhalten monatlich einen bestimmten Betrag, ohne dass bestimmte Bedingungen erfüllt sein müssen. Ob ein solches Modell die gegenwärtigen Probleme unseres Sozialstaats lösen kann und inwiefern es überhaupt finanzierbar wäre, darüber wird sehr kontrovers diskutiert.

Übung

70082-419

Selbsteinschätzung

In diesem Kapitel hast du dich mit verschiedenen Formen sozialer Ungleichheit in Deutschland, mit unterschiedlichen Vorstellungen zur Ausgestaltung des Sozialstaatsgebots des Grundgesetzes sowie mit der konkreten Ausgestaltung des deutschen Sozialstaats auseinandergesetzt. Außerdem hast du dich mit den Herausforderungen beschäftigt, denen sich ein moderner Sozialstaat stellen muss. Die nachfolgende Tabelle hilft dir dabei zu überprüfen, was du schon gut kannst bzw. wo du noch üben solltest.

Ich kann ...	**Das klappt schon ...**	**Hier kann ich noch üben ...**
... Formen von Ungleichheit nennen.		Kapitel 4.1: M1-M3
... Dimensionen von sozialer Gerechtigkeit beschreiben.		Kapitel 4.1: M4-M7
... absolute und relative Armut unterscheiden sowie Ursachen von Armut erklären.		Kapitel 4.1: M9-M12
... das Sozialstaatsgebot des Grundgesetzes beschreiben.		Kapitel 4.2: M3-M4
... am Beispiel der fünf Säulen des Sozialversicherungssystems erläutern, wie der Sozialstaat Deutschland seine Aufgabe wahrnimmt.		Kapitel 4.2: M5-M11
... die Zukunftsfähigkeit des deutschen Sozialversicherungssystems beurteilen.		Kapitel 4.2: M12; Kapitel 4.3: M2-M3
... das Fürsorgeprinzip am Beispiel des Bürgergelds darstellen.		Kapitel 4.3: M4-M5
... erläutern, welchen Herausforderungen sich ein moderner Sozialstaat stellen muss.		Kapitel 4.3: M1-M3, M8-M10

M1 Druck auf das Sozialversicherungssystem

Karikatur: Thomas Plaßmann, Baaske Cartoons

M2 Ein Grunderbe vom Staat: 20.000 Euro für alle 18-Jährigen?

Der Ostbeauftragte der Bundesregierung, Carsten Schneider (SPD), hat vorgeschlagen, dass alle jungen Menschen in Deutschland mit Erreichen der Volljährigkeit eine größere Einmalzahlung erhalten sollten.

„Alle 18-Jährigen sollen bis zu 20.000 Euro als Startkapital vom Staat bekommen", sagte Schneider [...]. Finanziert werden solle dies durch eine höhere Erbschaftsteuer. „Das würde helfen, die Vermögensungleichheit zwischen Arm und Reich etwas zu verringern", sagte Schneider. Er stellte sich damit hinter Vorschläge für ein sogenanntes Grunderbe. „Finanzieren könnte der Staat das mit einer höheren Erbschaftsteuer für angehende Erbmillionäre", regte der SPD-Politiker an.

ARD Tagesschau: 20.000 Euro für jeden Volljährigen. In: www.tagesschau.de, 02.10.2023

Aufgaben

70082-409

1. Erläutere vor dem Hintergrund der Karikatur in **M1** die besonderen Herausforderungen, vor denen der Sozialstaat der Zukunft stehen wird.
2. Bewerte den Vorschlag von Carsten Schneider, ein staatliches Grunderbe für alle 18-Jährigen auszuzahlen (**M2**).

Die Anzahl der Asylanträge in Deutschland befand sich in den Jahren 2015 und 2016 auf einem Rekordhoch. Auch im Jahr 2025 gestaltet sich die Unterbringung geflüchteter Menschen in vielen Gemeinden vor Ort immer noch schwierig.

Im Januar 2024 protestieren viele Bauern gegen die Streichung der Subventionen für Agrardiesel. Anhänger rechter Strömungen versuchen auf dieser Welle mitzuschwimmen. Der Bauernverband distanziert sich von nicht demokratischen Forderungen.

Nach jahrelangen hitzigen Diskussionen und Debatten setzt sich die teilweise Legalisierung des Cannabiskonsums durch.

Politiker und Teile der Bevölkerung debattieren über einen Verbotsantrag gegen die AfD. Die Hürden beim Bundesverfassungsgericht sind hoch. Der Umgang mit der AfD bleibt strittig.

Im Sommer 2023 wird das Tabakerzeugnisgesetz verschärft. Aromen sind nun auch für Tabakerhitzer verboten und nicht nur in Zigaretten und Drehtabak. Der Drogenbeauftragte der Bundesregierung spricht sich für ein entsprechendes Verbot auch bei E-Zigaretten zum Schutz Jugendlicher aus.

„Klimakleber" beeinträchtigen das öffentliche Leben, um auf ihr Ziel, den Klimaschutz, aufmerksam zu machen. Der Umgang mit ihnen wird zum Teil hitzig diskutiert.

Was weißt du schon?

70082-500

1. Tauscht euch über persönliche Erlebnisse zu einem der Bilder aus. Begründet eure Wahl.
2. Erstellt eine Rangliste der Dringlichkeit, mit der die dargestellten Probleme angegangen werden sollten. Vergleicht eure Ergebnisse.
3. Erarbeitet für eines der abgebildeten Probleme einen Lösungsvorschlag.
4. Diskutiert für eines der dargestellten Probleme, warum eine Lösung so schwierig zu finden ist.

5

Wer hat die Macht in Deutschland?

„Politik beginnt mit der Betrachtung der Wirklichkeit."
(Annette Schavan, Kultusministerin von Baden-Württemberg 1995-2005)

Die Bilder auf der linken Seite zeigen Themen, die viele Menschen in unserem Land gerade beschäftigen – die aktuelle Wirklichkeit. Unterschiedliche Teile der Bevölkerung haben dazu ganz unterschiedliche, individuelle Meinungen. Deshalb ist es die schwierige Aufgabe der Politik, dafür eine möglichst gute Lösung zu finden. Wie kann das Problem gelöst oder zumindest reduziert werden? Wer hat in Deutschland die Macht, eine solche Entscheidung zu treffen? Und wer passt auf, dass diese Macht nicht missbraucht wird?

Was lernst du in diesem Kapitel?

- ... wie ein Gesetz entsteht, um ein Problem zu lösen.
- ... wozu wir unser Parlament, den Deutschen Bundestag, brauchen und wie es arbeitet.
- ... was die Bundesregierung und der Bundeskanzler dazu beitragen.
- ... welche Vor- und Nachteile mehr direkte Mitsprache des Volkes hat.

Eine Parlamentsdebatte durchführen

Über Gesetze in Deutschland entscheidet der Bundestag. Dabei ist es wichtig, dass möglichst viele Meinungen gehört werden. So werden sie bei der Entscheidungsfindung berücksichtigt. Mithilfe dieses Kapitels könnt ihr gemeinsam nachahmen, wie ein Gesetz entsteht.

Geht dabei so vor:

Start

1. Teilt eure Klasse in Fraktionen, die aktuell im Deutschen Bundestag vertreten sind. Berücksichtigt dabei das tatsächliche Größenverhältnis im Bundestag. (→ Kapitel 5.1.1, M4)

2. Recherchiert die Position eurer Partei zur Frage „Sollen die Bürgerinnen und Bürger in Deutschland mehr Beteiligungsrechte bekommen?“

3. Sammelt Argumente, um eure Position zu stützen. (→ Kapitel 5.2.4, M13-M15)

4. Formuliert ...
   a) ... einen Gesetzentwurf, mit dessen Hilfe ihr dem Volk mehr Beteiligungsrechte geben wollt. (→ Kapitel 5.1.2, M6)
   oder
   b) ... eine Begründung, warum ihr keine Änderung für notwendig haltet.

5

Simuliert die erste Lesung im Bundestag.
(→ Kapitel 5.1.2, M5-M7)

- Gestaltet das Klassenzimmer als Bundestag: Jede Fraktion sitzt an einem Gruppentisch, an der Tafel ist Platz für die Rednerin bzw. den Redner.
- Vertreterinnen und Vertreter der Fraktionen, die mehr Macht für das Volk wollen, stellen ihre Entwürfe vor. Vertreterinnen und Vertreter aller Fraktionen können Nachfragen stellen.
- Stimmt in eurer Rolle als Fraktionsmitglieder mehrheitlich ab, mit welchem Entwurf ihr euch näher beschäftigen wollt. Dazu können sich mehrere Fraktionen für einen Entwurf zusammenschließen.

6

Debattiert einen Vorschlag und spielt die zweite Lesung.
(→ Kapitel 5.1.2, M6)
Gestaltet in euren Fraktionen eine Rede, mit der ihr für oder gegen den Entwurf Stellung bezieht.
TIPP: Dazu könnt ihr euch auf die Argumente aus Schritt 4 stützen.

7

Stimmt in eurer Rolle als Fraktionsmitglieder über den Vorschlag ab. Überlegt einzeln, ob ihr der Meinung eurer Fraktion oder eurer eigenen Ansicht folgen wollt.
(→ Kapitel 5.2.2, M5)

8

Ziel

Beschreibt den Ablauf der Parlamentsdebatte in eurer Klasse.
Erklärt, wie es passieren konnte, dass der Entwurf abgelehnt oder angenommen wurde.

5.1 Gesetzgebung in der Bundesrepublik

5.1.1 Soll Cannabis legalisiert bleiben?

Lange Zeit war der Konsum von Cannabis in Deutschland verboten. Seit April 2024 ist Cannabis teilweise legal – das entsprechende Gesetz ist aber nach wie vor umstritten.

M1 Wie ist die Meinung der Bevölkerung zur Legalisierung von Cannabis?

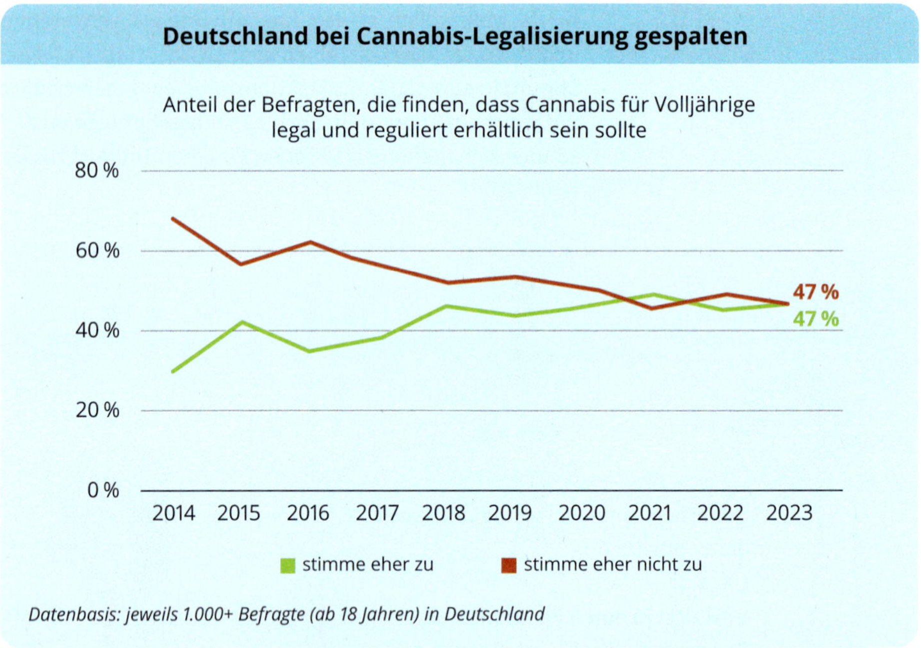

Nach: Statista 2023, Quelle: Infratest Dimap

M2 Cannabis – wo liegt das Problem und wo die mögliche Chance?

Psychose
Oberbegriff für schwere psychische Erkrankungen, bei denen die Betroffenen den Bezug zur Realität verlieren.

Cannabis ist unter Jugendlichen und Erwachsenen die beliebteste illegale Droge in Deutschland. Zehn Prozent aller Jugendlichen haben bereits Cannabis konsumiert. Diese Zahl hat sich in den letzten zehn Jahren fast verdoppelt. Cannabis gehört zwar nicht zu den „harten Drogen" wie Heroin oder Crystal Meth, doch völlig harmlos ist Kiffen nicht.

Am Anfang ist es nur ein Joint ab und zu, doch daraus kann sich eine Sucht entwickeln. Experten schätzen, dass weltweit etwa zehn Prozent der Menschen, die Cannabis zu sich nehmen, ein gestörtes Konsumverhalten haben, also süchtig sind. Das kann zu körperlichen Entzugserscheinungen führen, aber vor allem die psychischen und sozialen Folgen einer Cannabis-Sucht können schwerwiegend sein.

Auch ein moderater Konsum bringt ein Risiko mit sich: Der Rauch schädigt die Lunge und regelmäßiges Kiffen erhöht auch bei jungen Menschen das Herzinfarktrisiko. Hinzu kommen schwere psychische Folgen, die durch Cannabis-Konsum ausgelöst werden können – zum Beispiel Psychosen. [...] Auch die Wahrscheinlichkeit an einer Depression, Angststörung oder bipolaren Störung zu erkranken, sei bei regelmäßigem hohen Cannabis-Konsum im Jugendalter höher. [...]

Bisher ist in Deutschland Cannabis legal nur auf Rezept möglich. Seit 2017 können Ärzte medizinisches Cannabis verschreiben, etwa zur Schmerzlinderung bei Schwerkranken. [...]

Momentan würden Cannabis-Konsumierende als kriminelle Kiffer abwertend auf diese Eigenschaft reduziert, sagt Heino Stöver, Direktor des Instituts für Suchtforschung in Frankfurt am Main. Was auch dazu führe, dass Hilfsangebote nicht wahrgenommen werden. [...] Durch eine geringere Stigmatisierung infolge einer Legalisierung könnten solche Hilfsangebote profitieren. Jugendliche könnten offener mit ihren Eltern oder in der Therapie darüber sprechen und in der Schule anders aufgeklärt werden. Das wäre sinnvolle Prävention.

Weidt, Elena / Simon, Veronika: Geplante Cannabis-Legalisierung – Welche Folgen Kiffen haben kann. In: www.tagesschau.de, Abruf am 07.02.2025

M3 Was besagt das neue Cannabisgesetz?

Mit dem Cannabisgesetz (kurz: CanG) wird der private Eigenanbau durch Erwachsene zum Eigenkonsum sowie der gemeinschaftliche, nicht-gewerbliche Eigenanbau von Cannabis in Anbauvereinigungen legalisiert sowie die Versorgung mit Cannabis zu medizinischen Zwecken reguliert.

§ 3 Erlaubter Besitz von Cannabis

(1) Personen, die das 18. Lebensjahr vollendet haben, ist der Besitz von bis zu 25 Gramm Cannabis, bei Blüten, blütennahen Blättern oder sonstigem Pflanzenmaterial der Cannabispflanze bezogen auf das Gewicht nach dem Trocknen, zum Eigenkonsum erlaubt.

(2) Personen, die das 18. Lebensjahr vollendet haben, ist abweichend von Absatz 1 im Geltungsbereich dieses Gesetzes an ihrem Wohnsitz oder an ihrem gewöhnlichen Aufenthalt der Besitz von Cannabis wie folgt erlaubt:

1. von bis zu 50 Gramm Cannabis, bei Blüten, blütennahen Blättern oder sonstigem Pflanzenmaterial der Cannabispflanze bezogen auf das Gewicht nach dem Trocknen, und
2. von bis zu drei lebenden Cannabispflanzen.

In den Fällen des erlaubten Besitzes von Cannabis nach Satz 1 Nummer 1 und Absatz 1 darf die insgesamt besessene Menge 50 Gramm Cannabis, bei Blüten, blütennahen Blättern oder sonstigem Pflanzenmaterial der Cannabispflanze bezogen auf das Gewicht nach dem Trocknen, nicht übersteigen.

Auszug aus dem Konsumcannabisgesetz (KCanG) vom 27. 03.2024 (BGBI. 2024 I Nr. 109, S. 2), das durch Artikel 1 des Gesetzes vom 20. Juni 2024 (BGBI. 2024 I Nr. 207) geändert worden ist

M4 Wie wird der Kinder- und Jugendschutz gewährleistet?

Das deutsche Cannabisgesetz enthält strenge Maßnahmen zum Kinder- und Jugendschutz, da der Besitz und Konsum für Minderjährige weiterhin verboten ist.

Zentrale Jugendschutzbestimmungen

- Altersgrenze: Die Abgabe, der Erwerb und der Besitz von Cannabis sind ausschließlich für Personen gestattet, die das 18. Lebensjahr vollendet haben.
- Abgabeverbot an Minderjährige: Die Weitergabe von Cannabis an Kinder und Jugendliche ist strengstens untersagt und wird strafrechtlich verfolgt.
- Sichere Aufbewahrung: Beim privaten Eigenanbau oder Besitz zu Hause müssen Cannabis und Vermehrungsmaterial durch geeignete Sicherheitsvorkehrungen vor dem Zugriff durch Dritte, insbesondere Kinder und Jugendliche, geschützt werden.
- Konsumverbotszonen: Der Konsum von Cannabis ist in bestimmten Bereichen, die von Minderjährigen frequentiert werden, verboten. Dazu gehören Schulen, Kindergärten, Spielplätze und öffentliche Sportstätten sowie in deren Sichtweite.
- Werbeverbot: Jegliche Form von Werbung oder Sponsoring für Cannabis und Anbauvereinigungen ist verboten, um die Attraktivität für junge Menschen zu minimieren.
- Verkehrsregeln: Für Fahranfänger in der Probezeit sowie für Personen unter 21 Jahren gilt ein absolutes Cannabisverbot im Straßenverkehr.

Umgang bei Verstößen von Minderjährigen

Werden Kinder oder Jugendliche beim Konsum oder Besitz von Cannabis erwischt, wird in der Regel die Jugendhilfe hinzugezogen und die Eltern oder Erziehungsberechtigten werden informiert. Ziel ist es, erzieherische Maßnahmen und Präventionsangebote zu nutzen, anstatt strafrechtliche Verfolgung in den Vordergrund zu stellen, sofern es sich nicht um schwerwiegende Straftaten handelt.

Bearbeiterin

Aufgaben

70082-501

1. Soll Cannabis legalisiert bleiben?
   a) Positioniert euch spontan auf einer Meinungslinie im Klassenzimmer.
   b) Begründet eure Meinung.
2. Beschreibe das Problem bei der Entscheidungsfindung zur Legalisierung von Cannabis (**M1**).
3. Stelle die Argumente für und gegen eine Legalisierung von Cannabis in einer Tabelle dar (**M2**, **M3**).
4. Diskutiert, ob die Maßnahmen zum Kinder- und Jugendschutz in der Realität ausreichend sind, um Selbige vom Cannabiskonsum abzuhalten (**M4**).
5. Erstelle ein Konfliktmodell für die Legalisierung von Cannabis (**M3**, **Methode**).
6. Erörtert gemeinsam, ob ihr die Legalisierung des Cannabiskonsums in seiner derzeitigen Form für sinnvoll haltet.

Konflikte mithilfe eines Modells analysieren

Worum geht es?

Wenn du wissen möchtest, wie was Großes funktioniert, kannst du das in einem Modell betrachten. Du kannst Flugzeuge, Häuser oder Autos als Modelle nachbauen. Diese Modelle zeigen im Kleinen, wie das große Original aufgebaut ist und wie es funktioniert. Modelle versuchen also die Wirklichkeit vereinfacht darzustellen, was umso wichtiger ist, weil die Wirklichkeit oft sehr kompliziert ist. Modelle konzentrieren sich auf das Wichtigste und lassen unnötige Einzelheiten weg. Du kannst auch in Gemeinschaftskunde mit Modellen arbeiten, vor allem dann, wenn es darum geht, komplizierte Konflikte zu analysieren.

Geht dabei so vor:

1. Schritt:

Wer streitet sich mit wem? Welche unterschiedlichen Interessen haben die Beteiligten (= Akteurinnen und Akteure) und wie können sie ihre Interessen durchsetzen?

↓ ↓ ↓

2. Schritt:

Worum wird gestritten? Was ist das knappe Gut?

↓ ↓ ↓

3. Schritt:

Wie kann der Streit gelöst werden? Wer darf darüber entscheiden?

↓ ↓ ↓

4. Schritt:

Wie könnte ein gerechter Interessenausgleich aussehen?

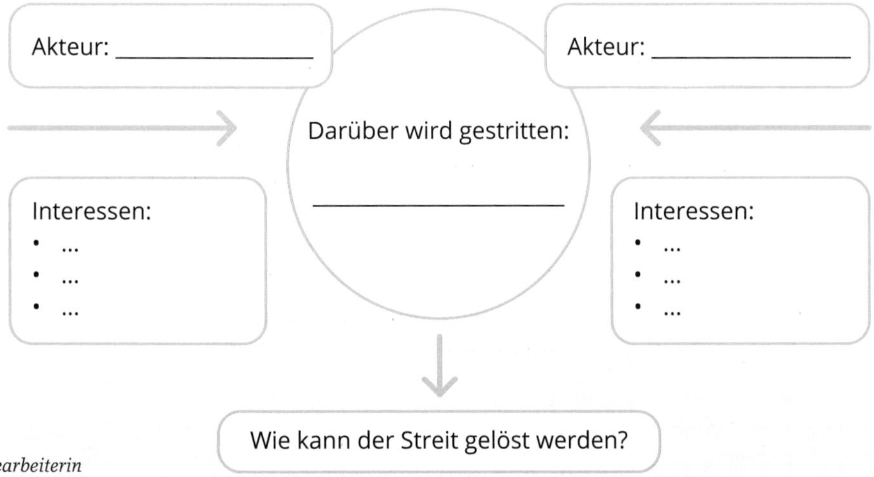

Bearbeiterin

Arbeitsblatt: Konfliktanalyse

70082-516

5.1.2 Legalisierung von Cannabis: Wie entsteht ein Gesetz?

Durch Gesetze kann die Politik das gesellschaftliche Leben regeln und versuchen, Probleme möglichst langfristig zu lösen. Die Konsequenzen eines Gesetzes sind weitreichend, deshalb ist dessen Zustandekommen genau festgelegt. Der Gesetzgebungsprozess läuft immer gleich ab. Am Beispiel des Cannabisgesetzes soll dies nachvollzogen werden.

M5 Wer ist zuständig?

Damit der Staat seine Macht nicht unkontrolliert einsetzen kann, gibt es die sogenannte Gewaltenteilung. Diese Teilung ist eine Grundlage unserer demokratischen Ordnung. Damit soll verhindert werden, dass diejenigen, die die politische Macht haben, ihre Macht missbrauchen. […]

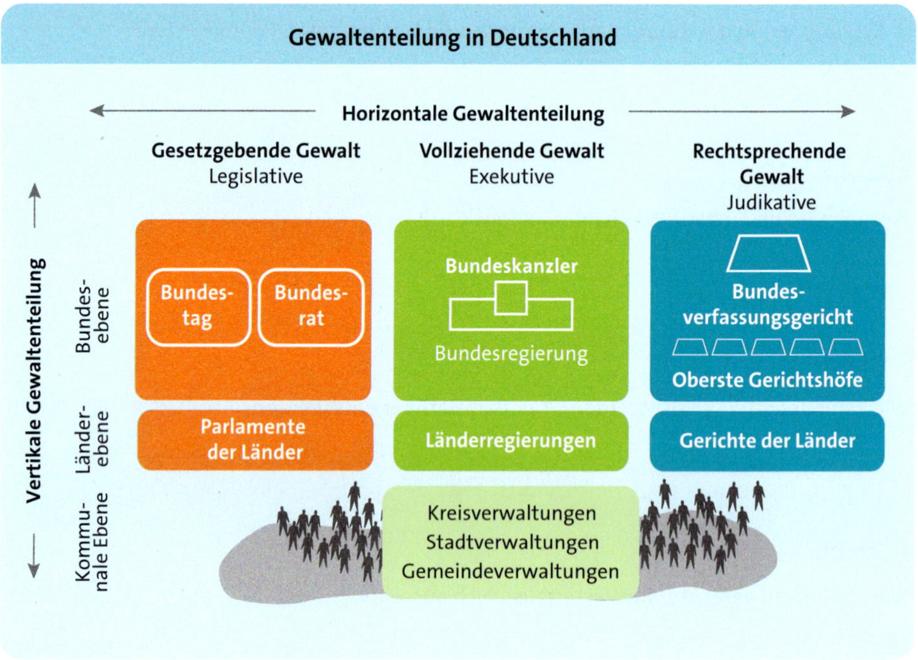

Nach: ©Bergmoser + Höller Verlag AG, Zahlenbilder 61 110 (erweitert)

Die **Legislative** […] ist die gesetzgebende Gewalt. Das macht das Parlament. Das ist die „gesetzgebende Versammlung". In Deutschland ist das der Deutsche Bundestag.

Die **Exekutive** […] ist die ausführende Gewalt. Sie muss die Beschlüsse der Legislative ausführen. Die Exekutive kennt jeder: zur Exekutive gehört zum Beispiel die Polizistin oder die Stadtverwaltung. Und wenn man sich die Spitzen unseres Staates anschaut: hier ist die Regierung die Exekutive. Dazu gehören Bundeskanzler/in, Ministerinnen und Minister.

Die **Judikative** ist die rechtsprechende Gewalt. Wenn jemand gegen die Gesetze verstoßen hat und vor dem Gericht erscheinen muss, dann ist er bei der Judikative gelandet.

Toyka-Seid, Christiane / Schneider, Gerd: Gewaltenteilung. In: www.hanisauland.de, Abruf am 04.06.2024

M6 Wie entsteht ein Gesetz?

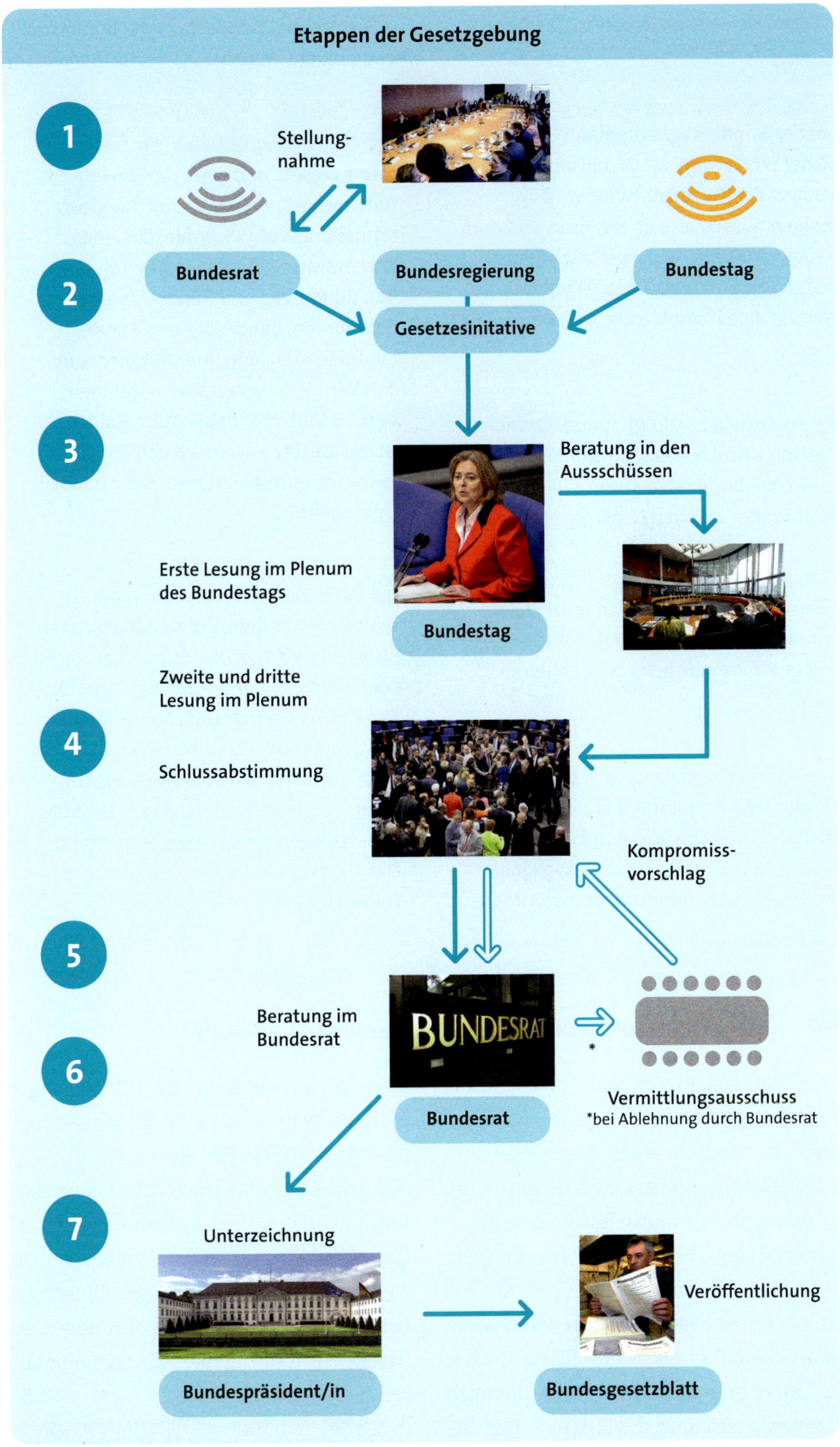

Bearbeitergrafik

Zustimmungs- und Einspruchsgesetze
Die Unterscheidung von so genannten Zustimmungs- und Einspruchsgesetzen ist wichtig für die Art des Zusammenwirkens von Bundestag und Bundesrat im Rahmen des Gesetzgebungsverfahrens.
Zustimmungsgesetze können nur zustande kommen, wenn Bundesrat und Bundestag sich einig sind. Das betrifft Gesetze, die
... die Verfassung ändern,
... Auswirkungen auf die Finanzen der Länder haben,
... für deren Umsetzung in die Organisations- und Verwaltungshoheit der Länder eingegriffen wird.
Bei einem endgültigen Nein des Bundesrates sind Zustimmungsgesetze gescheitert.
Bei **Einspruchsgesetzen** ist der Einfluss des Bundesrates geringer als bei zustimmungsbedürftigen Gesetzen. Er kann seine abweichende Meinung dadurch zum Ausdruck bringen, dass er Einspruch gegen das Gesetz einlegt. Der Einspruch des Bundesrates kann durch den Deutschen Bundestag überstimmt werden.

1 Die meisten Gesetze, die in den Bundestag eingebracht werden, sind Vorlagen der Regierung. Die Entwürfe werden in den zuständigen Fachministerien erarbeitet.

2 Gesetzentwürfe können von Bundesregierung, Bundestag oder Bundesrat eingebracht werden.

3 Die erste Beratung im Plenum des Bundestages dient der Begründung des Gesetzesvorhabens und der Erörterung der Grundsätze der Vorlage. Es erfolgt noch kein Beschluss. Der Gesetzentwurf wird anschließend an die fachlich zuständigen Ausschüsse überwiesen und dort intensiv beraten. Dort können in sogenannten „Hearings" auch Expertinnen und Experten von außerhalb zu einem Gesetz gehört werden. Der Ausschuss kann dann dem Plenum eine Abänderung, Annahme oder Ablehnung des Entwurfs empfehlen.

4 Die zweite Lesung (Beratung) des Entwurfs erfolgt auf der Grundlage der Ausschussempfehlung. Über die einzelnen Bestimmungen aus der Ausschussempfehlung wird dann nacheinander abgestimmt. In diesem Zuge können sowohl einzelne Abgeordnete als auch Fraktionen Änderungsanträge einbringen.
Die dritte Lesung (Beratung) des Gesetzes schließt sich unmittelbar an. Abweichend von der zweiten Lesung können nun lediglich noch Fraktionen oder eine Gruppe von mindestens 5 % der Abgeordneten Änderungseinträge stellen. Anschließend erfolgt die namentliche oder geheime Abstimmung im Bundestagsplenum.

5 Das im Bundestag beschlossene Gesetz wird dann dem Bundesrat zugeleitet. Die Zustimmung des Bundesrats ist erforderlich, wenn es sich um ein Zustimmungsgesetz handelt, in der Sache also Bund und Länder zuständig sind. Bei einem Einspruchsgesetz kann der Bundestag einen Einspruch des Bundesrats in einer weiteren Abstimmung überstimmen.

6 Bei Uneinigkeit über ein Zustimmungsgesetz und einer drohenden Ablehnung kann der Vermittlungsausschuss angerufen werden, der einen Kompromissvorschlag erarbeitet, über den Bundestag und Bundesrat erneut abstimmen. Bundestag und Bundesrat entsenden je 16 ihrer Mitglieder in den Vermittlungsausschuss. Können sich die Vertreter dabei nicht einigen, ist das Gesetz – wenn es sich um ein zustimmungspflichtiges Gesetz handelt – gescheitert.

7 Nach der Verabschiedung des Gesetzes wird es dem/der zuständigen Minister/in und dem/der Bundeskanzler/in zur Unterzeichnung vorgelegt. Anschließend muss noch der/die Bundespräsident/in das Gesetz unterzeichnen. Er/Sie kann die Unterschrift nur verweigern, wenn er/sie der Auffassung ist, dass das Gesetz gegen die Verfassung verstößt. Das Gesetz wird im Bundesgesetzblatt verkündet und tritt in Kraft.

Bearbeiterin

M7 Der Gesetzentwurf zur Legalisierung von Cannabis

Bundeskabinett
Bundeskanzler plus Ministerinnen und Minister

Das Bundeskabinett hat das „Gesetz zum kontrollierten Umgang mit Cannabis [...]" beschlossen. Der Gesetzentwurf setzt nun die erste Säule um – zum privaten und gemeinschaftlichen, nichtgewerblichen Eigenanbau für Erwachsene zum Eigenkonsum. [...]. Künftig sollen Erwachsene in begrenzten Mengen privat (bis zu drei Pflanzen) oder in nicht-gewerblichen Vereinigungen Cannabis anbauen dürfen. [...]. Der Besitz von bis zu 25 Gramm Cannabis soll künftig straffrei sein. Es gilt ein allgemeines Werbe- und Sponsoringverbot [...]. Für Minderjährige bleibt der Besitz von Cannabis nach wie vor verboten. [...]. Es soll ein Konsumverbot von Cannabis in einer Schutzzone von 200 Metern Abstand geben – zum Eingangsbereich [...] von Schulen, Kinder- und Jugendeinrichtungen, Kinderspielplätzen.

Bundesregierung: Fragen und Antworten zur Legalisierung von Cannabis. In: www.bundesregierung.de, 16.08.2023

M8 Vom Entwurf zum Gesetz

70082-056

Die erste Lesung
Der Bundestag hat am Mittwoch, 18. Oktober 2023, erstmals einen Gesetzentwurf der Bundesregierung zum kontrollierten Umgang mit Cannabis [...] beraten. Nach der Debatte im Plenum überwiesen die Abgeordneten die Initiative gemeinsam mit einem CDU/CSU-Antrag mit dem Titel „Cannabislegalisierung stoppen [...]" und einem AfD-Antrag mit dem Titel „Die Legalisierung von Cannabis zu Genusszwecken aufgeben [...]" in die Ausschüsse. Die Federführung bei den weiteren Beratungen übernimmt der Gesundheitsausschuss.

Beratung in den Ausschüssen
Experten äußerten sich am 6. November 2023 im Gesundheitsausschuss zum geplanten Gesetz. Ärztefachverbände lehnen die Idee mit der Begründung der Gefährdung von Kindern und Jugendlichen ab. Die neue Richtervereinigung stimmt zu, dass Cannabis zum Eigenkonsum nicht als kriminell gelten sollte. Die Gewerkschaft der Polizei forderte ein Präventionspaket für die Verkehrssicherheit.

Unterzeichnung und Veröffentlichung
Die Präsidentin des Bundesrates hat am 27. März in Wahrnehmung der Befugnisse des Bundespräsidenten (Art. 57 Grundgesetz) folgende von Bundestag und Bundesrat verabschiedeten Gesetze ausgefertigt: Gesetz zum kontrollierten Umgang mit Cannabis und zur Änderung weiterer Vorschriften (Cannabisgesetz CanG). [...] Der Auftrag für die Verkündung im Bundesgesetzblatt ist erteilt. Das Bundespräsidialamt hat wie üblich die Gesetze geprüft, wobei keine verfassungsrechtlichen Bedenken einer Ausfertigung entgegenstehen.

Nach: Deutscher Bundestag: Gesetzentwurf zur Cannabis-Legalisierung. In: www.bundestag.de, Abruf am 02.09.2025

Vollständiger Gesetzgebungsprozess zum Cannabis-Gesetz

70082-520

Cannabisgesetz CanG (Link)

70082-521

Aufgaben

70082-502

1. Stelle die Aufgaben der drei Gewalten aus **M5** zeichnerisch dar.
2. Erörtert gemeinsam, ob die Trennung der Macht eurer Meinung nach sinnvoll ist.
3. a) Erkläre die drei Möglichkeiten, eine Gesetzesinitiative zu starten (**M6**).
   b) Stellt zu zweit die Vor- und Nachteile dieses Verfahrens, einen Gesetzesentwurf zu starten, dar (**M6**).
4. Erstelle eine Pressemitteilung der Bundesregierung, in der du Jugendliche über das Cannabisgesetz informierst (**M7**, **M8**, QR-Code).

H zu Aufgabe 1
Markiere, wer für ein neues Gesetz zur teilweisen Legalisierung von Cannabis zuständig ist.

H zu Aufgabe 3a
Ordne jeder Gewalt eine Farbe zu und markiere die Stellen im Fließtext, in denen diese Gewalt beteiligt ist, entsprechend.

F zu Aufgabe 3
Begründe, ob das Verfahren zur Gesetzesinitiative vereinfacht werden sollte.

Der Politikzyklus

Worum geht es?

Die Wirklichkeit ist oft unübersichtlich und schwer zu verstehen. Damit es dir leichter fällt, sie zu überblicken kannst du Modelle nutzen. Modelle stellen nur das Wichtigste dar und zeigen so ein einfacheres Bild von der Wirklichkeit. Das Konfliktmodell ist so ein Modell. Ein anderes ist der Politikzyklus. Er stellt den Weg dar, auf dem versucht wird, ein Problem zu lösen.

Geht dabei so vor:

1. Schritt: Die Problemwahrnehmung

- Was genau ist das Problem?
- Was sind die Ursachen für das Problem?
- Welchen Lösungsvorschlag gibt es?

2. Schritt: Die Auseinandersetzung

- Wer ist für und wer ist gegen den Vorschlag?
- Welche Interessen haben sie jeweils?
- Worum streiten sie sich eigentlich?

3. Schritt: Die Entscheidung

- Wer darf entscheiden?
- Wer ist mächtig genug, den Konflikt zu entscheiden?

4. Schritt: Die Bewertung

- Wurde das Problem gelöst?
- Welche Werte und Interessen haben sich durchgesetzt?

5. Schritt: Reaktionen

Ist das Problem gelöst oder ist nur die Problemlage verändert?

Im besten Fall sind am Ende alle mit der Lösung einverstanden. Dann wurde das Problem erfolgreich gelöst. Häufig wirft eine Problemlösung aber neue Probleme auf. Dann beginnt der Kreislauf von vorne.

Bearbeiterin

Aufgaben

70082-503

1. Stelle das Vorhaben der Bundesregierung, den Konsum von Cannabis teilweise zu legalisieren, im Politikzyklus (**Methode**) dar.
2. Überprüfe, ob deiner Meinung nach das Problem gelöst wurde oder ob sich ein weiterer Zyklus anschließen muss.

H zu Aufgabe 1
Finde für jeden Schritt die Antworten auf die gestellten Fragen.

F zu Aufgabe 1
Finde für jede Phase eine mögliche Zeitungsschlagzeile.

Wie kommt ein Gesetz zustande?

Politik soll Probleme lösen

> M1-M4

Politik ist Handeln in Gruppen von Menschen. Wenn einzelne Teile der Gesellschaft oder Politik unzufrieden sind mit der Wirklichkeit, dann können sie versuchen, dieses Problem zu lösen. Dafür ist ein festgelegter politischer Prozess vorgesehen. Die einzelnen Schritte der möglichen Problemlösung können im Politikzyklus dargestellt werden.
Darüber, wie ein Problem gelöst werden soll, herrscht selten Einigkeit. Verschiedene Gruppen wollen ihre Interessen durchsetzen. Da sich diese oft widersprechen, kommt es zu Konflikten.

Übung
70082-509

Der Bundestag entscheidet über Gesetze

> M5-M8

Gesetzentwürfe können von der Bundesregierung, dem Bundesrat oder von den Abgeordneten selbst in den Bundestag eingebracht werden.
Bis ein Gesetz endgültig verabschiedet werden kann, muss es drei Mal im Bundestag behandelt werden: In der ersten Lesung wird der Gesetzentwurf vorgestellt. Die Abgeordneten haben die Möglichkeit zur Nachfrage. Zwischen der ersten und der zweiten Lesung wird der Entwurf in einem Ausschuss beraten und möglicherweise verändert. In der zweiten Lesung wird der Entwurf diskutiert. Das ist wichtig, damit die Bürgerinnen und Bürger die Positionen der Abgeordneten kennenlernen. In der dritten Lesung stimmen die Abgeordneten schließlich über den Gesetzentwurf ab. Dabei sind sie nur ihrem Gewissen (Art. 38 GG) verpflichtet.
Damit ein neues Gesetz gültig ist, reicht es nicht, wenn die Abgeordneten im Bundestag zustimmen. Je nach Art des Gesetzes muss der Bundesrat gehört werden oder zustimmen.
Der Bundespräsident muss das Gesetz unterschreiben. Zuletzt wird das Gesetz im Bundesgesetzblatt veröffentlicht werden, damit wir alle auch informiert sind.

Übung
70082-511

5.2 Bundestag und Bundesregierung

5.2.1 Welche Aufgaben hat der Deutsche Bundestag?

Deutschland hat über 84 Millionen Einwohnerinnen und Einwohner. Schon in viel kleineren Gruppen ist es oft schwierig, allen gerecht zu werden und gemeinsam Entscheidungen zu treffen. Wie kann das für ganz Deutschland gelingen?

M1 (Verfassungs-)Organe – damit „lebt" der Staat

Verfassungsorgane sind die obersten Einrichtungen des Staates, die sein Funktionieren garantieren sollen. Sie stehen in der Verfassung, dem Grundgesetz der Bundesrepublik Deutschland. Ohne sie kann der Staat nicht leben und funktionieren, so wie der menschliche Körper ohne Organe nicht überlebensfähig ist.

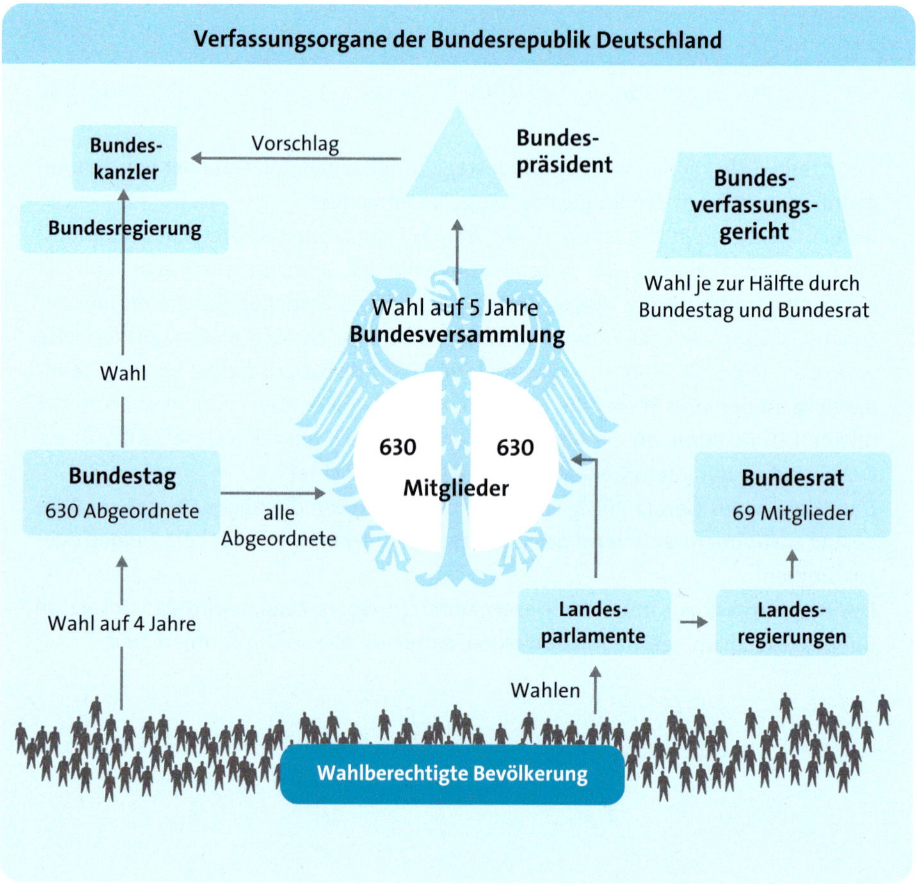

Nach: Bergmoser + Höller Verlag AG, Zahlenbilder 062110, von Bearbeiter angepasst

M2 Was macht der Deutsche Bundestag?

70082-057

Der Deutsche Bundestag ist die Volksvertretung der Bundesrepublik Deutschland. Er hat regulär 630 Abgeordnete, die sich durch die Erststimme und Zweitstimme aus den 299 Wahlbezirken ergeben. Die in den Bundestag

Gewählten haben ein Mandat des Volkes, haben also den Auftrag, das Volk zu vertreten. Sie sind an Aufträge und Weisungen nicht gebunden und nur ihrem Gewissen unterworfen. Der Bundestag wird auf vier Jahre gewählt. Die wichtigsten Aufgaben des Bundestages sind dabei:

- Die Gesetzgebung
- Die Wahl des Bundeskanzlers, des Bundespräsidenten und der Hälfte der Richter des Bundesverfassungsgerichts
- Die Kontrolle der Regierung durch verschiedene Möglichkeiten (z. B. Aktuelle Stunde)
- Darstellung und Diskussion politischer Standpunkte

Die Abgeordneten des Bundestages sind Berufspolitiker. Nach ihrer Parteienzugehörigkeit schließen sie sich in der Regel zu **Fraktionen** zusammen.
Um die Stimmenmehrheit im Bundestag zu besitzen, schließen sich die Parteien oft zu einer **Koalition** zusammen. Die Beschlussfassungen im Bundestag können mit relativer Mehrheit der anwesenden Abgeordneten bestätigt werden. In den 21 Bundestagsausschüssen werden die Gesetzesvorlagen beraten. In diesen themenspezialisierten Gruppen wird die eigentliche politische Vorarbeit geleistet. Als **Opposition** bezeichnet man diejenigen Fraktionen, die nicht an der Regierung beteiligt sind.

Bearbeiter

Fraktion
Eine Fraktion muss mindestens über 5 % der Mitglieder des Bundestages verfügen.

Koalition
Zwei oder mehrere Parteien arbeiten in einer Regierung zusammen.

Aktuelle Stunde
politische Debatte mit Kurzbeiträgen zu einem aktuellen Thema

Berufspolitiker
Jemand, der hauptberuflich, nicht ehrenamtlich, Politiker ist.

Das Reichstagsgebäude in Berlin ist Sitz des Deutschen Bundestages.

Aufgaben

70082-504

1. Erkläre, welche Verfassungsorgane die Wählerinnen und Wähler direkt und welche sie nur indirekt wählen können (**M1**).
2. Beschreibe die Bedeutung des Parlaments für die Wählerinnen und Wähler (**M2**).
3. Stelle die Aufgaben des Bundestags zeichnerisch dar (**M2**).
4. Überprüfe, ob der Bundestag den auf dem Reichstagsgebäude formulierten Zweck „dem deutschen Volke" erfüllen kann.

H zu Aufgabe 2
Beachte die Bauweise des Gebäudes, die Inschrift und die Glaskuppel.

H zu Aufgabe 4
Beachte dabei die Aufgaben des Deutschen Bundestags.

5.2.2 Die Stellung des Abgeordneten

Seit Februar 2025 sitzen 630 Abgeordnete im Deutschen Bundestag. Sie haben ein „Mandat“, d. h. den Auftrag, stellvertretend für die Bürgerinnen und Bürger zu entscheiden. Was heißt das ganz konkret für ihre Arbeit? Wie sieht ihr Alltag aus?

M3 Jobprofil „Abgeordneter“

a) Wie sieht die Arbeitswoche eines Bundestagsabgeordneten aus?

So sieht übrigens ein exemplarischer Wochenplan einer Sitzungswoche aus. In der Realität ist das noch deutlich kleinteiliger und nur wenige Termine haben einen fixen Zeitpunkt, aber es verschafft [...] eine Idee meines Alltags:

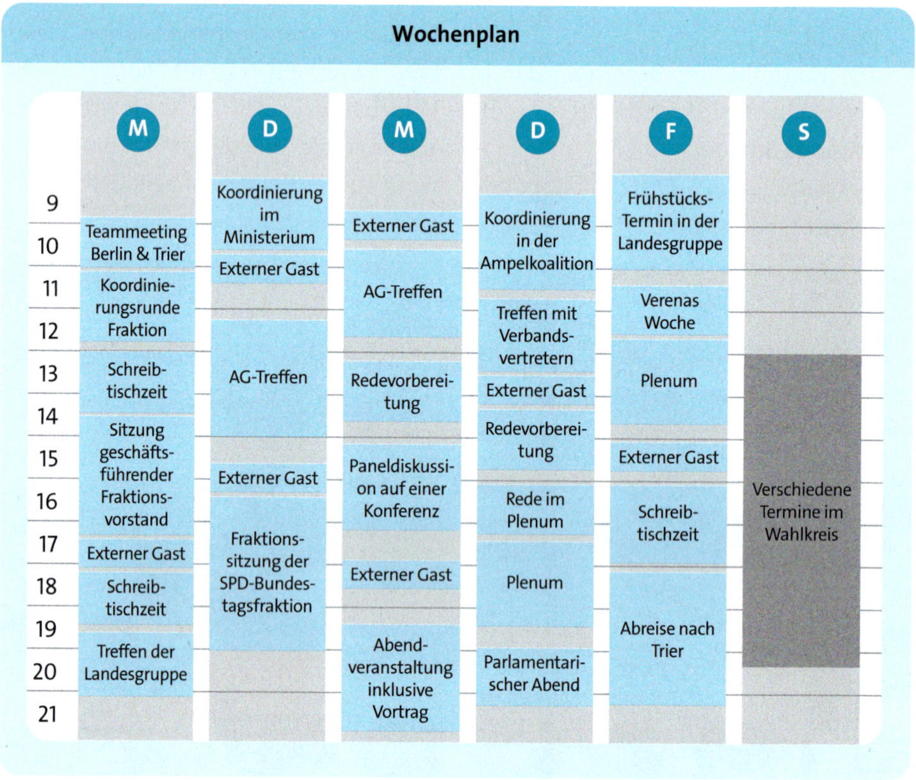

Nach: Hubertz, Verena: Wochenplan. In: www.verena-hubertz.de, Abruf am 13.06.2024

b) Jobbeschreibung

Alle Abgeordneten haben zwei Büros: eins in Berlin und eins in ihrer Heimat, dem sogenannten Wahlkreis. Die Hälfte ihrer Arbeitszeit sind sie in Berlin, die andere Hälfte im Wahlkreis. Dort sprechen sie mit den Bürgern, um zu erfahren, was diese sich vom Bundestag wünschen. In Berlin treffen sich die Abgeordneten in den sogenannten Sitzungswochen. Sie besprechen Gesetze und arbeiten dazu in Ausschüssen und Fraktionen. Ausschüsse sind Arbeitsgruppen zu bestimmten Themen. Fraktionen heißen die Gruppen, in denen die Abgeordneten meist derselben Partei angehören.

Deutscher Bundestag: Was tun Abgeordnete? In: www.kuppelkucker.de, Abruf am 09.02.2024

M4 Wo und wie arbeiten Abgeordnete?

Die Vollversammlung aller Abgeordneten des Deutschen Bundestags nennt man **Plenum**. In den Plenarsitzungen finden die öffentlichkeitswirksamen Auseinandersetzungen statt. Diese Parlamentsdebatten dienen vor allem dazu, die Wähler über die verschiedenen Positionen der im Bundestag vertretenen Parteien zu informieren. Rederecht haben alle Abgeordneten sowie Mitglieder der Bundesregierung und des Bundesrates. Zu besonderen Anlässen dürfen auch hohe Staatsgäste im Plenarsaal sprechen. [...]

In den **Ausschüssen** können die Abgeordneten in kleinerer Runde die Gesetzesvorlagen diskutieren und den hinzugezogenen externen Sachverständigen zuhören. Die Fraktionen entsenden die Experten unter ihren Abgeordneten in die Ausschüsse. Dieses geschieht entsprechend ihren Kräfteverhältnissen im Parlament. Die Ausschüsse erarbeiten die Vorlagen, die anschließend dem Plenum zur Abstimmung vorgelegt werden. Die anderen Fraktionsmitglieder werden durch ihre Vertreter in den Ausschüssen über die Vorlagen informiert und übernehmen häufig deren Rat.

Plenarsaal des Deutschen Bundestages

Bundeszentrale für politische Bildung: Aufgaben des Bundestags. In: www.bpb.de, Abruf am 09.02.2024

Fraktion
Zusammenschluss aller Mitglieder einer Partei im Parlament

M5 Nur ihrem Gewissen unterworfen? – Wie entscheiden Abgeordnete?

Die Abgeordneten erhalten von den Wählerinnen und Wählern den Auftrag, ihr Amt als Vertreter/innen des ganzen Volkes auszuführen. Dabei sind sie frei. Sie sind nicht an Weisungen gebunden, sondern müssen nach ihrem Gewissen handeln. So steht es in Artikel 38 des Grundgesetzes. Dies nennt man "freies Mandat". [...]

Auch wenn Abgeordnete grundsätzlich frei sind in ihren Entscheidungen, so richten sie sich doch in vielen Situationen danach, was ihre Fraktion oder ihre Partei beschließt. Denn die meisten Wählerinnen und Wähler erwarten von ihren Abgeordneten, dass sie die Politik ihrer Partei umsetzen. Manchmal üben die Fraktionen auf ihre Mitglieder Druck aus, damit sich die Abgeordneten bei Abstimmungen so verhalten, wie es die Fraktionsführung wünscht. Das widerspricht zwar dem Gedanken des freien Mandats. Auf diese Weise wird allerdings sichergestellt, dass die Mehrheiten für bestimmte politische Vorhaben erreicht werden und diese Vorhaben dann auch wirklich durchgesetzt werden.

Bundeszentrale für politische Bildung: Die Abgeordneten und das freie Mandat. In: www.hanisauland.de, Abruf am 10.02.2024

Art. 38, 1 GG
Die Abgeordneten des Deutschen Bundestages werden in allgemeiner, unmittelbarer, freier, gleicher und geheimer Wahl gewählt. Sie sind Vertreter des ganzen Volkes, an Aufträge und Weisungen nicht gebunden und nur ihrem Gewissen unterworfen.

Mandat
= Auftrag

M6 Welche Sonderrechte haben Abgeordnete?

70082-059

Immunität

Das Wort kommt aus dem Lateinischen. Es bedeutet, dass die Abgeordneten nicht von der Polizei und den Gerichten verfolgt werden können.
Du stellst dir jetzt sicherlich die Frage, wieso das bei den Abgeordneten so ist, wo doch alle anderen Bürgerinnen und Bürger von Polizei und Staatsanwalt verfolgt werden, wenn sie eine Straftat begangen haben? Die Begründung hierzu findest du im Grundgesetz (Art. 46 Abs. 2 GG).
Das Parlament muss immer arbeiten und funktionieren können. Wenn seine Mitglieder aber verhaftet würden, wäre es in seiner Arbeit behindert. Das heißt aber nicht, dass seine Mitglieder machen können, was sie wollen. Wenn ein Abgeordneter bei einer Straftat ertappt und festgenommen wird, dann ist der Schutz der Immunität aufgehoben und der Täter kann wie jeder andere Bürger seine Strafe bekommen. Aber auch das Parlament kann die Immunität eines seiner Mitglieder aufheben, wenn ein dringender Tatverdacht besteht. Im Übrigen gilt dieser Schutz nur solange, wie der Abgeordnete gewählt ist.

Art. 46, 2 GG

(2) Wegen einer mit Strafe bedrohten Handlung darf ein Abgeordneter nur mit Genehmigung des Bundestages zur Verantwortung gezogen oder verhaftet werden, es sei denn, dass er bei Begehung der Tat oder im Laufe des folgenden Tages festgenommen wird.

Zeugnisverweigerungsrecht

Die Abgeordneten haben das Recht, gegenüber Ermittlungsbehörden oder Gerichten, über Personen, die ihnen in ihrer Eigenschaft als Abgeordnete oder denen sie in dieser Eigenschaft Tatsachen anvertraut haben, sowie über diese Tatsachen selbst das Zeugnis zu verweigern. Soweit dieses Zeugnisverweigerungsrecht reicht, ist die Beschlagnahme von Schriftstücken unzulässig.

Indemnität

Auch dieses Wort stammt aus dem Lateinischen und bedeutet, dass ein Abgeordneter weder dienstlich noch gerichtlich [wegen Äußerungen] bestraft werden kann [...], die er im Parlament oder in Ausschüssen macht.
Er darf auch nicht für sein Verhalten in Abstimmungen bestraft werden. Auf diese Weise soll sichergestellt werden, dass ein Abgeordneter seine Meinung frei äußern kann, ohne Angst vor Nachteilen zu haben. Allerdings ist der Abgeordnete nicht geschützt, wenn er jemanden verleumdet oder beleidigt. Im Gegensatz zur Immunität kann die Indemnität nicht aufgehoben werden.

Nach: http://lernprogramm-bundestag.medpaed.de, Abruf am 22.06.2024

M7 Abgeordnetenwatch: we are watching you – are we?

abgeordnetenwatch.de ist der direkte Draht von Bürger:innen zu ihren Abgeordneten und Kandidierenden. „Bürger:innen fragen – Politiker:innen antworten" ist der Kern des Portals. Mit unserem Frageportal schaffen wir einen öffentlichen Dialog und Transparenz. Dabei sorgen wir für eine Verbindlichkeit in den Aussagen der Politiker:innen, da ihre Positionen auch Jahre später noch nachlesbar sind. Um eine Begegnung auf Augenhöhe zu ermöglichen, werden alle Fragen und Antworten von unseren Moderator:innen gegengelesen und mit unserem Moderations-Codex abgeglichen. Daneben werden auf abgeordnetenwatch.de das Abstimmungsverhalten und die Ausschussmitgliedschaften der Abgeordneten sowie ihre Nebentätigkeiten öffentlich.

Startseite von Abgeordnetenwatch für den Deutschen Bundestag

abgeordnetenwatch.de: Was wir wollen, was wir machen. In: www.abgeordnetenwatch.de, Abruf am 28.02.2024

Annette Widmann-Mauz zum Tool Abgeordnetenwatch

70082-517

Aufgaben

70082-505

1. Beschreibe, wie der Alltag eines Abgeordneten auf dich wirkt (**M3**).
2. Beschreibe das Bild in **M4**.
3. Erkläre die Begriffe „Plenum" und „Ausschuss" (**M4**).
4. Verfasse eine #-Karte zum Begriff „freies Mandat" (**M5**).
5. Erkläre, weshalb Abgeordnete Sonderrechte haben (**M6**).
6. Begründe in der Gruppe, ob du dir vorstellen könntest, später einmal als Abgeordnete oder Abgeordneter im Bundestag zu sitzen (**M4-M6**).
7. Lies dir die Beschreibung der Seite „Abgeordnetenwatch" genau durch (**M7**). Begründe deine persönliche Meinung zu diesem Tool.

Die Idee finde ich ...	Absolut notwendig	völlig unnötig
Die Wahrscheinlichkeit, dass ich das Tool nutze, ist ...	Sehr hoch	gleich null

8. Fasse die Meinung von Annette Widmann-Mauz (QR-Code) zu diesem Tool zusammen und verankere ihre Meinung auf der Positionslinie aus Aufgabe 7.

F **zu Aufgabe 1**
Gestalte eine „Jobanzeige" für den Beruf des Abgeordneten.

F **zu Aufgabe 5**
Recherchiert die Abgeordneten eures Wahlkreises arbeitsteilig und stellt sie in Form eines Steckbriefes dar.

F **zu Aufgabe 8**
Begründe die Wahl der Position.

5.2.3 Die Bundesregierung – was heißt es, zu regieren?

Die Aufgabe einer Regierung ist es, einen Staat zu leiten. Die Bundesregierung leitet die Geschäfte der Bundesrepublik Deutschland. Wie das funktioniert, erfährst du hier.

Hinweis
Zur Entstehungszeit des Songs „Kanzler sein ..." der Toten Hosen war Gerhard Schröder (SPD) Bundeskanzler.

Link zum Song „Kanzler sein ..."

70082-518

M8 Ein Gedankenexperiment

„Ihr habt ja alle so gut reden,
Ihr wisst ja nicht wie das ist,
Wenn du eines Morgens aufwachst
Und [...]"

Frege, Andreas / Meurer, Andreas / van Dannen, Funny: Kanzler sein ... In: www.dth.de, 21.01.2002

Bundesregierung

Zur Bundesregierung gehören der/die Bundeskanzler/in und alle Ministerinnen und Minister. Jede Ministerin bzw. jeder Minister ist Chefin bzw. Chef eines Ministeriums. Dort arbeiten viele Mitarbeiterinnen und Mitarbeiter nach ihren bzw. seinen Vorgaben. Sie setzen diese um oder erarbeiten Gesetzentwürfe. Wie Vorgaben umgesetzt werden oder was sie erarbeiten lassen wollen, dürfen die Ministerinnen und Minister selbst entscheiden. Allerdings bestimmt die Bundeskanzlerin oder der Bundeskanzlers, auf welche Ziele sie hinarbeiten sollen. Wegen dieser sogenannten Richtlinienkompetenz gilt die Bundeskanzlerin bzw. der -kanzler als Chefin bzw. Chef der Regierung und es ist besonders wichtig, was sie bzw. er über politische Fragen denkt und sagt.

Bearbeiterin

M9 Wie arbeitet die Bundesregierung?

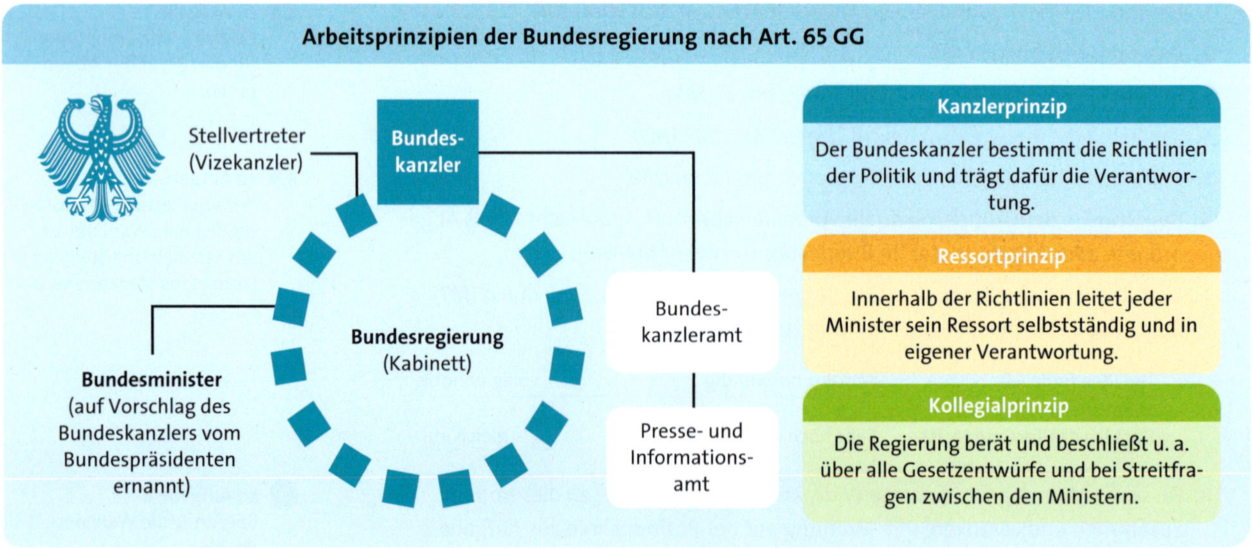

Nach: Bergmoser + Höller Verlag AG, Zahlenbilder 67 123

M10 Wie mächtig ist der Bundeskanzler?

Bundeskanzler Friedrich Merz

Bearbeitergrafik

M11 Was stärkt die Macht des Bundeskanzlers?

70082-061

Richtlinienkompetenz
= Kanzlerprinzip

Der deutsche Bundeskanzler nimmt eine zentrale Rolle im politischen System ein. Seine machtvolle Stellung ist im Grundgesetz festgelegt. Der Bundeskanzler verfügt über eine besondere Legitimation, denn aus der Bundesregierung wird nur er direkt vom Bundestag gewählt.

Auf seinen Vorschlag werden die Ministerinnen und Minister vom Bundespräsidenten ernannt. Er kann somit über die Zusammensetzung des Kabinetts entscheiden. Mit seiner Amtszeit endet auch die der gesamten Regierung.

Die verfassungsrechtliche Basis für seine starke Stellung liegt in seiner „Richtlinienkompetenz" (Art. 65 GG). Damit kann er unliebsame Entscheidungen verhindern und die zentralen Ziele der Bundesregierung bestimmen.

Auch gegenüber dem Parlament hat der Bundeskanzler Machtmittel, die er gezielt einsetzen kann. So kann er nach Art. 68 GG im Deutschen Bundestag die Vertrauensfrage stellen, um politische Ziele zu erreichen. Verweigert ihm das Parlament die Zustimmung, kann der Bundespräsident auf Antrag des Bundeskanzlers das Parlament auflösen und Neuwahlen ausrufen.

Bearbeiterin

Art. 65 GG

Der Bundeskanzler bestimmt die Richtlinien der Politik und trägt dafür die Verantwortung.
Innerhalb dieser Richtlinien leitet jeder Bundesminister seinen Geschäftsbereich selbständig und unter eigener Verantwortung. Über Meinungsverschiedenheiten zwischen den Bundesministern entscheidet die Bundesregierung.

Bearbeiterin

M12 Was schwächt die Macht des Bundeskanzlers?

70082-063

Trotz der Richtlinienkompetenz des Bundeskanzlers (Art. 65 GG), gibt es in der politischen Praxis Rahmenbedingungen, die großen Einfluss auf die tatsächliche Macht des Regierungschefs haben.

Bildet der Bundeskanzler z. B. sein Kabinett aus starken und beliebten Persönlichkeiten, wird er darauf achten müssen, diese auch bei strittigen Entscheidungen in der Bundesregierung zu halten.

Ferner wird der Bundeskanzler meist von einer Koalition mehrerer Parteien gewählt, sodass er bei der Formulierung von politischen Zielen Rücksicht auf diese Parteien und deren Interessen nehmen muss. Einige Gesetze müssen auch den Bundesrat passieren. Findet ein Gesetz dort keine Zustimmung, ist es in der Regel gescheitert.

Ebenfalls großen Einfluss auf die Macht des Kanzlers haben die öffentliche Debatte und die Stimmung in der Gesellschaft. Schließlich will er wiedergewählt werden und dazu braucht er die Zustimmung der Wählerinnen und Wähler. Überzeugen muss er auch die vielen Interessenverbände. Manche von ihnen sind mächtig, gut vernetzt und stellen somit starke Akteurinnen und Akteure im politischen Prozess dar.

Bearbeiterin

Aufgaben

70082-506

1. Vervollständige den Satz in **M8**, ohne lange darüber nachzudenken. Tauscht euch in der Gruppe über eure Ideen aus.
2. a) Erkläre die drei Prinzipien der Arbeitsweise der Bundesregierung.
   b) Erstelle ein Social Media Profil zur „Bundesregierung" (**M9**).
3. Ordne dem Bundeskanzler begründet diejenige Krone aus **M10** zu, die deiner Meinung nach die Macht des Bundeskanzlers am besten ausdrückt.
4. Stellt zu zweit die Einflüsse auf die Macht des Bundeskanzlers zeichnerisch dar (**M11-M12**).
5. Hört euch das satirische Lied „Kanzler sein" (**M8**) an und listet die dort genannten Probleme auf, nutzt die vorgegebene Tabelle (**QR-Code**).

Negativliste des Kanzlerdaseins

Persönliche Probleme eines Kanzlers	Strukturelle Probleme des Kanzlerjobs grundsätzlich	Damals aktuelle politische Probleme Deutschlands

6. Begründe, inwieweit du der Aussage „Seid bloß froh, nicht Kanzler zu sein" zustimmst.

H zu Aufgabe 1
Nenne Gefühle und Emotionen, die aus dem Satzanfang hervorgehen und die dich bei der Vervollständigung beeinflusst haben.

F zu Aufgabe 6
Vergleiche die politischen Probleme aus dem Jahr 2002 und 2024.

Politische Plakate untersuchen

Worum geht es?

In der Weimarer Republik spielten Plakate eine große Rolle, da es noch keine digitalen Medien gab. Es konnten nur gedruckte Medien dafür sorgen, dass sich die Menschen mit Ideen und Überzeugungen auseinandersetzten. Politische Plakate zeigen uns heute, mit welchen Themen und Problemen sich die Menschen damals beschäftigten. Darüber hinaus geben uns die Plakate Auskunft über die damaligen Ziele und Vorstellungen von Parteien. Mithilfe dieser Seite kannst du solche Plakate systematisch analysieren.

Geht dabei so vor:

1. Schritt: Beschreibe den Inhalt

Beschreibe zuerst, wer der Auftraggeber des Plakates ist und den Zeitpunkt. Anschließend gehst du auf den Bildaufbau (Vorder- und Hintergrund), die Textelemente und den ersten Eindruck ein. Folgende Fragen helfen dir:

- Vom wem ist das Plakat? An wen richtet sich das Plakat?
- Was siehst du? Welche Gegenstände, Texte, Symbole sind zu erkennen?
- Wann ist das Plakat entstanden?
- Warum ist das Plakat entstanden (Anlass)?
- Wie ist dein erster Eindruck?

↓ ↓ ↓

2. Schritt: Erkläre die Zusammenhänge

Als nächstes gehst du stärker ins Detail und erklärst den Zusammenhang zwischen Text und Bild. Diese Fragen helfen dir:

- Warum werden die Personen im Hinblick auf das Aussehen, der Körpersprache, den Gesichtszügen so dargestellt?
- Wofür stehen die Farben und Symbole? Welche Wirkung sollen sie erzielen?
- Welche Bedeutung hat der Text? Welche Argumente, Feindbilder werden genutzt?

↓ ↓ ↓

3. Schritt: Deute und beurteile den Inhalt

Dann geht es darum, dass du dir überlegst, wie das Plakat auf den Betrachter gewirkt haben könnte. Beurteile zum Abschluss, ob die Darstellung des Plakates den damaligen Tatsachen entspricht. Nutze folgende Fragen als Hilfe:

- Welche Botschaft soll das Plakat vermitteln?
- Was möchte die Partei mit dem Plakat erreichen?
- Wie lässt sich das Plakat in den historischen Kontext einordnen?
- Entspricht die Darstellung des Plakates den Tatsachen oder ist es überspitzt?

Bearbeiterin

5.2.4 Soll das Volk mehr Mitbestimmungsrechte auf Bundesebene bekommen?

Demokratie heißt „Herrschaft des Volkes". Wie das Volk herrscht, ist dabei nicht festgelegt. Sollte das Volk in Deutschland mehr und das Parlament weniger zu sagen haben?

M13 Vertrauen in die Demokratie – Skepsis gegenüber Politik

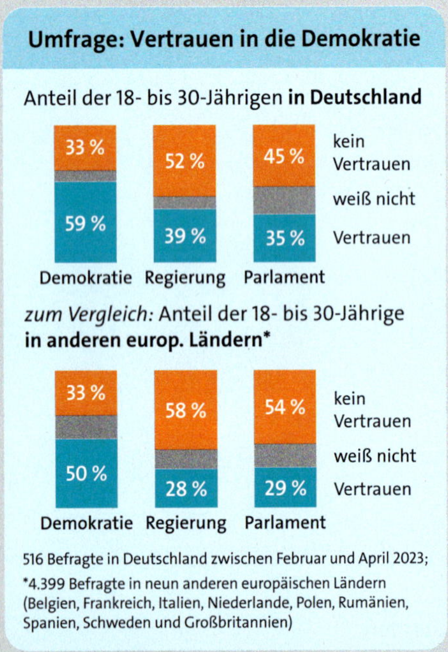

Nach: dpa 106733

Die Mehrheit der 18- bis 30-jährigen Deutschen hat Vertrauen in die Demokratie – zu diesem Ergebnis kommt eine Studie. Der Wert liegt höher als in anderen untersuchten EU-Ländern. Doch gleichzeitig misstrauen auch viele der Politik.

Das Vertrauen in die Demokratie ist unter jungen Deutschen vergleichsweise ausgeprägt – dennoch misstrauen viele von ihnen Regierung und Parlament. Das zeigt eine aktuelle Studie der Bertelsmann Stiftung. Demnach gaben 59 Prozent der befragten 18- bis 30-Jährigen an, der Demokratie zu vertrauen [...]. Dennoch ist das Misstrauen gegenüber der Politik hierzulande weit verbreitet: Mehr als jeder zweite junge Erwachsene (52 Prozent) gab an, der Regierung nicht zu vertrauen, 45 Prozent misstrauen dem Parlament. Bildung und Wissenschaft hingegen genießen bei jungen Leuten das höchste Ansehen: Jeweils rund drei Viertel der Befragten gaben an, diesen Bereichen zu vertrauen.

ARD Tagesschau: Vertrauen in die Demokratie – Skepsis gegenüber Politik. In: www.tagesschau.de, 06.02.2024

Direkte Beteiligung auf Bundesebene

Direkte Beteiligung der Bürgerinnen und Bürger auf Bundesebene sind laut Grundgesetz nur in zwei Fällen möglich:

1. Art. 29 GG: Wenn sich mehrere Bundesländer (z. B. Berlin und Brandenburg) zu einem gemeinsamen zusammenschließen möchten, müssen die betroffenen Bürgerinnen und Bürger durch einen Volksentscheid zustimmen.
2. Nach Artikel 146 GG ist es prinzipiell möglich, dass das Grundgesetz durch eine neue Verfassung abgelöst wird. Dieser neuen Verfassung muss das deutsche Volk zustimmen.

Wenn direktdemokratische Elemente auf Bundesebene eingeführt werden sollen, muss dafür das Grundgesetz mit einer 2/3-Mehrheit im Bundestag und im Bundesrat geändert werden.

Bearbeiter

M14 Abstimmung: mehr direkte Demokratie bitte!

Stellt euch in einer Reihe auf. Einer liest die Sätze vor. Macht für jeden Satz, dem ihr zustimmt, einen Schritt nach vorne.

- Wer mitentscheiden darf, akzeptiert eher Ergebnisse, die ihm nicht gefallen.
- Wenn Bürgerinnen und Bürger mitentscheiden dürfen, muss die Politik Dinge besser erklären.
- Wer entscheiden darf, fühlt sich nicht machtlos und übergangen.
- Das Volk kann die Politik am besten kontrollieren.
- Wer mitbestimmen darf, ist zufriedener.
- Menschen informieren sich mehr, wenn sie auch entscheiden dürfen.
- Wenn Menschen Verantwortung bekommen, kümmern sie sich besser.
- Fake-News sind kein Problem, vor Entscheidungen nutzen Menschen zuverlässige Quellen.
- Minderheiten müssen nicht vor der Mehrheit geschützt werden.

Bearbeiterin

M15 Was spricht für mehr direkte Demokratie?

Wir sind der Überzeugung, dass jeder Mensch das Recht und das Potenzial hat, die Entscheidungen mit zu beeinflussen, die ihn und die Gesamtheit der Gesellschaft betreffen. Demokratie heißt: Menschen handeln miteinander aus, wie sie zusammenleben wollen. Dabei kommt es nicht darauf an, dass sich die Meinung des einzelnen Menschen durchsetzt, sondern darauf, dass alle Menschen die Möglichkeit haben, mitzugestalten. Mit der parlamentarischen Demokratie ist uns das Ringen um die beste Lösung versprochen. Wir erleben aber, dass oft nicht die Sachpolitik, sondern die Machtpolitik im Vordergrund steht. Das erfordert eine umfassende Reform der politischen Strukturen. Wir haben uns zum Ziel gesetzt, geeignete Instrumente, Formate und Modelle zur Stärkung der Demokratie zu entwickeln und umzusetzen. […] Unsere Überzeugung ist: Menschen wollen sich zugehörig fühlen, selbstbestimmt leben, sich einmischen und mitbestimmen – und damit auch etwas bewirken.

Mehr Demokratie e.V.: Wer wir sind und was wir wollen. In: www.mehr-demokratie.de, Abruf am 11.02.2024

M16 Was spricht gegen mehr direkte Demokratie?

Volksentscheide und Bürgerbeteiligung verlangsamen Entscheidungsprozess
Wenn die Bürgerinnen und Bürger gefragt werden, kann das eine Entscheidung verzögern.

Problem der mangelnden Informiertheit
Die Bürgerinnen und Bürger wissen unterschiedlich viel und werden nicht mit Expertenwissen abstimmen oder Empfehlungen treffen können. Oft sind Informationen schwer zugänglich und durch Medien und Social Media verzerrt.

Online-Beteiligung problematisch für Repräsentativität
Online-Beteiligung schließt Menschen ohne Internetanschluss und damit vor allem ältere Menschen strukturell aus.

Hohe Anforderung an Bürgerinnen und Bürger
Bürgerbeteiligung und direkte Demokratie behandeln komplexe Fragestellungen. Der Prozess an sich und die komplexen Themen können die Bürgerinnen und Bürger überfordern.

Mögliche Beeinflussung der Bürgerinnen und Bürger
Populisten und Interessensgruppen könnten Stimmung machen oder Menschen gezielt inhaltlich beeinflussen.

Beitrag zur Spaltung der Gesellschaft
Direkte Demokratie hat das Potential, die Gesellschaft in Pro- und Kontra-Lager zu spalten.

Nach: Bürgerrat Demokratie: Zu der Frage: Soll unsere bewährte parlamentarisch-repräsentative Demokratie durch weitere Elemente der Bürgerbeteiligung und direkter Demokratie ergänzt werden? In: https://buergerrat.de, Abruf am 02.09.2025

Aufgaben

70082-507

1. a) Beschreibe das Ergebnis der Studie in **M13**.
   b) Nenne Ideen, was dagegen getan werden könnte.
2. a) Führt die Abstimmung in **M14** in der Klasse durch.
   b) Beschreibt das Ergebnis eurer Abstimmung.
   c) Erläutert eure jeweilige Position.
3. Erstelle mit den Informationen aus **M15a** ein Werbeplakat für den Verein „Mehr Demokratie e.V.".
4. Stelle die Argumente für (**M14**, **M15**) und gegen (**M16**) mehr direkte Demokratie in einer Tabelle dar.
5. Bewerte die Ansicht, dass mehr direkte Demokratie das in **M13** genannte Problem verringert.

Wer hat die Macht in Deutschland?

Deutscher Bundestag

> M1-M2

Die Gesetze des Bundes auszuarbeiten und zu beschließen, ist Hauptaufgabe des Deutschen Bundestags. Eine weitere wichtige Aufgabe ist die Kontrolle der Regierung (durch die Opposition). Der Bundestag wählt u. a. auch den Bundeskanzler. Der Bundestag ist eine Mischform aus Arbeits- und Redeparlament. Neben den Reden und Abstimmungen im Plenum findet die Hauptarbeit der Abgeordneten aber vor allem in Fachausschüssen, die sich mit der Ausarbeitung von Gesetzen beschäftigen, statt. Dort beraten die Abgeordneten, hören Fachleute an, diskutieren die Gesetsentwürfe und verändern diese.

Übung
70082-512

Stellung der Abgeordneten

> M3-M7

Abgeordnete, die derselben Partei angehören, schließen sich im Bundestag zu einer Fraktion zusammen. Die Fraktionen bilden den organisatorischen Rahmen der Arbeit im Bundestag, denn anders wäre der Bundestag wohl kaum entscheidungsfähig. Bei Abstimmungen folgen die Abgeordneten in der Regel der von der Fraktion festgelegten Linie (Fraktionsdisziplin), obwohl sie eigentlich nach Art. 38 GG in ihren Entscheidungen frei sind (freies Mandat).

Übung
70082-513

Bundesregierung

> M9-M12

Die Bundesregierung mit der Kanzlerin bzw. dem Kanzler an der Spitze hat die zentrale Aufgabe der politischen Führung. Einerseits soll der Wille der Parlamentsmehrheit von der Regierung in praktische Politik umgesetzt werden. Andererseits formt die Regierung den Mehrheitswillen des Parlaments auch durch politische Initiativen entscheidend mit.

Übung
70082-514

Stellung des Bundeskanzlers

> M10

In der Regierung hat die Bundeskanzlerin/der Bundeskanzler eine hervorgehobene Stellung. Sie/Er bestimmt nach Art. 65 GG „die Richtlinien der Politik und trägt dafür die Verantwortung" (Kanzlerprinzip), d. h. sie/er legt umfassende Ziele fest (wie z. B. große Reformvorhaben). Darüber hinaus macht sie/er dem Bundespräsidenten/der -präsidentin Vorschläge zur Ernennung und Entlassung von Kabinettsmitgliedern. Innerhalb der Richtlinien leiten die Ministerinnen und Minister ihr Ministerium selbstständig (Ressortprinzip). Abgeschwächt wird das Kanzlerprinzip auch durch das Kabinettsprinzip. So berät und beschließt das Kabinett als Ganzes über alle Gesetzentwürfe und entscheidet bei Streitfragen über die Zuständigkeit zwischen einzelnen Ministerien.

Übung
70082-515

Selbsteinschätzung

In diesem Kapitel hast du dich damit auseinandergesetzt, wie politische Probleme durch Gesetzgebung gelöst werden können und welche Institutionen daran beteiligt sind. Im besonderen Fokus standen dabei der Deutsche Bundestag als gesetzgebende und die Bundesregierung als ausführende Gewalt.
Mit der Checkliste kannst du noch einmal überprüfen, was du gelernt hast.

Ich kann ...	Das klappt schon ...	Hier kann ich noch üben ...
... den Gang der Gesetzgebung analysieren und beschreiben.		Kap. 5.1.2: M5-M8, Methode Politikzyklus
... die Aufgaben und Arbeitsweise des Bundestags beschreiben.		Kap. 5.2.1: M1-M2
... die Stellung der Abgeordneten erläutern.		Kap. 5.2.3: M3-M7
... die Aufgaben der Bundesregierung beschreiben.		Kap. 5.2.4: M8-M12
... das Für und Wider direktdemokratischer Elemente auf Bundesebene erörtern.		Kap. 5.2.4: M13-M15

M1 Änderung des Tabakerzeugnisgesetzes aus dem Jahr 2023 – Aromen in Tabakerhitzern

A Aromatisierte Tabakerzeugnisse halten Experten für einen gängigen Einstieg in den Tabakkonsum.

B Burkhad Blienert (SPD), Drogenbeauftragter der Bundesregierung, hat das vom Bundestag beschlossene Verbot für Aromen in Tabakerhitzern begrüßt.

E Dass nach Jahren des Rückgangs seit der Corona-Pandemie wieder mehr Jugendliche zu Zigaretten, E-Zigaretten oder Shishas griffen, sei ein „beunruhigender Trend".

F Angesichts von mehr als 127.000 tabakbedingten Todesfällen in Deutschland dringt Blienert, Drogenbeauftragter der Bundesregierung, auf weitgehendere Werbeverbote für Rauch- und Dampfprodukte.

H Danach müssen nun auch die Verpackungen von Tabakerhitzern Warnhinweise mit Text und Bild tragen.

C Das vorstehende Gesetz wird hiermit ausgefertigt. Es ist im Bundesgesetzblatt zu verkünden. Berlin, den 19. Juli 2023, Der Bundespräsident Steinmeier.

D „Wer verhindern will, dass auch in 20 oder 30 Jahren noch Zehntausende Menschen in Deutschland an den Folgen des Rauchens sterben, der muss heute die richtigen Weichen stellen", forderte der Drogenbeauftragte der Bundesregierung.

G Der Bundestag hat am Donnerstag, den 22. Juni 2023 den Entwurf der Bundesregierung für ein drittes Gesetz zur Änderung des Tabakerzeugnisgesetzes in der vom Ausschuss für Ernährung und Landwirtschaft geänderten Fassung mit großer Mehrheit gebilligt.

I E-Zigaretten sind von dem Gesetz nicht betroffen.

afp/aerzteblatt: Bundestag beschließt Aromen-Verbot und Warnhinweise bei Tabakerhitzern. In: www.aerzteblatt.de, 23.06.2023 (Reihenfolge geändert)

Aufgabe

70082-508

Ordne die Sätze den passenden Schritten des Politikzyklus (**Methode, QR-Code**) zu.

Arbeitsblatt zum Politikzyklus

70082-519

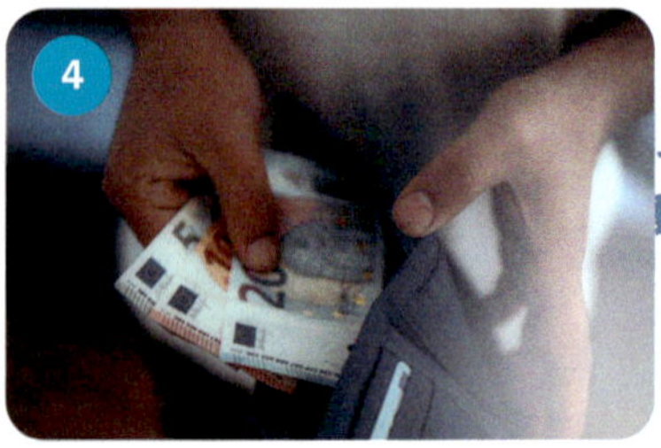

Was weißt du schon?

70082-600

1. Wirf einen Blick in deinen Geldbeutel und sieh dir dein Kleingeld ein wenig genauer an: Kannst du herausfinden, aus welchen EU-Staaten die Motive auf deinen Münzen stammen?
2. Erstellt nun gemeinsam als Klasse eine Liste mit Ländern der sogenannten Eurozone, in denen es möglich ist, mit dem Euro zu bezahlen.
3. Tauscht euch darüber aus, in welchen EU-Ländern ihr schon einmal im Urlaub wart und welche Erfahrungen ihr dort gemacht habt. Lasst euch von Mitschülerinnen und Mitschülern, die schon einmal in ein Land außerhalb der EU gereist sind, berichten, welche Erfahrungen sie dort, z. B. bei der Einreise, gemacht haben.
4. Erläutere, was die Bilder 1 - 6 deiner Meinung nach mit der EU zu tun haben.

Die Europäische Union – mehr oder weniger Europa?

6

27 Mitgliedstaaten, 24 offizielle Amtssprachen, rund 448 Millionen Einwohnerinnen und Einwohner und über 75 Jahre Frieden. Das ist die Europäische Union in Zahlen.
Als EU-Bürgerinnen und EU-Bürger profitieren wir außerdem von zahlreichen Freiheiten und dürfen durch die demokratische Organisationsstruktur der EU bei politischen Entscheidungen mitbestimmen.
Doch egal, ob es sich um die Frage des Umgangs mit dem Klimawandel, den aktuellen Kriegen oder den nach Europa flüchtenden Menschen handelt, die EU steht vor vielfältigen politischen Herausforderungen in einer immer komplexer werdenden Welt.
Welche Möglichkeiten gibt es für den Umgang mit diesen Herausforderungen? Und bedeuten die vorliegenden Lösungsvorschläge am Ende mehr oder weniger europäische Zusammenarbeit?

Du lernst in diesem Kapitel ...

- ... wie Entscheidungen, die in der Europäischen Union getroffen werden, deinen Alltag betreffen.
- ... wie du dich als EU-Bürgerin und -Bürger politisch beteiligen und die Zukunft der EU mitgestalten kannst.
- ... wie politische Entscheidungen in der EU zustande kommen.
- ... warum die EU ein Gesetz zur Kontrolle Künstlicher Intelligenz erarbeitet hat und über welche der beschlossenen Regelungen besonders diskutiert wird.
- ... unter welchen Bedingungen ein Land Mitglied der EU werden kann und wie die Zukunft der Europäischen Union aussehen könnte.

Einen „Europa-Projekttag“ an eurer Schule gestalten

Jedes Jahr am 9. Mai gibt es in allen EU-Staaten Veranstaltungen, auf denen die berühmte „Schuman-Erklärung“ vom 9. Mai 1950 zum Anlass genommen wird, um über die Aufgaben und die Zukunft der Europäischen Union als Friedensprojekt zu diskutieren. Darüber hinaus nehmen viele Politikerinnen und Politiker an sogenannten „Europa-Projekttagen“ teil, um mit Schülerinnen und Schülern über aktuelle europapolitische Themen ins Gespräch zu kommen. Auch an eurer Schule könnt ihr einen solchen „Europa-Projekttag“ organisieren.

Geht dabei so vor:

Start

1

Inhaltliche Vorarbeit
Informiert euch in einem Gruppenpuzzle über die Aufgaben und die Arbeitsweise der Europäischen Union. Jede Stammgruppe sollte aus vier Schülerinnen und Schülern bestehen.
Teilaufgaben (Puzzleteile) für die Mitglieder der Stammgruppen:

- Warum gibt es die EU und was bringt sie dir? (→ Kapitel 6.1: M1-M8)
- Wofür ist die EU zuständig? (→ Kapitel 6.1: M12)
- Wie kannst du dich als EU-Bürgerin bzw. -Bürger politisch beteiligen? (→ Kapitel 6.2: M1, M3, M7)
- Wie werden in der EU Entscheidungen getroffen? (→ Kapitel 6.2: M13, M14, M18)

2

Offene Fragen formulieren
Stellt eure Arbeitsergebnisse in eurer Stammgruppe vor. Formuliert gemeinsam „Fragen an die EU“, die ihr (noch) nicht beantworten könnt. Schreibt eure Fragen auf Moderationskarten.

3

Offene Fragen festhalten
Stellt eure „Fragen an die EU“ der Klasse vor.
Welche (Verständnis-)Fragen könnt ihr gemeinsam beantworten? (Diese Fragen könnt ihr anschließend aussortieren.)
Welche Frage(n) würdet ihr gerne einer EU-Politikerin oder einem -Politiker stellen? (Diese Fragen bitte für Schritt 5 aufbewahren!)

4

Planung des Europa-Projekttages
Bildet ein **Moderatorenteam**, drei bis fünf **Rechercheteams** und drei **Zukunftsforscherteams**. Jedes Teams soll aus zwei bis drei Schülerinnen und Schülern bestehen.

a) Das **Modarationsteam** ist für die Moderation der Veranstaltung verantwortlich und
   - ... fragt Politikerinnen und Politiker an. Diese müssen nicht zwingend Europaabgeordnete sein.
   - ... leitet Terminvorschläge der Politikerinnen und Politiker an eure GK-Lehrerkraft und die Schulleitung weiter und macht einen Vorschlag zur Größe und Dauer der Veranstaltung (in der Regel 2 oder 3 Unterrichtsstunden).
   - ... informiert alle Beteiligten über die eingeladenen Gäste, den Veranstaltungstermin und das geplante Zeitfenster.
   - ... bereitet (im Anschluss an Schritt 5) das Programm sowie einen genauen Zeitplan für euren „Europa-Projekttag“ vor.

b) Die **Rechercheteams** informieren sich, über welche europapolitischen Themen derzeit besonders viel diskutiert wird und
- ... entscheiden sich (je Gruppe) für ein aktuelles europapolitisches Thema.
- ... bereiten mit Hilfe des Politikzyklus (vgl. S. 172) eine Kurzpräsentation ihres Themas vor.
- ... notieren Fragen zu ihrem Thema auf Moderationskarten.

c) Die **Zukunftsforscherteams**
- ... recherchieren, bei welchen Fragen bzw. Problemen es für die EU-Staaten besonders schwierig ist, sich auf eine gemeinsame Lösung zu einigen.
- ... entwickeln und bewerten mit Hilfe der Methode „Ein Zukunftsszenario entwerfen“ (S. 172) unterschiedliche Szenarien zur Zukunft Europas. (→ Kapitel 6.3: M1-M7).
- ... notieren Fragen zur Zukunft der EU auf Moderationskarten.

Tipp:
Fragen, die mit dem Wort „Sollen...?“ beginnen, eigenen sich besonders gut für den Einstieg in eine Diskussion.

5

Fragen sortieren und Themen festlegen
Präsentiert eure Arbeitsergebnisse aus den jeweiligen Teams. Sortiert die von euch entwickelten Fragen (z. B. an der Tafel) thematisch und fasst sie ggf. zusammenfassen.
Einigt euch anschließend auf (max. fünf) Themenblöcke für euren „Europa-Projekttag“ und legt fest, wie viel Zeit das Moderationsteam für die einzelnen Themenblöcke einplanen soll. Berücksichtigt dabei auch die (Verständnis-)Fragen aus Schritt 3. Entscheidet außerdem, ob eure Fragen ausschließlich vom Moderationsteam oder auch von anderen Schülerinnen und Schülern gestellt werden sollen.

6

Durchführung
Führt nun den „Europa-Projekttag“ durch.

Ziel

7

Auswertung
Wertet anschließend den „Europa-Projekttag“ aus. Beantwortet dazu folgende Fragen:
- Welche Antworten auf eure Fragen waren besonders interessant, überraschend, spannend oder auch enttäuschend bzw. unverständlich?
- Welche Fragen wurden nicht bzw. nicht ausreichend beantwortet?
- Gibt es etwas, das euch während des „Europa-Projekttages“ oder auch erst im Nachhinein „klar geworden“ ist?
- Sind neue Fragen entstanden, die ihr noch gerne in der Klasse diskutieren möchtet?
- Wie zufrieden seid ihr insgesamt mit dem Verlauf der Veranstaltung? Was würdet ihr nächstes Mal anders machen?

Bearbeiter

6.1 Leben in der Europäischen Union

6.1.1 Was bedeutet die EU für uns?

Am 9. Mai 1950 schlug der französische Außenminister Robert Schuman die Schaffung einer Europäischen Gemeinschaft für Kohle und Stahl (EGKS) vor. Nach zwei verheerenden Weltkriegen sollten Europas Staaten auf diese Weise damit beginnen, ihre Kohle- und Stahlproduktion gemeinsam zu verwalten, miteinander Handel zu treiben und friedlich zusammenzuarbeiten. Sieben Jahre später ging aus dieser Idee die Europäische Wirtschaftsgemeinschaft (EWG) und aus dieser wiederum die 1992 gegründete Europäische Union hervor. Doch wofür steht die EU heute? Und welche Bedeutung hat sie für die junge Generation?

M1 70 Jahre Frieden – (k)eine Selbstverständlichkeit?

Karikatur: Patrick Chappatte, 2007

M2 Jugendliche über die Europäische Union

70082-064

Noemi, 17

Ich lebe in Dijon, in Frankreich. In der Schule lerne ich Spanisch und Deutsch. Ich habe eine Austauschpartnerin an einer Realschule in Baden-Württemberg und war schon zum zweiten Mal dort. Sie heißt Sarah. Sobald wir 18 sind, wollen wir zusammen Urlaub in Spanien machen. Ich würde gerne Industriekauffrau werden und habe mich schon informiert, dass es auch da deutsch-französische Austauschprogramme gibt: Hoffentlich kann ich daran teilnehmen.

Sam, 15

Ich wohne in Freiburg und bin Deutscher, aber die Familie meines Vaters kommt aus Polen. Meine Eltern haben ein Elektrounternehmen mit zwölf Mitarbeitern hier in Freiburg und zehn in seinem Heimatort in Polen. Es gibt genug Aufträge. Vielleicht eröffnen meine Eltern noch ein Geschäft drüben in Frankreich. Das wäre sogar noch einfacher, weil es in Deutschland und Frankreich den Euro gibt.

Natascha, 15

Ich lebe erst seit acht Jahren in Deutschland. Meine Großeltern und meine Tanten wohnen noch in Rumänien. Dort finden es viele gut, dass Rumänien auch ein Mitgliedsstaat der EU ist. Meine Tante konnte zum Beispiel mit EU-Zuschüssen eine neue Lagerhalle für ihren Hof bauen. Aber viele Menschen sind arbeitslos und sehr arm - ich finde die Unterschiede zu Deutschland riesig.

Bearbeiter

M3 Was erwarten junge Menschen von der EU?

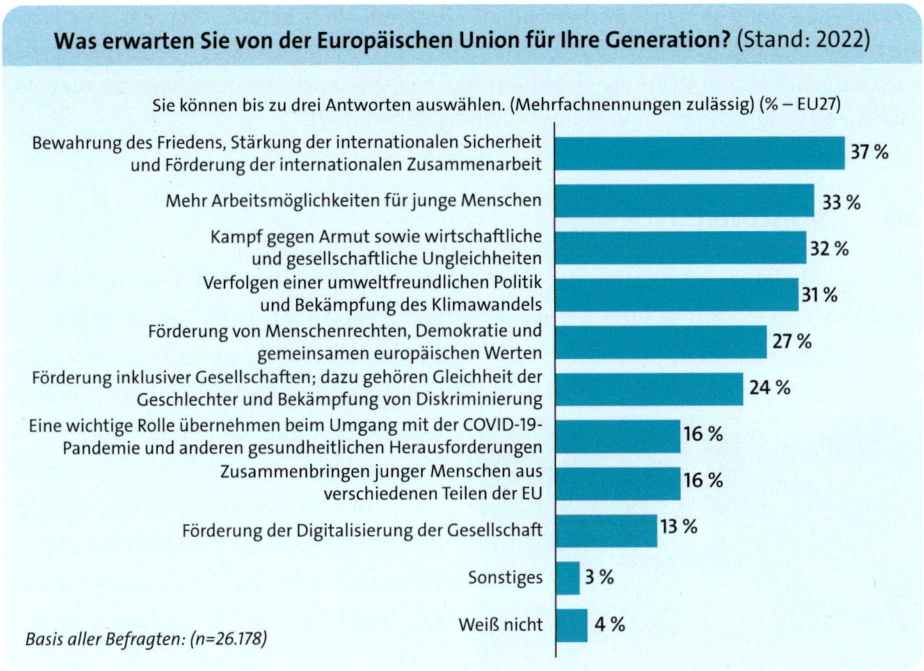

Nach: Flash Eurobarometer 502. Jugend und Demokratie im Europäischen Jahr der Jugend. Luxembourg: Amt für Veröffentlichungen der Europäischen Union 2022, S. 15; CC BY 4.0

M4 Für welche Werte steht die EU?

70082-066

§ Die Werte, auf die sich die Union gründet, sind die Achtung der Menschenwürde, Freiheit, Demokratie, Gleichheit, Rechtsstaatlichkeit und die Wahrung der Menschenrechte einschließlich der Rechte der Personen, die Minderheiten angehören. Diese Werte sind allen Mitgliedstaaten in einer Gesellschaft gemeinsam, die sich durch Pluralismus, Nichtdiskriminierung, Toleranz, Gerechtigkeit, Solidarität und die Gleichheit von Frauen und Männern auszeichnet.

Art. 2 des Vertrags über die Europäische Union der Fassung des Vertrags von Lissabon, in Kraft getreten am 1. Dezember 2009

Aufgaben

70082-601

1. Beschreibe, wo dir und anderen Jugendlichen die EU im Alltag begegnet (**M1**, **M2**).
2. Erläutere, was du von der Europäischen Union erwartest.
3. Vergleiche deine Erwartungen mit den Erwartungen anderer junger Menschen (**M3**) und mit den Werten der EU (**M4**).
4. „70 Jahre Frieden in Europa ist (k)eine Selbstverständlichkeit." Erörtere diese Aussage (**M1-M4**). Berücksichtige aktuelle Entwicklungen.

H zu Aufgabe 4
Informiere dich auf www.tagesschau.de über die aktuellen (bewaffneten) Konflikte in den Nachbarregionen der Europäischen Union und die Bemühungen der EU zur (Wieder-)Herstellung bzw. Bewahrung des Friedens.

6.1.2 (Wie) Profitieren junge Menschen von der EU?

Um die Bedeutung der Europäischen Union in unserem Alltag kennenzulernen, lohnt schon ein kurzer Blick in unsere Geldbeutel, denn 20 der 27 EU-Mitgliedsstaaten haben bereits den Euro als gemeinsame Währung eingeführt. Doch es gibt noch viel mehr, was die rund 448 Millionen EU-Bürgerinnen und -Bürger einander näherbringt.

M5 #DiscoverEU

70082-067

DiscoverEU

70082-619

DiscoverEU ist eine Initiative der Europäischen Union, die jungen Menschen die Möglichkeit bietet, bis zu einen Monat lang gratis mit dem Zug durch Europa zu reisen. Das von der Europäischen Kommission finanzierte Projekt möchte die Jugend Europas mit der europäischen Identität verbinden und durch Reisen das Bewusstsein für die Grundwerte der Europäischen Union stärken. Zweimal pro Jahr (im Herbst und im Frühjahr) gibt es Bewerbungsrunden, bei denen über das Europäische Jugendportal jeweils mindestens 35.000 Reisetickets vergeben werden. Die Gewinnerinnen und Gewinner haben dann 1 Jahr Zeit, ihre Reise anzutreten.

Bearbeiter

Junges Mädchen mit EU-Flagge

M6 Ins Ausland mit Erasmus+

70082-068

Europäisches Jugendportal

70082-620

André absolviert im niedersächsischen Schneverdingen eine Ausbildung zur Fachkraft für Lagerlogistik. Im März [...] machte [er] ein zweiwöchiges Praktikum in der rumänischen Großstadt Galati. „Zusammenfassend kann ich sagen, dass ich mich fachlich und sprachlich verbessert habe und eine neue Kultur kennenlernen durfte."

Ermöglicht wurde Andrés Auslandsaufenthalt durch Erasmus+. Die EU übernimmt bei diesem Projekt die Kosten für Flug und Unterkunft, die Ausbildungsvergütung läuft während des Praktikums weiter. Insgesamt bewilligte die EU im Jahr 2023 Erasmus+-Projekte in der deutschen Berufsbildung mit einem Volumen von 76,1 Millionen Euro. [...] Am häufigsten beteiligten sich 2019 – neuere Angaben liegen nicht vor – Azubis aus Berufen wie Industriekaufmann/-kauffrau oder Kaufmann/Kauffrau im Groß und Einzelhandel. Anträge auf ein Auslandspraktikum stellt das ausbildende Unternehmen, die Handwerkskammer, die Industrie- und Handelskammer oder eine Bildungseinrichtung.

Im Fall von André waren es die Berufsbildenden Schulen (BBS) in Soltau. [...] „2023 haben wir 25 Kurzzeitmobilitäten ermöglicht", antwortet Lehrer Carsten Eckloff, Projektkoordinator für Erasmus+ an den BBS Soltau. Warum nicht mehr? Das habe oft mit der Vorbildung der Azubis zu tun. „Jemand mit einem höheren Bildungsniveau traut sich eher zu, ein Auslandspraktikum zu starten", erklärt Eckloff. Hinzu komme: „Insbesondere für Auszubildende in kleineren Betrieben gibt es viele Hürden." Oft argumentiere der Chef oder die Chefin, es fehle ohnehin an Arbeitskräften, die Azubis seien unverzichtbar. „Da ist viel Überzeugungskraft notwendig", sagt Eckloff. „Für Azubis in großen Unternehmen, die Tochterfirmen oder Partner im Ausland haben, ist es einfacher, eine Freistellung für das Praktikum zu bekommen." Eckloff will sich mit der niedrigen Erasmus+-Quote unter Auszubildenden nicht abfinden. Er fordert die Schaffung eines europäischen Raums für Berufsbildung. [...] Es sei nötig, die im europäischen Ausland erbrachten Ausbildungsleistungen leichter anzuerkennen. Betriebe sollten entlastet werden, wenn sie einem Auslandspraktikum zustimmen.

Holland-Letz, Matthias: Bologna für Azubis. In: www.gew.de, Abruf am 18.10.2024

M7 Leben und Arbeiten im Binnenmarkt

70082-070

Nach: Bundeszentrale für politische Bildung / www.bpb.de / CC BY-NC-ND 3.0, Bonn, von Bearbeiter aktualisiert

Die Europäische Union macht es ihren Bürgerinnen und Bürgern besonders leicht, in andere EU-Länder zu reisen oder sogar dort zu leben und zu arbeiten. Das funktioniert, weil die Europäische Union eine gemeinsame Wirtschaftszone bildet, den sogenannten Europäischen Binnenmarkt mit seinen vier Freiheiten: die (Bewegungs-)Freiheit für Menschen, Waren, Dienstleistungen und das Kapital.

Das bedeutet, dass z. B. ein polnischer Krankenpfleger in Deutschland arbeiten darf, denn er hat das Recht auf Freizügigkeit. Schwedischer Käse darf in Frankreich verkauft werden. Eine Spanierin darf in Belgien ein Reisebüro eröffnen und dort ihre Dienstleistungen anbieten. Und ein Österreicher kann ein Girokonto bei einer niederländischen Bank eröffnen, denn jedes Unternehmen, das in einem EU-Staat zu Hause ist, darf seine Waren und Dienstleistungen in anderen EU-Ländern anbieten, ohne dafür Zollgebühren zahlen zu müssen (wie z. B. amerikanische Firmen, die Waren nach Europa exportieren). Außerdem gelten für alle Unternehmen innerhalb der EU dieselben Produktionsvorschriften.

Bearbeiter

M8 Wie entwickelt sich das Kinderarmutsrisiko in Europa?

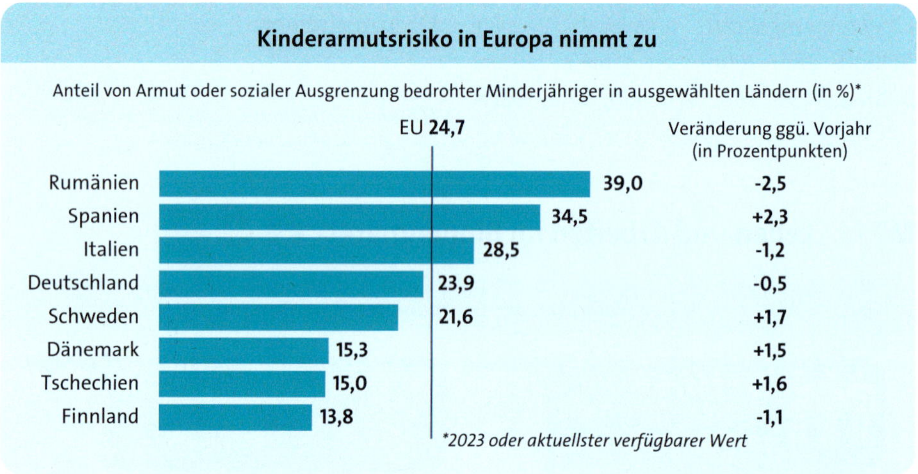

Nach: Statista 2023, Quelle: Eurostat, Save the Children

M9 Eurowaisen in Osteuropa

Eurowaisen
Eurowaisen sind Kinder aus Mittel- und Osteuropa, deren Eltern ins westeuropäische Ausland gezogen sind, um dort zu arbeiten, und die Kinder zurücklassen mussten, oft bei Großeltern oder Tanten, weil sie die Familie finanziell versorgen wollen. Der Begriff wurde von Medien übernommen und ist im Volksmund auch als „Kofferkinder" oder „Allein-zuhause-Kinder" bekannt.

Als [...] [Oksana] drei Jahre alt war, gingen ihre Eltern zum ersten Mal fort aus der Republik Moldau. Nach drei Jahren kam ihre Mutter Jelena wieder, für wenige Monate. Als dann der Abschied kam, schickte sie ihre Tochter zur Großmutter. [...] Oksana, inzwischen 18 Jahre alt, [...] spürt noch heute die Wut, die sie als kleines Mädchen empfand: „Ich war zu klein, um zu verstehen, dass meine Mutter nicht ging, weil sie es wollte oder gern tat." Oksanas Mutter arbeitet noch heute in Israel - sie kümmert sich dort um die Kinder einer anderen Familie. Im Osten Europas werden viele Kinder wie Oksana groß - elternlos. [...] Studien belegen, dass in der Republik Moldau mehr als die Hälfte der Kinder zeitweise ohne Mutter oder Vater aufwächst. In EU-Mitgliedsstaaten gehen NGOs von 500.000 bis zu einer Million betroffener Kinder aus, [...]. [...] Die Familiengeschichten ähneln einander. Meist spielen sie sich in ländlichen Regionen mit hoher Arbeitslosigkeit ab. Das Geld, das Eltern dort verdienen reicht nicht, um der Familie das Nötigste zu bieten; [...] [...] Sie wandern aus, arbeiten als Erntehelfer, Bauarbeiter, Altenpflegerinnen oder Nannies im Ausland. Viele verschlägt es in EU-Staaten - oft sind sie dort illegal. Die Kinder bleiben zurück - mit einem Elternteil, mit den Großeltern, Bekannten oder alleine.

Nejezchleba, Martin: Eurowaisen in Osteuropa. In: www.dw.com, Abruf am 18.07.2025

M10 Was unternimmt die EU gegen Kinderarmut und soziale Ausgrenzung?

70082-071

a) EU-Kinderrechtsstrategie

„Die Kommission [setzt sich] das ehrgeizige Ziel, die Zahl der von Armut oder sozialer Ausgrenzung bedrohten Menschen in der EU bis 2030 um mindestens 15 Millionen (davon mindestens 5 Millionen Kinder) zu senken."

Europäische Kommission: EU-Kinderrechtsstrategie. S. 7

b) Europäische Kindergarantie

Außerdem sind die am stärksten betroffenen Mitgliedstaaten dazu verpflichtet worden, 5 % des Geldes, das sie von der EU für soziale Zwecke (aus dem Europäischen Sozialfonds Plus) erhalten, für die Bekämpfung von Kinderarmut und sozialer Ausgrenzung ausgeben.

Europäische Kommission (2021): Factsheet: Europäische Kindergarantie, S. 2

Die Mitgliedstaaten sollten Folgendes garantieren

Kostenlosen und wirksamen Zugang für Kinder in Not

- zur frühkindlichen Betreuung, Bildung und Erziehung
- zu Bildung und schulischen Aktivitäten
- zu mindestens einer gesunden Mahlzeit pro Schultag
- zum Gesundheitswesen

Wirksamen Zugang für Kinder in Not

- zu einer gesunden Ernährung
- zu einer angemessenen Unterbringung

19,9 % der Kinder mit Behinderung brechen ihre schulische bzw. berufliche Ausbildung ab, gegenüber **9 %** der Kinder ohne Behinderungen.

Nach: Europäische Kommission (2021): Factsheet: Europäische Kindergarantie, S. 2 / CC BY 4.0

Aufgaben

70082-602

1. Erläutere, welche Entwicklungsmöglichkeiten und Chancen das Programm Erasmus+ jungen Menschen bietet (**M5**, **M6**).
2. Beschreibe, was mit den „vier Freiheiten" im Binnenmarkt gemeint ist (**M7**).
3. Erläutere, von welchen Freiheiten (**M7**) die Jugendlichen in **M2** jeweils besonders profitieren bzw. profitiert haben.
4. Erkläre, weshalb nicht alle jungen Menschen gleichermaßen von den Freiheiten und Entwicklungschancen profitieren, welche die EU ihren Bürgerinnen und Bürgern bietet (**M6-M10**).
5. a) Tauscht euch zu zweit über eure Zukunftspläne aus.
   b) Überprüft anschließend, inwiefern ihr mit Blick auf eure Zukunftspläne von der Mitgliedschaft Deutschlands in der Europäischen Union profitieren könnt.

Hinweis
Im Jahr 2024 galten 21,4 Prozent der EU-Bevölkerung als von Armut oder sozialer Ausgrenzung bedroht. Das entspricht einer Zahl von rund 93 Millionen Menschen.

F zu Aufgabe 4
Im Jahr 2021 haben sich die EU-Mitgliedstaaten zur Bekämpfung von Kinderarmut verpflichtet (**M11b**). Überprüfe, wie sich die Kinderarmut in der EU (Durchschnittswert für alle 27 Länder in Prozent) seitdem entwickelt hat.

Link zu Eurostat-Daten

70082-621

F zu Aufgabe 5
Informiere dich im europäischen Jugendportal über weitere aktuelle Angebote der EU für junge Menschen, die dir bei der Verwirklichung deiner Zukunftspläne helfen können.

6.1.3 Wie viel EU brauchen wir im Alltag?

Als Bürgerin und Bürger profitierst du von Regelungen der EU. So kannst du zum Beispiel ohne zusätzliche Gebühren ins EU-Ausland telefonieren und hast beim Online-Shopping ein 14-tägiges Rückgaberecht. Allerdings gibt es auch immer wieder europäische Entscheidungen, die in der Bevölkerung auf Ablehnung stoßen oder stark umstritten sind.

M11 Wer ist zuständig?

1

USB-C als Ladekabel für (fast) alles

2

Einheitliche Zollgebühren für die Einfuhr von Waren aus Nicht-EU-Ländern

3

EU-Kommission verhängt 1,8-Milliarden-Euro-Strafe gegen Apple

Die EU-Kommission hat eine Wettbewerbsstrafe von 1,8 Milliarden Euro gegen den Tech-Giganten Apple verhängt. Das amerikanische Unternehmen habe seine marktbeherrschende Stellung für den Vertrieb von Musik-Streaming-Apps [...] missbraucht [...]. Apple habe App-Entwicklern Beschränkungen auferlegt, die sie daran hinderten, Apple-Nutzer über andere und günstigere Musikabodienste zu informieren. „Dies ist nach den EU-Kartellvorschriften illegal", argumentierte die Kommission.

dpa/AFP: EU-Kommission verhängt Milliardenstrafe gegen Apple. In: www.faz.net, 04.03.2024

4

Kennzeichnung von biologisch erzeugten Produkten

5

Einheitliche Abgasvorschriften und ab 2035 keine neuen Verbrennermotoren mehr

6

Bekämpfung von Kinderarmut

7

EVP-Chef Weber fordert Einstieg in europäische Armee

Angesichts wachsender militärischer Unsicherheit für Europa fordert der Vorsitzende der Europäischen Volkspartei Manfred Weber den Einstieg in eine europäische Armee.

Schlichting, Marko: EVP-Chef Weber fordert Einstieg in europäische Armee. In: www.n-tv.de, 02.02.2024

M12 Wie sind die Zuständigkeiten in der EU verteilt?

Europäische Union		
Ausschließliche Zuständigkeiten der EU	**Gemischte Zuständigkeiten von EU** (Mindeststandards) **und Mitgliedstaaten** (nationale Umsetzung)	**Nationale Zuständigkeiten**
• Zollunion • Garantie eines freien Wettbewerbs auf dem Binnenmarkt • Wettbewerbsrecht • Währungspolitik • Mitglieder der Eurozone • Regeln für den Handel mit Nicht-EU-Ländern (Außenhandelspolitik) • Schutz von Meerespflanzen und -tieren	• (Produkt)Standards und Regeln für den Binnenmarkt • Landwirtschaft und Fischerei • Energie- und Verkehr • Umweltschutz • Verbraucherschutz • Forschung und Raumfahrt • Sozialpolitik • Migrationspolitik • Entwicklungszusammenarbeit und humanitäre Hilfe • Sicherheits- und Verteidigungspolitik • Schutz der Grundrechte	• Schulische und berufliche Bildung • Bevölkerungsschutz • Gesundheitspolitik • Jugend- und Familienpolitik • Kultur und Sport • Tourismus

Bearbeitergrafik

Subsidiaritätsprinzip

Das Subsidiaritätsprinzip bedeutet, dass sich jeder Staat erst einmal selbst helfen soll. Die EU wird nur dann aktiv, wenn es dadurch leichter wird, ein gemeinsames Problem zu lösen.

In der EU arbeiten die Mitgliedsstaaten in vielen Bereichen ganz eng zusammen: Bei Fragen der Menschenrechte, beim Handel und beim Verbraucherschutz, in der Umwelt- oder der Fischereipolitik.

Der weitaus größte Teil der deutschen Gesetze geht auf EU-weite Regelungen zurück. Dabei gilt jedoch das Grundprinzip der Subsidiarität. Das bedeutet, dass die Europäische Union nur dann aktiv werden darf, wenn Maßnahmen der Mitgliedsstaaten nicht ausreichen, um Probleme zu lösen und wenn die politischen Ziele besser gemeinsam auf der EU-Ebene erreicht werden können.

Bearbeiter

Text M14 in voller Länge (Link)

70082-622

M13 Beiträge in den sozialen Medien zu Regelungen der EU

Damit Bürgerinnen und Bürger erfahren, welche Regelungen aktuell sind, postet die EU-Kommission wichtige Mitteilungen in sozialen Medien.

A

B

Beiträge auf dem Instagram Kanal der EU-Kommission am 17.12.2022 (A) und 18.01.2023 (B)

M14 Dauerstreit wegen Asylpolitik

Orbán setzt sich über EU-Regeln hinweg

Die rechtspopulistische Regierung Ungarns unter Ministerpräsident Viktor Orbán führt seit Jahren eine Anti-Migrationspolitik und befindet sich daher in einem ständigen Konflikt mit der EU-Kommission. Viktor Orbán, der ungarische Regierungschef, lehnt entgegen internationalem und EU-Recht die Aufnahme von Asylsuchenden in seinem Land ab.

Akkoyun, Nail: „Hartes Vorgehen notwendig": Nächstes Land will aus Migrations-Regeln raus – und erpresst die EU. In: www. merkur.de, 19.09.2024

Aufgaben

70082-603

1. Ordne die Beispiele aus **M11** den Politikfeldern aus der Tabelle **M12** zu.
2. Erläutere, warum die EU in manchen Fällen allein zuständig ist und es bei anderen Themen eine gemeinsame Zuständigkeit der EU und der Mitgliedstaaten gibt (**M12**, **#Subsidiaritätsprinzip**).
3. a) Beschreibe, worüber die EU in ihren Beiträgen aufklärt (**M13**).
   b) Stelle Vermutungen an, warum die EU-Kommission diese Beiträge veröffentlicht. Begründe deine Vermutungen.
4. Begründe, in welchen Politikbereichen du EU-Regelungen für besonders wichtig, weniger wichtig oder unwichtig hältst.
5. Erkläre, warum sich die ungarische Regierung weigert, die EU-Migrationsregeln umzusetzen (**M14**).
6. Bewerte die Aussage: „Die EU sollte sich weniger in den Alltag ihrer Bürgerinnen und Bürger einmischen."

F **zu Aufgabe 5**
Recherchiere, welche gemeinsamen Migrationsregeln (Asyl-Paket) die EU-Staaten im Jahr 2024 beschlossen haben und wie EU auf die ungarische Missachtung dieses Beschlusses reagiert hat.

Welche Rolle spielt die EU in unserem Alltag?

Ziele und Grundwerte der Europäischen Union

> M4

Die Europäische Union ist aus der Europäischen Wirtschaftsgemeinschaft EWG hervorgegangen, die 1957 in Rom gegründet wurde. Die ersten Maßnahmen der Gründungsstaaten waren, Kohle, Stahl und Atomenergie gemeinsam friedlich zu nutzen, eine Zollunion und einen gemeinsamen Markt zu gründen.
In mehreren Schritten der Erweiterung und durch mehrere Verträge ist die heutige Europäische Union entstanden. Alle Mitgliedsstaaten haben sich auf gemeinsame Werte verpflichtet: die Wahrung der Menschenwürde, Freiheit, Demokratie, Menschenrechte und Rechtstaatlichkeit.

Übung
70082-611

Der Europäische Binnenmarkt

> M7

Der Kern der europäischen Integration ist der gemeinsame Binnenmarkt, der nach und nach errichtet wurde (Vollendung 1993). Der Europäische Binnenmarkt hat vier Freiheiten:

1. Im Europäischen Binnenmarkt dürfen alle Waren frei gehandelt werden.
2. Alle Personen genießen Freizügigkeit, d.h. dürfen wohnen und arbeiten, wo sie möchten.
3. Dienstleitungen dürfen im gesamten Binnenmarkt angeboten werden.
4. Es gibt einen freien Kapitalmarkt.

Übung
70082-612

Zusammenarbeit in der Europäischen Union

> M12

Die Europäische Union ist ein Staatengebilde, das aus 27 Mitgliedsstaaten besteht, die in vielen Politikbereichen (z.B. Warenhandel, Umweltschutz) gemeinsam überstaatliche Richtlinien und Gesetze haben, in anderen Politikbereichen (z.B. Steuerrecht, Sozialrecht) aber weiterhin eigene nationale Zuständigkeiten. Ein Grundprinzip der Zusammenarbeit lautet: Erst wenn ein Staat Probleme nicht selbst lösen kann, wird die EU zuständig. Das nennt man Subsidiaritätsprinzip.

Übung
70082-613

6.2 Politische Entscheidungen in der EU

6.2.1 Wie können sich EU-Bürgerinnen und -Bürger beteiligen?

Viele Entscheidungen in der Union gehen meist auf die Initiative der Regierungen der Mitgliedsstaaten oder der Europäischen Kommission in Brüssel zurück. Nach und nach sind durch Reformen die Mitwirkungsrechte der Bürgerinnen und Bürger gestärkt worden, z. B. dürfen sie die Abgeordneten in das Parlament direkt wählen und mithilfe von Europäischen Bürgerinitiativen ihre Interessen einbringen. Wie bürgernah und demokratisch ist die EU?

M1 „Stop plastic in the Sea“

70082-072

Expédition MED
französische Nichtregierungsorganisation, die das erste wissenschaftliche Forschungsprogramm zu Mikroplastik im Mittelmeer initiiert hat.

Infolge der Europäischen Bürgerinitiative „Stop plastic in the sea" (2015) von Expédition MED gegen die Verunreinigung des Mittelmeers durch Plastikmüll hat die Europäische Union Richtlinien verabschiedet, die den Mitgliedstaaten unter anderem eine Reduktion der Nutzung von Plastiktüten auferlegen. Mehrere EU-Mitgliedstaaten haben seitdem Maßnahmen in diese Richtung ergriffen. In Frankreich wurde ein Gesetz verabschiedet, das die Nutzung von Einweg- und oxo-fragmentierbaren Plastiktüten seit 2016 verbietet.

Mit Plastikmüll verschmutzter Meeresboden

Bearbeiter

M2 Welche Folgen hat Plastikmüll?

Nach: dpa-Grafik 22336; Quelle: NOAA Marine Debris Program, World Ocean Review, Alfred-Wegener-Institut für Polar- und Meeresforschung u. a.

Die Europäische Bürgerinitiative (EBI)

Die Bürgerinnen und Bürger der EU können Unterschriften für eine Bürgerinitiative sammeln. Damit kann die Europäische Kommission aufgefordert werden, einen Gesetzentwurf in den europäischen Gesetzgebungsprozess einzubringen.
Diese Regelung gibt es seit 2012. Bürgerinitiativen sollen die Entscheidungen in der EU demokratischer machen und die europäische Öffentlichkeit stärken. Mindestens eine Million Unterschriften müssen gesammelt werden und sie müssen mindestens aus einem Viertel der EU-Staaten kommen. Der Ablauf einer Bürgerinitative ist genau geregelt.

Bearbeiter

Aktuelle Europäische Bürgerinitiativen

70082-623

M3 Die Europäische Bürgerinitiative als Beteiligungsinstrument

Ablauf der Europäischen Bürgerinitiative

1 START EINER EBI
Bildung des Bürgerausschusses,
das zentrale Organ der EBI-Organisatoren

2 REGISTRIERUNG
Dauer maximal: 2 Monate
Die Kommission entscheidet über die Zulassung einer EBI.

3 UNTERSCHRIFTENSAMMLUNG
Dauer maximal: 12 Monate
Start direkt nach der Registrierung
1 Million Unterschriften aus 7 Mitgliedstaaten (1/4 der EU-Staaten)
Mindestalter: 18 Jahre

4 ÜBERPRÜFUNG DER UNTERSCHRIFTEN
Dauer maximal: 3 Monate
Nationale Behörden prüfen und zertifizieren

5 EINREICHUNG UND FOLLOW-UP
Dauer maximal: 3 Monate

Treffen des Organisationsteams mit der Kommission
Gedankenaustausch und Beantwortung von Fragen

Öffentliches Hearing im EP
Das Hearing ist der zentrale Output einer EBI und zieht im Idealfall eine Gesetzesinitiative nach sich. Das Organisationsteam hat die Möglichkeit, sein Anliegen vor Vertretenden des Parlamentes, der Kommission und Interessengruppen vorzutragen und zu diskutieren.

Kommission entscheidet über weitere Reaktionen
Die Kommission entscheidet, ob sie eine Gesetzesinitiative anstößt, andere Maßnahmen in Betracht zieht oder nicht tätig wird.

Nach: Bertelsmann Stiftung: Wissenswertes zur Europäischen Bürgerinitiative. Factsheet 2/2018, S. 2

Hearing
engl. Anhörung

M4 Welche Maßnahmen wurden für weniger Plastikmüll ergriffen?

Das EU-Plastikverbot

Diese Produkte sind seit dem 3. Juli 2021 verboten

- **Fast Food Verpackungen**
- **To Go Becher**
- **Rührstäbchen**
- **Luftballon-Stäbchen**
- **Einweg-Besteck**
- **Strohhalme**

Verbotene Plastikprodukte

Bearbeitergrafik

M5 Entwicklung des Plastikmülls in ausgewählten EU-Ländern

a) Wie entwickelte sich der Verbrauch von Plastiktüten?

Verbrauch leichter Kunststofftragetaschen pro Person zwischen 2018 und 2021
(Stand: 2024)

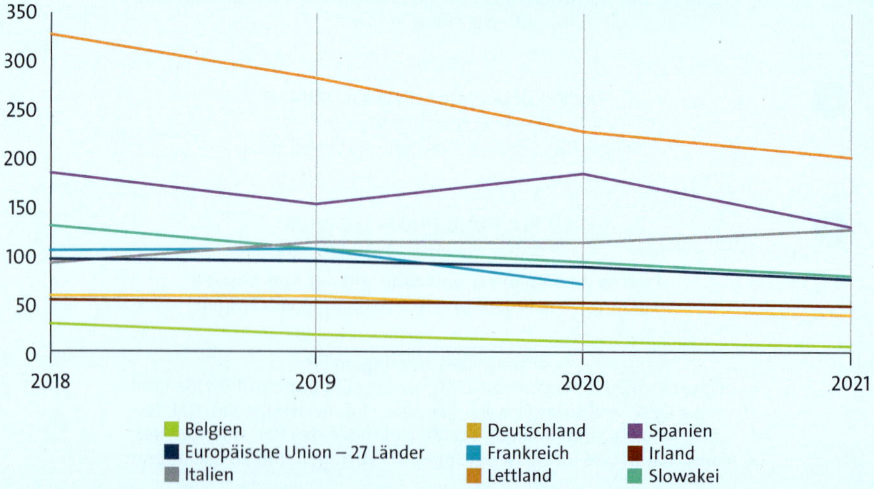

Frankreich (in der Grafik kein Wert für 2021) Portugal, Dänemark, Schweden, Estland, Österreich und Griechenland haben mittlerweile ein vollständiges Verbot von Plastiktüten umgesetzt.

Zeitliche Frequenz: Jährlich, Stärke: Weniger als 50 Mikron, Maßeinheit: Anzahl pro Einwohner

©C.C. Buchner Verlag, aktuelle Daten nach: Eurostat (Datenerhebung: 2018-2021; Grafikerstellung: 2024)

b) Wie entwickelte sich die Menge an Plastikmüll allgemein?

Entwicklung des Plastikmülls (in Kilogramm) pro Person zwischen 2018 und 2021
(Stand: 2024)

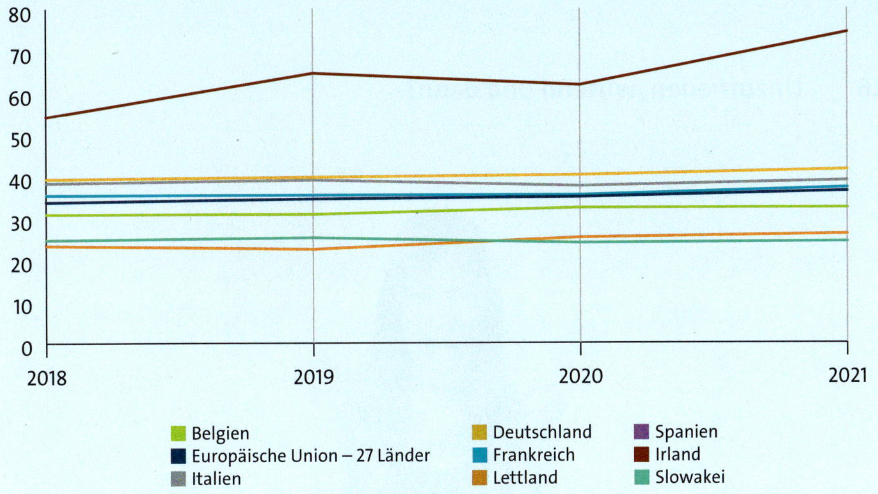

Zeitliche Frequenz: Jährlich, Abfallkategorien: Kunststoffverpackungen, Abfallbewirtschaftungsmaßnahmen: Erzeugter Abfall, Maßeinheit: Kilogramm pro Kopf

Aufgaben

70082-604

1. Nenne das Ziel der Europäischen Bürgerinitiative „Stop plastic in the Sea“ (**M1**).
2. Stelle dar, inwiefern Plastikmüll ein Umweltproblem ist (**M2**).
3. Überprüfe, inwiefern die Bürgerinitiative erfolgreich und inwiefern sie nicht erfolgreich war (**M1**, **M4**, **M5**).
4. a) Recherchiere, an welchen Europäischen Bürgerinitiativen du dich momentan beteiligen kannst (**QR-Code**).
   b) Welche EBI interessiert dich (besonders)? Fasse ihr(e) Ziel(e) zusammen.
   c) Bildet Kleingruppen zu den aktuellen Europäischen Bürgerinitiativen, die euch besonders interessieren.
   d) Begründet, warum euch die (von euch) ausgewählte Initiative besonders interessiert.
   e) Erklärt, in welcher Phase (**M3**) sich die von euch ausgewählte Initiative gerade befindet.
   f) Überprüft die Erfolgsaussicht der von euch ausgewählten Initiative anhand der Unterstützerzahl und der noch verbleibenden Laufzeit.
   g) Präsentiert der Klasse euer Arbeitsergebnis.
5. Begründe, welche der vorgestellten Europäischen Bürgerinitiativen du für unterstützenswert hältst und welche nicht.

6.2.2 Welche Beteiligungsformen passen zu dir?

Die Europäische Bürgerinitiative ist eine von vielen Möglichkeiten, wie du dich als EU-Bürgerin und -Bürger politisch engagieren kannst. Doch es gibt noch viele andere Beteiligungsformen. Welche Formen der politischen Partizipation am besten zu dir passen, kannst du nun herausfinden.

M6 Unzufrieden, wütend und dann?

Bearbeitergrafik

M7 Formen der Bürgerbeteiligung in der Europäischen Union

Nach: Bundeszentrale für politische Bildung / www.bpb.de / CC BY-NC-ND 3.0, Bonn

M8 Demokratieformen und Bürgerbeteiligung

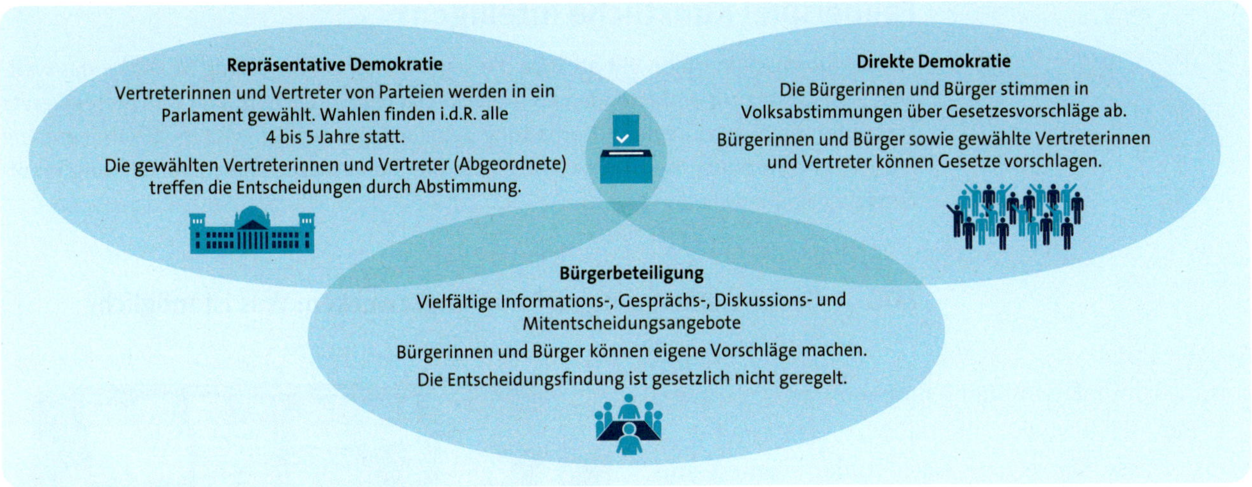

Bearbeitergrafik

M9 Forderung nach europäischen Volksabstimmungen

Laut einer von der Fraktion der europäischen Linken in Auftrag gegebenen Studie, haben zwischen 2011 und 2021 nur 2 von 86 Europäischen Bürgerinitiativen (EBI) bei der EU-Kommission Gehör gefunden. Aus Sicht der Europäischen Linke sollten erfolgreiche Initiativen deshalb in Zukunft automatisch zur Erarbeitung eines Gesetzesvorschlags (zwingende Parlamentsbefassung) führen. Noch weiter reicht eine Forderung des Vereins „Mehr Demokratie e.V.". Ihm zufolge sollten Bürgerinnen und Bürger im Falle einer abgelehnten EBI das Recht haben, ein EU-weites Volksbegehren zu starten, welches bei Erfolg zu einer EU-weiten verbindlichen Volksabstimmung führen solle.

Bearbeiter

Aufgaben

70082-605

1. a) Nenne Dinge, die du tun kannst, wenn du dich über eine Regel, eine Entscheidung oder ein Gesetz ärgerst (**M6**).
   b) Vergleiche deine Ideen mit den Formen der Bürgerbeteiligung in der EU (**M7**).
   c) Erklärt euch gegenseitig die in **M7** genannten Beispiele für Bürgerbeteiligung.
2. Wähle drei Beteiligungsformen aus, die du persönlich am sinnvollsten findest. Begründe deine Auswahl.
3. Entscheide, welchen Demokratieformen (**M8**) sich die von dir bevorzugten Beteiligungsformen zuordnen lassen.
4. Erörtere, ob es, im Falle einer abgelehnten EBI, möglich sein sollte, einen EU-weiten Volksentscheid einzufordern und durchzuführen (**M9**).
5. Erstellt ein Ranking der Beteiligungsformen, die ihr am sinnvollsten findet.

H zu Aufgabe 1c
Recherchiert euch unbekannte Beteiligungsformen.

H zu Aufgabe 4
Die grundsätzlichen Pro- und Kontra-Argumente zu Volksabstimmungen findest du auf S. 185f., **M15-M16**.

6.2.3 Wie entsteht ein EU-Gesetz? Fallbeispiel Künstliche Intelligenz

In der Europäischen Union gilt ab 2026 die sogenannte KI-Verordnung (AI Act) – das weltweit erste Gesetz zur umfassenden Kontrolle Künstlicher Intelligenz. Wie kam dieses Gesetz zustande? Wer war an seiner Ausarbeitung beteiligt? Und warum wird im Zusammenhang mit der KI-Verordnung besonders heftig über die biometrische Gesichtserkennung im öffentlichen Raum diskutiert?

M10 Gesichtserkennung zu Fahndungszwecken: Was ist möglich?

Im Bahnhof, in der Einkaufsstraße, in der U-Bahn-Haltestelle – überall wird man von Kameras erfasst. Das eigene Gesicht, der eigene Gang, eine zufällige Bewegung – blitzschnell ausgewertet von einer künstlichen Intelligenz, die Personen identifiziert [...] und möglicherweise verdächtiges Verhalten meldet. Das ist längst möglich und wird durch die rasante Entwicklung künstlicher Intelligenz auch technisch immer schneller und genauer. [...] Das Bundeskriminalamt (BKA) etwa setzt seit 2008 eine Software ein, die die Gesichter polizeilich gesuchter Personen mit anderen zuvor gespeicherten Bildern vergleicht und den Ermittlern dann eine Liste von Treffervorschlägen liefert. Die tatsächliche Identifizierung nehmen aber noch immer menschliche Spezialisten vor. Das heißt, sie findet in Deutschland noch nicht vollautomatisch in „Echtzeit" statt.

Die Bundespolizei am Stuttgarter Hauptbahnhof sieht live am Monitor alle Bilder der Überwachungskameras, die von der Bahn im S-Bahn-Netz betrieben werden. Insgesamt überwachen rund 3000 Kameras den öffentlichen Raum der Landeshauptstadt.

Girschick, Kirsten / Eckstein, Philipp: Überwachung – ja, nein, vielleicht? In: www.tagesschau.de, 20.02.2023

M11 Was gilt in der EU?

Hinweis: Jeder EU-Mitgliedstaat hat das Recht, auf seinem Staatsgebiet den Einsatz KI-basierter Gesichtserkennungstechnologien noch stärker einzuschränken oder sogar vollständig zu verbieten.

Gesetz über künstliche Intelligenz (KI-Verordnung), Abs. 32-35 und Anhang II.

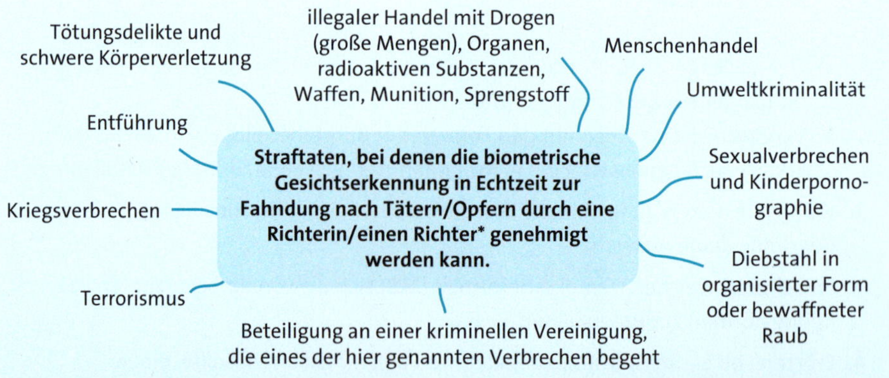

In dringenden Fällen kann die Genehmigung durch eine Richterin/einen Richter auch nachträglich innerhalb von 24 Stunden erfolgen.

Bearbeitergrafik

M12 Wie ist die KI-Verordnung entstanden?

Kategorisierung
= Zuordnung

Videobeitrag zu B

70082-624

A ______________________________

Das Europäische Parlament will deutlich strengere Regeln für Künstliche Intelligenz als die EU-Kommission. [...] Die federführenden Ausschüsse [...] fordern unter anderem ein Verbot von Systemen zur Gesichtserkennung in Echtzeit im öffentlichen Raum. [...] Auch Systemen zur Gefühlserkennung oder zur Kategorisierung von Menschen nach beispielsweise Geschlecht, Ethnie, Religion und Verhalten erteilen die Abgeordneten eine Absage.

Tagesschau: Strengere Regeln für Künstliche Intelligenz. In: www.tagesschau.de, 11.05.2023

B ______________________________

13. März 2024: Das Europäische Parlament [...] [stimmt dem vom Vermittlungsausschuss erarbeiteten Kompromiss mit großer Mehrheit zu]. [...] 523 Abgeordnete votierten [bei der Abstimmung in Straßburg] dafür, 46 dagegen, 49 enthielten sich. [...] Nun fehlt nur noch [...] [die Zustimmung des Rates der EU, die] für Ende April erwartet wird. [...] Bis das Gesetz vollständig gilt, wird es noch zwei Jahre dauern.

Mayr, Jakob: EU-Parlament macht Weg frei für KI-Gesetz. In: www.tagesschau.de, 13.03.2024

C ______________________________

Dezember 2023: Unterhändler des Europäischen Parlaments und des Rates der EU (Ministerrat) einigen sich im Vermittlungsausschuss auf einen Kompromiss. Unsicher war vor allem, ob Deutschland am Ende zustimmen würde. Bundesdigitalminister Volker Wissing (FDP) hatte sich nämlich dafür eingesetzt, die Dokumentationsvorschriften für kleine und mittlere Softwarefirmen zu lockern. Umstritten war außerdem die weiterhin geplante Ermöglichung biometrischer Gesichtserkennung in Echtzeit zu Fahndungszwecken, weil sie die Frage aufwirft, was wichtiger ist: Das schnellere Aufspüren von Straftätern oder der Schutz der Bevölkerung vor falschen Verdächtigungen und der Gefahr eines Missbrauchs dieser Überwachungstechnik durch kriminelle beziehungsweise demokratiefeindliche Akteure.

Bearbeiter

D ______________________________

Die KI-Verordnung geht auf einen Vorschlag des EU-Binnenmarktkommissars Thierry Breton im Frühjahr 2021 zurück. Die Grundidee der EU-Kommission: Strenge Regeln für KI-Anwendungen, von denen eine Gefahr für Menschen ausgeht – und möglichst wenige Regeln für KI mit geringem Risiko. Auf diese Weise soll verhindert werden, dass künstliche Intelligenz im großen Stil zu Betrugs- und Manipulationszwecken eingesetzt werden kann. Die Hoffnung ist, dass die Regeln weltweit Nachahmer finden.

Bearbeiter

E ______________________________

Der Verband der deutschen Digitalwirtschaft Bitkom sieht wegen der vom EU-Parlament geforderten Dokumentationspflicht für KI-Unternehmen die Wettbewerbsfähigkeit europäischer Firmen in Gefahr. Jungen Firmen werde damit die Entwicklung von KI-Basistechnologie erschwert, sagt Hauptgeschäftsführer Bernhard Rohleder.

Nach: Heinlein, Stefan: Bitkom: Wettbewerbsfähigkeit europäischer Firmen in Gefahr. In: www.deutschlandfunk.de, 09.12.2023

F ______________________________

Das „Europäische Netzwerk zur Verteidigung von Rechten und Freiheiten im Internet" (EDRi) kritisiert, dass der Kompromiss zwischen dem EU-Parlament und dem Rat „das Ergebnis eines großen Machtungleichgewichts zwischen den EU-Institutionen" sei. Die Vertreter der EU-Staaten hätten sich vom Lobbyismus der Industrie und der Sicherheitsbehörden beeinflussen lassen und das EU-Parlament dazu gedrängt, den Schutz wichtiger Menschenrechte zu Gunsten der biometrischen Gesichtserkennung aufzugeben.

Bearbeiter

M13 Die Organe der EU: Wer macht eigentlich was?

70082-073

Rechtsakte der EU
EU-Verordnungen werden ohne nationale Rechtsakte verbindlich.
EU-Richtlinien müssen von den Mitgliedstaaten umgesetzt werden, wobei es den Mitgliedstaaten selbst überlassen ist, wie sie dies tun.
EU-Entscheidungen und Beschlüsse sind verbindliche Festlegungen im Einzelfall.
EU-Empfehlungen sind nicht verbindlich.

Europäisches Parlament

Das Parlamentsgebäude in Straßburg

Das EU-Parlament wird alle 5 Jahre von den Bürgerinnen und Bürgern der Mitgliedstaaten gewählt und ist damit das einzige direkt gewählte EU-Organ. Die Anzahl der Abgeordneten aus jedem Mitgliedsland orientiert sich an der Bevölkerungsgröße der Mitgliedstaaten. Im Parlament finden sich die Abgeordneten in länderübergreifenden Fraktionen zusammen. Das Parlament entscheidet neben dem Ministerrat über Richtlinien und Verordnungen und wählt die Kommissionspräsidentin bzw. den Kommissionspräsidenten auf Vorschlag des Europäischen Rates.

Exekutive
die ausführende Gewalt, d. h. Regierung und Verwaltung

Europäische Kommission

Die EU-Kommission ist das Exekutivorgan der EU. Sie besteht aus der Kommissionspräsidentin bzw. dem Kommissionspräsidenten, die bzw. der vom EU-Parlament gewählt wird und 27 Kommissarinnen und Kommissaren. Jedes Mitgliedsland schlägt eine Kommissarin oder einen Kommissar für die Kommission vor, die bzw. der vom Parlament bestätigt werden muss. Jede Kommissarin/jeder Kommissar ist für ein bestimmtes Sachgebiet zuständig. Die Kommission sorgt für die Einhaltung des EU-Rechts. Sie verfügt zudem als einziges Organ der EU über das Gesetzinitiativrecht und wird deshalb auch oft als Motor der EU bezeichnet.

Sitz der EU-Kommission in Brüssel

Rat der Europäischen Union

Die drei Gebäude in Brüssel, in denen der Rat der EU arbeitet und tagt.

Der Rat der EU bzw. der Ministerrat ist die Vertretung der Mitgliedstaaten in der EU. Er setzt sich aus jeweils einer Vertreterin oder einem Vertreter der 27 Mitgliedstaaten zusammen. In ihm sitzen je nach Politikbereich die Ministerinnen bzw. Minister der Mitgliedstaaten, d. h. er tagt je nach Politikbereich in unterschiedlicher Zusammensetzung. Gemeinsam mit dem Parlament entscheidet er über die Gesetzesvorschläge der Kommission. Die Ratspräsidentschaft wechselt alle sechs Monate zwischen den Mitgliedstaaten.

Europäischer Rat

Sitzungssaal des Europäischen Rates in Brüssel

Der Europäische Rat ist das Gremium der Staats- und Regierungschefinnen und -chefs der EU. Mindestens zweimal pro Halbjahr findet sich der Rat zu einem Treffen ein, welches auch als EU-Gipfel bezeichnet wird. Der Europäische Rat legt die allgemeinen politischen Zielvorstellungen und Prioritäten der EU fest. Er gehört nicht zu den Gesetzgebungsorganen der EU und erörtert oder verabschiedet daher keine EU-Rechtsvorschriften. Er bestimmt vielmehr die politische Agenda der EU. Hierzu nimmt er auf seinen Tagungen jeweils „Schlussfolgerungen" an, in denen er die zur Diskussion stehenden Themen ermittelt und die zu ergreifenden Maßnahmen vorgibt.

Staats- und Regierungschefinnen und -chefs
je nach Land Bezeichnung für den/die Kanzler/in; den/die Präsident/in, den/die Ministerpräsident/in oder den/die Premierminister/in eines Staates.

Der Europäische Gerichtshof (EuGH)

Der EuGH ist das höchste europäische Gericht im Gerichtssystem der EU und hat u. a. die Aufgabe, auf Antrag zu prüfen, ob die Rechtsakte der EU rechtmäßig sind (Nichtigkeitsklagen) und die Mitgliedstaaten ihren Verpflichtungen aus den Verträgen nachkommen (Vertragsverletzungsverfahren). Jedes EU-Mitgliedsland entsendet eine Richterin bzw. einen Richter auf sechs Jahre mit der Möglichkeit der Verlängerung der Amtszeit. Der Präsident bzw. die Präsidentin des EuGH wird von den EuGH-Richterinnen und -Richtern ebenfalls auf sechs Jahre gewählt. Er bzw. sie kann uneingeschränkt wiedergewählt werden.

Die Haupttürme des Europäischen Gerichtshofes in Luxemburg

Bearbeiterin

M14 Wie entsteht ein Gesetz in der EU?

a) Gesetzgebungsprozess in der EU

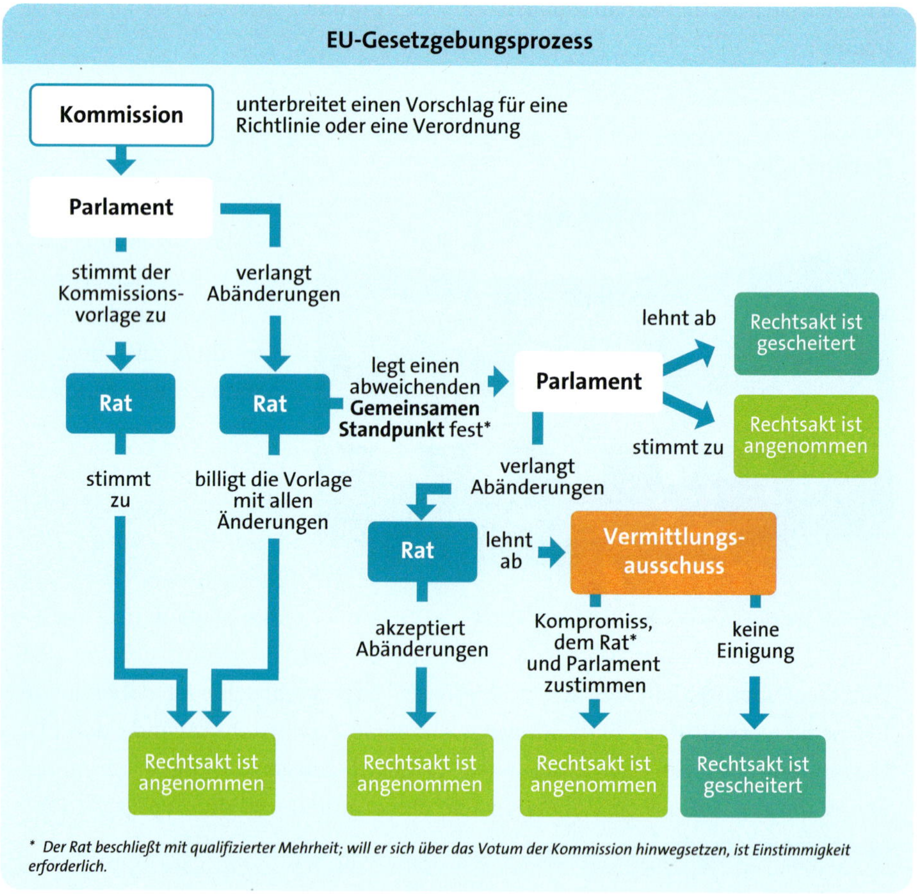

Nach: Bergmoser + Höller Verlag AG, Zahlenbilder 715 420

Lesehilfe:
Mit Rat ist der Rat der EU (auch Ministerrat) gemeint.

qualifizierte Mehrheit
Hier ist genau festgelegt, wie groß die Mehrheit sein muss, damit ein Beschluss gültig ist. Eine qualifizierte Mehrheit kommt zu Stande, wenn gleichzeitig folgende Bedingungen erfüllt sind: 55 % (= 15 von 27) der Mitgliedstaaten stimmen für den Vorschlag; der Vorschlag wird von Mitgliedstaaten unterstützt, die zusammen mindestens 65 % der Gesamtbevölkerung der EU ausmachen.

b) Zusammenspiel der EU-Organe

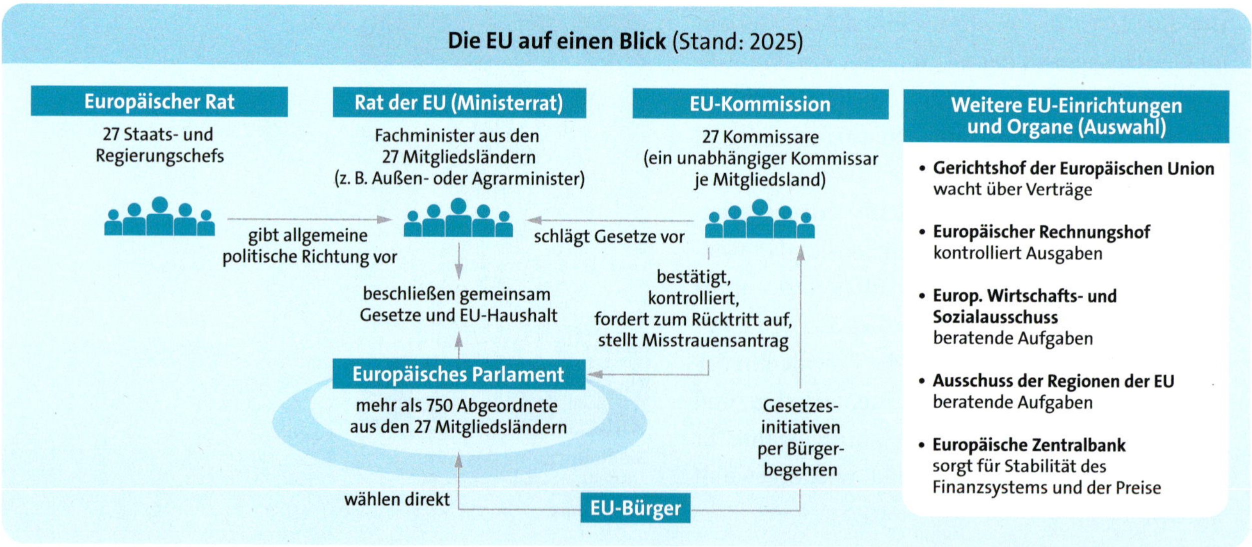

Nach: Globus, 5915

M15 Soll es eine Gesichtserkennung zu Fahndungszwecken geben?

70082-074

„Technisch ist es möglich, einen Straftäter oder Gefährder live per Kamera zu identifizieren, ihm zu folgen und am Ort festzunehmen – aber politisch bisher nicht gewollt [...]. So laufen die Sicherheitsbehörden hinterher. Das muss sich ändern!"

Jochen Kopelke, Bundesvorsitzender der Gewerkschaft der Polizei (GdP)

Gewerkschaft der Polizei: GdP zu Echtzeit-Fahndung mit Gesichtserkennungssoftware. In: www.gdp.de, 04.12.2023

Jochen Kopelke

„Natürlich muss der Einsatz sehr streng reguliert sein, aber wenn es auch klare Vorteile gibt, wie die Identifikation von vermissten Personen, ist ein vollständiges Verbot von Gesichtserkennung in allen Bereichen nicht zielführend."

Axel Voss, MdEP (CDU/EVP)

Zitiert nach: Herwartz, Christoph/Koch, Moritz: Soll Gesichtserkennung zur Verbrecherjagd erlaubt sein? In: www.handelsblatt.com, 22.04.2021

Axel Voss

„Gesichtserkennung zur Überwachung kennen wir aus China, diese Anwendung von Technologie hat in einer liberalen Demokratie nichts zu suchen."

Svenja Hahn, MdEP (FDP)

Zitiert nach: Tagesschau: Strengere Regeln für Künstliche Intelligenz. In: www.tagesschau.de, 11.05.2023

Svenja Hahn

MdEP
Die Abgeordneten des Europäischen Parlaments werden auch als MdEP (Mitglied des Europäischen Parlaments) oder MEP (Member of the European Parliament) bezeichnet.

Aufgaben

70082-606

1. Beschreibe, wie die biometrische Gesichtserkennung seit 2008 in Deutschland zu Fahndungszwecken genutzt wird (**M10**).
2. Erläutere, unter welcher Bedingung die EU eine Gesichtserkennung in Echtzeit erlaubt (**M11**).
3. Ordnet die einzelnen Schritte des Gesetzgebungsverfahrens zur KI-Verordnung der Reihe nach (**M12**). Geht dazu folgendermaßen vor:
   - Gebt den einzelnen Abschnitten passende Überschriften.
   - Informiert euch mithilfe von **M13** und **M14** über die wichtigsten Institutionen der EU und über das Gesetzgebungsverfahren.
   - Übertragt die Buchstaben und Überschriften in der richtigen Reihenfolge in euer Heft.
4. Bewerte eine der drei Stellungnahmen zur biometrischen Gesichtserkennung (**M15**). Verfasse hierzu ein politisches Urteil.

H zu Aufgabe 3
Ihr könnt die einzelnen Institutionen der EU arbeitsteilig genauer vorstellen. Hier findet ihr hilfreiche Recherchelinks:

70082-625

6.2.4 Die Europawahl: Wie demokratisch ist die EU?

Mit der Teilnahme an der Europawahl drücken alle Bürgerinnen und Bürger ihren politischen Willen aus. Während des Wahlkampfes wird von den Parteien viel Werbung für die Kandidierenden gemacht. Auf den ersten Blick scheint alles wie bei den Kommunal-, Landtags-, oder Bundestagswahlen abzulaufen. Trotzdem gibt es bei der Europawahl einige Besonderheiten. Wie kommen die Politikerinnen und Politiker in das EU-Parlament?

M16 Der Wahlzettel für die Wahl des Europäischen Parlaments

Insgesamt 35 Parteien und sonstige politische Vereinigungen waren in Deutschland zur Europawahl 2024 zugelassen.

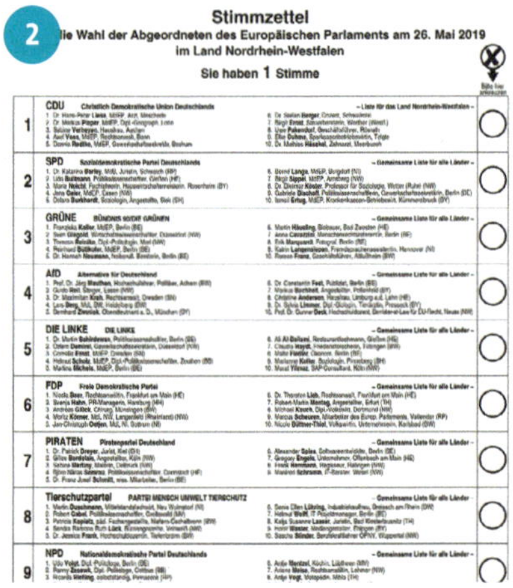

Ausschnitt eines Musterstimmzettels zur Europawahl 2019 in Nordrhein-Westfalen

M17 Welche Rahmenbedingungen gelten für die EU-Wahl?

70082-075

Grafik: Wahlalter für die Europawahl

70079-79

Die EU-Wahl findet seit 1979 alle fünf Jahre in den Mitgliedstaaten der EU statt. Bei der Wahl werden die Abgeordneten des Europaparlamentes von den Bürgerinnen und Bürgern der Mitgliedstaaten bestimmt. Es gelten die Wahlgrundsätze, dass die Wahlen allgemein, frei, geheim und direkt sind. Es können nur Parteien aus dem eigenen Land gewählt werden. Im Jahr 2024 standen in Deutschland 35 Parteien zur Wahl.

Alle Wahlberechtigten haben eine Stimme. Mit dem Kreuz werden keine einzelnen Personen gewählt, sondern Listen der jeweiligen Parteien. Auf den Listen stehen die Kandidierenden in einer festgelegten Reihenfolge. Die Anzahl der Stimmen, die eine Partei erhalten hat, entscheidet dann, wie viele Personen von der Liste in das EU-Parlament einziehen.

Die Parteien, die den Einzug in das EU-Parlament geschafft haben, schließen sich auf EU-Ebene zu europäischen Parteienfamilien oder auch Fraktionen zusammen. Auch kleine Parteien haben eine gute Chance, in das EU-Parlament einzuziehen, da es die sogenannte 5%-Hürde nicht gibt.

Im November 2022 hat der Bundestag beschlossen, das Wahlalter für die Europawahl in Deutschland zu senken. Deshalb dürfen seit 2024 EU-Bürgerinnen und -Bürger in Deutschland schon ab 16 Jahren wählen.

Bearbeiter

M18 Ergebnisse der EU-Wahl 2024

a) Das Europäische Parlament nach der Wahl 2024

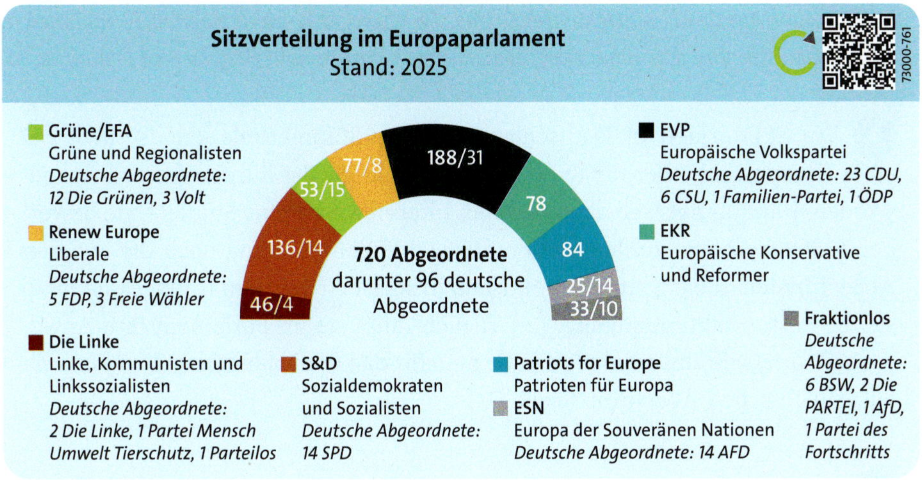

©C.C. Buchner Verlag, aktuelle Daten nach: Europäisches Parlament (Datenerhebung: 2025; Grafikerstellung: 2025)

b) Die Wahlergebnisse aus Deutschland

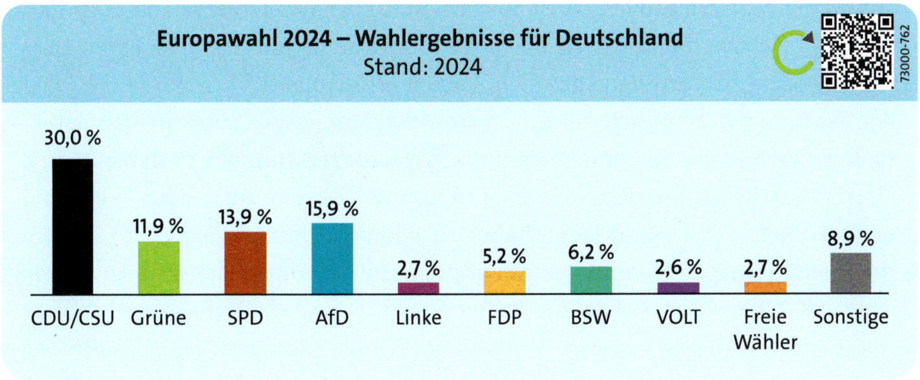

©C.C. Buchner Verlag, aktuelle Daten nach: Die Bundeswahlleiterin (Datenerhebung: 2024; Grafikerstellung: 2024)

c) Wie sind die deutschen Parteien im Europäischen Parlament vertreten?

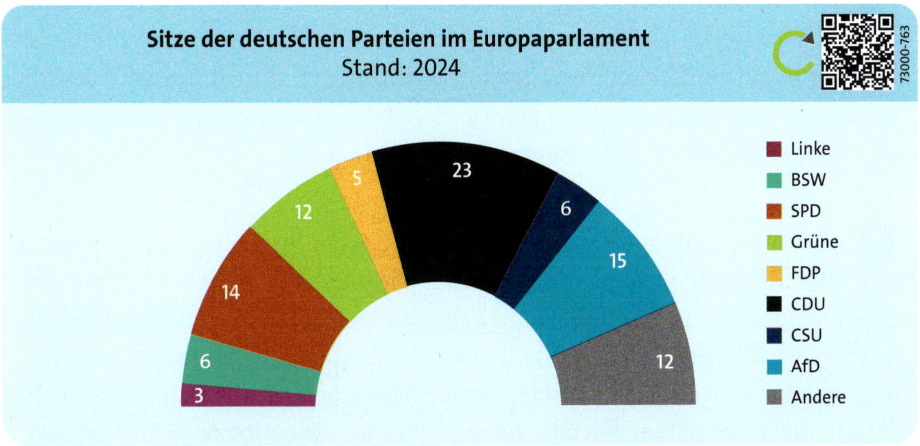

©C.C. Buchner Verlag, aktuelle Daten nach: Die Bundeswahlleiterin (Datenerhebung: 2024; Grafikerstellung: 2024)

Hinweis
Da es bei der Europawahl keine Prozenthürde und auch sonst keine Sperrklausel gibt, haben auch kleine Parteien die Chance auf einen oder mehrere Sitze im Europäischen Parlament. 2024 schafften 14 Parteien den Einzug ins Parlament (0,6 Prozent der Stimmen reichten für einen Sitz).

M19 Sabrina Repp ist Abgeordnete im Europaparlament – mit 25 Jahren

70082-077

In einer Reportage des Nachrichtenmagazins „Der Spiegel" erzählt sie vom Ankommen in der Europapolitik und ihrem neuen Alltag zwischen Frankreich, Belgien und Deutschland.

Sabrina Repp (SPD) ist Deutschlands jüngste EU-Abgeordnete

1 Die SPD erhielt in Deutschland weniger Stimmen als jemals zuvor bei einer Europawahl, aber für Repp hat es gereicht. Sie ist Europaabgeordnete geworden, [...]. [...] Fernsehsender wollen Interviews mit ihr, Studierende bewerben sich schon jetzt zuhauf um Praktika, und dann sind da noch die anderen Abgeordneten, die eigentliche politische Arbeit. Erst vor dem Mittagessen hatte sie die letzte Fraktionssitzung. [...] Täglich muss sie im Parlament ihre Anwesenheit unterschreiben, letztens habe man ihr da kaum glauben wollen, dass sie tatsächlich schon Abgeordnete sei. [...]

Blick aus dem Büro in Brüssel

2 Repps Büro ist nicht viel größer als das Schlafzimmer in einem Studierendenwohnheim, aber immerhin hat es ein eigenes kleines Badezimmer inklusive Dusche. [...] Für einen kurzen Moment sackt Repp hinter ihrem Schreibtisch zusammen. „So die ganze Zeit zu performen, ist schon auch echt anstrengend", sagt sie. „Gerade mit der Rolle als junge Abgeordnete und als Frau kommen ja umso größere Erwartungen an mich, die ich erfüllen will." [...]
Am Nachmittag empfängt sie ihre erste Besuchergruppe, gut zehn Studierende [...] sitzen in einem Seminarraum im Besucherzentrum des Parlaments und starren auf Repp. Die sitzt mit überschlagenen Beinen auf einem Tisch und erzählt ihnen, was sie [...] überhaupt zu alldem hier motiviert hat. „Ich bin die Erste in meiner Familie, die Abi gemacht und studiert hat", sagt sie. „Mein Vater ist Maler, der war früher teilweise für Tage auf Montage und musste mit 1.400 Euro Gehalt unsere vierköpfige Familie ernähren." Ihre Mutter sei gelernte Gärtnerin, doch mit der Wende habe sie diesen Job verloren. „Dann hatte sie Ein-Euro-Jobs, Arbeitsbeschaffungsmaßnahmen, Kettenbeschäftigungen als Reinigungskraft, und war langzeitarbeitslos." Immer wieder habe Repp dadurch die Folgen der sozialen Ungleichheit bemerkt. „In meinem Studium hätte ich eigentlich ein Auslandssemester machen müssen. Wegen Corona ist das weggefallen. Aber mit dem Erasmus-Geld, wie es aktuell ist, wäre das für mich auch kaum zu finanzieren gewesen", sagt sie und kündigt [...] zugleich an: So etwas wolle sie als Abgeordnete verändern. [...]

Wende
meint hier den Prozess der deutschen Wiedervereinigung seit dem Mauerfall 1989.

3 Gut anderthalb Jahre ist es her, da schlugen die Jusos [Jugendorganisation der SPD] Repp als ihre Ostkandidatin für die Europawahl vor. Sie habe erst mal überlegt, ob sie das überhaupt wolle, viel mit ihrem Partner gesprochen, Stichwort auch: Familienplanung. Ein Kind bekommen, während sie im Europaparlament arbeitet, das komme für sie eher nicht infrage, auch wenn sie da ja eigentlich mit gutem Vorbild vorangehen müssten. Also entschied sie sich vorerst gegen ein Kind in den nächsten Jahren und für die Kandidatur. [...]

4 Mitte Juli, gut einen Monat nach der Wahl, sieht Repp zum ersten Mal das Parlamentsgebäude in Straßburg. Und zum ersten Mal kommt sie mit fast allen anderen Abgeordneten gleichzeitig zusammen, bei der konstituierenden Sitzung im dortigen Plenarsaal. [...] Für mehr als die Hälfte der 720 Abgeordneten ist es das erste Mal, und dennoch ist ihr Durchschnittsalter 50, also doppelt so alt wie Repp. [...] In dieser ersten Woche stehen vor allem Wahlen an, am Dienstag die der Parlamentspräsidentin, am Donnerstag die der Kommissionspräsidentin, zwischendurch noch die rund zwanzig anderer Posten. [...]
Wenn gerade keine Plenarsitzung ist, hat sie Sitzungen mit der Fraktion oder der Partei, in der sie sich für ebendiese Wahlen absprechen. Und wenn auch diese Sitzungen gerade pausieren, nimmt sie Videos und Storys für Insta oder TikTok auf, organisiert das Ankommen ihres Teams, beantwortet Mails. Mehrfach verschieben sich ihre Pläne dann doch kurzfristig wieder, weil plötzlich andere Termine angesetzt wurden. [...]

Platz 628: Sabrina Repp im Plenarsaal des Europaparlaments

5 Neben vier Tagen im Parlament muss sie meist noch drei Tage in der Heimat arbeiten. Ständig schläft sie im Hotel, weil ihr die Zeit fehle, eine Wohnung in Brüssel zu suchen, und weil das antik anmutende Bürobett in Straßburg doch nicht wirklich für eine erholsame Nacht geeignet scheint. Nach kurzer Einarbeitung in den Ausschüssen beginnt im August die parlamentarische Sommerpause. Keine Ausschussarbeit, keine Plenarsitzungen, dafür räumt Repp nun Tische in ihre Wahlkreisbüros und grinst bei Wirtschaftsempfängen in die Kamera. Eine Woche verreist sie mit ihrem Partner, so richtig in die Ferien. Ihre freien Wochenenden seit Beginn des vergangenen Jahres ließen sich an zwei Händen abzählen, sagt sie wenige Tage vor dem Urlaub.

Repp beim Fototermin

Westerkamp, Joscha F.: Jüngste deutsche EU-Abgeordnete. Vom Hörsaal ins Parlament. In: www.spiegel.de, 08.09.2024

Aufgaben

70082-607

1. Stelle Vermutungen an, warum der Wahlzettel so lang ist (**M16**).
2. Erkläre mit Hilfe von **M17**, ...
   a) ... wer bei der EU-Wahl in Deutschland wahlberechtigt ist.
   b) ... wer zur Wahl steht.
   c) ... wie genau gewählt wird.
   d) ... warum es bei der Europawahl auch (kleine) deutsche Parteien, die nicht im Deutschen Bundestag vertreten sind, ins EU-Parlament schaffen können (**M18**c).
3. a) Analysiere die Wahlergebnisse aus dem Jahr 2024 (**M18**).
   b) Ordne den europäischen Fraktionen die deutschen Parteien zu (**M18**).
4. a) Beschreibe den Alltag einer bzw. eines neu gewählten EU-Abgeordneten (**M19**).
   b) Erkläre, warum es sich um eine sehr anspruchsvolle Arbeit handelt.
   c) Begründe, ob du dir vorstellen könntest als Europaabgeordnete oder -abgeordneter zu arbeiten.

F zu Aufgabe 3
Recherchiere, welche Abgeordneten Baden-Württemberg im Europäischen Parlament vertreten.

F zu Aufgabe 4
Der Deutsche Bundestag hat das Recht, selbst ein Gesetz vorzuschlagen (Gesetzesinitiative). Dieses Recht hat das Europäische Parlament nicht. Erörtert die Meinung, die Gesetzgebung in der EU sei deswegen nicht demokratisch genug.

Wie werden Entscheidungen in der EU getroffen?

Europäische Bürgerinitiative

> M3

Für eine Europäischen Bürgerinitiative (EBI) müssen mind. 1 Million Unterschriften in mindestens einem Viertel der Mitgliedsstaaten innerhalb von zwölf Monaten gesammelt werden. Mit der Europäische Bürgerinitiative sollen die direkten Einflussmöglichkeiten der Bürgerinnen und Bürger gegenüber den Institutionen der EU gestärkt werden.

Übung
70082-614

Das EU-Parlament

> M10, M17, M18

Das Europäische Parlament verabschiedet im Zusammenspiel mit dem Ministerrat die Gesetze der EU. Es hat in den letzten Jahren mehr Mitentscheidungsrechte bekommen. Es ist das einzige direkt gewählte Organ der EU. Die Abgeordneten des EU-Parlaments werden alle fünf Jahre gewählt. Wahlberechtigt sind alle EU-Bürgerinnen und Bürger ab 16 Jahre. Da es, anders als bei der Bundestagswahl, keine 5 %-Hürde gibt, sind auch viele kleine Parteien im EU-Parlament vertreten.

Übung
70082-617

Die Europäische Kommission

> M10

Die Europäische Kommission wird auch als „Regierung der EU" bezeichnet. Hier arbeiten Kommissarinnen und Kommissare aus jedem Mitgliedsstaat zusammen, die jeweils für einen Themenbereich zuständig sind. Die Kommission hat das Recht zur Gesetzesinitiative.

Übung
70082-615

Rat der EU (Ministerrat)

> M10

Im Rat (der Europäischen Union) stimmen sich die Regierungen der Mitgliedsstaaten ab, d. h. hier arbeiten die verschiedenen Nationen zwischenstaatlich zusammen. Im Rat treffen sich je nach Thema die jeweiligen Fachministerinnen und Fachminister. Der Rat ist zusammen mit dem Parlament der Gesetzgeber der EU.

Übung
70082-616

Gesetze der EU

> M14

Bevor in der EU ein Gesetz ausgearbeitet wird, stellt sich die Frage, welche Form von Gesetz es sein soll. EU-Verordnungen sind für die Mitgliedstaaten unmittelbar verbindlich. EU-Richtlinien müssen von den Mitgliedstaaten umgesetzt werden, wobei es den Mitgliedstaaten selbst überlassen ist, wie sie die Vorgaben gestalten. Spricht die EU lediglich Empfehlungen aus, sind diese nicht verbindlich. Die meisten Gesetze kommen im Mitentscheidungsverfahren zustande, das heißt, sie werden vom Europäischen Parlament und dem Rat der EU (Ministerrat) beschlossen.

Übung
70082-618

Europäischer Rat > M13

Der Europäische Rat besteht aus den Staats- und Regierungschefinnen und -chefs der EU-Mitgliedstaaten. Diese treffen sich mindestens zwei Mal pro Jahr, um über die gemeinsame Außen- und Sicherheitspolitik zu beraten und festzulegen, mit welchen Zielsetzungen beziehungsweise Mitteln die EU auf aktuelle Herausforderungen (wie z. B. Kriege, wirtschaftliche Probleme oder ökologische Gefahren) reagieren soll. Trotzdem ist der Europäische Rat, im Gegensatz zum (Minister)Rat der EU, nicht unmittelbar an der europäischen Gesetzgebung beteiligt. Gleichwohl können im Europäischen Rat häufig Kompromisse zwischen den Mitgliedstaaten ausgehandelt werden, die gemeinsame Gesetze, zum Beispiel in der Migrationspolitik, überhaupt erst ermöglichen. Auf diese Weise gehen vom Europäische Rat im wieder Impulse für eine Weiterentwicklung der Zusammenarbeit in der Europäischen Union aus.

Übung
70082-628

Rechtsstaatlichkeit in der EU > MXX

Die Europäische Union beruht auf dem Grundsatz der Rechtsstaatlichkeit. Das bedeutet, dass für alle Mitgliedsstaaten sowie für alle EU-Bürgerinnen und Bürger die gleichen Regeln und Gesetze gelten. Die wichtigste Grundlage dafür ist der im Jahr 2009 in Kraft getretene „Vertrag von Lissabon". In diesem Vertrag wurden – wie in einer Verfassung – der Aufbau, die Aufgaben und die Arbeitsweise der EU aufgeschrieben. Die ebenfalls darin enthaltene „Charta der Grundrechte" schützt die wichtigsten Rechte der Menschen, wie zum Beispiel das Recht auf Freiheit, Gleichheit und Sicherheit. Auf Antrag beziehungsweise im Falle einer Klage überprüft der Europäische Gerichtshof (EuGH) die Einhaltung der Grundrechte, die europäische Gesetzgebung sowie die Umsetzung der EU-Gesetze in den Mitgliedstaaten.

Übung
70082-629

6.3 Die Zukunft der Europäischen Union

6.3.1 Soll die EU neue Mitgliedstaaten aufnehmen?

In den letzten Jahrzehnten haben europäische Länder wie Albanien, Montenegro oder die Türkei Anträge zur Aufnahme in die Europäische Union gestellt. Der Staatenbund bietet angesichts globaler Herausforderungen der heutigen Zeit viele Chancen. Wie reagiert die EU auf neue Beitrittsanträge? Und wie können neue Länder in die europäische Familie aufgenommen werden?

M1 Die Ukraine möchte in die EU

70082-078

Am 28. Februar 2022, vier Tage nach Beginn des russischen Angriffskrieges auf die Ukraine, stellte der ukrainische Präsident Selenskyi den Antrag zur Aufnahme seines Landes in die EU.

Die EU-Kommision prüfte den Antrag und durch Zustimmung des Europäischen Rates erhielt die Ukraine am 24.06.2022 den Status „Beitrittskandidat". Am 14.12.2023 beschlossen die Staats- und Regierungsschefs der EU die Aufnahme der Beitrittsverhandlungen mit der Ukraine und der Republik Moldau.

Für das Führen der am 25.06.2024 offiziell gestarteten Beitrittsverhandlungen ist der EU-Erweiterungskommissar zuständig. In den Beitrittsverhandlungen wird festgelegt, welche Reformen ein Land unternehmen muss, um sowohl wirtschaftlich als auch politisch an die EU anschlussfähig zu sein.

Bei den jüngsten Mitgliedstaaten der EU (Kroatien, Bulgarien und Rumänien) hat dieses Beitrittsverfahren über 10 Jahre gedauert. Bei der Ukraine kommt hinzu, dass sich das Land im Krieg befindet und die EU kein Interesse daran hat, durch die militärische Beistandspflicht, die der EU-Vertrag den Mitgliedsländern vorschreibt, als offizielle Kriegspartei in den Konflikt mit Russland hineingezogen zu werden.

Bearbeiter

Ratspräsident Charles Michel und EU-Kommissionspräsidentin Ursula von der Leyen nach Gesprächen mit dem ukrainischen Präsidenten Wolodymyr Selenskyi.

EU-Mitgliedschaft

Der Beitritt zur EU ist in Artikel 49 des EU-Vertrags geregelt. Jeder europäische Staat, der die Werte der Europäischen Union achtet und sich für ihre Förderung einsetzt, kann beantragen, Mitglied der EU zu werden. Zu den Werten der EU zählen laut EU-Vertrag die Achtung der Menschenwürde, Freiheit, Demokratie, Gleichheit, Rechtsstaatlichkeit, die Wahrung der Menschenrechte und der Schutz von Minderheiten. Zudem müssen Beitrittskandidaten die sogenannten „Kopenhagener Kriterien" erfüllen. Am Ende wird für die Aufnahme eines Landes in die EU die Zustimmung des EU-Parlaments sowie ein einstimmiger Beschluss des Rates der EU benötigt.

Bearbeiter

M2 Wer gehört zur EU?

EU: Gründerstaaten, Beitritte, Beitrittskandidaten und Austritte
Stand: 2023

73000-319

Gründerstaaten

1958: Belgien, Deutschland, Frankreich, Italien, Luxemburg, Niederlande

Beitritte

1973: Dänemark, Großbritannien, Irland
1981: Griechenland
1986: Portugal, Spanien
1995: Finnland, Österreich, Schweden
2004: Estland, Lettland, Litauen, Malta, Polen, Slowakei, Slowenien, Tschechien, Ungarn, Zypern
2007: Bulgarien, Rumänien
2013: Kroatien

Beitrittskandidaten

Albanien, Moldawien, Montenegro, Nordmazedonien, Serbien, Türkei, Bosnien und Herzegovina, Ukraine

Austritt

2020: Großbritannien

Wegmarken der europ. Einigung:

1957: Europäische Wirtschaftsgemeinschaft (EWG); Europäische Atomgemeinschaft (EURATOM)
1979: Erste Wahl zum europ. Parlament
1992: Vertrag von Maastricht
1993: Vollendung des EU-Binnenmarktes
2002: Einführung des Euro
2007: Vertrag von Lissabon

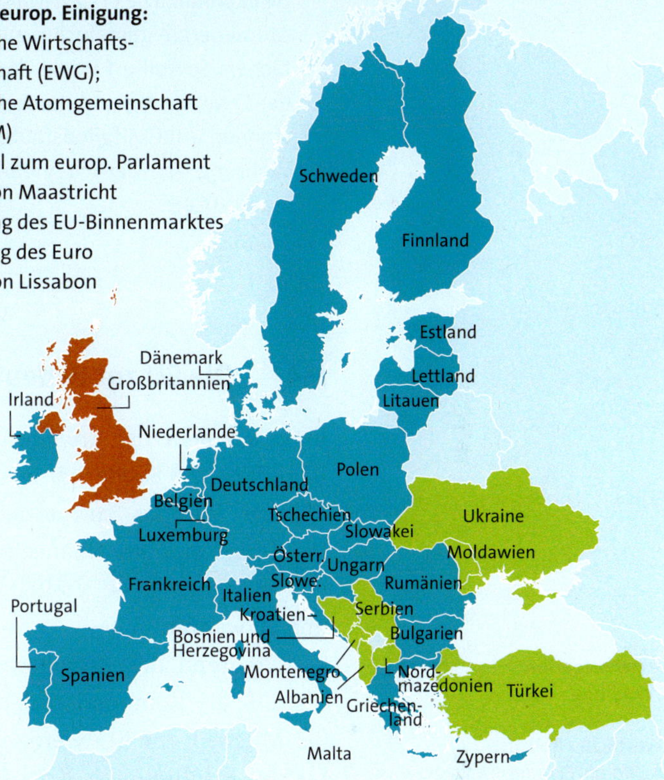

©C.C. Buchner Verlag, aktuelle Daten nach: EU Kommission (Datenerhebung: 2023; Grafikerstellung: 2023)

M3 Grundbedingungen für einen EU-Beitritt

Um der EU beitreten zu dürfen, müssen die sog. Kopenhagener Kriterien erfüllt werden:

Kopenhagener Kriterien	
Das politische Kriterium	Garantie institutioneller Stabilität, Schaffung einer demokratischen und rechtsstaatlichen Ordnung, Einhaltung der Menschenrechte und Schutz von Minderheiten
Das wirtschaftliche Kriterium	Verpflichtung zur Schaffung einer funktionsfähigen Marktwirtschaft und Nachweis, dem Wettbewerbsdruck innerhalb des EU-Binnenmarktes standhalten zu können
Das Acquis-Kriterium	Übernahme des gesamten EU-Rechts, d. h. aller EU-Gesetze sowie aller Rechte und Pflichten eines EU-Mitgliedstaates. (Der Fachbegriff hierfür lautet „Acquis communautaire“ = gemeinschaftlicher Besitzstand)

Bearbeiter

Der europäische Integrationsprozess

Die EU ist aus der Europäischen Wirtschaftsgemeinschaft hervorgegangen, die 1957 in Rom gegründet wurde. Das oberste Ziel war es, dass die europäischen Staaten nach zwei großen Kriegen endlich friedlich leben und miteinander Handel betreiben können. Die ersten Maßnahmen der Gründungstage waren es, Kohle, Stahl und Atomenergie gemeinsam zu nutzen und den wirtschaftlichen Austausch zu vereinfachen. So sollte für alle der Wohlstand vergrößert werden. In mehreren Schritten der Erweiterung und durch weitere Verträge ist die heutige Europäische Union entstanden. Alle Mitgliedstaaten haben sich auf gemeinsame Werte verpflichtet: die Wahrung der Menschenwürde, Freiheit, Demokratie, Menschenrechte und Rechtsstaatlichkeit.

Bearbeiter

M4 Die EU zur Bedeutung einer Erweiterung

70082-079

Eines der Ziele der Erweiterung ist das Bemühen, die Solidarität zwischen den Völkern Europas zu vertiefen, ihren Wohlstand und ihre Chancen zu fördern und gleichzeitig die Vielfalt zu achten und zu wahren.

[...] Während des Erweiterungsprozesses hilft die Kommission den Ländern, die Mitglied der EU werden möchten, bei der Erfüllung der Kriterien für die Mitgliedschaft und unterstützt sie bei der Umsetzung der entsprechenden wirtschaftlichen und demokratischen Reformen. Wenn die Verhandlungen und entsprechenden Reformen zur Zufriedenheit beider Seiten abgeschlossen wurden, kann das Land der EU beitreten, sobald alle EU-Mitgliedstaaten zustimmen.

[...] Die Perspektive der Mitgliedschaft ist eine der wesentlichen Triebfedern für den Transformationsprozess im westlichen Balkan und trägt zu Versöhnung und Stabilität bei.

[...] Beitrittskandidaten müssen Rechtsstaatlichkeit, Justiz und Grundwerten oberste Priorität einräumen.

Europäische Union, Europäische Kommission (Hg.): Die Europäische Union. Was sie ist und was sie tut. Luxemburg 2020, S. 31

Transformation
Wandlung

Westlicher Balkan
Albanien, Bosnien-Herzegowina, Kosovo, Mazedonien, Montenegro, Serbien

M5 EU-Beitrittsgespräche gestartet: Die Ukraine erwartet ein langwieriger Prozess

70082-080

In Luxemburg haben die Beitrittsverhandlungen der EU mit der Ukraine und Moldau begonnen. Für viele ein historischer Tag, doch ein wirklicher Beitritt scheint noch in weiter Ferne. [...]

Die Beitrittsverhandlungen bestehen aus insgesamt 35 Kapiteln. Mit jedem Kapitel werden einzelne Bereiche verhandelt - etwa Wirtschaft, Außenpolitik oder Rechtsstaatlichkeit. Außerdem muss die Ukraine alle Regeln und Standards der EU, den sogenannten „Acquis Communautaire", in nationales Recht übertragen. Die Ukraine erfüllt noch lange nicht alle Bedingungen. Das stellt auch der Politikwissenschaftler Stefan Meister fest: „Hauptknackpunkte sind natürlich Rechtsstaatlichkeit und die Bekämpfung von Korruption. Das sind die ganz zentralen Punkte, wo die Ukraine sicher Fortschritte gemacht hat, aber bei weitem noch nicht da ist, wo sie hin müsste."

Und es gibt weitere Hürden: In europaweiten Protesten machten vor allem osteuropäische Bauern immer wieder ihrer Sorge Luft, dass ukrainisches Getreide die EU fluten und die Preise kaputtmachen würde. Ein EU-Beitritt könnte zudem dazu führen, dass die ukrainischen Bauern den Großteil der EU-Agrarsubventionen bekämen. „Das Hauptproblem für die EU wird sein, dass sie ihre eigene Politik nach innen reformieren muss und zum Beispiel auch die Verteilungspolitik mit Blick auf Agrarsubventionen komplett verändern muss. Viele derzeitige EU-Länder würden sonst gar keine Mittel mehr bekommen.", [sagt] Stefan Meister [...]

Eine große Herausforderung sind auch die nötigen EU-internen Reformen. Alle sind sich einig, dass die EU in ihrer derzeitigen Verfasstheit keine neuen Länder einfach aufnehmen kann, sondern vorher einiges ändern muss. Der wichtigste Punkt dabei betrifft das Prinzip der Einstimmigkeit, das noch immer für viele zentrale Entscheidungen gilt. Würde das weiterbestehen, während immer mehr Länder hinzukommen, würde die EU sich wohl immer mehr selbst blockieren. [...] Und das bekommt die EU auch derzeit schon zu spüren: Ungarn hatte lange die Aufnahme von Beitrittsverhandlungen mit der Ukraine blockiert. Diese Blockade konnte nur gelöst werden, indem der ungarische Ministerpräsident Viktor Orban während der Abstimmung den Raum verließ. [...] Auch heute betonte der ungarische Europaminister wieder, die Ukraine sei weit davon entfernt, die nötigen Bedingungen zu erfüllen. „Wir erwarten, dass die Ukraine die ungarische Minderheit in der Ukraine respektiert", so Janos Boka. Beim Eröffnen und Schließen jedes einzelnen Kapitels könnte Ungarn – oder ein anderes Land – erneut ein Veto einlegen und den Prozess so stoppen. [...] EU-Ratspräsident Charles Michel hatte von einer Beitrittsperspektive bis 2030 gesprochen. Doch das scheint eher unrealistisch zu sein. Viele sprechen eher von 10 bis 15 Jahren – ohne Garantie, dass es überhaupt klappt.

Schaefers, Isabelle: EU-Beitrittsgespräche gestartet: Die Ukraine erwartet ein langwieriger Prozess. In: www.zdf.de, 25.06.2024

Agrarsubventionen
finanzielle Unterstützung der europäischen Landwirte durch die EU

Aufgaben

70082-608

1. Nenne die in **M1** beschriebenen Ereignisse, die am 24.06.2024 in einem offiziellen Start der EU-Beitrittsverhandlungen mit der Ukraine münden, in chronologischer Reihenfolge.
2. Nenne weitere Länder, die einen Antrag auf Mitgliedschaft in der EU gestellt haben (**M2**).
3. Erkläre, warum es vermutlich keinen schnellen EU-Beitritt der Ukraine geben wird (**M1-M5**).
4. Arbeite heraus, welche Chancen und welche Herausforderungen bzw. Risiken mit der Aufnahme neuer Mitgliedstaaten in die EU einhergehen (**M4, M5**).
5. Begründe anschließend, ob du einen EU-Beitritt der Ukraine befürwortest oder ablehnst.

6.3.2 Mehr oder weniger Europa?

Wie wird die Zukunft der Europäischen Union aussehen? Wird es mehr oder weniger Zusammenarbeit geben? Werden neue Staaten in die EU aufgenommen? Welches der vielen möglichen Szenarien ist besonders wahrscheinlich? Und welches wünschenswert?

M6 Ein Blick in die Zukunft der EU

a) Vorbereitung

Bringt Cent-Münzen als Wertchips mit. Dazu braucht ihr bei sechs Problemfeldern: 2x 5-Cent-Münzen, 2x 2-Cent-Münzen, 2x 1-Cent-Münzen – wenn ihr gemeinsam mit eurer Lehrkraft weniger oder mehr Problemfelder festlegt, müsst ihr die Anzahl der Münzen anpassen.

Einschätzungen zur Entwicklung der EU			
	Hier wird es in der EU vermutlich weiterhin Einigungen bzw. gemeinsame Lösungen geben.	Manche EU-Staaten werden hier vermutlich eine eigene Politik betreiben.	Hier werden die EU-Staaten eher keine gemeinsamen Lösungen finden und nur wenig zusammenarbeiten.
(Produkt-)Standards und Regeln für den Binnenmarkt			
Umwelt- und Klimapolitik			
Energie- und Verkehr			
Sozialpolitik			
Migrationspolitik und Verteilung von Geflüchteten			
Sicherheits- und Verteidigungspolitik			
Künstliche Intelligenz			
...			
Gesamtwert / Summe			

BITTE INS HEFT!

b) Durchführung

1. Legt eure Münzen auf die Felder, die zu eurer (persönlichen) Einschätzung passen. Vergleicht und begründet eure Einschätzungen.
2. Mit dem Wert der Münzen könnt ihr angeben, welche Entwicklungen ihr vermutet. Markiert mit den 5-Cent-Münzen Entwicklungen, die ihr für besonders wahrscheinlich haltet. Nutzt die 2-Cent-Münzen für Entwicklungen, die ihr für eher wahrscheinlich haltet und die 1-Cent-Münzen für Einschätzungen, bei denen ihr euch sehr unsicher seid.
3. Berechnet nun den Gesamtwert in den Spalten. Welche Entwicklung erwartet eure Gruppe? Fasst euer Ergebnis zusammen.

Bearbeiter

M7 Wie könnte die EU der Zukunft aussehen?

Die Europäische Kommission hat im Frühjahr 2017 – sechzig Jahre nach Beginn des europäischen Einigungsprozesses – fünf Szenarien skizziert, wie sich die EU (weiter)entwickeln könnte.

Szenario 1 – „Weiter wie bisher“:
Die Mitgliedstaaten konzentrieren sich neben der gemeinsamen Wirtschaftspolitik auf das, was politisch „machbar“ ist, und versuchen den 450 Millionen EU-Bürgerinnen und -Bürgern spürbare Vorteile zu bieten.

Szenario 2 – „Schwerpunkt Binnenmarkt“:
Der Binnenmarkt wird (einziges) Hauptziel der EU, weil die vertiefte Zusammenarbeit in anderen Bereichen (z. B. Außen-, Sicherheits-, und Migrationspolitik) nicht mehr funktioniert.

Szenario 3 – „Wer mehr will, tut mehr“:
Ein Europa der verschiedenen Geschwindigkeiten entsteht. So könnten jeweils unterschiedliche Gruppen von Mitgliedstaaten (= „Koalitionen der Willigen“) in bestimmten Bereichen wie Verteidigungs-, Sicherheits- oder Sozialpolitik voranschreiten.

Szenario 4 – „Weniger, aber effizienter“:
Die Mitgliedstaaten konzentrieren sich auf Politikbereiche, in denen die Zusammenarbeit erfahrungsgemäß gut funktioniert (z. B. Binnenmarkt, Förderung von Innovationen und Forschung, Sicherheitspolitik, Verbraucherschutz und evtl. Umweltpolitik).

Szenario 5 – „Viel mehr gemeinsames Handeln“:
Die Mitgliedstaaten beschließen „auf allen Ebenen mehr Macht, Ressourcen und Entscheidungsfindung zu teilen“. EU-Recht und EU-Politik würden dann noch mehr Einfluss auf das Leben der Bürgerinnen und Bürger, z. B. in der Sozialpolitik, haben.

Bearbeiter

Aufgaben

70082-609

1. Spielt das Spiel (**M6**).
2. Vergleicht euer Spielergebnis mit den von der Europäischen Kommission entworfenen EU-Zukunftszenarien (**M7**).
3. a) Gestaltet in Kleingruppen Plakate zur Zukunft Europas. Wie wird sich die EU in den kommenden 15-20 Jahren entwickeln? Existiert der Staatenbund dann noch? Und was bedeutet eure Prognose für das Zusammenleben der Menschen?
   b) Präsentiert eure Plakate im Rahmen eines Galeriespaziergangs.
   c) Begründet, welches Trendszenario ihr für besonders realistisch haltet.
   d) Erörtert, was getan werden kann, um den positiven Extremszenarien nahezukommen und die negativen Extremszenarien zu verhindern.
4. Begründe, wie sich die EU deiner Ansicht nach entwickeln sollte.
5. Die Alternative für Deutschland (AfD) fordert den Austritt Deutschlands aus der Europäischen Union. Bewerte diese Forderung, indem du ein umfassendes politisches Urteil formulierst (vgl. Methode, S. 55).

H zu Aufgabe 3a
Nutzt hierzu die Methode „Ein Zukunftsszenario entwerfen“.

Ein Zukunftsszenario entwerfen

Worum geht es?

Mit der Szenario-Methode formuliert ihr Entwicklungsprognosen und entwerft langfristige Zukunftsbilder. Ziel ist es, zukünftige Entwicklungsmöglichkeiten realistisch einschätzen zu können und herauszufinden, wie positive Entwicklungen unterstützt und eventuell befürchtete negative Entwicklungen verhindert werden können.

Geht dabei so vor:

1. Schritt: Zukunftsrelevante Themenfelder und Fragestellungen sammeln

Welche Politikbereiche (Binnenmarkt, Klimaschutz, Frieden, Schutz der Menschenrechte...) und Fragestellungen (Mehr oder weniger Zusammenarbeit/Bürgerbeteiligung/Transparenz/Aufnahme neuer Staaten?) sind für die Zukunft der EU von Bedeutung?

2. Schritt: Einflussfaktoren bestimmen

Was beeinflusst die Entwicklung der EU? (Kompromissbereitschaft der Regierungen, politische Erfolge, Vorteile oder Verbesserungen für EU-Bürgerinnen und Bürger, internationale Konflikte und Bedrohungen, Wahlerfolge rechtsextremer Parteien, ...?)

3. Schritt: Gruppen bilden

Jede Gruppe ist für eine der im „Szenariotrichter" dargestellten Entwicklungsmöglichkeiten zuständig.
Einigt euch, welche Gruppe

- ein positives Extremszenario (Wie sieht die Zukunft im besten Fall aus?),
- ein negatives Extremszenario (Wie sieht die Zukunft im schlimmsten Fall aus?),
- ein Trendszenario (Wie sieht die Zukunft aus, wenn man weitermacht wie bisher?)

entwerfen wird.

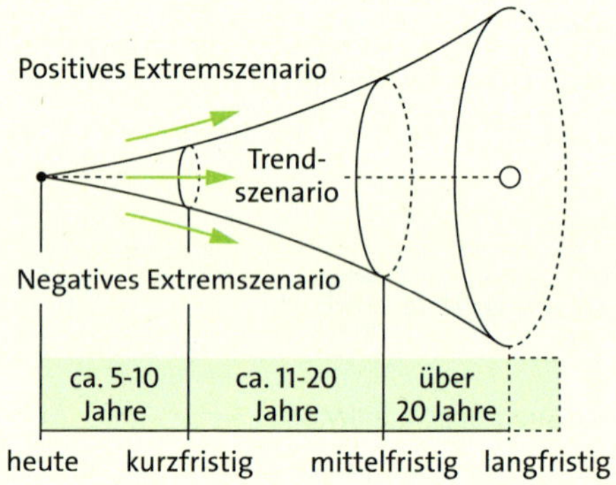

4. Schritt: Szenarien entwickeln und gestalten

Arbeitet euer Szenario gestalterisch aus. neben Stichworten und schriftlichen Erläuterungen auch grafische Elemente, wie z. B. das Bild eines sinkenden, eines alten und eines hochmodernen Schiffes.

5. Schritt: Szenarien präsentieren und auswerten

Präsentiert und vergleicht eure Szenarien und erörtert, inwieweit eure Zukunftsprognosen realistisch sind. Überlegt anschließend, was getan werden kann, um den positiven Extremszenarien möglichst nahe zu kommen und die negativen zu verhindern.

Bearbeiter

Präsentation in einem Galeriespaziergang

Worum geht es?

So könnt ihr aus eurer Schule eine Galerie machen: Einzelne von euch oder Gruppen stellen Ergebnisse aus, die sie zuvor in einer Arbeitsphase erarbeitet haben. Die anderen haben die Möglichkeit, einen „Galeriespaziergang" zu unternehmen. Dabei könnt ihr an den ausgestellten Ergebnissen vorbeispazieren, die Ergebnisse betrachten und vielleicht auch Fragen dazu stellen.

Geht dabei so vor:

1. Schritt: Vorbereitung

- Nummeriert eure Bilder, damit ihr sie in der Auswertungsphase gut auseinanderhalten könnt.
- Wählt dazu einen Gruppensprecher, der in der Nähe von eurem Bild steht und es bei Bedarf erklären kann. Wechselt euch zwischendrin ab, damit jeder auch die anderen Ergebnisse anschauen kann.
- Verabredet eine Zeit, z. B. 20 Minuten, die ihr für euren Galeriespaziergang nutzen wollt. Haltet diese verabredete Zeit unbedingt ein, damit ihr anschließend gemeinsam ein Auswertungsgespräch führen könnt.

↓ ↓ ↓

2. Schritt: Eindrücke notieren

Damit ihr im Anschluss an euren Galeriespaziergang nicht alles vergessen habt, ist es sinnvoll, sich ein paar Notizen zu machen (siehe Tabelle in der Randspalte). Ihr könnt weitere Kriterien ergänzen.

	Bild 1	Bild 2	Bild 3	...
Layout				
Idee / Originalität				
Aussage				
...				

BITTE INS HEFT!

↓ ↓ ↓

3. Schritt: Bilder ausstellen

Hängt nun eure Bilder im Klassenzimmer oder zum Beispiel im Flur eurer Schule aus. Ihr solltet den Platz so wählen, dass er frei zugänglich ist, d. h. jeder sollte sich problemlos davorstellen und die Bilder betrachten können. Der Galeriespaziergang kann beginnen.

↓ ↓ ↓

4. Schritt: Bilder beurteilen

Nun könnt ihr auf der Basis der eigenen Notizen entscheiden, welche(s) Poster in Bezug auf die Aufgabenstellung besonders gut gelungen ist bzw. sind. Bedenkt, dass einem Urteil immer eine sachliche Begründung zugrunde liegen sollte.

Bearbeiter

Selbsteinschätzung

In diesem Kapitel hast du dich damit beschäftigt, wie wir Bürgerinnen und Bürger unsere Interessen in den politischen Beteiligungsprozess der EU einbringen können, wie die Macht zwischen den Institutionen der EU verteilt ist, wie diese zusammenarbeiten und wie sich diese Entscheidungen auf unser Alltagsleben auswirken.
Mithilfe der Checkliste kannst du dein Wissen und Können dazu noch einmal überprüfen.

Ich kann ...	Das klappt schon ...	Hier kann ich noch üben ...
... erläutern, wie Entscheidungen der EU das tägliche Leben der EU-Bürger beeinflussen.	👍 ✋ 👎	Kap. 6.1: M2, M5-M8, M10, M12-M13
... Beteiligungsmöglichkeiten der EU-Bürgerinnen und -Bürger beschreiben.	👍 ✋ 👎	Kap. 6.2: M1, M3, M7-M8
... am Beispiel eines EU-Gesetzes darstellen, wie die Organe der EU am Entscheidungsprozess beteiligt sind.	👍 ✋ 👎	Kap. 6.2: M12-M14
... an einem Fallbeispiel eine länderübergreifende Herausforderung innerhalb der EU beschreiben und Lösungsmöglichkeiten erörtern.	👍 ✋ 👎	Kap. 6.2: M1-M2, M4-M5, M10-M11, M15 Kap. 6.3: M1-M7

M1 „Wie denken Sie über Europa?“

Karikatur: Gerhard Mester, 2024

Aufgaben

70082-610

1. Inwiefern beeinflusst die EU den Alltag der Menschen in der europäischen Union? Erstelle eine Mindmap.
2. Stelle am Beispiel der KI-Verordnung dar, wie die folgenden Akteure an der Gesetzgebung der EU mitwirken:
   - die EU-Kommission
   - der Rat der EU (Ministerrat)
   - Das Europäische Parlament
3. Beschreibe drei Möglichkeiten, wie du reagieren kannst, wenn du mit einer EU-Vorgabe bzw. einem EU-Gesetz überhaupt nicht einverstanden bist.
4. a) Beschreibe das in der Karikatur **M1** dargestellte Problem der EU.
   b) Erläutere anhand von Beispielen aus deiner Mindmap, worüber sich der schimpfende Herr in der Karikatur (**M1**) ärgern könnte.
   c) Erläutere, ausgehend von **M1** und anhand von Beispielen aus deiner Mindmap, welche Vorteile die EU ihren Bürgerinnen und Bürgern bietet.
5. Verfasse einen Brief oder eine E-Mail als EU-Bürgerin oder -Bürger an eine Europaabgeordnete oder einen Europaabgeordneten deiner Wahl. Wie stellst du dir die Zukunft der EU vor? Was sind deine Hoffnungen? Welche Kritik möchtest du äußern?

H zu Aufgabe 1
Sieh dir dazu noch einmal die Bilder auf der Auftaktseite an.

H zu Aufgabe 2
Denkt insbesondere an die vier Freiheiten des Europäischen Binnenmarktes.

H zu Aufgabe 4
Liste der deutschen EU-Abgeordneten

70082-626

H zu Aufgabe 5
So könntest du deinen Brief beginnen:
Sehr geehrte/r Herr/Frau ..., mein Name ist ... Ich wohne in Baden-Württemberg und ich hoffe, dass die EU ...

Jeder Mensch hat Rechte.

Zerstörung im Gaza-Streifen

Amnesty-Protest am 05. Oktober 2022 in Rom für die Rechte von Frauen im Iran

Am 10. Oktober 2020 fand in London die Ausstellung „Stop Execution in Iran" statt, um für die Abschaffung der Todesstrafe im Iran zu demonstrieren.

Was weißt du schon?

70082-700

1. Alle Bilder haben etwas mit Menschenrechten und Frieden zu tun.
   a) Sammelt zunächst in kleinen Gruppen, welche Menschenrechte ihr kennt und was für eine friedliche Welt getan werden muss.
   b) Ordnet euer Gesammeltes und die Bilder den drei Bereichen der Skizze zu.

2. Erläutert, inwiefern Menschenrechte und Frieden zusammenhängen.
3. Frieden beginnt im Kleinen. Was könnt ihr dazu beitragen?
   a) Notiert eure Gedanken.
   b) Vergleicht eure Idee innerhalb der Klasse. Achtet dabei besonders auf die Gemeinsamkeiten und Unterschiede.
   c) Reicht das aus? Was muss noch getan werden, damit es Frieden und Menschenrechte für alle gibt? Tauscht euch aus.

7

Frieden und Menschenrechte: (k)eine Selbstverständlichkeit?

Frieden „einfach erklärt" heißt: Es gibt keine Gewalt oder keinen Krieg. Frieden bedeutetet, dass Menschen in Sicherheit leben können, ohne Angst vor Gewalt, Streit oder Ungerechtigkeit. Die Rechte der Menschen, wie Freiheit und Sicherheit, spielen dabei eine große Rolle. Also sind Frieden und Menschenrechte eng miteinander verbunden.
Manchmal wird Frieden zerstört, weil diese Rechte nicht respektiert werden oder weil versucht wird, diese Rechte zu schützen. Deshalb ist es wichtig, auf die Rechte aller zu achten. Damit können wir Streit oder gar Krieg verhindern oder beenden und anschließend helfen, alles wieder in Ordnung zu bringen.
Wir alle können dazu beitragen, dass es Frieden gibt, aber wir müssen uns fragen, was wir bereit sind, dafür zu tun oder zu geben.

Du lernst in diesem Kapitel ...

- ... wie Frieden geschaffen und gesichert werden kann.
- ... welche Regeln die internationale Politik bestimmen und wo diese verankert sind.
- ... wie die UNO Entscheidungen trifft.
- ... mit welchen Mitteln und Möglichkeiten Menschenrechte überall auf der Welt geschützt werden können.

Simulation einer UN-Sicherheitsratssitzung und Verabschiedung einer Resolution

Wir alle haben ein Recht auf Frieden und darauf, so zu leben, wie wir es wollen. Es gibt aber Kriege auf dieser Welt und Menschen, die weder in Frieden leben, noch ihre Menschenrechte wahrnehmen können. Sollen und vor allem können wir uns in solche Konflikte einmischen und dafür sorgen, dass Frieden und Menschenrechte immer und überall geschützt werden? Mithilfe dieses Kapitels könnt ihr euch gemeinsam erarbeiten, ob und unter welchen Voraussetzungen Frieden und Menschenrechte geschützt werden können. Dabei spielt der UN-Sicherheitsrat eine wichtige Rolle, dessen Treffen ihr nachspielen könnt.

Geht dabei so vor:

Start

1

Kläre in einem ersten Schritt, welche Funktionen Menschenrechte innerhalb einer Gemeinschaft erfüllen.
(→ Kapitel 7.1: M1-M3)

2

Was passiert, wenn Menschenrechte nicht eingehalten werden? Untersucht an aktuellen Beispielen, wo und wie Menschenrechte verletzt werden.
(→ Kapitel 7.1.2, M5-M6)

3

Informiert euch darüber, warum es Krieg gibt und welche Kriegsursachen auf den Nahostkonflikt zutreffen.
(→ Kapitel 7.2: M2, M8-M10)

4

Damit ihr die Beteiligten am Konflikt besser verstehen könnt, analysiert den Nahostkonflikt mithilfe der Methode Conflict-Map.
(→ Kapitel 7.2: M8-M11 + Methode Conflict Map)

5

Sammelt gemeinsam, welche Folgen Krieg hat / haben kann. Diese könnt ihr grafisch darstellen (Mindmap oder Wirkungsgefüge).
(→ Kapitel 7.2: M3-M4)

6

Internationale Organisationen wie die UNO haben die Möglichkeit, in Konflikte einzugreifen. Hierbei spielt der Sicherheitsrat eine besondere Rolle. Arbeitet heraus, was die UNO erreichen will und welche Bereiche dazugehören.
(→ Kapitel 7.3: M1-M6)

7

Der UNO stehen verschiedene Maßnahmen zur Konfliktbeilegung und Friedenssicherung zur Verfügung. Vergleicht diese miteinander.
(→ Kapitel 7.3: M9)

8

Erarbeitet, welche Interessen die Beteiligten im Nahostkonflikt vertreten.
(→ Kapitel 7.3: M10)

Ziel

9

Nun habt ihr alle notwendigen Kenntnisse und könnt eine Sicherheitsratssitzung einberufen und eine Resolution zum Nahostkonflikt verabschieden.
(→ Kap. 7.3.3: M8-M10)

7.1 Menschenrechte gelten für jeden, oder nicht?

7.1.1 Was sind Menschenrechte?

Was ist los?

Jeder Mensch kommt frei zur Welt und hat die gleichen Rechte wie alle anderen. Aber was genau bedeutet es, Menschenrechte zu haben? Und was geschieht, wenn diese Rechte nicht umgesetzt werden?

M1 Art. 13 der Allgemeinen Erklärung der Menschenrechte

Arbeitsblatt zu M1

70082-721

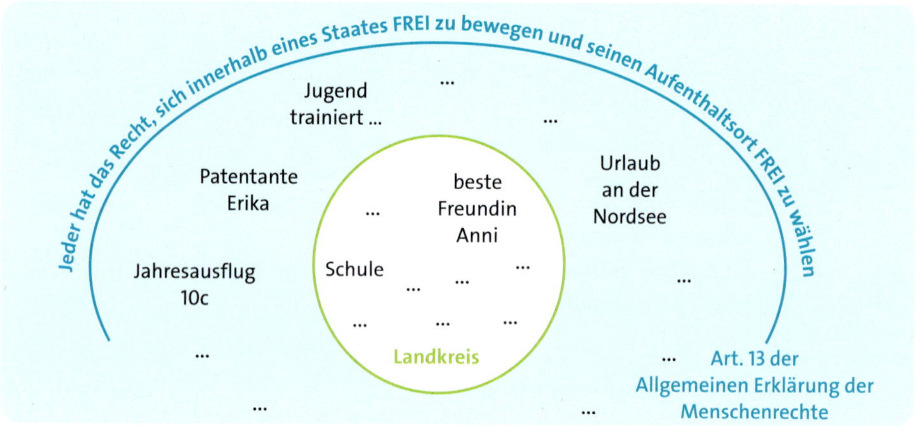

Nach: Reiter-Mayer, Petra: Wenn Menschenrechte eingeschränkt sind. In: Politik betrifft uns 6/2011, S. 4

M2 Was sind Menschenrechte?

70082-082

Menschenrechte sind besondere Rechte, die jeder Mensch automatisch hat, einfach weil sie oder er ein Mensch ist. Diese Rechte helfen dabei, dass jede und jeder fair und mit Respekt behandelt wird. Sie erlauben uns zum Beispiel, unsere Meinung zu sagen, in Sicherheit zu leben und Bildung zu erhalten.

Die Idee hinter den Menschenrechten ist, dass jeder Mensch wichtig ist und Würde hat. Das heißt, jede und jeder sollte gleichbehandelt werden, egal woher sie oder er kommt, welches Geschlecht oder welche Religion sie oder er hat.

Am 10. Dezember 1948 haben Länder aus der ganzen Welt zusammen entschieden, welche Menschenrechte es gibt. Sie erstellten eine Liste, die Allgemeine Erklärung der Menschenrechte heißt. Diese Allgemeine Erklärung der Menschenrechte besagt, dass alle Menschen gleich sind und die gleichen Rechte haben, wie z. B. das Recht auf Leben, Gesundheit und Freiheit sowie Meinungsfreiheit.

Diese Menschenrechte wurden aufgeschrieben, weil man aus den schlimmen Ereignissen des Zweiten Weltkriegs lernen wollte. Sie sollen sicherstellen, dass alle Menschen gut behandelt werden und ein faires Leben führen können. Damit diese Rechte wirklich gelten, müssen die Länder sie in ihre eigenen Gesetze aufnehmen. Deutschland hat das gemacht, indem es die Menschenrechte in sein Grundgesetz geschrieben hat.

Bearbeiterin

M3 Auszüge aus der Allgemeinen Erklärung der Menschenrechte

Art. 3
Jeder hat das Recht auf Leben.

Art. 5
Niemand darf der Folter [...] unterworfen werden.

Art. 7
Alle Menschen sind vor dem Gesetz gleich.

Art. 11
Jeder Mensch gilt als unschuldig, bis seine Schuld bewiesen ist.

Art. 14
Jeder hat das Recht, in anderen Ländern vor Verfolgung Asyl zu suchen.

Art. 18
Jeder hat das Recht auf Gedanken-, Gewissens- und Religionsfreiheit.

Art. 19
Jeder hat das Recht auf Meinungsfreiheit und freie Meinungsäußerung.

Art. 20
Alle haben das Recht, sich friedlich zu versammeln.

Art. 23
Jeder hat das Recht auf Arbeit, auf freie Berufswahl, auf gerechte und befriedigende Arbeitsbedingungen sowie auf Schutz vor Arbeitslosigkeit.

Art. 25
Jeder hat ein Recht auf Wohnung.

Art. 26
Jeder hat das Recht auf Bildung.

Bearbeiterin

Aufgaben

70082-701

1. Was kannst du alles unternehmen und wo bist du eingeschränkt (**M1**)?
   a) Notiere innerhalb des Landkreises ...
   ... alle Aktivitäten, die du unternimmst.
   ... alle Kontakte, mit denen du dich triffst.
   b) Notiere außerhalb des Landkreises ...
   ... alle Aktivitäten, die du unternimmst.
   ... alle Kontakte, mit denen du dich triffst.
   c) Streichen nun alle Aktivitäten und Kontakte durch, die außerhalb des Landkreises liegen.
   d) Beschreibe, wie sich dein Leben verändern würde, wenn du deinen Landkreis nicht verlassen dürftest.
2. Vervollständige den Satz: „Menschenrechte sind für mich ...“
3. Welche Menschenrechte sind dir besonders wichtig (**M3**)?
   a) Wähle die für dich wichtigsten Menschenrechte aus.
   b) Einigt euch in einer kleinen Gruppe auf fünf Rechte, die für eure Gruppe wichtig sind.
   c) Vergleicht euer Gruppenergebnis mit dem von anderen Gruppen.
4. Erläutere, welche Funktionen Menschenrechte innerhalb einer größeren Gruppe (Gemeinschaft) erfüllen (**M1-M3**).

Was ist los?

7.1.2 Wodurch werden Menschenrechte bedroht?

Menschenrechte sind wichtige Rechte, die eigentlich jeder Mensch haben sollte, egal wo er lebt. Leider werden jeden Tag Menschenrechte weltweit verletzt. Es gibt nur wenige Staaten, in denen Menschenrechte nicht verletzt werden. Auch ein demokratischer Rechtsstaat bietet keinen absoluten Schutz vor Übergriffen.

M4 Eine unüberbrückbare Kluft?

Karikatur: Julian Pena-pai, 2008

M5 Menschenrechtsverletzungen weltweit

a) Pressefreiheit in Gefahr

Seit dem groß angelegten Angriff auf die Ukraine im Februar 2022 existiert in Russland praktisch keine Medienfreiheit mehr, die Bevölkerung erhält Informationen vor allem aus dem staatlich kontrollierten Fernsehen.

Bereits zuvor hatte der Kreml mehr als einhundert Journalist*innen zu angeblichen „ausländischen Agenten" erklärt, diverse kritische Medien geschlossen und die Zensur im Internet massiv verschärft. Webseiten werden oft ohne Gerichtsbeschluss verboten, zahlreiche internationale soziale Netzwerke sind blockiert. Gewalt gegen Medienschaffende wird selten bestraft, mindestens 37 Medienschaffende wurden seit dem Amtsantritt von Präsident Putin wegen ihrer Arbeit ermordet.

Reporter ohne Grenzen: Russland. In: www.reporter-ohne-grenzen.de, Abruf am 06.06.2024

b) „Frau – Leben – Freiheit"

Im Iran gab es in den vergangenen Jahren immer wieder Demonstrationen gegen wirtschaftliche und soziale Missstände und politische Unterdrückung. [...] Die große Bewegung im Herbst 2022 unter dem Motto „Frau – Leben – Freiheit" entzündete sich am Tod einer jungen kurdischen Frau, Jina Mahsa Amini, im Polizeigewahrsam, die wegen Verstoß gegen die Bekleidungsvorschriften festgenommen worden war. Die Protestbewegung war die erste, bei der Frauenrechte das dominierende Thema waren, und auch die umfassendste, da sie alle sozialen und ethnischen Gruppen der Bevölkerung einschloss. Der Kopftuchzwang ist nur das sichtbarste Zeichen der Unterdrückung von Frauen im Iran. Es gibt unzählige Vorschriften und Gesetze, die sie zementieren. Hier die wichtigsten von ihnen:

Frauen sind von Schlüsselstellungen im Staat ausgeschlossen – sie können z.B. nicht Richterinnen an höheren Gerichten oder Staatspräsidentin werden.

Frauen benötigen zur Aufnahme einer Arbeit oder für eine Auslandsreise die Zustimmung ihres Mannes oder Vaters.

Zur Eheschließung brauchen Frauen die Zustimmung des Vaters oder eines anderen Familienmitglieds.

Die Bekleidungsvorschriften sind für Frauen weitaus strenger als für Männer, was die Verhüllung des Körpers betrifft. Sie müssen v.a. ihr Haar und ihre Figur verdecken.

Eine Zeugenaussage einer Frau vor Gericht zählt halb so viel wie die eines Mannes.

Amnesty International: Die Menschenrechtslage für Frauen im Iran. In: www.amnesty-frauen.de, Abruf am 20.02.2024

„Woman Life Freedom" steht auf einem Plakat, das Demonstrantinnen und Demonstranten anlässlich des Todestages von Jina Mahsa Amini im Iran an der Siegessäule halten. Am 16. September 2022 wurde die junge iranische Kurdin Jina Mahsa Amini im Iran getötet.

c) Todesstrafe und Hinrichtungen

Auch im Jahr 2024 haben Staaten weltweit an der Todesstrafe festgehalten und Hinrichtungen vollzogen. Die Zahlen sind so hoch wie seit zehn Jahren nicht mehr: In 15 Ländern wurden mehr als 1.500 Menschen hingerichtet. Dies dokumentiert der neue Amnesty-Bericht zur weltweiten Anwendung der Todesstrafe.

Der aktuelle Bericht [...] zeichnet ein düsteres Bild: Im Jahr 2024 wurden mindestens 1.518 Menschen hingerichtet. Das ist ein Anstieg um 32 Prozent im Vergleich zum Vorjahr: 2023 wurden 1.153 Hinrichtungen dokumentiert.

[...] Die hohe Zahl der Hinrichtungen ist auf einen massiven Anstieg der Exekutionen in einigen wenigen Ländern zurückzuführen. „Irak, Iran und Saudi-Arabien tragen die Verantwortung für den drastischen Anstieg der Hinrichtungen im vergangenen Jahr", sagt Julia Duchrow, Generalsekretärin von Amnesty International in Deutschland. „Insbesondere in Iran und in Saudi-Arabien wird die Todesstrafe eingesetzt, um all jene mundtot zu machen, die mutig genug sind, ihre Meinung zu sagen."

Die staatlichen Behörden setzen die Todesstrafe immer wieder ein, um gegen Kritiker*innen vorzugehen und die Bevölkerung einzuschüchtern. Insbesondere in Iran wurde auf die Todesstrafe im Jahr 2024 zurückgegriffen, um gegen Menschen vorzugehen, die sich mit den Protesten „Frauen, Leben, Freiheit" solidarisiert hatten. [...]

Allein in Iran wurden im vergangenen Jahr mindestens 972 Menschen hingerichtet. Mehr Hinrichtungen gab es mutmaßlich nur in China, wobei das tatsächliche Ausmaß der Anwendung der Todesstrafe nicht bekannt ist. Informationen über Todesurteile und Hinrichtungen werden dort als Staatsgeheimnis behandelt und unter Verschluss gehalten.

Amnesty International: Amnesty-Bericht zur Todesstrafe: Mehr als 1.500 Hinrichtungen weltweit im Jahr 2024. In: www.amnesty.de, 08.04.2025

Länder mit den meisten Hinrichtungen im Jahr 2024

Rang	Land	Hinrichtungen
1	China	1.000e Hinrichtungen
2	Iran	mind. 972 Hinrichtungen
3	Saudi-Arabien	mind. 345 Hinrichtungen
4	Irak	mind. 63 Hinrichtungen
5	Jemen	mind. 38 Hinrichtungen

©C.C. Buchner Verlag, aktuelle Daten nach: Amnesty International, 2025

M6 Enat: Zwangsverheiratung beendet ihre schulischen Träume

70082-084

Zwangsheirat und Kinderehen weltweit
Obwohl statistisch gesehen mehr Mädchen und junge Frauen dieses Schicksal erleiden müssen, so sind auch Jungen und junge Männer von Zwangsheirat und Kinderehen betroffen.

Zwangsverheiratet zu werden, ist für Mädchen weltweit das Gegenteil dessen, was sie sich erhoffen und erträumen – und doch ist es für Millionen von ihnen Realität. Auf einen Schlag zerstören Kinderehen ihre Kindheit und nehmen ihnen ihre Rechte.

Enat war 13, als sie verheiratet wurde und sich alles für sie änderte. […] [Sie] war eine sehr gute Schülerin, ein junges Mädchen mit einer glänzenden Zukunft – bis ihr Leben von einem Tag auf den anderen auf den Kopf gestellt wurde. Um ihre von der Dürre betroffene Familie zu ernähren, musste sie einen ihr unbekannten, mehr als 17 Jahre älteren Mann heiraten. Sie musste die Schule abbrechen und ihr Heimatdorf […] verlassen. In ihrer Heimat in Äthiopien herrscht die schlimmste Dürre seit 40 Jahren. Ihre Ehe soll ihrer Familie helfen, über die Runden zu kommen. So hat Enats Vater es entschieden. Enat selbst durfte nicht mitbestimmen. […] „Ich wusste nichts davon. Als ich erfuhr, dass die beiden Familien bereits zugestimmt hatten, protestierte ich. Ich bettelte und weinte, aber ich konnte nichts mehr ändern." […] [Enats] Vater hatte einen großen Viehbestand von mehr als 100 Rindern. Vor der Dürre konnte die Familie davon gut leben, erzählt Enat. „Mein Vater hätte vor der Dürre niemals akzeptiert, mich zu verheiraten", sagt sie. Doch dann wurde das Wasser immer knapper, und es gab kaum noch Weideflächen für das Vieh. Die Tiere starben eines nach dem anderen – die Lebensgrundlage der Familie war vernichtet. Enats Vater musste eine schreckliche Entscheidung treffen und sah keinen anderen Ausweg mehr, als einen Ehemann für Enat zu suchen.

„Meine Eltern hatten nichts mehr, um uns zu ernähren", berichtet Enat. „Mit dem Hochzeitsgeschenk meiner Schwiegereltern, ein paar Rindern, konnten sie Mais und Hirse für meine Brüder und Schwestern kaufen."

[…] „Das Schlimmste für mich ist, dass ich die Schule abbrechen musste, weil mein Mann mir nicht erlaubte weiterzumachen. Ich bin gerne zur Schule gegangen und möchte Ärztin werden. Aber jetzt bin ich nur noch zu Hause und kümmere mich um den Haushalt: Kochen, Putzen, Wasserholen."

Enat weiß, dass ihre Ehe nicht legal ist. Denn in von UNICEF gegründeten Schulklubs erfahren Mädchen wie sie mehr über ihre Rechte und werden aufgeklärt darüber, dass Zwangsheiraten in Äthiopien verboten sind. Trotzdem sieht Enat für sich momentan keinen Ausweg, um aus ihrer Situation auszubrechen. „Ich möchte nicht, dass mein Mann ins Gefängnis geht", sagt sie. „Was würde dann mit meiner Familie passieren?" Ihren Mut hat Enat aber nicht komplett verloren: „Ich bleibe optimistisch, was die Zukunft angeht. Ich hoffe, dass Gott oder jemand mir helfen und eine zweite Chance geben kann, wieder zur Schule zu gehen und Ärztin zu werden."

Nandelstädt, Susanne: Äthiopien: Zwei zwangsverheiratete Mädchen erzählen ihre Geschichten. In: www.unicef.de, 31.01.2023

UNICEF

UNICEF, oder auch das Kinderhilfswerk der Vereinten Nationen, ist eine weltweit tätige Organisation, die sich dafür einsetzt, das Leben von Kindern zu verbessern und ihre Rechte zu schützen.

Die Abkürzung UNICEF steht für "United Nations International Children's Emergency Fund", was übersetzt bedeutet: Internationaler Kinderhilfsfonds der Vereinten Nationen. UNICEF arbeitet in über 190 Ländern, um Kindern zu helfen, besonders in den Bereichen Bildung, Gesundheit, Ernährung und Schutz. Einige der Hauptziele von UNICEF sind: Sicherstellung, dass alle Kinder Zugang zu Bildung haben, Bekämpfung von Kinderarmut und Unterernährung, Schutz von Kindern vor Gewalt und Ausbeutung, Bereitstellung von lebensrettenden Impfstoffen und Behandlungen gegen Krankheiten.

Bearbeiterin

> Aufgaben

70082-702

1. Auf welches Problem macht der Zeichner aufmerksam (**M4**)?
   a) Analysiere die Karikatur.
   b) Nenne mögliche Gründe, weshalb die Rechte von den Menschen getrennt sein könnten.
   c) Sammelt gemeinsam Möglichkeiten, wie die Kluft überwunden werden könnte.
2. Überprüfe, inwiefern Menschenrechte verletzt werden (**M5**).
3. Recherchiere im Internet die Hintergründe zu den Menschenrechtsverletzungen und gestalte ein Plakat (**M5**).
4. Können Menschenrechte immer und überall gelten? Erstelle anhand der unterschiedlichen Auffassungen darüber ein Schaubild (**M6**).

Was können wir tun?

7.1.3 (Wie) können Menschenrechte geschützt werden?

Bis heute werden Menschen durch Eingriffe in ihre elementaren Lebensrechte bedroht. Doch was können wir dagegen tun? Neben dem Staat, der dafür sorgen kann, dass Menschenrechte per Gesetz geschützt werden, gibt es Organisationen, die versuchen Menschenrechtsverletzungen in das Licht der Öffentlichkeit zu rücken.

M7 Schützen Menschenrechte der Menschen Rechte?

Bearbeitergrafik

M8 Wie schützt der Internationale Strafgerichtshof (IStGH) Menschenrechte?

70082-085

Wer ein Verbrechen begeht, wird vor Gericht gestellt und verurteilt. Wenn jedoch Verbrechen im Auftrag eines Staates begangen werden, ist es sehr viel schwieriger dieses Verbrechen zu bestrafen. Oft schon wurden große Grausamkeiten in einem Krieg verübt und die Täter kamen davon.

Die UNO entschied deshalb 1998, den Internationalen Strafgerichtshof, abgekürzt IStGH, einzurichten. Seine Hauptaufgabe besteht darin, schwerste Verbrechen von internationaler Bedeutung zu verfolgen und zu bestrafen. Dazu gehören Völkermord, Verbrechen gegen die Menschlichkeit und Kriegsverbrechen. Wenn ein Land ein anderes Land grundlos angreift, also ein Verbrechen der Aggression begeht, dann ist der Strafgerichtshof dafür zuständig.

Angeklagt werden können nur Personen, die aus einem Land kommen, das die Arbeit des IStGH unterstützt. Das sind derzeit 124 Staaten der Welt, die EU-Länder gehören dazu. Die USA haben erklärt, dass sie mit dem IStGH nicht zusammenarbeiten wollen. Auch China, Indien, Israel, Kuba, Russland, Pakistan und andere Staaten haben ihn noch nicht anerkannt. Die erste Verhandlung vor dem IStGH fand im Januar 2009 gegen den kongolesischen Milizenführer Thomas Lubanga statt. Er soll unter anderem Kindersoldaten zum Kriegseinsatz gezwungen haben.

Bearbeiterin

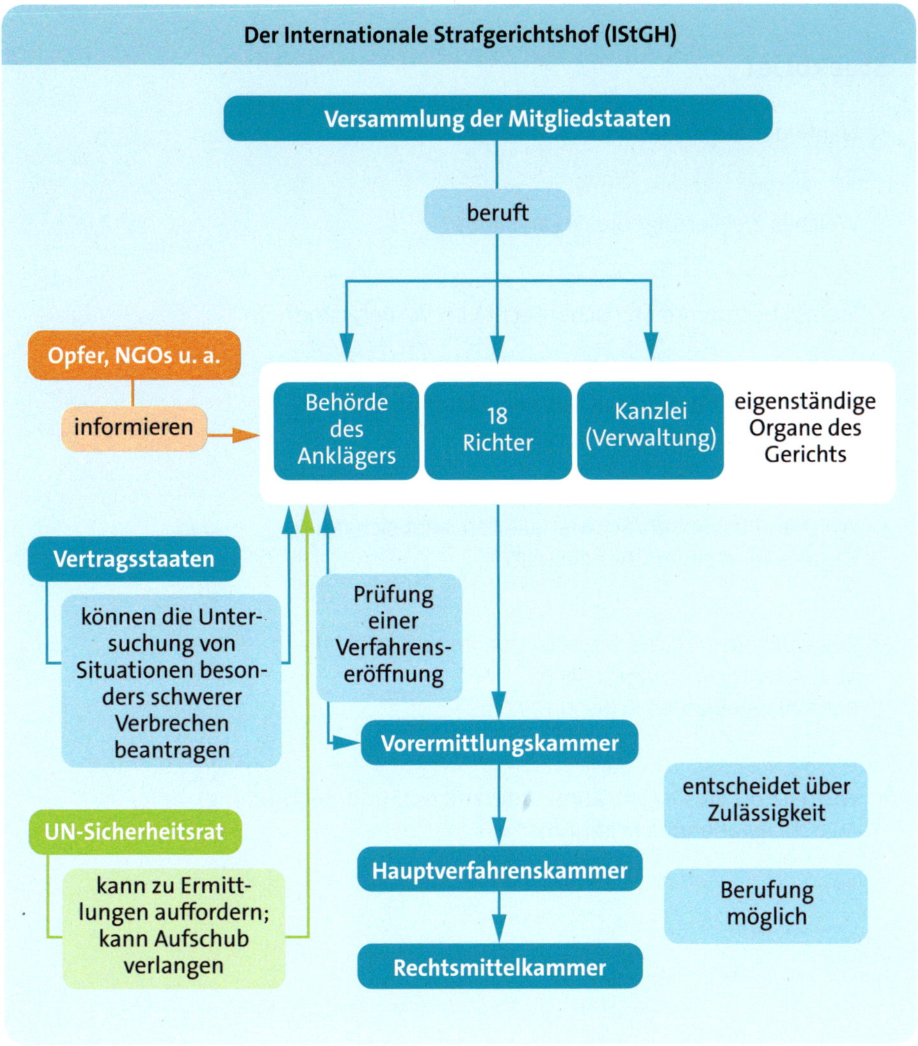

Bearbeitergrafik

M9 Organisationen im Einsatz für Menschenrechte

unicef für jedes Kind

TERRE DES FEMMES

HUMAN RIGHTS WATCH

RSF REPORTER OHNE GRENZEN

Was machen wir jetzt?

NGO (Nichtregierungsorganisation)
Eine NGO ist ein nichtstaatlicher Interessenverband und arbeitet unabhängig von staatlicher Förderung. Ihr Ziel ist es, ihre Anliegen bekannt zu machen und darauf hinzuwirken, dass sich bestimmte Dinge in der Gesellschaft oder in der Politik verändern.

Steckbrief

LOGO

- Name der Organisation
- Welches Ziel verfolgt die Organisation?
- Stehen bestimmte Menschenrechte im Vordergrund?
- Mit welchen Mitteln/Maßnahmen/Aktionen etc. werden Menschenrechte geschützt?
- Welchen Problemen/Schwierigkeiten sieht sich die Organisation gegenüber gestellt?
- Wie wirksam wird die Organisation im Kampf für die Menschenrechte eingeschätzt? Ausschlaggebendes Kriterium:
- Würdest du die Organisation unterstützen? (mit Begründung) Ausschlaggebendes Kriterium:

Bearbeiterin

Aufgaben

70082-703

1. Wer oder was schützt die Menschenrechte (**M7**)?
   a) Beschreibe die Zeichnung.
   b) Ergänze eigene Ideen.
2. Erkläre, wie Menschenrechte umgesetzt und geschützt werden können (**M8**).
3. Kann der Internationale Strafgerichtshof Menschenrechte schützen (**M8**)?
   a) Beschreibe die Zuständigkeit und den Aufbau des IStGH.
   b) Recherchiere den aktuellen Stand eines laufenden Verfahrens am IStGH und gestalte eine Präsentation.
   c) Beurteile, inwiefern der IStGH Menschenrechte schützen kann.
4. Können internationale Organisationen Menschenrechte schützen (**M9**)?
   a) Wähle eine der Organisationen aus.
   b) Recherchiere mithilfe des Steckbriefes deine ausgewählte Organisation.
   c) Gestalte einen werbewirksamen Flyer deiner Organisation, der Menschen dazu bringt, sich für „deine" Organisation zu engagieren.

Was sind Menschenrechte und wie können sie geschützt werden?

Menschenrechte

> M2

Auf Menschenrechte hat jede und jeder von uns Anspruch. Diese Rechte wurden 1948 von der Generalversammlung der Vereinten Nationen verabschiedet. Die damals 56 Mitgliedsstaaten haben sich auf einen Katalog von Menschenrechten geeinigt und sich dazu verpflichtet, diesen in ihren Ländern umzusetzen, zu wahren und zu schützen. Zu diesen Rechten gehören beispielsweise der Schutz der Menschenwürde, das Recht auf Leben und Freiheit, die Gleichheit vor dem Gesetz, der Anspruch auf ein faires Gerichtsverfahren, Schutz des Privatlebens sowie das Recht auf Gedanken-, Meinungs-, Eigentums- und Religionsfreiheit.

Übung
70082-712

Allgemeine Gültigkeit von Menschenrechten

> M2-M6

Die Idee der Menschenrechte ist mit der Vorstellung verbunden, dass die Menschenrechte für alle Menschen in allen Staaten gelten sollen, egal, welche Religion oder Kultur dort vorherrscht. Es gibt jedoch Staaten, die die Menschenrechte zwar formell anerkennen, in der Realität aber dagegen verstoßen (z. B. China).

Übung
70082-713

Schutz von Menschenrechten

> M7-M9

Staaten können Menschenrechte schützen, indem sie diese in ihre jeweiligen Gesetze einfließen lassen. In Deutschland wurde dies mit den Artikeln 1-19 des Grundgesetzes umgesetzt.

Wenn gegen Menschenrechte verstoßen wird, gibt es die Möglichkeit, gerichtlich dagegen vorzugehen. Auf internationaler Ebene gibt es dafür den Internationalen Strafgerichtshof (IStGH). Er wird bei Völkermord, schweren Kriegsverbrechen sowie Verbrechen gegen die Menschlichkeit aktiv. Er ist jedoch nur dann zuständig, wenn die jeweiligen Staaten nicht selbst in der Lage sind, gerichtlich gegen die Verbrechen vorzugehen. Der IStGH kann aber nicht von sich aus aktiv werden, sondern muss von einem Mitgliedsland angerufen werden. Angeklagt werden dann Einzelpersonen, aber nur, wenn das jeweilige Land, in dem das Verbrechen begangen wurde, auch dem Gerichtshof beigetreten ist.

Darüber hinaus kämpfen weltweit auch NGOs (Non Governmental Organizations) für die Einhaltung und Umsetzung von Menschenrechten. Diese finanzieren sich durch Spenden und sind nicht auf Gewinn ausgerichtet. Die Organisationen können sich speziell für eine bestimmte Bevölkerungsgruppe (UNICEF: Kinder, Terre des Femmes: Frauen) oder auch ganz allgemein für Menschenrechtsverletzungen jeglicher Art einsetzen (Human Rights Watch).

Übung
70082-714

7.2 Wenn Menschenrechte und Frieden fehlen

7.2.1 Warum bekriegen sich Menschen?

Was ist los?

Warum bekriegen sich Menschen? Diese Frage beschäftigt die Menschheit seit Jahrhunderten. Oft sind es Macht, Geld oder unterschiedliche Meinungen, die zu Konflikten führen. In diesem Kapitel wollen wir die Gründe für Kriege und ihre Auswirkungen auf die Menschen näher betrachten.

M1 Ist das Krieg?

Syrische Kinder spielen auf einem zerstörten Panzer.

Krieg in Libyen – NATO-Luftangriff auf einer Straße zwischen Bengasi und Adschdabija.

Straßenkampf

Krieg

Als Krieg wird ein mit Waffen gewaltsam ausgetragener Konflikt bezeichnet.
Dieser Konflikt ist organisiert und kann zwischen Staaten ausgetragen werden, aber auch zwischen sozialen Gruppen der Bevölkerung eines Staates. Dann spricht man von einem Bürgerkrieg.

Bearbeiterin

M2 Was sind die Ursachen für Kriege?

70082-087

Kriege entstehen aus vielen Ursachen. Diese sind oft tief miteinander verbunden. Sie reichen von Machtstreben und territorialen Ansprüchen bis hin zu wirtschaftlichen Interessen, Unterschieden in Religion oder Herkunft, Nationalismus oder wenn Menschen mit ihrer Regierung und ihrem Leben unzufrieden sind.

Ein aktuelles Beispiel für das Streben nach Macht und territorialen Gewinnen ist der Krieg in der Ukraine, der sich 2022 verschärfte, als Russland begann, Teile der Ukraine zu besetzen. Dieser

Konflikt verdeutlicht, wie Länder durch die Erweiterung ihres Territoriums versuchen, ihre Macht zu vergrößern.
Wirtschaftliche Interessen spielen ebenfalls eine große Rolle bei der Entstehung von Kriegen. Der Zugang zu wichtigen Ressourcen, wie z.B. Öl, kann einen starken Anreiz für Länder darstellen, einen Krieg zu beginnen. Der Irak-Krieg, der von 2003 bis 2011 dauerte, kann dafür als Beispiel angeführt werden.
Ein Beispiel für einen Konflikt, der wegen Religion und Herkunft entstanden ist, ist der Streit zwischen Israel und Palästina.
Nationalismus ist das starke Gefühl von Stolz auf das eigene Land, manchmal so stark, dass es zu einem Gefühl der Überlegenheit über andere Länder führt. Ein Beispiel für einen Krieg, bei dem Nationalismus eine wesentliche Ursache war, ist der Erste Weltkrieg, der von 1914 bis 1918 dauerte.
Politische und soziale Unzufriedenheit innerhalb eines Landes kann zu Bürgerkriegen führen. Der Bürgerkrieg in Syrien, der 2011 begann, ist ein tragisches Beispiel dafür, wie politische Unterdrückung und soziale Missstände einen verheerenden Konflikt auslösen können.

Bearbeiterin

M3 Was sind die Folgen von Krieg und Konflikten?

70082-089

Kriege haben viele direkte und indirekte Auswirkungen auf das Leben von Menschen - sowohl in den Kriegsgebieten selbst als auch weit darüber hinaus, einschließlich Europa und bei uns in Deutschland.
In Kriegsgebieten müssen Menschen oft ihr Zuhause verlassen, weil es dort für sie zu gefährlich ist. Viele verlieren ihre Familie sowie Freundinnen und Freunde oder werden selbst verletzt. Schulen und Krankenhäuser werden zerstört, was Bildung und Gesundheitsversorgung fast unmöglich macht. Außerdem gibt es oft nicht genug zu essen und zu trinken, weil die Versorgung mit Lebensmitteln und Wasser gestört ist.
Für die Menschen in diesen Gebieten bedeutet Krieg also oft, dass sie alles verlieren, was ihnen wichtig ist. Sie müssen vor Gewalt und Zerstörung fliehen und versuchen, irgendwo ein neues Leben zu beginnen, was sehr schwer ist.
Aber auch für uns hier in Europa und Deutschland hat ein Krieg Folgen: Viele Menschen, die vor Kriegen fliehen, kommen zu uns, weil sie hier Sicherheit und ein besseres Leben suchen. Das kann Herausforderungen für die Länder in Europa bringen, zum Beispiel bei der Unterbringung und Integration der Geflüchteten. Manchmal gibt es auch politische Spannungen zwischen den europäischen Ländern darüber, wie man am besten mit der Situation umgeht.
Außerdem beeinflussen Kriege oft die Wirtschaft. Zum Beispiel können die Preise für Öl und Gas steigen, wenn es in wichtigen Förderländern zu Konflikten kommt. Das betrifft dann auch die Preise bei uns, zum Beispiel für Heizen oder Autofahren.
Und schließlich können Kriege in anderen Teilen der Welt auch die Sicherheit in Europa beeinflussen. Manchmal führen Konflikte dazu, dass Menschen radikalisiert werden, und das kann zu einer Bedrohung für die Sicherheit auch bei uns führen.

Bearbeiterin

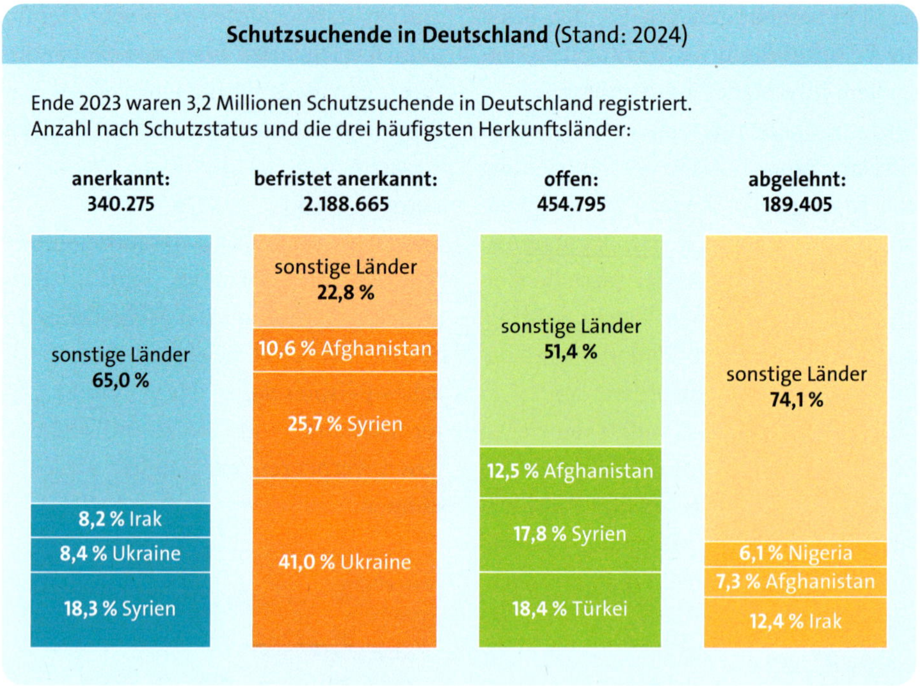

Nach: Globus 2024, Quelle: Statistisches Bundesamt

Krieg als Fluchtursache

Kriege gehören zu den wichtigsten Gründen für Flucht.
Wenn Häuser zerstört werden und Menschen um ihr Leben fürchten müssen, bleibt vielen nur die Flucht. Neben Kriegen gibt es aber auch andere Ursachen für Migration, etwa Armut, politische Verfolgung oder die Folgen des Klimawandels.

M4 Wie mit Migration umgehen?

70082-091

a) Studie: Kann Geld Fluchtursachen bekämpfen?

Grundsätzlich gelte aber, dass Entwicklungshilfe zwei entgegengesetzte mögliche Auswirkungen hat. Sorgt die Entwicklungshilfe nur dafür, dass die Menschen in dem Land ein höheres Einkommen haben, so kurbelt sie die Auswanderung sogar an. Grund dafür ist, dass es sich auf einmal mehr Leute leisten können auszuwandern. Erst wenn das Einkommen sich dem Niveau der Industrieländer annähert, kehrt sich dieser Trend um. Mehr Leute bleiben in der Heimat, oder Auswanderer kehren zurück. [...] Aber es gibt eben noch eine andere Form der Entwicklungshilfe, [...]. Statt das Geld einfach breit zu streuen, wird es vor allem in soziale Dienstleistungen investiert. Und dort kann es tatsächlich auch schon kurzfristig den Drang auszuwandern verringern, sagt Thiele. Konkret bedeutet das zum Beispiel, dass Krankenhäuser mehr Röntgengeräte und Betten bekommen oder Schulen sich über mehr Bücher und Lehrer freuen dürfen. [...] Der Ökonom Axel Dreher von der Universität Heidelberg sieht die Studie von Thiele und die

Analyse der DW allerdings mit Skepsis. [...] Sein Fazit: In den ersten Jahren würde Entwicklungshilfe eher noch die Flucht befeuern. Erst wesentlich später - mit einer Verzögerung von mehr als zehn Jahren - könne man sehen, dass die Flüchtlingszahlen zurückgehen.

Maier-Borst, Haluka: „Geld kann Fluchtursachen bekämpfen - aber das allein wird nicht reichen". In: www.dw.com, 15.02.2018

b) Standpunkt: Migration als Chance

Die Vereinten Nationen schätzen, dass weltweit schon [...] [280 (Stand: 2025)] Millionen Menschen Migranten sind. Das Gros stammt aus Entwicklungsländern. Für die geburtenschwachen Industrieländer sind vor allem junge und qualifizierte Fachkräfte aus dem Ausland zunehmend relevant. Um sie wird gebuhlt. Dass aber auch die Herkunftsländer von diesem Trend profitieren, zeigt die Studie „Migration gerecht gestalten" der Bertelsmann-Stiftung. Die Migrationsexperten widerlegen darin die gängige These vom Ausbluten der Entwicklungsländer. Stattdessen sprechen sie von einer Triple-Win-Situation: Sowohl das Zielland als auch das Heimatland sowie die Betroffenen profitieren von der Wanderung. [...] Bislang galt Migration wegen des Verlustes von Humankapital als eine zusätzliche Bürde für die Entwicklungsländer. Doch inzwischen gibt es ein Umdenken [...]. Denn die Auswanderer seien für ihre Herkunftsländer ein enorm wichtiger Wirtschaftsfaktor.

So bringen die Rücküberweisungen der Migranten dringend benötigtes Kapital ins Land. Die Weltbank schätzt die Summe dieser Geldtransfers für [...] [2023 etwa 860] Milliarden Dollar, was etwa dem Dreifachen der weltweiten Entwicklungshilfe entspricht. [...] Diese Rücküberweisungen erreichen direkt die bedürftigen Angehörigen im Herkunftsland und erlauben ihnen auch gezielte Investitionen in kleine Unternehmungen sowie in Bildung und Gesundheit, heißt es in der Studie. In afrikanischen Ländern wie Kenia oder Nigeria machten Geldtransfers der Migranten inzwischen mehr als die Hälfte des gesamten Investitionsvolumens der Staaten aus. Solche Daten zeigten, dass Entwicklungshilfe durch Migration effektiver ist als Entwicklungshilfe zur Verhinderung von Migration, stellen die Autoren fest.

Siems, Dorothea: „Wer von der Migration wirklich profitiert". In: www.welt.de, 04.05.2015

Aufgaben

70082-704

1. Wann ist für dich Krieg (**M1**)?
   a) Beschreibe eine Situation, die für dich Krieg darstellt.
   b) Vergleicht eure Beschreibungen.
   c) Erstellt gemeinsam eine Definition von Krieg.
2. Überprüfe mithilfe eurer Definition die Bilder in **M1**.
3. Erstelle ein Schaubild zu den Ursachen von Kriegen (**M2**).
4. Erläutere Folgen von Krieg und Konflikten (**M3**).
5. Vergleiche die beiden Positionen (**M4**) zum Umgang mit Migration.

Was ist los?

7.2.2 Ab wann ist Frieden?

Frieden wünschen sich Menschen auf der ganzen Welt. Aber wann ist eigentlich Frieden und ab wann ist keiner mehr? Über diese Frage herrscht große Uneinigkeit, auch darüber, wie Frieden erreicht werden kann.

M5 Was bedeutet Frieden für Robert?

Zeichnung eines Jungen, was für ihn Frieden bedeutet

Was können wir tun?

M6 „Wenn kein Krieg herrscht, dann ist Frieden!“

Manche Leute denken, Frieden bedeutet einfach, dass kein Krieg ist. Aber es gibt da mehr zu verstehen. Der norwegische Friedens- und Konfliktforscher Johan Galtung beschreibt zwei Arten von Frieden.

a) Negativer Frieden

Zunächst gibt es den „negativen Frieden“. Das ist, wenn einfach keine Gewalt oder Krieg zwischen großen Gruppen oder Ländern herrscht.

Aber das heißt nicht unbedingt, dass alles gut ist. Denn auch wenn keine Waffen benutzt werden, kann es immer noch Probleme wie Ungleichheit oder Armut geben – das nennt man „strukturelle Gewalt“.

Stellt euch vor, in einer Gesellschaft gibt es Regeln oder eine Art von System, das manche Leute benachteiligt. Das bedeutet, dass diese Leute nicht die gleichen Chancen haben wie andere. Sie haben vielleicht nicht genug zu essen, keinen Zugang zu guter Bildung oder finden keine Arbeit, nicht, weil sie etwas falsch gemacht haben, sondern weil das System unfair ist. Diese Art von Ungerechtigkeit und Ungleichheit nennt man strukturelle Gewalt. Es ist wie eine unsichtbare

Form von Gewalt, weil niemandem direkt körperlich wehgetan wird, aber es tut dennoch weh, weil es Menschen daran hindert, ein gutes und faires Leben zu führen.

Bearbeiterin

b) Positiver Frieden

Die zweite Art von Frieden wird als „positiver Frieden" bezeichnet. Das ist mehr als nur die Abwesenheit von Krieg.

Positiver Frieden bedeutet, es gibt Gerechtigkeit und Gleichheit, also eine faire Chance für alle. Hierbei geht es darum, dass Menschen gut zusammenleben, mit genug Möglichkeiten für alle, und dass die Menschenrechte geachtet werden.

Galtung meint, dass echter Frieden erst da ist, wenn nach einem Krieg die Schäden repariert sind und alle Menschen fair und gut miteinander leben können. Für Johan Galtung ist Frieden also nicht nur, wenn keine Kämpfe sind. Es geht auch darum, die Gründe, die zu Krieg führen könnten, zu beseitigen und dafür zu sorgen, dass jeder Mensch gerecht behandelt wird.

Bearbeiterin

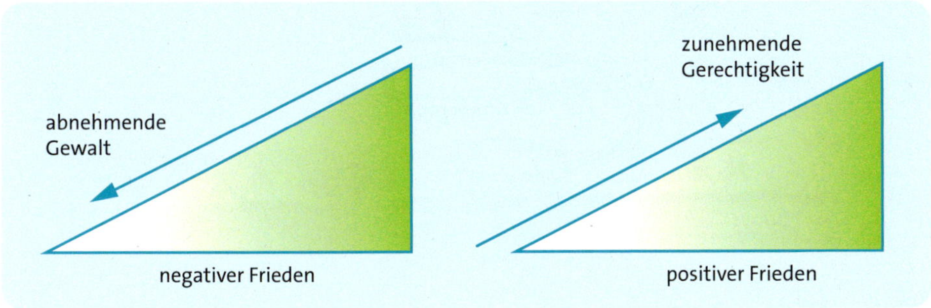

Nach: Friedensbildung AKTUELL: Merkblatt – positiver und negativer Frieden nach Johan Galtung. In: www.friedensbildung-bw.de, Abruf am 15.05.2024

Aufgaben

70082-705

1. Was ist Frieden für dich? Wähle aus den folgenden Aufgaben eine aus und bearbeite diese (**M5**).
   a) Zeichne ein Bild, wie für dich Frieden aussieht.
   b) Stellt gemeinsam in einer Gruppe „Frieden" in einem Standbild nach und haltet es in einem Foto fest.
   c) Sammelt gemeinsam Begriffe, die zum Frieden gehören und erstellt damit ein Friedensplakat.
2. Erstellt zu den Begriffen „positiver und negativer Frieden" ein Schaubild oder eine Zeichnung (**M6**).
3. a) Überprüfe eure gesammelten Aspekte zum Frieden anhand der beiden Friedenskonzepte (**M5, M6**).
   b) Welchem Friedenskonzept stimmst du zu? Begründe deine Entscheidung.

Was ist los?

7.2.3 Worum geht es im Nahostkonflikt? – Konfliktanalyse I

Der Konflikt zwischen Israelis und Palästinenserinnen und Palästinensern ist schon sehr alt. Im Kern streiten sie um Ansprüche auf ein und das selbe Land, welches zwischen dem Mittelmeer und dem Fluss Jordan liegt. Sie begründen ihre Ansprüche jeweils mit ihrer Geschichte, ihrer Religion und auch mit dem Völkerrecht. In dieser Konfliktanalyse schauen wir uns zunächst genauer an, warum der Streit angefangen hat und was bisher passiert ist.

M7 Ansicht eines Karikaturisten

Karikatur: Mandzel, 2012

M8 „Wenn kein Krieg herrscht, dann ist Frieden!“

70082-092

Schon seit vielen Jahren gab es Streit zwischen den Arabern und den Juden um das Gebiet, das Israel, den Gazastreifen und das Westjordanland umfasst. Nach dem Ersten Weltkrieg sollte Großbritannien auf dieses Gebiet aufpassen. Zwischen 1882 und 1939 kommt es zu fünf großen Einwanderungswellen, bei denen etwa 380.000 Jüdinnen und Juden aus Europa und Russland nach Palästina einwandern. Dadurch kommt es zu ersten Konflikten mit der arabischen Bevölkerung. Ab 1918 wird Palästina von Großbritannien als britisches Mandatsgebiet verwaltet. Für die Errichtung einer „nationalen Heimstätte" für das jüdische Volk in Palästina sagte Großbritannien Unterstützung zu.

UN-Teilungsbeschluss 1947
Die Vereinten Nationen beschlossen, Palästina aufzuteilen, um einen jüdischen und einen arabischen Staat zu schaffen. Sie hofften, damit den langjährigen Streit zu beenden. Zum Beispiel wurde die Stadt Jerusalem, welche heilig für Juden, Muslime und Christen ist, in diesen Plan miteinbezogen, was die Lage besonders kompliziert machte.

Gründung des Staates Israels 1948
Israel erklärte seine Unabhängigkeit, tags darauf wurden Israel von fünf arabischen Staaten angegriffen, was zum ersten arabisch-israelischen Krieg führte. Mehr als 700.000 Palästinenser flohen oder wurden aus ihren Häusern vertrieben – ein Ereignis, das die Palästinenser als "Nakba" (Katastrophe) bezeichnen.

Suezkrise 1956
Als Ägypten den Suezkanal verstaatlichte, griffen Israel, Großbritannien und Frankreich Ägypten an. Der Kanal war wichtig für den internationalen Handel, insbesondere für den Transport von Öl.

Sechstagekrieg 1967
Israel griff seine Nachbarländer präventiv (vorbeugend) an, da diese viele Truppen an den israelischen Grenzen zusammengezogen hatten, und eroberte Gebiete das Westjordanland und den Gazastreifen. Zum Beispiel eroberte Israel Ost-Jerusalem, das die Klagemauer und die Al-Aqsa-Moschee umfasst.

Camp David Abkommen 1979
Ägypten und Israel schlossen ein Friedensabkommen. Ein wichtiger Punkt war, dass Israel sich aus dem Sinai zurückzog, einem Gebiet, das etwa dreimal so groß wie Israel selbst ist.

Erste Intifada 1987-1993
Die Palästinenser lehnten sich gegen die israelische Besatzung auf. Ein bekanntes Bild dieser Zeit sind junge Palästinenser, die mit Steinen gegen israelische Panzer kämpften.

Ausrufung des Staates Palästina 1988
Die Palästinenser riefen ihren eigenen Staat aus. Obwohl viele Länder diesen Schritt unterstützten, hat (bis 1990 wurden sie von ca. 100 Staaten anerkannt) Palästina noch immer keinen vollständigen Status als unabhängiger Staat.

Oslo-Abkommen 1993
Die Abkommen legten den Grundstein für eine palästinensische Selbstverwaltung in Teilen des Westjordanlandes und des Gazastreifens. Zum Beispiel wurde die Palästinensische Autonomiebehörde gegründet, um diese Gebiete zu regieren.

Zweite Intifada 2000
Diese war noch gewalttätiger. Ein auslösender Moment war der Besuch des israelischen Politikers Ariel Scharon auf dem Tempelberg, einer heiligen Stätte für Muslime und Juden. Zudem war die wirtschaftliche Situation der Palästinenser verheerend, wofür die korrupte palästinensische Autonomiebehörde Israel verantwortlich machte. Selbstmord-Attentäter und Terroranschläge in Israel waren die Folge.

Siedlungsräumung im Gazastreifen 2005
Israel zog seine Siedler und Soldaten aus dem Gazastreifen zurück. Dies war ein Versuch, den Friedensprozess voranzutreiben, wenngleich die Kontrolle über Luftraum und Grenzen bei Israel blieb.

Abraham-Abkommen 2020
Länder wie die Vereinigten Arabischen Emirate und Bahrain normalisierten ihre Beziehungen zu Israel. Dies war ein historischer Schritt, obwohl die Palästinenser sich dadurch im Stich gelassen fühlten. Die Gründung eines palästinensischen Staats waren im Abkommen nicht vorgesehen.

2023: Terrorangriff der Hamas auf Israel
Am 07. Oktober 2023 überwinden Terroristen der Hamas Sperranlagen um den Gazastreifen und dringen auf israelisches Staatsgebiet. Dort töten die Hamas und ihre Verbündeten mehr als 1.200 Menschen und nehmen 50 Menschen als Geisel. Der israelische Ministerpräsident Netanjahu erklärt den Kriegszustand, das israelische Militär rückt in den Gazastreifen vor, mit dem Ziel die Hamas endgültig zu besiegen.

2024 Urteil der IGH
Im Juli 2024 entschied der Internationale Gerichtshof (IGH) in Den Haag in einem Gutachten, dass die anhaltende Besatzung des Westjordanlandes, des Gazastreifens und von Ost-Jerusalem gegen das Völkerrecht verstoße. Israel sei deshalb dazu verpflichtet, die Besatzung „so schnell wie möglich" zu beenden. Eine Besatzung dürfe nur vorübergehend und nicht dauerhaft sein. Da aber Israel in den besetzten Gebieten Siedlungen und Straßen baue und damit Land der palästinensischen Bevölkerung enteigne, betreibe es eine „faktische Annexion" des Westjordanlandes. Besetztes Gebiet dürfe aber nicht gewaltsam dem eigenen Gebiet einverleibt werden.

Bearbeiterin

M9 Welche Gruppierungen gibt es im Nahostkonflikt?

Gruppierungen im Nahost-Konflikt

1 Hisbollah
(schiitische Miliz und Partei im Libanon)
- gegründet 1982 nach Einmarsch Israels in den Libanon
- Ziel: schiitische Bevölkerung schützen
- von einigen Ländern als Terrororganisation eingestuft

2 Palästinensischer Islamischer Dschihad
(Ableger der sunnitischen Muslimbruderschaft)
- gegründet 1979 als Bewegung palästinensischer Studenten
- Ziel: Israel vernichten, historisches Palästina befreien
- erste Überfälle und Terroranschläge gegen israelische Ziele in den 1980er Jahren

3 Hamas
(Ableger der sunnitischen Muslimbruderschaft)
- gegründet 1987 anlässlich der ersten Intifada*
- Ziel: Israel vernichten, Juden töten
- kontrolliert seit 2007 den Gazastreifen

4 Fatah
(palästinensische Partei)
- gegründet 1959 in Kuwait von ehemaligen palästinensischen Aktivisten, die einen palästinensischen Nationalismus verfolgten
- Ziel: Zweistaatenlösung, offen für Verhandlungen
- militärischer Arm verübte Anschläge auf Israelis, vor allem während der zweiten Intifada*
- verlor 2006 die Wahlen gegen die Hamas
- stellt mit Mahmud Abbas den Palästinenserpräsidenten und den Chef der Palästinensischen Befreiungsorganisation (PLO)

*palästinensischer Aufstand gegen die israelische Besatzung von Gazastreifen und Westjordanland

Nach: Globus 2023, Quelle: bpb, dpa

M10 Was sind die Hauptprobleme in diesem Streit?

70082-093

Im Streit zwischen Israel und den Palästinensern geht es darum, wer das Land zwischen dem Jordanfluss und dem Mittelmeer haben soll. Beide Gruppen beanspruchen das Land für sich. Dieser Streit begann, als die Vereinten Nationen 1947 beschlossen, das Land in einen jüdischen und einen palästinensischen Teil aufzuteilen. Als Israel 1948 als Land gegründet wurde, konnte es sich im Krieg gegen seine Nachbarn durchsetzen (die Israel am Tag nach der Staatsgründung angegriffen hatten) und mehr Land gewinnen. Seitdem hat Israel durch den Bau von Siedlungen mehr Kontrolle über das Land bekommen. Es gibt hauptsächlich drei große Probleme in diesem Streit:

1 Wer bekommt welches Land?

Israel und die Palästinenser haben unterschiedliche Vorstellungen darüber, wem welches Land zusteht. Israel möchte international anerkannt werden. Vor dem 7. Oktober 2023 strebte Israel Frieden mit seinen Nachbarn an. Seit dem Terrorangriff der Hamas ist eine Änderung der Außen- und Sicherheitspolitik hin zu einer massiven militärischen Schwächung der Hamas im Gazastreifen, der Hisbollah im Libanon und des iranischen Regimes zu beobachten. Es beansprucht jedoch auch Gebiete, die es im Sechstagekrieg 1967 erobert hat, wie Ostjerusalem, die Golanhöhen und Teile des Westjordanlands.

Die Palästinenser hingegen fordern die Rückgabe der Gebiete, die Israel 1967 besetzt hat, und sehen diese als ihr rechtmäßiges Land an, einschließlich Ostjerusalem. Ein weiteres zentrales Thema sind die Wasserressourcen, die in der Region knapp sind und größtenteils von Israel kontrolliert werden. Die Frage, wer welches Land bekommt, ist eines der Kernprobleme im Konflikt.

2 Wer kontrolliert Jerusalem?

Jerusalem ist eine Stadt von enormer religiöser und historischer Bedeutung für beide Seiten. Israel betrachtet Jerusalem als seine unteilbare Hauptstadt und hat den Ostteil der Stadt nach dem Krieg von 1967 annektiert, was international jedoch größtenteils nicht anerkannt wird. Jerusalem ist der Ort von heiligen Stätten für Juden, Christen und Muslime, was die Stadt zu einem besonders sensiblen Punkt im Konflikt macht. Die Palästinenser fordern, dass Ostjerusalem die Hauptstadt ihres zukünftigen palästinensischen Staates wird. Die Frage der Kontrolle über Jerusalem ist eine der größten Hürden für eine Friedenslösung, da beide Seiten starke religiöse und historische Ansprüche auf die Stadt erheben.

3 Dürfen palästinensische Geflüchtete zurückkehren?

Im Zuge der Gründung Israels 1948 und den darauffolgenden Kriegen mussten viele Palästinenser fliehen oder wurden vertrieben. Diese Geflüchteten und ihre Nachkommen fordern das Recht, in ihre ehemaligen Heimatorte zurückzukehren, was sie als grundlegendes Menschenrecht ansehen. Israel lehnt dies jedoch größtenteils ab, da es befürchtet, dass eine Rückkehr von Millionen palästinensischer Geflüchtete die demografische Zusammensetzung des Landes erheblich verändern und das jüdische Wesen des Staates gefährden könnte. Verschiedene Vorschläge für eine Lösung dieses Problems umfassen begrenzte Rückkehrmöglichkeiten und Entschädigungszahlungen, doch bisher wurde keine Einigung erzielt. Das Rückkehrrecht bleibt ein zentraler Punkt in den Verhandlungen und ist tief mit der Identität und den Rechten der Palästinenser verbunden.

Bearbeiterin

Aufgaben

70082-706

1. Wie sieht der Karikaturist den Nahostkonflikt (**M7**)?
   a) Beschreibe die Karikatur.
   b) Benenne das Problem.
   c) Gestaltet ein Planungsgespräch, indem ihr alle Fragen sammelt, die ihr beantworten müsst, um die Aussage der Karikatur zu überprüfen.
2. Welche Auswirkungen haben die Etappen auf den Nahostkonflikt? Tragen sie zu Entspannung bei, befeuern sie den Konflikt oder wirken sie sich nicht aus (**M8, M9**)?
   a) Gestaltet Symbole für „entspannen", „befeuern" und „neutral".
   b) Ordnet eure gestalteten Symbole den jeweiligen Etappen zu.
3. Gestaltet einen Dialog zwischen israelischen und palästinensischen Jugendlichen, in dem sie sich über die Hindernisse einer Konfliktlösung austauschen (**M8-M10**).

H zu Aufgabe 2b
Wenn eine Etappe den Konflikt eskalieren lässt, verseht ihr diese mit dem Symbol „befeuern".

Arbeitsblatt: Etappen des Nahostkonflikts

70082-722

Konflikte in einer Conflict Map visualisieren

Worum geht es?

Die Methode visualisiert Konflikte und stellt eine Möglichkeit dar, Beteiligte und ihre Beziehungen zueinander sichtbar zu machen. Dabei werden Akteure mithilfe von Objekten, z. B. Kreisen, dargestellt und ihre Beziehungen zu- und untereinander mithilfe verschiedener Linien und Pfeile abgebildet.

Geht dabei so vor:

1. Schritt: Festlegung der geografischen Räume

Zuerst werden die geografischen Räume mithilfe von drei ineinander liegenden Kreisen dargestellt: Region – Land – Welt:

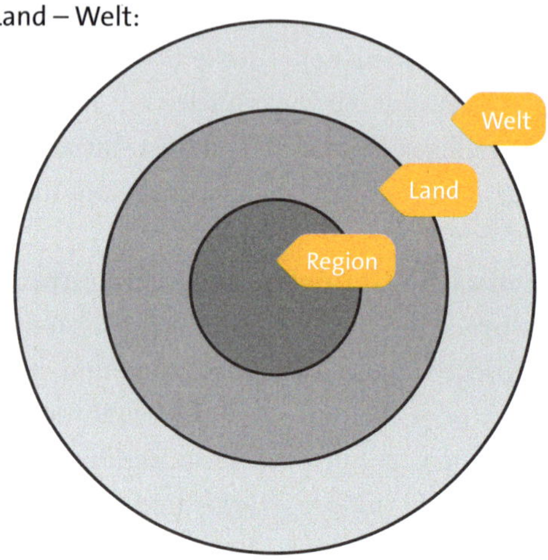

2. Schritt: Bestimmung der Konfliktparteien/Akteure

Die Konfliktparteien/Akteure werden mithilfe von unterschiedlich großen Kreisen in einer neuen Farbe dargestellt. Die Größe des Kreises kann dann die zugeschriebene Stärke, aber auch die Anzahl der Personen symbolisieren. Der Namen der Konfliktpartei/Akteure kann entweder in den Kreis oder neben den Kreis notiert werden. Die Kreise werden innerhalb der geografischen Lebensräume positioniert. Es kann aber auch Überschneidungen geben.

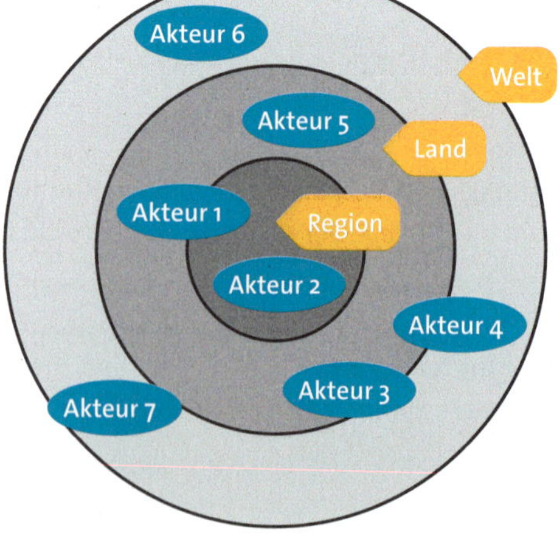

3. Schritt: Verdeutlichung des Konflikts mit weiteren Merkmalen

Zwischen den Konfliktparteien/Akteuren werden mit einer neuen Farbe, z. B. schwarz Beziehungslinien gezeichnet. Die unterschiedliche Stärke der Linien verdeutlicht die Intensität der Beziehung, sagt aber noch nichts über den Inhalt der Beziehung aus.

Beziehungslinien (unterschiedliche Linienstärke verdeutlicht die Intensität)

Mit roter Farbe werden zwischen den Konfliktparteien/Akteuren Problemlinien gezeichnet. Diese Linien bezeichnen zunächst lediglich Problemfelder, die zwischen den Konfliktparteien/Akteuren bestehen.

Problemlinien (Ausdruck von bestehenden Problemfeldern)

Die (grünen) Pfeile bezeichnen die Gegnerschaft, die zwischen den Konfliktparteien/Akteuren besteht. Die Richtung der Pfeile verdeutlicht die Gegnerschaft. Je dicker der Pfeil, desto intensiver die Gegnerschaft.

Gegnerschaft (Verdeutlichung durch Richtung + Pfeildicke)

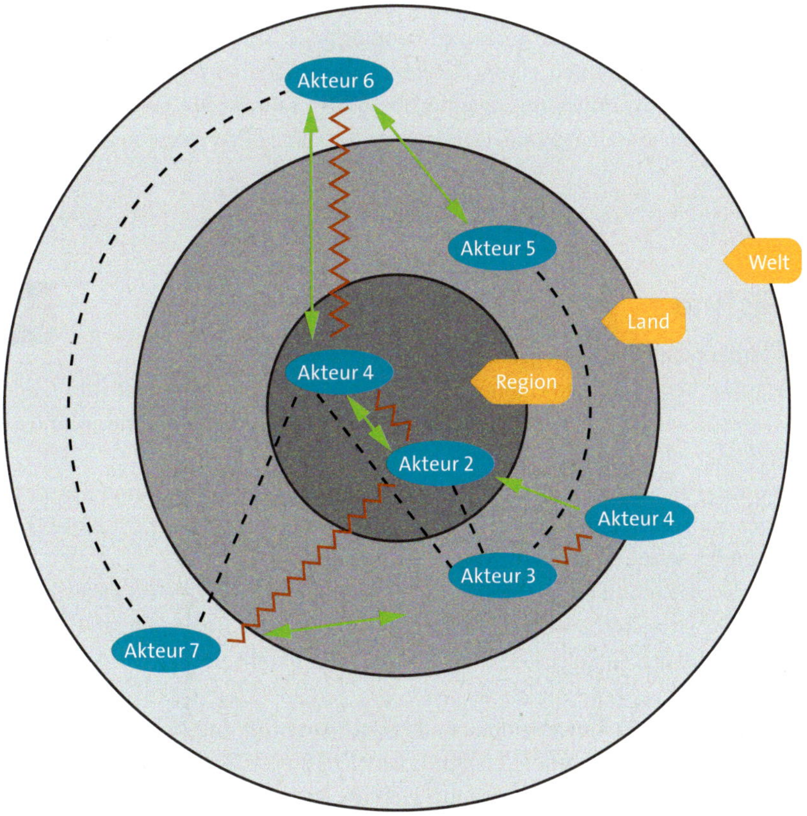

Tipp:
Linien und Pfeile können zur Unterstützung beschriftet werden.

Bearbeiterin

Was ist los?

7.2.4 Wer will was im Nahostkonflikt? – Konfliktanalyse II

Israelis gegen die Palästinenser – ein jahrzehntelang andauernder Konflikt. Was wollen Israelis und was die Palästinenser? Wer ist noch beteiligt und warum ist es so schwer, Frieden zu finden?

M11 Wer sind die beteiligten Akteure und was wollen sie?

70082-094

Israel

Was will Israel?

Israel möchte als unabhängiger Staat sicher und anerkannt existieren. Es legt Wert darauf, als jüdischer Staat international akzeptiert zu werden und möchte Kontrolle über bestimmte Gebiete behalten, die es für seine Sicherheit als wichtig erachtet. Dazu gehören Gebiete wie Ostjerusalem und die Golanhöhen. Das bedeutet auch, sich vor Angriffen von Nachbarländern oder Gruppen wie der Hamas (die den Gazastreifen kontrolliert) und der Hisbollah (eine mächtige Gruppe im Libanon) zu schützen.

Was tut Israel dafür?

Israel hat eine der stärksten Armeen aufgebaut und verwendet Systeme, die Raketen abfangen und das Land schützen. Mit einer großen Mauer (60 km lang) hat Israel eine Barriere gebaut, um Terrorangriffe zu stoppen. Diese Mauer ist sehr umstritten, weil sie auch Land in separierte Gebiete teilt.
Ebenso umstritten ist der so genannte Siedlungsbau: Israel baut Wohngebiete für Israelis im Westjordanland, einem Gebiet, das die Palästinenser für ihren Staat wollen. Durch Friedensabkommen mit Ägypten, Jordanien, Bahrain, den Vereinigten Arabischen Emiraten und dem Sudan verbessert Israel seine diplomatischen Beziehungen.

Israel
= völkerrechtlich anerkannter Staat

Palästina
= völkerrechtlich nicht anerkannter Staat

Wer sind die Palästinenser?
Palästinenser sind ursprünglich alle Bewohner sowie deren Nachfahren, die im ehemaligen britischen Mandatsgebiet Palästina lebten. Heute werden vor allem die Arabisch sprechenden Bewohner in den palästinensischen Autonomiegebieten – also im Gazastreifen und dem Westjordanland mit Ost-Jerusalem – sowie Angehörige, die in anderen Staaten als Flüchtlinge leben, als Palästinenser bezeichnet.

Palästina

Was fordern viele Palästinenserinnen und Palästinenser?

Viele wünschen sich einen eigenen Staat, der international anerkannt wird. Sie fordern, dass Israel die Gebiete zurückgibt, die im Krieg 1967 besetzt wurden, und dass Ostjerusalem ihre Hauptstadt wird.
Sie wollen in einem eigenen Land leben, das sie selbst verwalten können. Dazu gehört die Forderung nach einem Ende der israelischen Besatzung im Westjordanland und im Gazastreifen sowie nach einem Stopp des Siedlungsbaus.
Auch das sogenannte Rückkehrrecht ist ein wichtiges Anliegen: Viele Palästinenserinnen und Palästinenser leben seit Jahrzehnten als Geflüchtete in anderen Ländern und hoffen, in ihre ursprüngliche Heimat zurückkehren zu dürfen.

Wie setzen sich Palästinenserinnen und Palästinenser für ihre Ziele ein?

Die Palästinensische Autonomiebehörde versucht durch Gespräche mit Israel, eine Lösung zu erreichen. Zwar gab es dabei einzelne Fortschritte, eine endgültige Einigung steht aber noch aus.

Darüber hinaus protestieren viele Menschen friedlich gegen Maßnahmen, die sie als ungerecht empfinden, etwa den Bau neuer Siedlungen oder der Sperrmauer.
Neben der Autonomiebehörde gibt es auch andere politische Kräfte, darunter die Hamas, die seit 2007 den Gazastreifen kontrolliert. Sie verfolgt andere Ziele und geht teils gewaltsam vor. Hamas wird von der EU und vielen Staaten als Terrororganisation eingestuft.

Hamas

Was will die Hamas?
Die Hamas möchte, dass der Staat Israel aufgelöst wird und dass das gesamte Gebiet, auf dem jetzt Israel liegt, zu einem islamischen Staat wird, in dem Palästinenser leben. Die Hamas glaubt, dass Widerstand gegen die israelische Kontrolle notwendig ist, und verwendet dazu oft Gewalt, einschließlich Raketenangriffe auf Israel. Seit der gewaltsamen Machtübernahme 2007 kontrolliert die Hamas den Gazastreifen und regiert dort. Sie möchte ihre Macht in diesem Gebiet behalten und ausbauen. Seit dem 7. Oktober 2023 wurde die Hamas zwar nicht vollständig besiegt, ist aber durch den Krieg mit Israel sehr stark geschwächt.

Was tut die Hamas dafür?
Die Hamas führt Angriffe gegen Israel durch, meistens mit Raketen, die auf israelische Städte abgefeuert werden. Die Hamas stellt soziale Dienste im Gazastreifen bereit und versucht, das tägliche Leben der dort lebenden Palästinenser zu organisieren, obwohl die Bedingungen oft sehr schwierig sind.
Die Hamas sucht Unterstützung bei anderen Ländern und Gruppen, die gegen Israel sind, einschließlich des Irans, der die Hamas mit Geld und Waffen unterstützt. Die Hamas ist sehr umstritten. Viele Palästinenser unterstützen sie, weil sie sich – in ihren Augen – gegen Israel wehrt. Andere kritisieren die Hamas jedoch wegen ihrer Methoden und weil ihre Aktionen oft zu gewalttätigen Auseinandersetzungen mit Israel führen, die das Leben von Zivilistinnen und Zivilisten gefährden. Die Präsenz und die Aktionen der Hamas sind ein zentraler Punkt im Konflikt zwischen Israel und den Palästinensern. Von vielen Ländern, darunter die USA und die Staaten der Europäischen Union, wird die Hamas als terroristische Gruppe eingestuft.

Hamas
Die Hamas ist eine Organisation, die 1987 gegründet wurde. Sie hat das Ziel, gegen die israelische Besatzung in Palästina zu kämpfen und einen unabhängigen islamischen Staat im gesamten Gebiet des historischen Palästina, einschließlich Israels, zu errichten.
Die Hamas lehnt den Staat Israel ab und möchte auch keine friedliche Lösung des Konfliktes erreichen.

Die Nachbarstaaten Ägypten, Jordanien, Libanon und Syrien

Die Nachbarländer Israels suchen nach Stabilität in der Region und sind oft in die Unterstützung der Palästinenser involviert, sei es politisch, finanziell oder durch Aufnahme von Geflüchteten. Sie möchten einen dauerhaften Frieden, der die Sicherheit ihrer eigenen Länder nicht gefährdet.

Ägypten spielt eine wichtige Rolle als Vermittler im Konflikt, besonders zwischen Israel und den Palästinensern in Gaza. Ägypten hat ein Interesse, den Frieden im Sinne des gemeinsamen Vertrages aufrechtzuerhalten, der seit 1979 Bestand hat. Gleichzeitig möchte Ägypten die Beziehungen zu anderen arabischen Staaten und den Palästinensern nicht gefährden. Ägypten ist besorgt über die Sicherheit entlang seiner Grenze zum Gazastreifen und möchte verhindern, dass der Konflikt auf sein Territorium übergreift, insbesondere um extremistische Gruppen in Schach zu halten.

Jordanien hat einen direkten Bezug zum Konflikt, da es eine große Zahl palästinensischer Geflüchteter beherbergt. Der Frieden und die Stabilität in der Region sind für Jordanien von entscheidender Bedeutung. Jordanien unterzeichnete 1994 einen Friedensvertrag mit Israel und hat ein Interesse daran, als Vermittler in Konflikten zu fungieren und Lösungen zu unterstützen, die die Schaffung eines palästinensischen Staates beinhalten (Zwei-Staaten-Lösung). Zudem ist Jordanien der Schutz der islamischen heiligen Stätten in Jerusalem wichtig, für die es eine besondere Verantwortung trägt.

Hisbollah
Die Hisbollah, eine schiitische Miliz und politische Partei im Libanon, wird von den USA und der EU als Terrororganisation eingestuft. Sie steht Israel feindlich gegenüber und hat in der Vergangenheit Kriege gegen Israel geführt. Sie steht für die Bekämpfung und Zerstörung Israels und unterstützt die Palästinenser. Hierbei erhält sie Hilfe von Iran und Syrien. Die Spannungen entlang der israelisch-libanesischen Grenze bleiben hoch.

Der **Libanon** ist ein Land, in dem viele verschiedene Religionsgemeinschaften zusammenleben. Immer wieder kommt es dort zu Konflikten um Macht, Ressourcen und die Ausrichtung des Staates (die Christen etwa konnten sich ein Bündnis mit Israel vorstellen). Zwischen beiden Staaten ist der Grenzverlauf bis heute umstritten. 1982 wurde die Hisbollah gegründet, eine schiitische bewaffnete Organisation und gleichzeitig politische Partei im Libanon. Sie hat sich zum stärksten Akteur im Land entwickelt, mit einer starken Miliz und modernen Waffensystemen. Die Hisbollah versteht sich als Widerstandsbewegung gegen Israel. Sie hat wiederholt gegen Israel gekämpft und kooperiert mit der Hamas und dem Iran. Nach dem 7. Oktober 2023 ist es auch an der Grenze zwischen dem Libanon und Israel zu militärischen Auseinandersetzungen zwischen ihr und dem israelischen Militär gekommen. Anfang Oktober 2024 begann Israel eine Bodenoffensive im Südlibanon. Zeitgleich wurden Stellungen der Hisbollah u. a. in Vororten von Beirut bombardiert. In diesem Konflikt wurden mehr als 4.000 Menschen auf libanesischer Seite und mehr als 100 auf israelischer Seite getötet.

Syrien befindet sich in einem langjährigen Konflikt mit Israel, insbesondere um die Golanhöhen. Das Land unterstützte die Palästinenser im Kampf gegen Israel. Wie im Libanon leben auch in Syrien viele palästinensische Geflüchtete, deren Situation durch den syrischen Bürgerkrieg noch schwieriger wurde. Als verbündeter des Iran unterstützte Syrien auch die Hisbollah und andere anti-israelische Gruppen und hatte keine diplomatischen Beziehungen zu Israel. Seit dem Sturz des Assad-Regimes im Dezember 2024 hat Israel die UN-Pufferzone zwischen den Golanhöhen und Syrien besetzt und viele syrische Militäreinrichtungen im ganzen Land zerstört. Der neue Machthaber in Syrien soll jedoch vorhaben, die Beziehungen zu Israel zu normalisieren.

Iran

Der Iran ist ein großer nicht-arabischer Staat. Seit Ende der 1970er-Jahre versteht sich der Iran als islamische Republik. Feindseligkeit gegenüber Israel gehört seitdem zur Ideologie des Staates. In den letzten Jahrzehnten hat der Iran seinen Einfluss in der Region ausgedehnt. Dabei ist die sogenannte „Achse des Widerstandes" entstanden, ein Bündnis zwischen dem Iran, Syrien und regionalen Organisationen wie der Hamas, der Hisbollah im Libanon oder den Huthis im Jemen, die vom Iran mit Geld und Waffen unterstützt werden. Der Iran lehnt eine Normalisierung der Beziehungen mit Israel ab. Zugleich hat der Iran ein Atomprogramm entwickelt. Experten erwarten, dass Iran in kürzerer Zeit über Atomwaffen verfügen und damit Israel bedrohen könnte. Der Iran konkurriert mit arabischen Staaten wie Saudi-Arabien um die Vorherrschaft in der Region, erkennt Israel nicht an und lehnt jegliche Friedensinitiativen ab. Nach einem israelischen Angriff auf ein iranisches Botschaftsgelände in Syrien hat der Iran im April 2024 erstmals direkt Israel mit Raketen und Drohnen angegriffen. Ein Krieg konnte vorerst verhindert werden.

Russland

Russland positioniert sich im Israel-Palästina-Konflikt nicht eindeutig als Unterstützer einer Seite. Während Russland offizielle Beziehungen zu Israel unterhält und mit der israelischen Regierung in verschiedenen Bereichen, einschließlich Wirtschaft und Sicherheit, zusammenarbeitet, hat es auch Kontakte zur palästinensischen Führung und anderen Akteuren in der Region. Russland hat in der Vergangenheit versucht, als Vermittler zwischen Israel und der Hamas aufzutreten. Russlands Ziel in der Region scheint es zu sein, seinen Einfluss als globaler Akteur zu stärken, indem es mit verschiedenen Parteien kommuniziert und sich als möglicher Vermittler in Konflikten anbietet. Russland unterhält Beziehungen zu Israel und den Palästinensern und unterstützt den Iran. Bis zum Sturz des Assad-Regimes Ende 2024 war Russland ein enger Verbündeter Syriens. Seitdem wartet Russland ab, wie sich die neue syrische Regierung ausrichtet.

Türkei

Die Türkei verfolgt im Israel-Palästina-Konflikt eine komplexe und mehrschichtige Außenpolitik. Historisch hatte die Türkei nach dem Zweiten Weltkrieg und der Gründung Israels diplomatische Beziehungen zu Israel aufgebaut, was sie zu einem der ersten mehrheitlich muslimischen Länder machte, die Israel anerkannten. Über die Jahre hinweg gab es jedoch Schwankungen in der Beziehung, die stark von den jeweiligen politischen Entwicklungen und Führungen in beiden Ländern beeinflusst wurden. Die Türkei strebt danach, eine führende Rolle in der Region zu spielen und sich als wichtiger Akteur in regionalen Konflikten und als Vermittler zu positionieren. Sie möchte ihren Einfluss im Nahen Osten ausbauen und ihre Beziehungen zu verschiedenen arabischen Staaten stärken. In den letzten Jahren hat die Türkei ihre Unterstützung für die Palästinenser verstärkt, insbesondere für die zivile Bevölkerung in Gaza. Die türkische Regierung unter Präsident Recep Tayyip Erdoğan hat sich öffentlich gegen israelische Militäroperationen in den besetzten palästinensischen Gebieten ausgesprochen und die Blockade Gazas kritisiert. Dennoch unterhält die Türkei auch wirtschaftliche und touristische Beziehungen zu Israel. Die Türkei hat Interesse gezeigt, als Vermittler in Konflikten aufzutreten, und hat in der Vergangenheit versucht, zwischen Israel und den Palästinensern zu vermitteln. Diese Rolle ist Teil des türkischen Bestrebens, als zentraler Akteur in regionalen Friedensprozessen wahrgenommen zu werden.

USA

Die USA sind traditionell ein enger Verbündeter Israels und unterstützen das Land finanziell, militärisch und politisch. Die USA interessieren sich für Stabilität im Nahen Osten und den Schutz Israels. Sie haben sich auch bemüht, Friedensverhandlungen zwischen Israelis und Palästinensern zu fördern, allerdings mit wechselndem Erfolg und sie unterstützen bislang die Zwei-Staaten-Lösung. Unter der zweiten Präsidentschaft Donald Trumps scheint dies jedoch nicht mehr der Fall zu sein. Als enger Verbündeter Israels unterstützen die USA dennoch auch die Palästinensische Autonomiebehörde. Sie unterhalten strategische Beziehungen zu Ägypten, Jordanien und den Golfstaaten, sind jedoch Gegner des Iran und eigentlich auch Russlands. Die Außenpolitik Donald Trumps ist jedoch unstet und kaum klar zu definieren.

Europäische Union/Deutschland

Sowohl die EU als auch Deutschland wollen Frieden und Gerechtigkeit im Israel-Palästina-Konflikt. Im Rahmen der sogenannten „Madrid-Gruppe“, der nur ein Teil der EU-Länder angehört, setzt sich u. a. Deutschland für eine Zwei-Staaten-Lösung ein und betont die Wichtigkeit der Menschenrechte und des internationalen Rechts. Der Hauptunterschied liegt in der besonderen Beziehung Deutschlands zu Israel, die auf der historischen Verantwortung Deutschlands basiert. Deutschland hat daher eine starke Verpflichtung, Israels Sicherheit zu unterstützen, gleichzeitig aber auch die Notwendigkeit einer fairen Lösung für die Palästinenser zu betonen. Die EU verfolgt einen etwas breiteren Ansatz, der sich stärker auf die allgemeine Stabilität in der Region und die Förderung von Demokratie und Menschenrechten konzentriert. Die EU ist besorgt über Irans Rolle in regionalen Konflikten und dessen Unterstützung für Gruppen wie die Hisbollah. Auch Russlands Vorgehen in seiner Nachbarschaft und dessen Einfluss in Syrien und anderen Teilen des Nahen Ostens bereiten der EU Sorge.

Bearbeiterin

Aufgaben

70082-707

1. Analysiert den Nahostkonflikt mithilfe der Methode „Conflict Map“ (**M11**).
   a) Zeichnet die geografischen Räume.
   b) Legt Objekte für die Konfliktparteien fest (z. B. Kreise).
   c) Ordnet den Kreisen (= Konfliktparteien) die unterschiedlichen Linien zu.
   d) Zur Unterstützung könnt ihr weitere Linien hinzuzeichnen und/oder diese beschriften.
2. Vergleicht eure Conflict Maps untereinander. Achtet auf die Gemeinsamkeiten und Unterschiede.
3. Begründet mithilfe eurer Conflict Map, wo Veränderungen vorgenommen werden müssten, um diesen Konflikt zu lösen.
4. Überprüft die Aussage der Karikatur (**M7**).
5. Überprüft euren Dialog zwischen israelischen und palästinensischen Jugendlichen (Kap. 7.2.3). An welcher Stelle ergänzt ihr oder überarbeitet ihr das Gespräch?

Ursachen von Krieg

> M2

Kriege entstehen aus vielen Gründen, oft durch eine Mischung aus inneren Problemen eines Landes und Konflikten zwischen Ländern. Stell dir vor, verschiedene Glaubensgruppen in einem Land kommen nicht miteinander aus, besonders wenn eine Gruppe ihre Ansichten den anderen aufdrängen will. Auch große Unterschiede zwischen Arm und Reich können zu Unzufriedenheit führen. Menschen, die wenig haben, wünschen sich oft eine Veränderung für ein besseres Leben. Wenn die Regierung nicht fair ist, fühlen sich viele ungerecht behandelt. Das kann dazu führen, dass Menschen sich gegen die Regierung auflehnen. Manchmal führen auch Streitigkeiten um wertvolle Gebiete oder wirtschaftliche Interessen zu Kriegen zwischen Staaten. Politische und ideologische Unterschiede können ebenfalls Konflikte auslösen.

Übung

70082-715

Folgen von Krieg

> M3

Kriege haben viele traurige Folgen. In Kriegsgebieten müssen Menschen oft fliehen und verlieren alles. Schulen und Krankenhäuser werden zerstört und es fehlt an Nahrung und Wasser. Krieg bedeutet für viele den Verlust von Familie, Freundinnen und Freunden und einem sicheren Zuhause.

Auch für uns in Europa und Deutschland haben Kriege Auswirkungen. Viele Menschen, die vor Kriegen fliehen, suchen bei uns Schutz. Das stellt unsere Länder vor Herausforderungen, wie die Unterbringung und Integration der Geflüchteten. Kriege können auch die Wirtschaft beeinflussen, zum Beispiel, wenn die Preise für Öl und Gas steigen. Und sie können die Sicherheit beeinflussen, wenn Konflikte dazu führen, dass Menschen radikalisiert werden.

Übung

70082-716

Frieden

> M6

Viele denken, Frieden bedeutet, einfach keinen Krieg zu haben. Aber nach der Theorie von Johan Galtung wird zwischen "negativem Frieden" und "positivem Frieden" unterschieden.

Negativer Frieden ist, wenn keine direkten Kämpfe oder Kriege stattfinden. Doch selbst dann können immer noch Probleme wie Ungerechtigkeit oder Armut bestehen. Diese Probleme nennt man „strukturelle Gewalt". Das bedeutet, dass manche Menschen durch die Art, wie eine Gesellschaft organisiert ist, benachteiligt werden. Sie bekommen vielleicht nicht genug zu essen, haben keinen Zugang zu guter Bildung oder finden keine Arbeit – und das alles nicht wegen eigener Fehler, sondern weil das System unfair ist.

Positiver Frieden geht darüber hinaus. Er bedeutet, dass es Gerechtigkeit und Gleichheit gibt und dass alle Menschen gut miteinander leben können. Dazu gehört auch, dass nach einem Krieg die entstandenen Schäden repariert werden und dass jeder Mensch fair behandelt wird. Für Galtung ist der wahre Frieden also nicht nur das Fehlen von Krieg, sondern auch das Fehlen von Gründen, die zu Krieg führen könnten, und die Sicherstellung, dass jede und jeder gerecht behandelt wird.

Übung

70082-717

7.3 Kann die UNO für Frieden und Menschenrechte sorgen?

7.3.1 Was sind die Ziele und Werte der UNO?

Was ist los?

Jedes Jahr am 24. Oktober hält der Generalsekretär der UNO anlässlich des Tages der Vereinten Nationen eine Rede. Darin zeigt er einerseits, wozu die UNO imstande sein kann. Andererseits zeigt er aber auch die Probleme auf, vor der die UNO steht. Doch was ist die UNO und wie geht sie all diese Probleme an?

M1 Soll sich die UNO bei Menschenrechtsverstößen einmischen?

Ich finde die Vorstellung, dass sich die UNO bei massiven Menschenrechtsverstößen in die inneren Angelegenheiten anderer Staaten einmischt ...

Völlig richtig					Völlig falsch
+3	+2	+1	-1	-2	-3

Diese Bedingungen müssen erfüllt sein, um eine Einmischung zu rechtfertigen:

____

Diese Maßnahmen könnte die internationale Staatengemeinschaft ergreifen:

____

Bearbeiterin

M2 Erklärung zum Tag der Vereinten Nationen aus dem Jahr 2001

Seit der Gründung der Vereinten Nationen [...] [am 24.10. 1945] hat die Welt unglaubliche Fortschritte gemacht. Wir alle leben länger. Mehr Kinder überleben. Mehr und mehr von uns leben in Frieden, in einem demokratischen Rechtsstaat. [...] Dennoch sind all diese Fortschritte bedroht. Durch Wirtschaftskrisen, steigende Arbeitslosigkeit, Ungleichheit und Klimawandel. Überall auf der Welt gibt es zu viele Menschen, die in Angst leben. Zu viele glauben, dass ihre Regierungen und die Weltwirtschaft sie nicht mehr unterstützen können. In diesen unruhigen Zeiten gibt es nur eine Lösung: gemeinsame Ziele. Globale Probleme fordern globale Lösungen. Diese Probleme zwingen alle Staaten zu mehr Zusammenarbeit, um Maßnahmen im Interesse der Völker dieser Welt ergreifen zu können. Das ist die Hauptaufgabe der Vereinten Nationen:

- Eine bessere Welt zu schaffen.
- Niemanden zurückzulassen.
- Sich für die Ärmsten und Verletzlichsten im Namen der sozialen Gerechtigkeit und des weltweiten Friedens einzusetzen.

Lassen Sie uns [...] anerkennen, dass: Die Vereinten Nationen niemals so sehr gebraucht wurden wie heute. Dass in einer zunehmend vernetzten Welt nur durch Zusammenarbeit ein Geben und Nehmen entstehen kann. Arbeiten wir gemeinsam im Namen des globalen Gemeinwohls, mit einer Stärke von sieben Milliarden.

Presseerklärung des ehemaligen UNO-Generalsekretärs Ban Ki-Moon. In: www.unric.org, 24.10.2001

M3 Ziele und Grundsätze der UNO

Die Charta der Vereinten Nationen ist wie ein großes Versprechen aller Länder, zusammenzuarbeiten und Frieden auf der ganzen Welt zu suchen. In den ersten beiden Artikeln dieser Charta finden sich Grundsätze und Ziele, nach denen sich die UNO orientiert.

Zu Beginn wird betont, dass der Frieden auf der Welt und die Sicherheit aller Länder am wichtigsten sind. Die Vereinten Nationen wollen, dass Länder miteinander reden und verhandeln, statt zu kämpfen. Es geht darum, Kriege zu stoppen, bevor sie anfangen, indem man Probleme friedlich klärt. Das wichtigste Ziel ist, den Frieden zu bewahren und zu stärken. Wenn es irgendwo Probleme gibt, sollen diese ohne Gewalt gelöst werden. Neben dem wichtigen Ziel, Frieden und Sicherheit herzustellen, streben die Vereinten Nationen an, dass alle Länder gut miteinander auskommen. Sie sollen gleichberechtigt sein und sich gegenseitig respektieren, egal wie unterschiedlich ihre Kulturen sind. Deshalb ist auch die Zusammenarbeit zwischen den Mitgliedsstaaten so wichtig. Diese Zusammenarbeit soll helfen, dass es allen Menschen besser geht, egal in welchem Teil der Erde sie leben.

Bearbeiterin

Grafik: Charta der Vereinten Nationen

70082-723

UN-Charta

Die UN-Charta ist wie die Verfassung für die Welt, geschrieben von der Gruppe der Vereinten Nationen, kurz UN oder UNO. Sie legt die wichtigsten Regeln fest, wie Länder miteinander umgehen sollten, um Frieden zu bewahren und Streit zu vermeiden. Sie sagt auch, dass alle Länder zusammenarbeiten müssen, um große Probleme wie Armut oder Krankheiten zu bekämpfen. Die Ziele und Grundsätze in der UN-Charta sollen sicherstellen, dass die Welt ein besserer Platz für alle Menschen ist.

Bearbeiterin

Charta der Vereinten Nationen (Link)

70082-724

Aufgaben

70082-708

1. Soll die UNO sich bei Menschenrechtsverstößen einmischen?
   a) Positioniert euch auf der Skala in **M1** zwischen +3 (völlig richtig) und -3 (völlig falsch).
   b) Welche Bedingungen müssen für ein Eingreifen erfüllt sein? Nennt die Bedingungen, die für ein Eingreifen sprechen würden.
   c) Benennt Maßnahmen, die ergriffen werden können.
2. Arbeite aus **M2** die Fortschritte und Probleme der UNO heraus.
3. Welche Aufgaben und Ziele verfolgt die UNO?
   a) Vergleiche die Ziele aus **M3** mit denen in **M2**.
   b) Ordne die in **M2** genannten Fortschritte und Probleme den Themenbereichen der Grafik im QR-Code neben **M3** zu.

Was können wir tun?

7.3.2 Ist der Aufbau der UNO dazu geeignet, Frieden zu gewährleisten?

Wenn in einem Land Streitigkeiten auftreten, ist es zuerst Aufgabe der Regierung dieses Landes, diese Probleme zu lösen. Aber manchmal können oder wollen die Regierungen das nicht machen. In solchen Fällen hat die UNO Werkzeuge und Methoden, um zu helfen. Sie versucht Streitigkeiten zu verhindern und bei der Lösung von Problemen innerhalb eines Landes zu unterstützen.

Delegierte/Delegierter
= Vertreter oder Vertreterin

M4 Was ist die UN-Generalversammlung?

70082-095

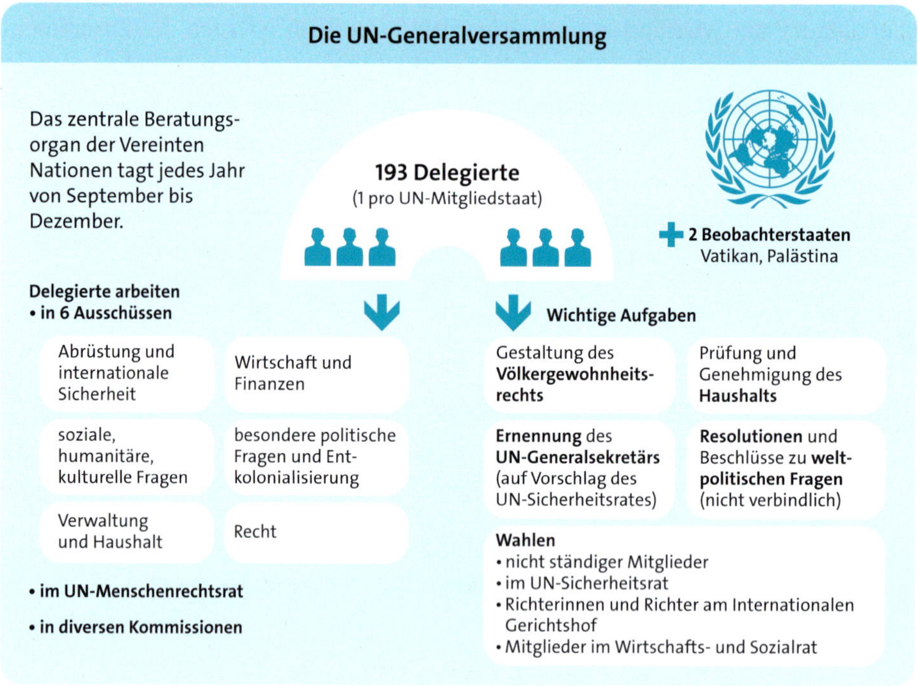

Nach: Globus-Grafik 10953, Quelle: UNO, bpb

Die UN-Generalversammlung ist das wichtigste Beratungsorgan der UNO. Dort treffen sich Vertreterinnen und Vertreter aus fast allen Ländern der Welt. In dieser Versammlung sprechen sie über bedeutende Probleme, die alle betreffen, wie z. B. den Klimawandel, Armut oder wie man Frieden erhalten kann. Sie tauschen Ideen aus und versuchen, gemeinsame Regeln zu finden, damit die Welt besser zusammenleben kann.

Die UN-Generalversammlung hat auch wichtige Unterorgane, die sich um spezielle Themen, wie Menschenrechte, wirtschaftliche Entwicklung und Friedenssicherung kümmern. Diese Unterorgane helfen, die großen Probleme in kleinere, handhabbarere Teile zu zerlegen. Das macht es leichter, sich um diese Themen zu kümmern. Bei Abstimmungen in der UN-Generalversammlung hat jedes Land eine Stimme – ganz egal, wie groß oder reich das Land ist. Wenn es um wichtige Entscheidungen geht, wie zum Beispiel neue Regeln für den Frieden oder Änderungen in der Arbeitsweise der UN, braucht es eine

Zweidrittelmehrheit der Stimmen. Das bedeutet, dass mindestens zwei Drittel der anwesenden Länder zustimmen müssen. Bei weniger wichtigen Entscheidungen reicht eine einfache Mehrheit, also mehr Ja- als Nein-Stimmen. So wird sichergestellt, dass Entscheidungen fair sind und viele Länder sie unterstützen. Anders als beim Sicherheitsrat sind die Beschlüsse der Generalversammlung nicht bindend für die Mitgliedstaaten. Weil aber die Mehrheit aller Staaten hinter den Entscheidungen steht, haben sie ein politisches Gewicht.

Bearbeiterin

M5 Welche Aufgabe hat der UN-Generalsekretär?

70082-096

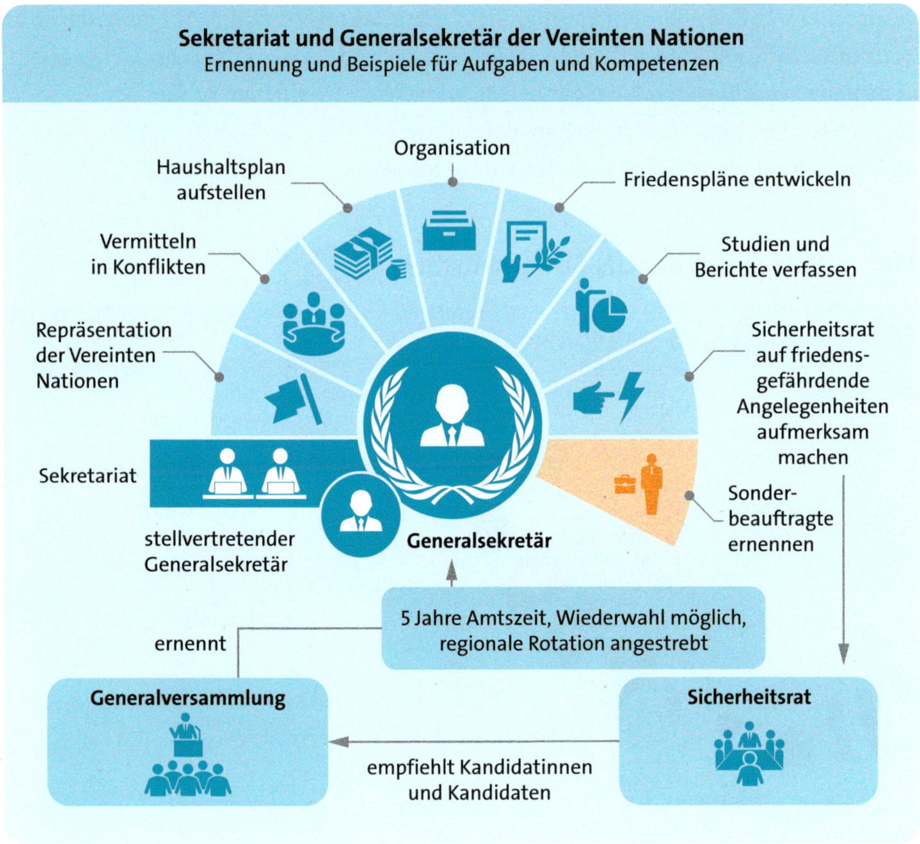

Bearbeitergrafik

Der Generalsekretär der Vereinten Nationen ist Leitung der UNO. Er kümmert sich darum, dass die tägliche Arbeit der UNO reibungslos läuft. Nicht jeder kann Generalsekretär werden, denn er wird von der Generalversammlung ausgewählt, aber erst nachdem der Sicherheitsrat einen Vorschlag unterbreitet hat. Er darf diese Aufgabe für fünf Jahre übernehmen und kann danach auch wiedergewählt werden. Ein Generalsekretär hat viele Aufgaben: Planen, wie das Geld der UNO ausgegeben wird, Teilnahme an wichtigen Treffen (außer beim Internationalen Gerichtshof) und den verschiedenen Gremien der UNO berichten, wie die Arbeit vorangeht. Er hilft auch bei der Durchführung von Studien oder anderen Aufgaben. Der Generalsekretär ist aber nicht nur für das Verwalten zuständig, er vertritt die UNO auch nach außen. Das heißt, er spricht für sie mit anderen Ländern oder Organisationen.

Eine seiner wichtigsten Funktionen ist es, den Sicherheitsrat auf Probleme aufmerksam zu machen, die den Frieden gefährden könnten. So kann er beeinflussen, worüber bei der UNO gesprochen wird. Außerdem kann er als Vermittler in Konflikten auftreten, Friedenspläne vorschlagen oder sogar selbst versuchen, Streitigkeiten zwischen Parteien zu schlichten. Kurz gesagt, der Generalsekretär hat die Aufgabe, dafür zu sorgen, dass die UNO ihr Ziel erreicht, die Welt friedlicher zu machen.

António Guterres ist seit 2017 UN-Generalsekretär.

Bearbeiterin

M6 Was macht der UN-Sicherheitsrat?

70082-097

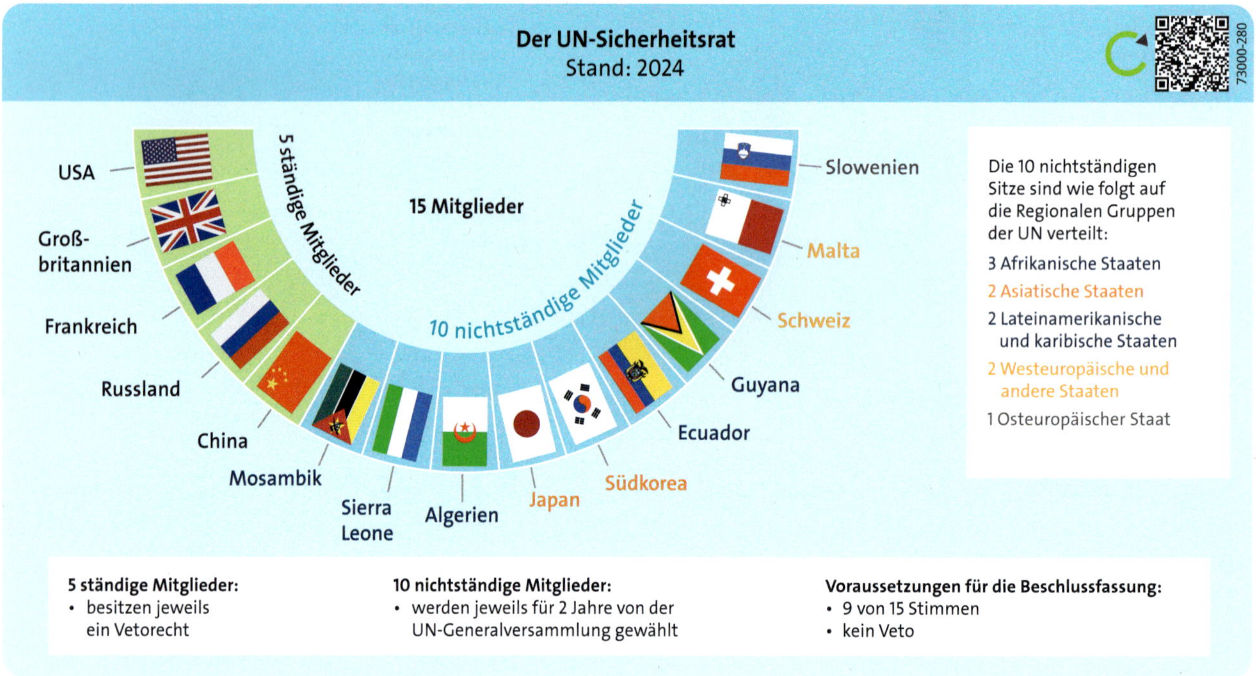

©C.C. Buchner Verlag, aktuelle Daten nach: United Nations (Datenerhebung: 2024; Grafikerstellung: 2024)

Der UN-Sicherheitsrat ist das bedeutendste Gremium der UNO. Er besteht aus 15 Mitgliedsländern. Unter diesen 15 Mitgliedern gibt es fünf, die immer dabei sind: Großbritannien, Frankreich, Russland, China und die USA. Diese fünf Länder haben ein Vetorecht, was bedeutet, dass sie allein eine Entscheidung blockieren können, selbst wenn alle anderen dafür sind. Die anderen zehn Mitglieder des Sicherheitsrates wechseln alle zwei Jahre, um sicherzustellen, dass jede Region der Welt vertreten ist. Sie bringen frische Perspektiven und Ideen mit.

Der UN-Sicherheitsrat hat die wichtige Aufgabe, für Ordnung und Frieden in der Welt zu sorgen. Er trifft Entscheidungen, die von allen Ländern befolgt werden sollen, um Konflikte zu vermeiden und ein friedliches Zusammenleben zu fördern. Einige dieser Entscheidungen sind verbindlich und müssen befolgt werden, während andere eher Empfehlungen sind.

Trotz seiner wichtigen Rolle kann der Sicherheitsrat nicht alles alleine entscheiden. Er ist auf die Unterstützung und Zusammenarbeit aller Länder angewiesen, wenn es darum geht, Truppen für Friedensmissionen bereitzustellen, da er keine eigenen Soldaten hat.

Der Sicherheitsrat spielt auch eine entscheidende Rolle bei der Auswahl des Generalsekretärs der UNO, indem er Kandidaten für dieses Amt vorschlägt, die dann von der Generalversammlung ernannt werden.

Bearbeiterin

M7 UN-Sicherheitsrat berät zur Lage in Gaza

Karikatur: Heiko Sakurai, 05.10.2016

Aufgaben

70082-709

1. Erstellt Steckbriefe zu den einzelnen Organen der UNO (**M4-M6**).
2. Analysiere die Karikatur **M7**.
3. Begründe, welches der drei Organe deiner Meinung nach am besten geeignet ist, für Frieden wirklich herbeizuführen und nicht nur einzufordern.

H zu Aufgabe 2
Nenne dein wichtigstes Argument. Begründe deine Auswahl.

Was können wir tun?

7.3.3 Wie kann die UNO Konflikte regeln?

Die UNO hilft, Streitigkeiten zwischen Ländern zu lösen, damit alle in Frieden leben können. Sie schaut sich Probleme an, die zum Streit führen könnten, und versucht, die Länder dazu zu bringen, miteinander zu reden und eine Lösung zu finden, ohne dass es zu Kämpfen kommt. Doch wie macht sie das und mit welchen Möglichkeiten?

M8 Wie bereit ist die UNO?

Karikatur: Heiko Sakurai, 2017

M9 Möglichkeiten der UNO im Einsatz für den Frieden

70082-099

Um das große Ziel, Frieden in der Welt zu schaffen und zu erhalten, haben die Vereinten Nationen (UNO) verschiedene Methoden entwickelt, um Konflikte zwischen oder innerhalb von Ländern beizulegen.

1 Friedliche Beilegung von Streitigkeiten

Dies ist oft der erste Schritt, den die UNO unternimmt, um Konflikte zu lösen. Die Idee ist, dass die streitenden Parteien durch Gespräche und Verhandlungen zu einer Einigung kommen. Die UNO kann Vermittler oder spezielle Gesandte entsenden, die dabei helfen, eine Lösung zu finden. Diese Methode basiert auf Diplomatie und dem Austausch von Ideen, um einen Kompromiss zu erreichen, mit dem alle Seiten zufrieden sind. Manchmal beinhaltet das auch die Schaffung von speziellen Gremien oder Gerichten, die helfen, Streitigkeiten auf eine gerechte Weise zu klären. Man nennt dies „Peace-Making" oder friedensschaffende Maßnahmen.

Bearbeiterin

2 Sanktionen

Wenn friedliche Mittel nicht ausreichen oder wenn eine Partei sich weigert, am Verhandlungstisch teilzunehmen, kann die UNO Sanktionen verhängen. Sanktionen sind Maßnahmen wie das Einfrieren von Vermögenswerten, Handelsembargos oder Reiseverbote, die Druck auf Länder oder Gruppen ausüben sollen, um sie zur Zusammenarbeit zu bewegen. Das Ziel ist, ohne militärische Gewalt eine Änderung im Verhalten der betroffenen Partei zu bewirken. Sanktionen sollen ein starkes Signal senden, dass die internationale Gemeinschaft bestimmte Handlungen nicht akzeptiert. Sanktionen können somit als Teil der friedenserzwingenden Maßnahmen oder „Peace Enforcement" bezeichnet werden, obwohl sie auch eine präventive Rolle spielen können.

Bearbeiterin

3 Militärisches Eingreifen

Militärisches Eingreifen ist die letzte Option und wird nur in extremen Fällen verwendet, wenn alle anderen Methoden gescheitert sind und wenn ein Konflikt eine ernsthafte Bedrohung für den internationalen Frieden und die Sicherheit darstellt. Militärisches Eingreifen kann von Friedenstruppen (Blauhelme) durchgeführt werden, die dazu beitragen, einen Waffenstillstand zu überwachen oder Zivilisten in Konfliktgebieten zu schützen. In seltenen Fällen kann es auch zu begrenzten militärischen Aktionen kommen, die von einem UN-Sicherheitsratsbeschluss genehmigt werden müssen. Das Ziel ist immer, den Frieden so schnell wie möglich wiederherzustellen und weitere Gewalt zu verhindern. Militärisches Eingreifen ist immer eine friedenserzwingende Maßnahme oder „Peace Enforcement".

Bearbeiterin

4 Responsibility to Protect (R2P)

„Responsibility to Protect" bedeutet „Verantwortung zum Schutz" und ist eine wichtige Regel für alle Länder der Welt. Sie besagt, dass jedes Land seine Bürgerinnen und Bürger vor Völkermord (also wenn versucht wird, eine ganze Gruppe von Menschen auszulöschen), Kriegsverbrechen, Massenvertreibungen und anderen schweren Verbrechen schützen muss. Wenn ein Land seine eigenen Leute nicht schützen kann oder will, dann sagt R2P, dass andere Länder helfen sollten, diese Menschen zu schützen. Hierfür gibt es drei Möglichkeiten:

1. Schutz durch das eigene Land: Jedes Land muss zuerst versuchen, seine eigenen Bürger vor schrecklichen Verbrechen zu schützen.
2. Hilfe von anderen Ländern: Wenn ein Land es nicht alleine schafft, seine Leute zu schützen, dann sollten andere Länder helfen, zum Beispiel durch Beratung oder Unterstützung.
3. Eingreifen von außen: Wenn ein Land seine Leute wirklich nicht schützt und schlimme Dinge passieren, dann dürfen andere Länder eingreifen, um die Menschen zu schützen. Das kann auf verschiedene Weisen passieren, wie zum Beispiel durch Gespräche oder, in ganz extremen Fällen, auch durch militärisches Eingreifen, aber nur, wenn wirklich alles andere nicht funktioniert hat.

Bearbeiterin

M10 Welche Rolle spielen die Vetoländer des UN-Sicherheitsrates bei der Lösung des Nahostkonfliktes?

USA

Die USA haben als Weltmacht großen Einfluss auf internationale Entscheidungen. Trotz der Herausforderungen durch aufsteigende Mächte wie China behalten die USA ihre Position als Supermacht. Die USA stehen in einem ständigen Wettbewerb mit China und haben auch Spannungen mit Russland. Sie sind aktiv darin, internationale Verträge zu überdenken oder sich daraus zurückzuziehen, wenn sie glauben, dass dies ihren nationalen Interessen dient. Interessen und Ziele:

- Förderung von Sicherheit und Stabilität im Nahen Osten
- starke Unterstützung für Israel (enger Verbündeter), einschließlich dessen Sicherheit und Recht auf Selbstverteidigung
- Sicherstellung, dass jede Lösung des Konflikts die Interessen der USA in der Region berücksichtigt, insbesondere im Hinblick auf den Kampf gegen Terrorismus und die Förderung von Demokratie
- Unterstützung von Verhandlungslösungen und direkten Gesprächen zwischen Israel und den Palästinensern
- kritisch gegenüber Maßnahmen, die als Hindernis für den Friedensprozess angesehen werden, wie z. B. israelische Siedlungsbauten in den besetzten Gebieten

Bearbeiterin

Russische Föderation

Russland möchte mehr Einfluss in der Welt haben und setzt sich dafür ein, dass nicht nur die USA das Sagen haben, sondern viele Länder wichtige Rollen spielen. Russland geht zur Durchsetzung seiner Interessen kriegerisch vor (Angriffskrieg gegen die Ukraine). Es verwendet seine Energieversorgung, seine Armee und seine Fähigkeiten im Internet, um seine Pläne zu verfolgen und eine wichtige Rolle in der Welt zu spielen. Mit diesen Mitteln stärkt Russland die eigene Position und verteidigt seine Interessen überall auf der Welt.

Interessen und Ziele:

- Ausbau des eigenen Einflusses im Nahen Osten und Wahrung der nationalen Interessen
- Unterstützung von Staaten, die sich kritisch gegenüber den USA positionieren, einschließlich Syrien und Iran
- Befürwortung einer multipolaren Weltordnung, in der die UN eine zentrale Rolle spielt und unilaterale Aktionen seiner Gegner vermieden werden
- unterhält Beziehungen zu beiden Seiten; betont die Notwendigkeit einer friedlichen Lösung des Konflikts
- Unterstützung einer Zwei-Staaten-Lösung und internationale Bemühungen, den Friedensprozess zu fördern
- kritisch gegenüber einseitigen Maßnahmen, die den Status quo verändern
- sucht Kooperation mit China als Gegengewicht zu westlichem Einfluss

Bearbeiterin

Volksrepublik China

China ist in den letzten 20 Jahren zur Weltmacht aufgestiegen. Es möchte einige Dinge ändern, damit seine Interessen mehr beachtet werden, besonders im Handel. Mit einem großen Projekt, der Neuen Seidenstraße, möchte China überall auf der Welt wichtiger werden. Aber es gibt auch Kritik an China wegen Verletzung von Menschenrechten und Streitigkeiten im Meer vor seiner Küste.
Interessen und Ziele:

- Sicherung und Ausbau der eigenen wirtschaftlichen Interessen im Nahen Osten, einschließlich Zugang zu Energiequellen
- Förderung der "Ein-China-Politik" und Verhinderung von Kritik an internen Angelegenheiten, wie in Xinjiang oder Hongkong
- Unterstützung von Lösungen, die die Stabilität in der Region gewährleisten und den internationalen Handel nicht beeinträchtigen
- unterhält Beziehungen zu beiden Seiten und betont die Bedeutung von Dialog und Verhandlungen
- Unterstützung einer Zwei-Staaten-Lösung im Einklang mit UN-Resolutionen
- engere Zusammenarbeit mit Russland, oft gemeinsame Positionen in Opposition zu den USA und ihren Verbündeten
- wirtschaftliche Konkurrenz und strategische Rivalität mit den USA

Bearbeiterin

Ein-China-Politik
Nach diesem Prinzip gibt es nur ein einziges China auf der Welt. Und das ist nach Lesart der Kommunistischen Partei Chinas (KPCh) die Volksrepublik China mit der Hauptstadt Peking. Taiwan sowie die ehemaligen Kolonialgebiete Hongkong (bis 1997 zu Großbritannien) und Macau (bis 1999 zu Portugal) gehören nach diesem Prinzip zu diesem einen China.

Vereinigtes Königreich (UK)

Nachdem das Vereinigte Königreich die EU verlassen hat (Brexit), sucht es nach neuen Verbündeten und Handelspartnern, um stark zu bleiben. Es möchte seine "Global Britain"-Strategie verstärken, um weltweit mehr Einfluss zu haben. Das Vereinigte Königreich arbeitet eng mit der NATO zusammen und sucht nach neuen Partnern, um sicher zu bleiben und die Weltordnung zu unterstützen.
Interessen und Ziele:

- Förderung von Frieden und Sicherheit im Nahen Osten
- Unterstützung einer gerechten und dauerhaften Lösung des Israel-Palästina-Konflikts, basierend auf der Zwei-Staaten-Lösung
- Wahrung der eigenen Interessen in der Region, einschließlich der Sicherung von Handelsrouten und der Bekämpfung von Terrorismus
- traditionell enge Beziehungen zu Israel, bei gleichzeitiger Unterstützung der palästinensischen Selbstverwaltung und Staatlichkeit
- Kritik an Maßnahmen, die den Friedensprozess behindern, wie der Ausbau von Siedlungen
- in der Regel abgestimmt mit den USA und Frankreich, aber offen für Dialog mit Russland und China, um gemeinsame Lösungen zu finden

Bearbeiterin

Frankreich

Frankreich ist sehr aktiv in der EU und auf der Weltbühne. Es möchte, dass Länder zusammenarbeiten, um große Probleme zu lösen. Frankreich setzt sich für Menschenrechte und den Kampf gegen den Klimawandel ein. Es möchte auch, dass Europa stärker und unabhängiger in Verteidigungsfragen wird. Frankreich arbeitet hart daran, dass die EU stark und einig bleibt.
Interessen und Ziele:

- aktive Rolle in der Förderung von Frieden und Stabilität im Nahen Osten
- Unterstützung einer Zwei-Staaten-Lösung, die die Sicherheit Israels und die Rechte der Palästinenser gewährleistet
- Einsatz für Menschenrechte und internationales Recht
- unterhält gute Beziehungen zu Israel, fordert aber auch die Achtung der Rechte der Palästinenser und kritisiert die Siedlungspolitik
- unterstützt internationale Bemühungen zur Wiederaufnahme des Friedensprozesses
- Oft in Übereinstimmung mit dem Vereinigten Königreich und den USA, sucht aber auch den Dialog mit Russland und China, um Konsenslösungen im Sicherheitsrat zu erreichen

Bearbeiterin

Vetorecht

Das Vetorecht des UN-Sicherheitsrates ermöglicht es den fünf ständigen Mitgliedern – USA, China, Russland, Großbritannien und Frankreich – eine Entscheidung zu blockieren, auch wenn alle anderen Mitglieder dafür sind.
Dies kann die Effektivität des Sicherheitsrats beeinträchtigen und zu Konflikten führen.

Aufgaben

70082-710

Arbeitsblatt Resolutionsentwurf

70082-725

1. Analysiert die Karikatur (**M8**).
2. Erläutere die Möglichkeiten, die die UNO hat, um Konflikte zu regeln (**M9**).
3. Wie soll die UNO im Nahostkonflikt reagieren? Führt dazu gemeinsam eine UN-Sicherheitsratssitzung durch (**M8-M10**):
   a) Analysiert zunächst in eurer Ländergruppe eure Position und Interessen zum Konflikt (**M10**).
   b) Gestaltet einen Resolutionsentwurf (**QR-Code**).
   c) Simuliert die vom Land YX einberufene Sondersitzung des Sicherheitsrates mit dem Ziel einer gemeinsamen Resolution.
   d) Beschreibt die Schwierigkeiten bei den Verhandlungen.
4. Überprüft erneut die Aussage der Karikatur (**M8**).
5. Bewertet die UNO als ein Garant für Menschenrechte, Frieden und Sicherheit.

H zu Aufgabe 3b
Berücksichtigt dabei auch eure bereits bearbeiteten Materialien aus dem Kapitel 7.2 (**M2-M6**).

Ziele und Werte der UNO

> M2-M3

Die UNO, gegründet 1945, zielt auf Weltfrieden, Sicherheit und Zusammenarbeit zwischen Ländern. Sie fördert Menschenrechte, soziale und ökonomische Entwicklung und schützt die Umwelt. Mit 193 Mitgliedsstaaten arbeitet sie an Konfliktlösungen, humanitärer Hilfe und nachhaltigen Entwicklungszielen. Grundsätze sind Souveränitätsgleichheit der Staaten, friedliche Streitbeilegung und Nicht-Einmischung in innere Angelegenheiten. Die UNO spielt eine zentrale Rolle in globalen Herausforderungen und strebt nach einer gerechteren Weltordnung.

Übung

70082-718

Aufbau der UNO

> M4-M6

Die UNO verfügt über zentrale Organe, die ihre Mission unterstützen: Die Generalversammlung, in der alle Mitgliedsstaaten vertreten sind, dient als Forum für den Austausch und die Diskussion globaler Fragen. Sie trifft Entscheidungen zu einer Vielzahl von Themen, einschließlich Frieden und Sicherheit, Entwicklung und Menschenrechte.
Der Generalsekretär ist das Gesicht der UNO und übernimmt eine führende Rolle in der Koordination der Arbeit der Organisation, indem er auf globale Herausforderungen aufmerksam macht und Lösungen vorschlägt.
Der Sicherheitsrat ist für die Wahrung des Weltfriedens und der internationalen Sicherheit zuständig. Mit seinen 15 Mitgliedern, darunter 5 ständigen mit Vetorecht, kann er Maßnahmen beschließen, um Konflikte zu lösen oder Friedensmissionen zu entsenden. Diese Organe arbeiten zusammen, um die Grundsätze und Ziele der UNO umzusetzen und auf globale Herausforderungen zu reagieren.

Übung

70082-719

Wie Frieden geschaffen werden kann

> M9

Die UNO fördert den Weltfrieden durch friedliche Streitbeilegung, Sanktionen und militärisches Eingreifen. Bei Konflikten zwischen Ländern setzt sie zuerst auf Diplomatie und Verhandlungen, um eine einvernehmliche Lösung zu finden. Kann keine Einigung erzielt werden, kann der Sicherheitsrat Sanktionen wie Handelsembargos beschließen, um Druck auf die beteiligten Parteien auszuüben. Als letztes Mittel greift die UNO auf militärisches Eingreifen zurück, indem sie Friedensmissionen entsendet, um Gewalt zu stoppen und stabile Verhältnisse zu schaffen. Diese Maßnahmen zielen darauf ab, Konflikte zu entschärfen, menschliches Leid zu minimieren und langfristigen Frieden zu sichern.

Übung

70082-720

Selbsteinschätzung

Menschenrechte und Frieden sind zwei Werte, mit denen du dich in diesem Kapitel besonders intensiv auseinandergesetzt hast. Mithilfe der untenstehenden Tabelle kannst du nun unter anderem nochmals überprüfen, ob du weißt, wie man einen Konflikt analysiert und welche Möglichkeiten es gibt, Menschenrechte und Frieden zu sichern.

Ich kann ...	Das klappt schon ...	Hier kann ich noch üben ...
... die Einhaltung von Menschenrechten mithilfe von Auszügen aus der Allgemeinen Erklärung der Menschenrechte überprüfen.		Kapitel 7.1.1: M2, M3
... Möglichkeiten zum Schutz der Menschenrechte durch den UN-Sicherheitsrat und durch NGOs erläutern.		Kapitel 7.1.3: M8, M9
... einen vorgegebenen kriegerischen Konflikt unter Anleitung analysieren.		Kapitel 7.2.3: M7-M10; Kapitel 7.2.4: M11
... Ursachen und Folgen von kriegerischen Konflikten nennen.		Kapitel 7.2.1: M2, M3
... Hauptziele der UNO nennen.		Kapitel 7.3.1: M3
... die Aufgaben der jeweiligen Organe der UNO (Generalversammlung, Sicherheitsrat, Generalsekretär) beschreiben.		Kapitel 7.3.2: M4-M7
... die Zusammensetzung des Sicherheitsrats beschreiben.		Kapitel 7.3.2: M6
... Maßnahmen der UNO zur Konfliktbeilegung beschreiben.		Kapitel 7.3.3: M9
... an einem vorgegebenen Konflikt Maßnahmen der UNO zur Bewahrung, Schaffung und Sicherung des Friedens unter Anleitung bewerten.		Kapitel 7.3.3: M10

M1 Konfliktfälle und ihre Regelung – wie würdest du entscheiden?

1 Die ethnische Mehrheit eines Landes terrorisiert die Minderheiten, mehr als 100.000 Menschen wurden grausam getötet oder gezwungen, in die Nachbarländer zu fliehen. Wirtschaftssanktionen und diplomatische Bemühungen wurden von den Machthabern ignoriert.

2 Ein Land mit einem autoritären Regime wird verdächtigt, Atomwaffen zu produzieren. Es weigert sich immer wieder, internationale Inspektionen zuzulassen.

3 Nach einem verheerenden Bürgerkrieg haben sich die Bürgerkriegsparteien einigen können und einen Friedensvertrag geschlossen, doch ist der Friede noch brüchig. Immer wieder kommt es zu Verletzungen des Waffenstillstandes durch einzelne Gruppen.

Diese Skulptur mit dem Namen „Non-Violence“ (deutsch: gewaltfrei) oder auch „The Knotted Gun“ (deutsch: die verknotete Pistole) steht vor dem Hauptsitz der Vereinten Nationen in New York City.

4 Ein Land beherbergt Terroristen, die wiederholt internationale Attentate mit großen Opferzahlen ausgeführt haben. Es weigert sich, die Terroristen auszuliefern.

5 Das Militär eines Landes marschiert in einem Nachbarland ein und besetzt staatliche Einrichtungen. Die Rohstoffvorkommen werden ausgebeutet und die Bevölkerung schikaniert.

6 In einem Land werden zunehmend Terroranschläge verübt. Drahtzieher ist ein transnational operierendes Terrornetzwerk.

Bearbeiterin

Aufgaben

70082-711

Ihr seid Regierungsberater und sollt entscheiden, welche Maßnahmen zur Konfliktlösung in den Fällen in **M1** ergriffen werden sollen. Es kann sich dabei auch um eine Abfolge von Maßnahmen handeln. Entscheidet gegebenenfalls auch, welche internationale Organisation mit der Durchführung der Maßnahmen beauftragt werden soll. Begründet eure Entscheidung ausführlich. Beachtet dabei auch mögliche Konsequenzen eurer Entscheidung.

Erläuterungen zu den Operatoren

Operatoren für die gesellschaftswissenschaftlichen Fächer (2016)

Hinweis: Die Anforderungsbereiche sind wechselseitig abhängig. Demzufolge schließt der Anforderungsbereich III die Anforderungsbereiche I und II, der Anforderungsbereich II den Anforderungsbereich I ein. Innerhalb der Anforderungsbereiche haben wir die Operatoren nach ansteigendem Schwierigkeitsgrad angeordnet.

Anforderungsbereich I: Reproduktion
(Wiedergeben und Beschreiben)

Arbeitsanweisung in der Aufgabe	Was ist genau zu tun?	Was dir zusätzlich helfen kann
nennen	Du zählst knapp die gefragten Informationen oder Begriffe auf.	Wenn es Stichworte sein sollen, dann kann es sinnvoll sein, deiner Antwort eine Struktur zu geben: 1. ..., 2. ..., 3. .... usw.
beschreiben	Du gibst die wichtigsten Merkmale in ganzen Sätzen und eigenen Worten wieder. Das kann aus eigenem Wissen oder mithilfe von Bildern, Karikaturen, Statistiken... erfolgen.	Bei Bildern, Karikaturen, Grafiken kannst du folgende Formulierungen verwenden: *„Hier ist abgebildet ...“ – „Hier sehe ich ...“*
bezeichnen	Dieser Operator wird in erster Linie in der Geografie verwendet. Du drückst wichtige Sachverhalte in eigenen Worten aus, die dir z. B. in einer Karte, einer Tabelle oder einem Schaubild aufgefallen sind.	Achte darauf, möglichst exakt auf den Punkt zu bringen, was dir aufgefallen ist und dabei die entsprechenden Fachbegriffe zu verwenden. Dabei hilft dir z. B. die Legende einer Karte.

Anforderungsbereich II: Reorganisation und Transfer
(selbstständiges Erklären, Einordnen und Anwenden)

Arbeitsanweisung in der Aufgabe	Was ist genau zu tun?	Was dir zusätzlich helfen kann
herausarbeiten	Du „filterst“ aus einem Material unter bestimmten Gesichtspunkten die entsprechenden Informationen heraus.	Achte darauf, welche Gesichtspunkte in der Aufgabenstellung genannt werden. Vermeide eine reine Inhaltswiedergabe. Gib bei Texten die Zeilen an, auf die du dich beziehst.
charakterisieren	Du findest heraus, worin die charakteristischen Merkmale bestehen und beschreibst das besonders Auffällige.	Du nennst die Merkmale und fasst die wichtigsten Auffälligkeiten zusammen. Verwende Belege.
erstellen	Du zeigst Zusammenhänge auf – oft mit einer Skizze oder einer Zeichnung.	Hierfür kannst du z. B. Pfeile, Tabellen oder eine Mindmap verwenden.
darstellen	Du zeigst Zusammenhänge auf. In der Regel schreibst du dazu einen eigenen, gegliederten Text oder entwirfst ein Schaubild.	Damit dein Aufschrieb oder dein Schaubild nicht ein Durcheinander von Sätzen oder Pfeilen wird, kann vorher eine Stichwortsammlung bzw. ein erster Gliederungsentwurf hilfreich sein.

Arbeitsanweisung in der Aufgabe	Was ist genau zu tun?	Was dir zusätzlich helfen kann
analysieren	Du wertest Materialien systematisch aus.	Es reicht nicht, alle Besonderheiten und Auffälligkeiten aufzuzählen, du musst diese auch sortieren und auswerten, indem du diese in Zusammenhang setzt.
ein-, zuordnen	Du stellst etwas in einen Zusammenhang, der dir durch die weitere Aufgabenstellung vorgegeben wird.	Achte darauf, auch zu erklären, warum das eine zum anderen passt. Als Vorarbeit kann es wichtig sein, zunächst zu beschreiben, was ein- oder zugeordnet werden soll.
begründen	Du untermauerst eine Aussage mit Gründen.	Formulierungen, die du verwenden kannst: *„Dafür spricht ...“* – *„Ein Grund dafür ist ...“*
erklären	Du gibst auf der Basis deines Wissens eine Antwort.	Hier sollst du die Gründe für etwas oder die Zusammenhänge von etwas aufzeigen. So kannst du eine Antwort auf die Frage geben, warum etwas so ist oder war. Formulierungen, die du verwenden kannst: *„weil ...“*; *„deshalb ...“*; *„daher ...“*; *„dadurch ...“*
erläutern	Du erklärst, warum etwas so ist, und nennst dabei Beispiele oder Belege.	Die hier besonders wichtigen Beispiele und Belege sollen deine Erklärung veranschaulichen, also verständlich machen, warum etwas so ist. Formulierungen, die du verwenden kannst: *„Dies zeigt sich daran, dass ...“* – *„Dies wird belegt durch ...“*
vergleichen	Du arbeitest aus zwei Materialien bestimmte Gesichtspunkte heraus (vgl. Operator herausarbeiten) und suchst nach Gemeinsamkeiten und Unterschieden, die du gewichtest. Am Schluss formulierst du ein Ergebnis.	Hier kann eine dreispaltige Tabelle hilfreich sein: Spalte 1: Merkmal, das du vergleichen möchtest Spalte 2: Material 1 Spalte 3: Material 2 Achte darauf, dass auch die Nennung von Unterschieden zu einem Vergleich gehört. Unterstreiche mit zwei verschiedenen Farben jeweils die Gemeinsamkeiten und Unterschiede.

Anforderungsbereich III: Reflexion und Problemlösung
(Umgang mit Urteilen und Abwägen von Handlungsmöglichkeiten)

Arbeitsanweisung in der Aufgabe	Was ist genau zu tun?	Was dir zusätzlich helfen kann
überprüfen	Du untersuchst, ob eine Aussage stimmig ist, und formulierst ein Ergebnis deiner Überlegungen.	Überlege dir, ob die Aussage Sinn macht, oder ob nicht. Du musst nicht abwägen, sondern kannst dich für eine Richtung entscheiden. Achte bei deiner Begründung auf die Kriterien.
beurteilen	Du nimmst Stellung zu einer Aussage von anderen oder einem Sachverhalt. Dabei geht es darum herauszufinden, ob diese Aussage überzeugend – also logisch und in sich stimmig – ist. Gib dabei die Gründe für dein Urteil an.	Nenne die Kriterien, mit denen du die Stimmigkeit überprüfst. Formulierungen, die du verwenden kannst: *„Ich halte die Aussage für überzeugend, weil ...“* – *„Weniger / nicht überzeugend ist, dass ...“*
bewerten	Auch hier geht es darum, Stellung zu beziehen. Allerdings kannst und sollst du hier stärker das einbeziehen, was dir persönlich oder unserer Zeit heute wichtig ist.	Nenne die Kriterien, mit denen du die Stimmigkeit überprüft hast und achte darauf, dass du deine dir wichtigen Werte und die damit verbundenen Vorstellungen begründet zum Ausdruck bringst: Formulierungen, die du verwenden kannst: *„Ich halte das für richtig (bzw. falsch), weil ...“* – *„Damit habe ich Schwierigkeiten, weil ...“* – *„Die Menschen heute sehen das anders, da ...“* - *„Mir ist besonders folgender Wert wichtig ...“* - *„und deshalb ...“*
erörtern	Dir wird ein Problem vorgegeben. Wie auf einer zweischaligen Waage kannst du das Problem abwägen. Lege die Gründe dafür in die eine Schale, die Gründe dagegen in die andere. Am Ende kommst du zu einem Ergebnis deiner Abwägung. Dabei hilft wieder der Blick auf die Waage: In welcher Waagschale finden sich die gewichtigeren Gründe?	Formulierungen, die du verwenden kannst: *„Dafür spricht ...“* – *„Dagegen spricht ...“* – *„Insgesamt komme ich zu der Einschätzung, dass ...“*
entwickeln	Du suchst nach einem Lösungsansatz für ein Problem.	Achte darauf, dass sich dein Lösungsansatz mit Gründen oder Belegen aus den vorgegebenen Materialien untermauern lässt.
gestalten	Du stellst etwas her oder entwirfst etwas, zum Beispiel eine Rede, ein Streitgespräch zwischen zwei Personen.	Dabei ist besonders deine Kreativität gefragt. Achte aber darauf, die Aufgabenstellung im Blick zu behalten. Beachte ebenfalls: Wen willst du ansprechen? Was willst du mit deinem Produkt erreichen?

Meinungsabfrage durch das Ampelspiel

Worum geht es?

Wenn ihr innerhalb eurer Klasse eure Meinung oder Stimmung erfahren wollt, könnt ihr diese mithilfe des Ampelspiels sichtbar machen.
Mithilfe von drei Farbkarten (rot, gelb, grün) könnt ihr zu erkennen geben, ob ihr spontan einer bestimmten Aussage zustimmt, ob ihr unentschlossen seid oder ob ihr sie ablehnt.

Geht dabei so vor:

1. Schritt: Ampelkarten verteilen

Jeder von euch hat einen dreiteiligen Kartensatz: Rot, Gelb, Grün.

↓ ↓ ↓

2. Schritt: Standpunkt festlegen

Nach jeder vorgetragenen Aussage signalisiert ihr euren Standpunkt, indem ihr eine der drei Farbkarten hochhaltet:
Rot = Ablehnung; Gelb = Enthaltung; Grün = Zustimmung

↓ ↓ ↓

3. Schritt: Ampelspiel auswerten

Achtet dabei besonders darauf, wo es die meisten Zustimmungen / Ablehnungen gibt.

Bearbeiterin

Eine Mindmap erstellen

Worum geht es?

Eine Mindmap (englisch: mind map; auch: Gedanken[land]karte, Gedächtnis[land]karte) erstellen, ist eine Technik, die für das Erschließen oder das visuelle Darstellen eines Themengebietes oft zum Einsatz kommt. Hierbei sollen Gedanken freien Lauf erhalten und so die Fähigkeit des Gehirns zur Kategorienbildung genutzt werden.

Geht dabei so vor:

1. Schritt: Das Thema bestimmen

Zuerst gilt es, ein möglichst konkretes Thema bzw. einen bestimmten Begriff zu bestimmen. Schreibt dieses Thema/diesen Begriff in die Mitte eines Papiers.

↓ ↓ ↓

2. Schritt: Hauptäste setzen

Zieht Linien/Hauptäste von dem Thema/Begriff in verschiedene Richtungen. Schreibt dann Oberbegriffe in Großbuchstaben am Ende der Hauptäste. Mit diesen Oberbegriffen strukturiert ihr das Thema/den Begriff grundlegend, überlegt hier also genau, welche Begriffe ihr für die Hauptäste wählt.

↓ ↓ ↓

3. Schritt: Erweiterung und Abschluss

Ergänze nun Nebenarme mit einer zweiten (und evtl. dritten) Gedankenebene.

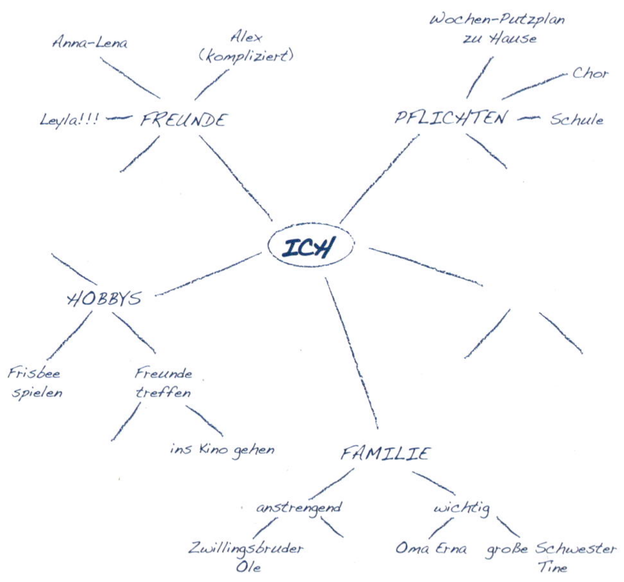

Bearbeiterin

Eine Pro-Kontra-Tabelle erstellen

Worum geht es?

Bei einem Streit sollte man die Argumente beider Seiten im Blick haben. Eine Möglichkeit, dies übersichtlich darzustellen, ist die Pro-Kontra-Tabelle.

Geht dabei so vor:

1. Schritt: Tabelle zeichnen

Erstelle eine zweispaltige Tabelle.

↓ ↓ ↓

2. Schritt: Spalten beschriften

Schreibe als Überschrift der ersten Spalte: „Für ein größeres Engagement im Haushalt spricht:“.
Schreibe als Überschrift der zweiten Spalte: „Gegen ein größeres Engagement im Haushalt spricht:“.

↓ ↓ ↓

3. Schritt: Argumente sammeln und ordnen

Schreibe alle Gründe, die für den Vorschlag sprechen, in die erste Spalte.
Schreibe Gründe, die gegen den Vorschlag sprechen, in die zweite Spalte.

↓ ↓ ↓

4. Schritt: Fazit ziehen

Prüfe, welche Gründe dich mehr überzeugen.
Triff deine Entscheidung.

Beispieltabelle

70081-99

Bearbeiterin

Eine Positionslinie bilden

Worum geht es?

Mithilfe einer Positionslinie können Einstellungen körperlich zum Ausdruck gebracht werden. Dies kann in jedem größeren Raum geschehen, z. B. in eurem Klassenraum.

Geht dabei so vor:

1. Schritt: Vorbereitung

Auf einer gedachten oder durch einen Klebestreifen auf dem Boden markierten Linie positionieren sich die Schüler zu einer Frage oder zu einem Problem.
Die Enden dieser Linie stellen alternative Pole (ja/nein; stimmt/stimmt nicht), der Abstand zwischen diesen Punkten entsprechend abgestufte Positionen dar.

↓ ↓ ↓

2. Schritt: Durchführung

Die Schüler werden dann aufgefordert, ihre Positionen zu begründen und sich auch argumentativ aufeinander zu beziehen.

Scholz, Lothar: Spielerisch Politik lernen. Methoden des Kompetenzerwerbs im Politik- und Sozialkundeunterricht, Frankfurt/M, 2003, S. 114

Ein Placemat erstellen

Worum geht es?

Mithilfe der Placemat-Methode könnt ihr in Kleingruppen verschiedene Ideen zu einem Thema mit grafischer Unterstützung zusammenführen. Das Placemat-Verfahren hilft, eigene Arbeitsergebnisse mit Gruppenergebnissen zu vereinen.

Geht dabei so vor:

1. Schritt: Gruppen bilden und Placemat vorbereiten

1. Bildet Vierergruppen und versammelt euch an einem Gruppentisch.
2. Nehmt ein weißes Blatt Papier und zeichnet nebenstehende Grafik nach.
3. Legt die Grafik mitten auf den Gruppentisch.

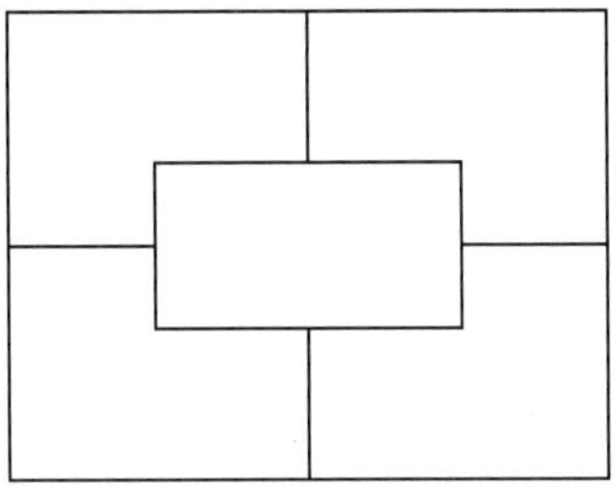

2. Schritt: Durchführung des Placemat-Verfahrens

1. Jede Schülerin und jeder Schüler hat einen Außenbereich in der Grafik für sich. In diesen Bereich könnt ihr eure Ideen zu einem bestimmten Thema stichpunktartig eintragen.
2. Wenn alle ihre Felder ausgefüllt haben, tauscht euch über eure Einträge aus. Dreht hierfür das Placemat einfach immer ein Stück weiter. So erfahrt ihr die Ideen der anderen.
3. Ihr könnt die Ideen der anderen auch mit eigenen Ideen ergänzen.
4. Wenn das Placemat wieder in der Ausgangsposition liegt, könnt ihr lesen, was eure Mitschülerinnen und Mitschüler in eure Felder hinzugefügt haben.
5. Nun werden die Einträge in der Gruppe diskutiert. Einigt euch auf 3 Ideen/Punkte, die im leeren Feld in der Mitte notiert werden.

3. Schritt: Vorstellung

1. Stellt eure Ergebnisse in der Klasse vor.
2. Vergleicht eure Ergebnisse mit den Ergebnissen der anderen Gruppen. Gibt es Gemeinsamkeiten oder Unterschiede?

Bearbeiterin

Register

Bildnachweis

AdobeStock / hope – S. 12; AfD-Fraktion im Deutschen Bundestag – S. 85; Alamy Stock Photo / GK Images – S. 243; - / NurPhoto SRL – S. 111; - / Mo Peerbacus // © VG Bild-Kunst, Bonn 2025 – S. 277; - / Quality Stock – S. 147; Reinhard Alff, Dortmund – S. 156; ASTERIX®- OBELIX®- IDEFIX® / © 2025 LES EDITIONS ALBERT RENE / GOSCINNY – UDERZO – S. 130; Baaske Cartoons / Gerhard Mester – S. 43, 87, 94, 231; - / Burkhard Mohr – S. 87; - / Thomas Plaßmann – S. 150, 159; BDI - Bundesverband der Deutschen Industrie e. V., Berlin – S. 88; Bergmoser + Höller Verlag, Aachen – S. 37, 50, 168, 174, 180, 214; Bullspress / © Watterson / Distr. Andrews Mc Meel Syndicate / Distr. Bulls, Frankfurt – S. 70; Bundeszentrale für politische Bildung / www.bpb.de / CC BY-NC-ND 3.0, Bonn – S. 102, 197, 208; Bündnis 90/Die Grünen Bundestagsfraktion – S. 84; Bürgerinitiative Neckartor – S. 88; Campact, Verden / Aller – S. 75; © Chappatte in Le Temps, Geneva – S. 194; CDU/CSU-Fraktion im Deutschen Bundestag, Berlin – S. 84; Deutscher Bundestag / Achim Melde – S. 177; - / photothek.net, Thomas Köhler – Cover, 82; - / photothek.net, Thomas Trutschel – S. 169; Die Linke, Bundesgeschäftsstelle Berlin – S. 84; Europäische Union 2021, CC BY 4.0 – S. 199; European Union 2021 - Source: EP – S. 190; Europäische Union 2022 – S. 195; Quelle: Facebook / Screenshot und Schwärzung: CORRECTIV.Faktencheck, Stand 21. April 10:50 Uhr – S. 106; Fotolia / Bernhard Richter – S. 124; Fraktion der Freien Demokraten im Deutschen Bundestag – S. 85; Getty Images Plus / BananaStock – S. 44; - / Creatas Images – S. 194; - / DigitalVision – S. 44; - / iStock Editorial, Jchambers – S. 169; - / iStock Editorial, Alexandros Michailidis – S. 212; - / iStock Editorial, olrat – S. 212; - / iStockphoto, 3D_generator – S. 262; - / iStockphoto, bodrumsurf – S. 260; - / iStockphoto, Burak Ceyhan – S. 260; - / iStockphoto, DGLimages – S. 194; - / iStockphoto, dmbaker – S. 194; - / iStockphoto, Firn – S. 190; - / iStockphoto, fizkes – S. 128; - / iStockphoto, flowgraph – S. 261; - / iStockphoto, horizon2531 – S. 274; - / iStockphoto, iZhenya – S. 258; - / iStockphoto, josefkuebers – S. 44; - / iStockphoto, kzenon – S. 147; - / iStockphoto, lantapix – S. 273; - / iStockphoto, Malekas85 – S. 226; - / iStockphoto, Andriy Nekrasov – S. 204; - / iStockphoto, Patiwit – S. 261; - / iStockphoto, PeterEtchells – S. 260; - / iStockphoto, syther5 – S. 78; - / iStockphoto, tacktack – S. 262; - / iStockphoto, tinnakorn – S. 273; - / iStockphoto, VanReeel – S. 260; - / iStockphoto, vector simple style. – S. 258; - / iStockphoto, vladans – S. 146; - / iStockphoto, Yarygin – S. 160; - / mikanaka – S. 44; Gymnasium der Mariannhiller Missionare / Jorrit Clemens, Henri Kotulla, Philipp Looks – S. 250; imago images / argum – S. 66; - / Bihlmayerfotografie – S. 200; - / Eibner – S. 70; - / Horst Galuschka – S. 136; - / IPON – S. 155; - / Pius Koller – S. 200; - / Christian Ohde – S. 200; - / photothek, Thomas Trutschel – S. 200; - / Poolfoto – S. 190; - / Metodi Popow – S. 58; - / Michael Schick – S. 70; - / Steinach – S. 66; - / UIG, Mohammed Zaanoun – S. 232; © Instagram / Europäische Kommission – S. 202 (2); iStockphoto / DLMcK – S. 212; - / herkisi – S. 36; - / LeoPatrizi – S. 190; - / NoDerog – S. 206; - / RapidEye – S. 208; - / tacojim – S. 36; - / Alihan Usullu – S. 190; - / Valua-Vitaly – S. 36; - / vuk8691 – S. 49, 52; Kostas Koufogiorgos, Stuttgart – S. 123, 134; © Kumulus e.V. – S. 99; Landkreis Tübingen – S. 119; Mario Lars, Gneven – S. 107; © Lena Lux Fotografie & Bildjournalismus – S. 17; Mauritius Images / Alamy Stock Photo, Pacific Press Agency – S. 268; - / Alamy Stock Photo, Jochen Tack – S. 160; - / Alamy Stock Photo, Ukraine Presidents Office – S. 222; - / Manfred Habel – S. 154; © MEDIENDIENST INTEGRATION / CC BY-SA 3.0 – S. 29; Mehr Demokratie e.V. / Fotograf: Clemens Wronski – S. 69; Ministerium des Inneren des Landes Nordrhein-Westfalen / Screenshot – S. 216; nelcartoons.de – S. 115; NesT - Neustart im Team – S. 35; OMNIBUS für Direkte Demokratie – S. 66; © Parlamentwatch e.V., Hamburg – S. 179; picture-alliance / ABBfoto – S. 210; - / AP Photo, LILLI STRAUSS – S. 66; - / Ulrich Baumgarten – S. 169; - / BeckerBredel, Becker & Bredel – S. 66; - / dieKLEINERT.de, Schwarwel – S. 87; - / dpa, Mehrdad Aladin – S. 103; - / dpa, Friso Gentsch – S. 82; - / dpa Grafik, dpa-infografik GmbH – S. 184; - / dpa, Axel Heimken – S. 216; - / dpa, dpa-infografik GmbH – S. 214, 248, 254; - / dpa-Infografik – S. 114, 204, 266; - / dpa, Carmen Jaspersen – S. 215; - / dpa, Michael Kappeler – S. 112, 169; - / dpa, Felix Kästle – S. 116; - / dpa, Christian Ohde – S. 113; - / dpa, Annette Riedl – S. 239; - / dpa, Roland Scheidemann – S. 169; - / dpa, Christoph Schmidt – S. 70; - / dpa, Jonas Schöll – S. 61; - / dpa, Christoph Soeder – S. 169, 190; - / dpa, Fabian Sommer – S. 160; - / dpa, Wolfram Steinberg – S. 154; - / dpa, Sedat Suna – S. 246; - / dpa, Ingo Wagner – S. 215; - / dpa, Bernd Wüstneck – S. 160; - / dpa, Zentralbild, Patrick Pleul – S. 200; - / dpa-Zentralbild, Bernd Wüstneck – S. 15; - / dts-Agentur – S. 160; - / Geisler-Fotopress, Frederic Kern – S. 181; - / Daniel Kalker – Cover; - / NurPhoto, Dominika Zarzycka – S. 232; - / REUTERS, ALKIS KONSTANTINIDIS – S. 246; - / REUTERS, GORAN TOMASEVIC – S. 246; - / Stefano Ronchini, ipa-agency.ne – S. 232; - / SZ Photo, Natalie Neomi Isser – S. 213; - / SZ Photo, Olaf Schülke – S. 160; - / SZ Photo, Stephan Rumpf – S. 111; - / Bernd von Jutrczenka – S. 169; - / ZB, Jens Kalaene – S. 175; - / Zentralbild, Britta Pedersen – S. 104; Pressephotographie Klaus Franke, Mössingen – S. 16; Marius Röer – S. 118; Andreas Rosar / Fotoagentur-Stuttgart – S. 88; © RSF – S. 243; Heiko Sakurai, Köln – S. 269, 270; Oliver Schopf, Wien – S. 52; Roger Schmidt, Brunsbüttel – S. 84; Schwäbisches Tagblatt / Moritz Siebert – S. 39; Schwarwel, Leipzig – S. 65; Servicestelle Friedensbildung der Landeszentrale für politische Bildung Baden-Württemberg – S. 251; Shutterstock / AndriiKoval – S. 232; - / ciwoa – S. 213; - / encierro – S. 196; - / Ververidis Vasilis – S. 190; SPD-Bundestagsfraktion, Berlin – S. 84; Statista GmbH, Hamburg – S. 164, 198; Daniela Tempert, Bamberg – S. 51; © TERRE DES FEMMES - Menschenrechte für die Frau e.V. – S. 243; toonpool.com / Waldemar Mandzel – S. 252; - / Julian Pena – S. 238; Reinhard Trummer/ www.trumix.de, Konstanz – S. 87; © UNICEF Deutschland – S. 243; Vernetzung für kämpferische Gewerkschaften VKG – S. 70; © Axel Voss MdEP / Frank Beer – S. 215; © Joscha F. Westerkamp – S. 218 (2), 219 (2); www.nelcartons.de – S. 85; www.wikimedia.org / David Benbennick – S. 261.

Mediencodes
Institut für Arbeitsmarkt- und Berufsforschung: Die Arbeitsmarktwirkungen der COVID-19-Pandemie auf Geflüchtete und andere Migrantinnen und Migranten. In: IAB-Forschungsbericht 5/2021, S. 16 – S. 27 (3) (70081-112)